U0648281

21 世纪交通版高等学校试用教材

Geographic Information Systems for Transportation

交通地理信息系统

符锌砂　郭云开　主　编
赵喜安　陈楚江　主　审

人民交通出版社

内 容 提 要

本书全面系统地讲述了交通地理信息系统的基本原理、基本方法及其在交通领域的各种应用。全书共分十章:第一章绪论,重点介绍地理信息系统及交通地理信息系统的基本概念、组成、功能及其发展与现状;第二章介绍了有关地理空间及空间数据的来源、质量及标准化等问题;第三章阐述了各种空间数据结构、数据模型,以及数据的组织与管理;第四章、第五章分别介绍了空间数据处理与维护,空间信息的查询与分析等内容;第六章介绍基于网络的地理信息系统的基本概念和网络地理信息系统的设计;第七章、第八章分别论述了交通地理信息系统实现的关键技术,以及交通地理信息系统的开发和实现;第九章介绍了交通地理信息系统的应用;第十章对国内外有代表性的成熟 GIS 系统软件进行了介绍。本书全面反映了交通地理信息系统在我国交通领域的研究应用现状和发展趋势。

本书可作为高等学校土木工程专业(道路方向)、道路桥梁与渡河工程专业及交通工程等专业本科生和研究生的教材或教学参考书,也可供交通行业有关的技术人员、工程设计人员和研究开发人员学习和参考。

图书在版编目(CIP)数据

交通地理信息系统/符锌砂,郭云开主编. —北京:人民交通出版社,2007.9
ISBN 978 - 7 - 114 - 06820 - 1

Ⅰ.交…　Ⅱ.①符…②郭…　Ⅲ.地理信息系统 – 应用 –交通工程　Ⅳ.U495

中国版本图书馆 CIP 数据核字(2007)第 140099 号

　　　　　21 世纪交通版高等学校试用教材

书　　名:交通地理信息系统
著 作 者:符锌砂　郭云开
责任编辑:郑蕉林
出版发行:人民交通出版社
地　　址:(100011) 北京市朝阳区安定门外外馆斜街 3 号
网　　址:http://www.ccpress.com.cn
销售电话:(010) 59757973
总 经 销:北京中交盛世书刊有限公司
经　　销:各地新华书店
印　　刷:北京虎彩文化传播有限公司
开　　本:787×1092　1/16
印　　张:17.25
字　　数:426 千
版　　次:2007 年 9 月　第 1 版
印　　次:2022 年 8 月　第 4 次印刷
书　　号:ISBN 978-7-114-06820-1
定　　价:31.00 元

总　序

当今世界，科学技术突飞猛进，全球经济一体化趋势进一步加强，科技对于经济增长的作用日益显著，教育在国家经济与社会发展中所处的地位日益重要。进入新世纪，面对国际国内经济与社会发展所出现的新特点，我国的高等教育迎来了良好的发展机遇，同时也面临着巨大的挑战，高等教育的发展处在一个前所未有的重要时期。其一，加入 WTO，中国经济已融入到世界经济发展的进程之中，国家间的竞争更趋激烈，竞争的焦点已更多地体现在高素质人才的竞争上，因此，高等教育所面临的是全球化条件下的综合竞争。其二，我国正处在由计划经济向社会主义市场经济过渡的重要历史时期，这一时期，我国经济结构调整将进一步深化，对外开放将进一步扩大，改革与实践必将提出许多过去不曾遇到的新问题，高等教育面临加速改革以适应国民经济进一步发展的需要。面对这样的形势与要求，党中央国务院提出扩大高等教育规模，着力提高高等教育的水平与质量。这是为中华民族自立于世界民族之林而采取的极其重大的战略步骤，同时，也是为国家未来的发展提供基础性的保证。

为适应高等教育改革与发展的需要，早在 1998 年 7 月，教育部就对高等学校本科专业目录进行了第四次全面修订。在新的专业目录中，土木工程专业扩大了涵盖面，原先的公路与城市道路工程，桥梁工程，隧道与地下工程等专业均纳入土木工程专业。本科专业目录的调整是为满足培养"宽口径"复合型人才的要求，对原有相关专业本科教学产生了积极的影响。这一调整是着眼于培养 21 世纪社会主义现代化建设人才的需要而进行的，面对新的变化，要求我们对人才的培养规格、培养模式、课程体系和内容都应作出适时调整，以适应要求。

根据形势的变化与高等教育所提出的新的要求，同时，也考虑到近些年来公路交通大发展所引发的需求，人民交通出版社通过对"八五"、"九五"期间的路桥及交通工程专业高校教材体系的分析，提出了组织编写一套 21 世纪的具有鲜明交通特色的高等学校教材的设想。这一设想，得到了原路桥教学指导委员会几乎所有成员学校的广泛响应与支持。2000 年 6 月，由人民交通出版社发起组织全国面向交通办学的 12 所高校的专家学者组成 21 世纪交通版高等学校教材(公路类)编审委员会，并召开第一次会议，会议决定着手组织编写土木工程专业具有交通特色的**道路专业方向、桥梁专业方向以及交通工程专业**教材。会议经过充分研讨，确定了包括**基本知识技能培养层次、知识技能拓宽与提高层次**以及**教学辅助层次**在内的约 130 种教材，范围涵盖**本科与研究生**用教材。会后，人民交通出版社开始了细致的教材编写组织工作，经过自由申报及专家推荐的方式，近 20 所高校的百余名教授承担约 130 种教材的主编工作。2001年 6 月，教材编委会召开第二次会议，全面审定了各门教材主编院校提交的教学大纲，之后，编写工作全面展开。

21 世纪交通版高等学校教材编写工作是在本科专业目录调整及交通大发展的背景下展开的。教材编写的基本思路是:(1)顺应高等教育改革的形势，专业基础课教学内容实现与土木工程专业打通，同时保留原专业的主干课程，既顺应向土木工程专业过渡的需要，又保持服务公路交通的特色，适应宽口径复合型人才培养的需要。(2)注重学生基本素质、基本能力的培养,为学生知识、能力、素质的综合协调发展创造条件。基于这样的考虑,将教材区分为二个主层次与一个辅助层次,即基本知识技能培养层次与知识技能拓宽与提高层次,辅助层次为教学参考用书。工作的着力点放在基本知识技能培养层次教材的编写上。(3)目前,中国的经济发展存在地区间的不平衡,各高校之间的发展也不平衡,因此,教材的编写要充分考虑各校人才培养规格及教学需求多样性的要求,尽可能为各校教学的开展提供一个多层次、系统而全面的教材供给平台。(4)教材的编写在总结"八五"、"九五"工作经验的基础上,注意体现原创性内容,把握好技术发展与教学需要的关系,努力体现教育面向现代化、面向世界、面向未来的要求,着力提高学生的创新思维能力,使所编教材达到先进性与实用性兼备。(5)配合现代化教学手段的发展,积极配套相应的教学辅件,便利教学。

教材建设是教学改革的重要环节之一,全面做好教材建设工作,是提高教学质量的重要保证。本套教材是由人民交通出版社组织,由原全国高等学校路桥与交通工程教学指导委员会成员学校相互协作编写的一套具有交通出版社品牌的教材,教材力求反映交通科技发展的先进水平,力求符合高等教育的基本规律。各门教材的主编均通过自由申报与专家推荐相结合的方式确定,他们都是各校相关学科的骨干,在长期的教学与科研实践中积累了丰富的经验。由他们担纲主编,能够充分体现教材的先进性与实用性。本套教材预计在二年内完全出齐,随后,将根据情况的变化而适时更新。相信这批教材的出版,对于土木工程框架下道路工程、桥梁工程专业方向与交通工程专业教材的建设将起到有力的促进作用,同时,也使各校在教材选用方面具有更大的空间。需要指出的是,该批教材中研究生教材占有较大比例,研究生教材多具有较高的理论水平,因此,该套教材不仅对在校学生,同时对于在职学习人员及工程技术人员也具有很好的参考价值。

21世纪初叶,是我国社会经济发展的重要时期,同时也是我国公路交通从紧张和制约状况实现全面改善的关键时期,公路基础设施的建设仍是今后一项重要而艰巨的任务,希望通过各相关院校及所有参编人员的共同努力,尽快使全套21世纪交通版高等学校教材(公路类)尽早面世,为我国交通事业的发展做出贡献。

21世纪交通版

高等学校教材(公路类)编审委员会

人民交通出版社

2001年12月

前　言

地理信息系统(GIS)起源于20世纪60年代,它作为一种采集、存储、管理、查询、检索、分析、描述、显示与应用地理信息的空间信息系统,在短短40多年内取得了惊人的发展,并广泛地应用于资源调查、环境评估、区域发展规划、公共设施管理、交通管理、经济建设等军用、民用众多领域。目前,地理信息系统已逐步发展成为一门集计算机科学、信息科学、现代地理学、现代测绘学、环境科学、工程科学、空间科学和管理科学为一体的跨多学科、多领域的新兴学科。

作为地理信息技术在交通领域的延伸,交通地理信息系统(GIS-T)是地理信息系统与多种交通信息分析和处理技术的集成,是专门为研究和解决交通领域问题而形成的地理信息系统,其应用涵盖了交通领域十分宽广的范围,如交通基础设施规划与设计、交通规划和实施、交通分析和控制、交通安全分析、交通项目环境影响评估、交通建设项目管理、交通基础设施管理、交通运营管理,以及配置和管理复杂的物流管理系统、智能交通系统等。正由于交通地理信息系统是在地理信息系统的基础上发展起来的,因此交通地理信息系统不仅涵盖了地理信息系统所有的功能,具有与地理信息系统相同的基础理论、技术体系、模型和方法,而且由于交通行业本身的专业特点和应用上的需求所决定的研究对象和方法上的差异,以及交通信息与地理信息的不同,交通地理信息系统还具有其鲜明的行业特色。

考虑到交通地理信息系统的上述特点,以及土木工程、交通工程等专业本科生及研究生大多没有接触过地理信息系统课程和技术上的系统学习和培训等因素,因此本书从地理信息系统基本理论、原理、方法入手,在总结地理信息系统在交通领域的研究、开发与实际工程应用的基础上,结合国内外有关研究成果和交通地理信息系统的发展趋势,系统地对交通地理信息系统的基本原理、基本方法及其在交通领域的各种应用进行论述。为便于非"地理信息系统"专业的师生的学习,本书在内容的安排上,对交通地理信息系统的理论模型和公式推导进行了系统全面的论述,但是没有作为重点花太多篇幅来描述,而是侧重从交通行业应用的角度,系统介绍交通地理信息系统的基本原理,基本方法,系统的分析、设计与实现,以及GIS-T在交通领域各方面的实际应用。本书在编写中力求全面、系统,并尽可能地注重理论与实际相结合,以增强其实用性、可读性和可操作性。希望通过对本教材的学习,使学生能对交通地理信息系统有一个系统、全面的了解和认识,并能够利用GIS-T技术解决交通领域的具体问题。

全书共分十章:第一章,绪论,重点介绍地理信息系统及交通地理信息系统的基本概念、组成及功能,发展历史及研究与应用现状;第二章介绍了有关地理空间及空间数据的基本知识,空间数据来源,空间数据质量及评价,以及空间数据标准化等问题;第三章,介绍了GIS数据库,各种空间数据模型与结构,以及空间数据的组织与管理;第四章,空间数据处理与维护,阐述了坐标体系的转换与坐标校核,数据的压缩与编码,数据库的更新与维护,以及3S(GPS、RS与GIS)数据一体化等内容;第五章,介绍了空间信息分析的基本方法,数字地面模型,以及空间信息的可视化与空间查询等内容;第六章,介绍基于网络的地理信息系统的基本概念和网络地理信息系统的设计;第七章,详细论述了交通信息特点、线性参照系统、大地坐标与公路里程的相互转换、动态分段技术,及交通地理信息系统数据模型等交通地理信息系统实现的关键技术;第八章,讨论了交通地理信息系统的开发模式、开发策略、开发步骤等系统开发方面的问题,并结合交通地理信息系统开发实例,介绍了交通地理信息系统的开发方法和具体实现全过程;第九章,介绍了交通地理信息系统在交通行业的各种应用情况;第十章,对国内外有代表性的成熟 GIS 系统软件进行了介绍,并对地理信息系统的发展趋势进行了展望。

本书第一章、第九章由符锌砂编写,第二章、第十章由郭云开编写,第三章、第五章由黄桂兰编写,第四章、第六章由贺志勇编写,第七章、第八章由桂岚编写。研究生姚岢、杨华剑等同学在资料收集、整理和书稿校对等方面做了很多工作。全书由符锌砂进行统一整理和统稿。本教材编写过程中,参考了许多国内外相关文献和著作,吸收了许多专家学者的研究成果,在此对他们表示感谢。

本书可作为高等学校土木工程专业(道路方向)、道路桥梁与渡河工程专业及交通工程等专业本科生和研究生的教材或教学参考书,也可供交通行业有关的技术人员、工程设计人员和研究开发人员学习和参考。希望该书的出版,对交通地理信息系统在交通领域的研究和应用起到很好的促进作用。

交通地理信息系统技术发展迅速,内容丰富,涉及多个学科和领域的交叉与融合,涉及的研究范围很广。由于编者水平所限,本书如有不妥之处,热忱希望读者给予指正。

符锌砂
2006 年 8 月

目　录

第一章　绪　论

第一节　地理信息系统概述

信息作为客观世界中继物质、能量之后的第三个现代科学基本概念,给人类带来了生活和工作的巨大变化,信息革命给各行各业带来了巨大的冲击。伴随时代的进步,地理信息作为一种需求十分广泛的新兴技术也进入了信息时代的前沿领域。

20世纪40年代计算机技术和50年代地理学中计量革命的兴起,为现代的基于地图的信息系统技术——地理信息系统(Geographical Information System,简称GIS)的发展奠定了基础。作为一种采集、存储、管理、查询、检索、分析、显示与应用地理信息的计算机系统,地理信息系统是分析和处理海量地理数据的通用技术。自从1960年加拿大测量学家Roger. F. Tomlinson首次提出地理信息系统这一术语,并于1964年建立了世界上第一个用于自然资源的管理和规划的地理信息系统——加拿大地理信息系统(CGIS),随着系统论、信息论、控制论的形成,计算机技术、通信技术、人造卫星遥感等空间技术、自动化技术的应用,地理信息系统在短短的几十年内取得了惊人的发展,并广泛地应用于资源调查、环境评估、区域发展规划、公共设施管理、交通安全等领域。地理信息系统已成为一门集计算机科学、信息科学、现代地理学、测绘遥感学、环境科学、城市科学、空间科学和管理科学为一体的跨学科、跨多个研究领域的新兴边缘学科。科学技术的迅猛发展、社会化大规模的需求,积极地推动和保障了GIS技术的深入发展,使它突破科研机构的理论探讨和尝试,大踏步地进入国民经济和人民生活的各个领域,成为一门方兴未艾的高科技产业。地理信息系统作为与人类的生存、发展、进步密切相关的新兴信息科学与技术,越来越受到人们的重视。

一、地理信息系统的形成

1. 地图与空间信息

地图是人类描述现实世界的重要手段,地图作为地理信息的载体,具有存储、分析和显示地理信息的功能,在资源调查、土地资源评价、土地规划及土木工程建设等军用、民用各个领域得到广泛应用。自20世纪以来,随着人们对地形图和各种专题地图的需求增加,摄影测量与遥感科学技术的发展使人们能以精度高、速度快、成本相对较低的方式进行大面积地形测量,不仅其制图工作能较好的满足精度要求,更重要的是这种先进的测设技术能够快速提供各种专题信息,其产生的各种专题图可以为资源调查、规划和管理等工作提供信息资源的支持。

空间信息是描述有一定厚度的地球表面在一定范围内的地理事物及其关系的数据。空间信息包括空间位置、空间分布、空间形态、空间关系、空间质量、空间关联及对比、空间运动及趋势等空间分析的各种对象。早期的各种空间分析均是通过定性分析进行研究的。然而,仅用制图、分类等常规方法处理测量或调查得到的大量数据,无法使其得到充分利用,要对空间信息进行定量描述则存在数据容量大和数据测量不足的矛盾,以及缺乏合适的数学工具来描述与分析空间数量关系这两个方面的障碍。20世纪60年代以后,随着计算机技术的发展和实际使用,才使得空间信息的定量描述、专题地图数字化及其空间分析得以真正发展,其实际应用才成为可能。

从空间信息的存储而言,各类地图可以看成是以点、线、面等图形形式记录和描述空间信息的空间数据库。传统的纸质地图中的点、线、面这些基本实体是通过一些符号、颜色和文字等显示技巧加以表示,并用图例以及附件中详细记录的描述信息来说明的。这种用纸质地图表达空间信息的方式存在如下一些问题:①原始数据必须大大压缩或分类,才能使地图易于理解和表示,因而损失掉许多细部特征;②一个大面积制图区域往往需要用多幅地图描绘,而一些重要的空间信息很可能恰恰落在多幅地图之间的拼接带,因而使用非常不便;③一旦地图已经生成,要从已成地图中恢复某些数据以进行相关分析十分困难;④地图数据已再现在纸张等固体载体上,在地图更新时对原图进行修改或补充极为困难,特别是要做到及时绘出新图(如气象图等),用传统的印刷、手工制图等方法是不可能做到的。由于传统的纸质地图在管理和应用方面所存在的上述数据形式多样、标准不一,数据更新不便、现势性差,管理手段落后、数据安全性难以保证,分析手段单一、信息利用率低等问题,使得纸质地图难以得到深层次的利用。特别是这种传统的用图形方式表达的纸质地图,信息提取困难,不能被计算机直接获取和处理,其应用受到极大的限制。

随着信息获取手段的革新和发展,航空摄影测量以及遥感等测量高新技术已逐步取代传统的人工采集数据。与传统数据采集不同的是,航测和遥感产品是图像和记录在磁带上的数据流,而不是传统的地图,其数字数据是二维阵列中的像元编码,而不是传统的表示地表点、线、面特征的图示符号。通过遥感和图像分析技术可以进行地表特征的认别与制图。

目前,先进的航测遥感技术、大地测量技术、卫星定位技术、制图技术及实地调查分析等手段的紧密结合,形成了现代空间信息的数据源。而GIS使得各种地理信息、地图信息等的综合运用、定量分析、动态管理与更新、成果的高效输出成为现实。

2. 地图数据库与电子地图

随着计算机科学的发展,使用计算机技术已成为当今信息时代的一个重要标志。地图也由传统的手工操作向计算机方向发展。由地图数据库和计算机辅助制图所产生的电子地图,彻底改变了地图单纯表示地形的概念,将地图拓宽为图形、影像、数字及其他属性的多种用途,这不仅充实了地图的内涵,而且便于使用、管理和维护。

地图数据库作为地图数据化的基础,是产生数据地图、电子地图的基本条件。在地图数据库建立的基础上,设计时可以以基础地图数据的管理和应用为主,组织和管理地图综合数据,能用同样的数据进行不同图形表示和组合,较多较快较经济的生产各种不同要求的地图。利用地图数据库先进的数据管理模式可将空间数据(图形)与属性数据(属性)存放在统一数据库中,进行图文一体化的管理,空间数据与属性数据可以通过内部关联码进行关联,构成灵活的系统数据体系。从而可以根据各种特别要求进行地图表达和统计分析,增加信息载荷量,减少地理信息的失真和误差。地图数据库具有很强的时态性,可以根据周围环境的改变,对地形数据进行实时更新,有效地保证地图数据的现势性。地图数据库具有实体连接无缝性,能够实现地图数据拼接的连续无缝,从而保证地图数据库中的数据其地物完整性和连续性,也易于实现有针对性地对部分图层进行各种拼接处理。更为重要的是,地图数据库与计算机技术相结合,可使整个地图生产过程现代化、自动化,可以产生各种用途的专题地图或三维地图及地图动画等,而这些恰恰是传统的手工地图难以实现的。

地图数据库与外业测量、摄影测量和遥感图形处理相结合,形成一个内业与外业、控制测量与测图、观测数据、图形数据和图像数据处理为一体的综合性空间数据处理系统,显示出强大的生命力。地图数据库和计算机科学的发展不仅促进了地理信息的图形化向数据化和信息化的发展,同时,也有力地推动了 GIS 的产生。

3.信息系统与地理信息系统

能够对数据和信息进行采集、存储、加工和再现,并且能够回答用户一系列问题的计算机系统称为信息系统(Information System)。从计算机科学的角度看,信息系统是由计算机硬件、软件、数据和用户四大要素组成的系统。信息系统具有数据采集、管理、分析和表达四大功能,它能为决策过程提供各种有用信息。

信息系统从功能上可划分为管理信息系统(Management Information System,MIS)、决策支持系统(Decision Support System,DSS)、智能决策支持系统(Intelligent Decision Support System,IDSS)、空间信息系统(Spatial Information System,SIS)等。

管理信息系统是一种基于数据库的回答系统,它往往停留在数据级上支持管理者,如人事管理信息系统、财务管理信息系统、产品销售信息系统等;决策支持系统是在管理信息系统基础上发展起来的一种信息系统,它不仅为管理者提供数据支持,还提供方法和模型级的支持,并可以对问题进行仿真和模拟,从而辅助决策者进行决策;智能决策支持系统是在决策支持系统中进一步引入人工智能(Artificial Intelligence,AI)技术,以提高系统决策的自动化程度;空间信息系统是对空间数据进行采集、处理、管理和分析的信息系统,主要有地理信息系统(Geographic Information System,GIS)、全球定位系统(Global Positioning System,GPS)、遥感(Remote System,RS)、地球观测系统(Earth Observation System,EOS)、数字摄影测量系统(Digital Photogrammetric System,DPS)、数字地球(Digital Earth,DE)等。由于空间数据的特殊性,使空间信息系统的组织结构及处理方法有别于一般信息系统。

地理信息系统是对地理空间数据进行加工处理,提取有用的地理空间信息和知识的空间信息系统。对于不同的部门和不同的应用目的,GIS 的定义也不尽相同,关于 GIS 国内外有许多定义。例如,美国学者 Parker 认为"GIS 是一种存储、分析和显示空间与非空间数据的信息技术",Goodchild 把 GIS 定义为"采集、存储、管理、分析和显示有关地理现象信息的综合系统"。加拿大的 Reger Tomlinson 认为"GIS 是全方位分析和操作地理数据的数字系统",Burrough 认为"GIS 是属于从现实世界中采集、存储、提取,转换和显示空间数据的一组有力的工具"。俄罗斯学者也把 GIS 定义为"一种解决各种复杂的地理相关问题,以及具有内部联系的工具集合"。英国教育部(DOE)给 GIS 下的定义是:"GIS 是一种获取、存储、检查、操作、分析和显示地球空间数据的计算机系统"。美国国家地理信息与分析中心(NCGIA)的 GIS 定义是:"为了获取、存储、检索、分析和显示空间定位数据而建立的计算机化的数据库管理系统"。美国联邦数字地图协调委员会(FICCDC)关于 GIS 的定义是:"GIS 是由计算机硬件、软件和不同方法组成的系统,该系统支持空间数据的获取、管理、处理、分析、建模和显示,以便解决复杂的规划和管理问题的空间信息系统"。上述定义有的侧重于 GIS 的技术内涵,有的则是强调 GIS 的应用功能,都比较科学地阐明了 GIS 的对象、功能和特点。

二、地理信息系统的基本概念

1.信息与数据

信息(Information)是近代科学的一个专门术语,已被广泛地应用于社会各个领域。狭义信息论将信息定义为人们获得信息前后对事物认识的差别;广义信息论认为,信息是指主体(人、生物和机器)与外部客体(环境、其他人、生物和机器)之间相互联系的一种形式,是主体和客体之间一切有用的消息和知识,是表征事物特征的一种普遍形式。本书采用定义为:信息是向人们或机器提供关于现实世界各种事实的知识,是数据、消息中所包含的意义,它不随载体的物理形式的各种改变而改变。

信息具有客观性、实用性、传输性和共享性的特点。①信息的客观性,是指任何信息都是与客观事物紧密联系的,它是信息的正确性和精确性的保证。②信息的实用性,由于信息对决策十分重要,建立地理信息系统的目的就是为生产、管理和决策服务的,因而信息必须具有实用性。③信息的传输性,是指信息可以在信息发送者和接收者之间传输,既包括系统把有用信息送至终端设备(包括远程终端),和以一定形式提供给有关用户,也包括信息在系统内各子系统之间的传输和交换。④信息的共享性,信息与实物不同,它可以传输给多个用户,为多个用户共享,而其本身并无损失。信息的这些特点,使信息成为当代社会发展的一项重要资源。

数据(Data)是对某一目标定性定量描述的原始资料,它包括数据,文字、符号和图像等。数据是用来载荷信息的一种物理符号,其本身并没有意义,只有对实体行为产生影响时数据才成为信息。例如同样的数据"1"和"0",当用来表示某一种实体在某个地域内存在与否时,它就提供了有(1表示)无(0表示)的信息。在绘图矩阵中表示绘线或不绘线时,它就提供抬笔落笔的信息等。地理信息系统的建立,首先是收集数据,然后对数据进行处理,即对数据进行运算、排序、转换、分类、增强等,其目的就是为了得到数据中包含的信息。对同一数据每个人的解释可能不同,因而获得信息量的多少与人的知识水平和经验有关。

信息与数据虽然有词义上的差别,但信息与数据是不可分离的,即信息是数据的内涵,而数据是信息的表达,也就是说数据是信息的载体。只有理解了数据的含义,对数据进行解释才能得到数据中所包含的信息。数据包含原始事实,信息是把数据处理成为有意义的和有用的形式;数据是原始事实,信息是数据处理的结果;信息必须是有意义或有用的,使用的信息应该完整、精确、相关和及时。地理信息系统的建立和运行,就是信息(或数据)按一定方式流动的过程。虽然信息与数据存在区别,但是在通常情况下,在使用"信息"和"数据"这两个术语时并没有严格区分。

2. 地理信息与地理信息系统

地理信息是有关地理实体的性质、特征和运动状态的特征和一切有用的知识,它是对地理数据的解释,是指表征地理系统诸要素的数量、质量、分布特征、相互关系和变化规律的数字、文字、图像和图形等的总称。地理信息具有区域性、多维结构特性和运动变化的特性。从地理数据到地理信息的发展,是人类认识地理事物的一次飞跃。地球表面的岩石圈、水圈、大气圈和人类活动等是最大的地理信息源,地理科学的一个重要任务就是迅速地采集到地理空间的几何信息、物理信息和属性信息,并适时地识别、转换、存储、传输、再生成、显示、控制和应用这些信息。

地理信息属于空间信息,其位置的识别分析是与数据紧密联系在一起的,这是地理信息区别于其他类型信息的最显著的标志。地理信息的这种定位特征是通过经纬网或公路网建立的地理坐标来实现空间位置的识别分析的。地理信息还具有多维结构的特征,即在二维空间的基础上实现多专题的第三维结构,并通过属性码保持各个专题之间的联系,这为地理系统各层之间的综合研究提供了可能,也为地理系统多层次的分析和信息的传输与筛选提供了方便。地理信息具有明显的时序特征,按照时间尺度可将地理信息划分为超短期的(如台风、地震)、短期的(如江河洪水、秋季低温)、中期的(如土地利用、作物估产)、长期的(如城市化、水土流失)和超长期的

4

(如地壳变动、气候变化)等类型。因此,它一方面要求地理信息的获取要及时,并定期更新;而另一方面则要从其自然的变化过程中研究其变化规律,从而作出地理事物的预测与预报,为科学决策提供依据。认识地理信息的这种区域性、多层次性和动态变化的特征,对建立地理信息系统,实现对人口、资源、环境等的综合分析、管理、规划和决策具有重要意义。

地理信息系统是以空间地理数据库为基础,以计算机软硬件为支撑,对空间相关数据进行采集、管理、操作、分析、模拟和显示,并采用地理模型分析方法,适时提供多种空间和动态的地理信息,为地理研究和地理决策服务而建立起来的计算机技术系统。地理信息系统具有以下三个方面的特征:

(1)具有采集、管理、分析和输出多种地理空间信息的能力,具有空间性和动态性;

(2)以地理模型方法为手段,通过空间分析、多要素综合分析和动态预测等地理研究和地理决策方法,产生高层次的地理信息,从而可以实现快速、精确、综合地对复杂的地理系统进行空间定位和动态分析等功能;

(3)由计算机系统支持进行空间地理数据管理,并由计算机程序模拟常规的或专门的地理分析方法,作用于空间数据,产生有用信息,为各种应用服务完成人类难以完成的任务。

三、地理信息系统的分类

地理信息系统从外部来看,它表现为计算机软硬件系统,而其内涵却是由计算机程序和地理数据组织而成的地理空间信息模型,是一个逻辑缩小的、高度信息化的地理系统。地理信息系统的数据是空间数据组成的客观世界的一个抽象模型,它比地图所表达的自然世界模型更为丰富和灵活,用户可以按照不同的应用的目的观测这个现实世界模型的各方面内容,也可以提取这个模型所表达现象的各种空间尺度指标,更为重要的是,它可以将自然发生或人为规划的过程加在这个数据模型上,取得自然过程的分析和预测的信息,用于管理和决策,这就是地理信息系统的深刻的内涵。

地理信息系统按其内容可以分为以下三大类。

(1)专题地理信息系统(Thematic GIS)。这是一种为特定的专门的目的服务的,具有有限目标和专业特点的地理信息系统,如水资源管理信息系统、森林动态监测信息系统、矿产资源信息系统、道路基础设施管理系统、城市给排水管网管理信息系统、农作物估产信息系统、土地资源管理信息系统、水土流失信息系统、环境监测与管理信息系统等。

(2)区域地理信息系统(Regional GIS)。这是一种以区域综合研究和全面信息服务为目标的地理信息系统。可以有不同规模,如国家级、地区或省级、市级或县级等为各不同级别行政区服务的区域信息系统,也可以按自然分区或流域为单位的区域信息系统。如加拿大国家信息系统、美国橡树岭(OakRidge)地区信息系统、我国黄河流域信息系统、我国长江流域防洪信息系统等。

在实际应用中,大部分的地理信息系统是同时具备上述专题地理信息系统和区域地理信息系统二者特性的区域性专题信息系统,如北京市水土流失信息系统、上海市城市规划管理信息系统、广州数字市政系统、海南岛土地评价信息系统、河南省冬小麦估产信息系统等。

(3)地理信息系统工具。这是一组具有图形图像数字化、图形操作、存储管理、查询检索、分析运算和多种输出等地理信息系统基本功能的软件包。这些地理信息系统工具,可以实现GIS系统的主要功能,给用户和GIS开发商提供实现实用的专题GIS系统的开发平台和二次开发工具。采用通用的地理信息系统开发平台和工具建立各种实用的地理信息系统,不仅大大提高了软件开发的效率和软件质量,避免了重复研制复杂的基础软件所造成人力、资源和时间上的极大浪费,也给相关 GIS 系统的数据交换、信息集成等创造了条件。采用通用的地理信息系统工具建立各种实用的专题地理信息系统,开发者不需要对如何实现 GIS 系统底层的图形操作等功能方面的开发技术花费大量精力,使开发者可以将主要精力投入应用模型开发方面,这也是地理信息系统技术能够快速推广和普及应用的重要原因之一。

四、地理信息系统的发展

1. 地理信息系统的发展阶段

地理信息系统是 20 世纪 60 年代中期开始逐渐发展起来的一门新的技术。随着 20 世纪 40 年代和 50 年代计算机科学、地图学和航空摄影测量技术的发展和应用,使得人们有可能用计算机来收集、储存和处理各种与空间和地理分布有关的图形和属性等各种来源的数据,并借助计算机对这些数据进行处理和分析,直接为管理和决策提供服务,从而形成了最早的地理信息系统的基本框架。GIS 最初作为解决地理问题而产生的新兴技术,如今已发展成为一门涉及测绘学科、环境科学、计算机技术等多学科的交叉学科。

1963 年加拿大测量学家 R. F Tomlinson 首先提出了地理信息系统这一术语,并建成世界上第一个 GIS(加拿大地理信息系统 CGIS),用于自然资源的管理和规划。不久,美国哈佛大学提出了较完整的系统软件 SYMAP。这可算是 GIS 的起步。进入 20 世纪 70 年代以后,由于计算机软硬件水平的提高,促使 GIS 朝着实用方向迅速发展,一些经济发达国家先后建立了许多专业性的 GIS,在自然资源管理和规划方面发挥了重大的作用。例如,1970~1976 年,美国国家地质调查局就建成 50 多个信息系统。其他国家如加拿大、德国、瑞典和日本等国也相继发展了自己的 GIS。20 世纪 80 年代后兴起的计算机网络技术,使地理信息的传输时效得到了极大的提高,它的应用从基础信息管理与规划转向更复杂的实际应用,成为辅助决策的工具,并促进了地理信息产业的形成。到现在,目前市场上有报价的 GIS 软件已达数千种,并且涌现出了一些有代表性的 GIS 软件。

地理信息系统的存在与发展已历经 40 余年。用户的需要、技术的进步、应用方法论的提高,以及有关组织机构的建立等因素,深深地影响并极大的促进了地理信息系统的发展。

综观 GIS 发展,可将地理信息系统发展分为以下几个阶段。

(1)20 世纪 60 年代为地理信息系统开拓期,主要注重于空间数据的地学处理。例如,1963 年加拿大测量学家 R. F Tomlinson 建立的用于自然资源管理和规划的加拿大地理信息系统 CGIS,加拿大统计局建立的用于资源普查数据的 GRDSR 系统;美国人口调查局建立的用于处理人口统计数据的 DIME 系统等。许多大学研制了一些基于栅格系统的软件包,如哈佛的 SYMAP、马里兰大学的 MANS 等。因受当时计算机技术水平限制,这些早期的 GIS 系统带有更多的机助制图色彩,功能较为简单。综合来看,初期地理信息系统发展的动力主要来自于诸多方面,如学术探讨、新技术的应用、大量空间数据处理的生产需求等诸多方面。对于这个时期地理信息系统的发展来说,专家兴趣以及政府的推动起着积极的引导作用,并且大多地理信息系统工作限于政府及大学的范畴,国际交往甚少。这一时期,相继建立了一些 GIS 的相关组织机构,如美国于 1966 年成立了城市和区域信息系统协会(URISA)、1969 年成立州信息系统全国协会(NASIS),国际地理联合会(IGU)也于 1968 年设立了地理数据收集和处理委员会(CGDSP)等。这些政府组织和学术机构的成立和运作,对 GIS 的发展起了重要的指导作用。

(2)20 世纪 70 年代为地理信息系统的巩固发展期,主要注重于空间地理信息的管理。在这期间,GIS 技术受到政府部门、商业公司和大学及研究机构的普遍重视,成为引人注目的领域。随着一些商业公司的成功运作,GIS 软件在市场上受到欢迎,GIS 技术也迅速向实用化方向发展,一些发达国家先后建立了许多专业性的土地信息系统和 GIS。GIS 技术的地理信息系统的真正发展是从 20 世纪 70 年代开始的。这种发展主要应归结于以下几方面的原因:一是资源开发、利用乃至环境保护问题成为政府首要解决之疑难,而这些都需要一种能有效地分析、处理空间信息的技术、方法与系统;二是计算机技术迅速发展,数据处理加快,内存容量增大、超小型、多用户系统的出现,尤其是计算机硬件价格下降,使得政府部门、学校以及科研机构、私营公司也能够配置计算机系统;在软件方面,随着第一套利用关系数据库管理系统建立的 GIS 软件的问世,新型的地理信息系统软件不断出现,据统计 IGU 调查,在 20 世纪 70 年代大约就有 300 多个地理信息系统软件投入使用;三是专业化人才不断增加,许多大学开始提供地理信息系统培训,一些商业性的咨询服务公司开始从事地理信息系统工作,如国际著名的 GIS 系统开发商美国环境系统研究所(ESRI)就是在 1969 年成立的。这个时期地理信息系统发展的总体特点是:地理信息系统在继承 20 世纪 60 年代技术的基础之上,充分利用了新的计算机技术,但系统的数据分析能力仍然很弱;在地理信息系统技术方面未有新的突破;系统的应用与开发多限于某个机构;专家个人的影响削弱而政府影响增强等。

(3)20 世纪 80 年代为地理信息系统大发展时期,注重于空间决策支持分析。这一时期,地理信息系统的应用领域迅速扩大,从资源管理、环境规划到应急反应,从商业服务区域划分到政治选举分区等,涉及了许多学科与领域,如古人类学、景观生态规划、森林管理、土木工程以及计算机科学等。许多国家制定了本国的地理信息发展规划,启动了若干科研项目,建立了一些政府性、学术性机构。如,中国于 1985 年成立了资源与环境信息系统国家重点实验室,美国于 1987 年成立了国家地理信息与分析中心(NCGIA),英国于 1987 年成立了地理信息协会等。与此同时,涌现了大量的提供系列专业性服务的商业性咨询公司和软件制造商,商业化实用 GIS 系统进入市场成为了大量涌现,并提供系列专业性服务。这个时期地理信息系统发展最显著的特点是商业化实用系统进入市场。

(4)20 世纪 90 年代开始为地理信息系统的用户时代。一方面,地理信息系统已成为许多机构必备的工作系统,尤其是政府决策部门在一定程度上由于受地理信息系统影响而改变了现有机构的运行方式、设置与工作计划等;另一方面,社会对地理信息系统认识普遍提高,需求大幅度增加,从而导致地理信息系统应用的扩大与深化,国家级乃至全球性的地理信息系统已成为公众关注的问题,例如地理信息系统已列入美国政府制定的"信息高速公路"计划;同时美国前副总统戈尔提出的"数字地球"战略、我国的"21 世纪议程"和"三金工程"等也都包括地理信息系统。毫无疑问,地理信息系统已经发展成为现代社会最基本的服务系统。

2. 地理信息系统在我国的发展

我国 GIS 的发展虽然起步较晚,但发展很快。我国 GIS 的发展经历了四个阶段,即起步(1970~1980)、准备(1980~1985)、发展(1985~1995)、产业化(1996 以后)四个阶段。目前 GIS 已在我国许多部门和领域得到应用,并引起了政府部门的高度重视。从应用方面看,以1980 年中国科学院遥感应用研究所成立全国第一个地理信息系统研究室为标志,在几年的起步发展阶段中,我国地理信息系统在理论探索、硬件配制、软件研制、规范制订、区域试验研究、局部系统建立、初步应用试验和技术队伍培养等方面都取得了进步,积累了经验,为在全国范围内展开地理信息系统的研究和应用奠定了基础,随之在资源开发、环境保护、城市规划建设、土地管理、农作物调查与估产、交通、能源、通信、地图测绘、林业、房地产开发、自然灾害的监测与评估、金融、保险、石油与天然气、军事、犯罪分析、运输与导航、110 报警系统、公共汽车调度等方面得到了具体应用。国内已有城市基础地理信息系统正在运行或建设中。一批地理信息系统软件已研制开发成功（如 GeoSTAR，CityStar，MapGIS 等），一批高等院校已设立了一些与 GIS 有关的专业或学科，一批专门从事 GIS 产业活动的高新技术产业相继成立。此外，还成立了"中国 GIS 协会"和"中国 GPS 技术应用协会"等。

地理信息系统进入发展阶段的标志是第七个五年计划开始。地理信息系统研究作为政府行为，正式列入国家科技攻关计划，开始了有计划、有组织、有目标的科学研究、应用试验和工程建设工作。许多部门同时展开了地理信息系统研究与开发工作。如全国性地理信息系统（或数据库）实体建设、地理信息系统基础软件或专题应用软件的研制和地理信息系统教育培训。通过近五年的努力，在地理信息系统技术上的应用开创了新的局面，并在全国性应用、区域管理、规划和决策中取得了实际的效益。

自 20 世纪 90 年代起，地理信息系统步入快速发展阶段。执行地理信息系统和遥感联合科技攻关计划，强调地理信息系统的实用化、集成化和工程化，力图使地理信息系统从初步发展时期的研究试验、局部实用走向实用化和生产化，为国民经济重大问题提供分析和决策依据，努力实现基础环境数据库的建设，推进国产软件系统的实用化、遥感和地理信息系统技术一体化。在地理信息系统的区域工作重心上，出现了"东移"和"进城"的趋向，促进了地理信息系统在经济相对发达、技术力量比较雄厚、用户需求更为急迫的地区和城市首先实用化，同时经营地理信息系统业务的公司逐渐增多。这期间开展的主要研究及今后尚需进一步发展的领域有：重大自然灾害监测与评估系统的建设和应用；重点产粮区主要农作物估产；城市地理信息系统的建设与应用；建立数字化测绘技术体系；国家基础地理信息系统建设与应用；专业信息系统与数据库的建设和应用；基础通用软件的研制与建立；地理信息系统规范化与标准化；基于地理信息系统的数据产品研制与生产。

总之，中国地理信息系统事业经过 20 余年的发展，取得了重大的发展。地理信息系统的研究和应用正逐步形成行业，具备了走向产业化的条件。

3. 地理信息系统发展趋势

随着各种相关科学技术的飞速发展和应用上的强大需求，GIS 已经向集成化、产业化和社会化发展方向迈进，呈现出综合性、产业化和网络化等主要发展态势。

GIS 作为一门综合性信息技术，是指随着 GIS 技术的发展，GIS 不仅已经成为信息技术（IT）的重要组成部分，而且与 CAD、多媒体、通信、因特网、办公自动化、虚拟现实以及各种测量高新技术等多种技术相结合，构成了综合的信息技术。如 GIS 与全球定位系统（GPS）和遥感（RS）相结合构成的"3S"集成系统已成为地理学科信息化的基础和研究热点，如 GIS 基础软件和组件式软件的开发与推出、多维和动态数据模型的应用设计、GIS 空间分析模型及体系的建立、开放式 GIS 技术的构建，以及 GIS 体系结构和解决方案的不断优化组合等。作为一门综合性技术的 GIS 技术，其功能和应用范围得到极大的提升，成为对地球表层及其附近的空间和非空间数据的获取、处理、分析、表示和传输的最重要、最可靠的技术手段。

由于 GIS 在促进国民经济发展中所产生的巨大推进作用，使其成为了一项关系国家综合竞争实力的高新技术，因此 GIS 及其产业化的发展日益受到世界各国的普遍关注。例如美国，由 1:1 000 000 至 1:24 000 的基础地理信息数字化产品和大批专业地学数字化信息产品已进入市场，以相当低廉的价格提供用户使用。在美国约 85% 的联邦机构和地方政府机构使用 GIS，每年 GIS 的应用项目多达 1 万多个。从全球范围看，20 世纪 90 年代全球 GIS 产业就以每年 15% ~

40%的速度增长,GIS已成为信息产业中市场前景十分广阔,又相对独立的新兴产业。

我国GIS的产业化也已被确定为国家信息产业中重要的发展方向。我国已先后建成1:100万地形数据库和地名数据库、1:50万数字地理底图数据库、1:25万地形数据库和数字高程模型库等。1:25万地形数据库中包括水系、交通、境界、居民点、地形和植被等14层要素,数字高程模型库分为100m×100m格网和3g×3g格网两种。1:25万地名数据库中共有805 431个地名。目前,我国已推出ARC-China 1:100万光盘产品和1:400万中国数字产品等,正在加快建设1:5万基础地理数据库和全国七大江河重点防范区的1:1万空间数据库。这些国家基础地理信息数据库的建立,为国民经济信息化建设提供了坚实的基础,也为GIS的产业化创造了良好的条件。

而随着近些年来因特网在全球的迅速发展和普及应用,为信息产业提供了一次极好的发展机会,也成为了GIS技术大发展的一次良机。因特网是全球最大的、开放的、由众多网络互联而成的计算机互联网,它的分布式结构和TCP/IP协议的互联灵活性是其成功的关键,而在因特网基础上发展起来的全球信息网(Web)服务为地理信息共享提供了一个开放的信息空间。Web以HTTP(超文本传输协议)为信息通信协议,采用B/S(浏览器/服务器)的结构解决了传统的C/S(客户机/服务器)结构的客户端多平台问题,使得用户通过一个浏览器就可以访问多个应用服务器,并将C/S计算机体系的两层结构自然延伸为三层甚至多层结构。这种基于www的地理信息共享体系结构,以浏览器为前端,采用标准对象开发平台,例如JAVA、C^{++}等开发可嵌入浏览器的应用组件,实现数据集的检索和对服务器端的数据进行浏览;后端由www服务器、应用服务器、数据库服务器和检索引擎组成。用户通过元数据的查询和搜索引擎,可以获取各种地理空间数据和属性数据,进行地理空间的分析、预测、推理、决策等,用户也可以通过FTP等不同方式下载感兴趣的数据。网络化极大地拓展了GIS的功能,也极大地拓展了GIS的应用领域和使用范围。WebGIS已成为GIS领域研究和发展的热点,WebGIS使传统GIS面临着全新的发展,使GIS迅速走向全社会。

对我国而言,以信息高速公路和计算机宽带高速网为代表的国家信息基础设施(NII)的建设、高分辨率卫星影像技术的实用化、数字摄影测量和空间定位技术的发展以及超大容量、高速数据存储设备的发展将给空间数据生产和GIS应用带来巨大积极效用。而新的数据获取与更新技术的发展、新数据形式的应用、数据共享政策及其实施、国家多尺度空间数据基础设施的建设以及数字地球和数字城市的建设都将大大改善我国城市空间数据的状况。

21世纪我国的建设在加速发展,给GIS技术的发展和应用带来新的机遇和挑战。而不断扩大的市场需求,将使得GIS进一步由技术推动转向应用牵引,GIS应用将向深层次和大众化两极发展。GIS开发与应用虽然面临挑战,但未来无限光明。由于GIS本身的特点,过去建立起来的GIS系统的实际效益在未来几年将会逐步显示出来;人们的认识会进一步提高,GIS的生命力将愈加旺盛,并将会发挥应有的、符合其特点的作用,GIS也将真正走向产业化和市场化。

第二节　地理信息系统的组成及功能

一、地理信息系统组成

一个完整的地理信息系统主要由计算机硬件系统、计算机软件系统、地理空间数据库和系统的使用和维护人员(即用户、应用模型)组成。计算机软硬件系统提供工作环境,空间数据反映了 GIS 的地理内容,也是 GIS 应用优劣的核心,应用模型提供了解决专门问题的理论与方法,用户则决定了系统的工作方式和信息表达方式。地理信息系统的组成,可综合表示为图 1-1。

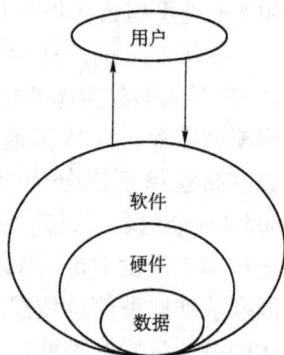

图 1-1　GIS 的组成

1.计算机硬件系统

计算机硬件系统是计算机系统中的实际物理装置总称,是 GIS 的物理外壳。GIS 由于其任务的复杂性和特殊性,必须由计算机设备支持。而 GIS 系统的规模、精度、速度、功能、形式、使用方法甚至软件都与硬件有极大的关系,均受到硬件指标的支持或制约。地理信息系统的硬件配置一般包括计算机主机、数据输入设备、数据存储设备、数据输出设备几部分组成。计算机主机的中央处理机(CPU)与磁盘驱动器连接在一起提供存储数据和程序的空间,并执行系统的指令,完成各种数据处理、分析、查询等所有操作;常用的数据输入设备有数字化仪、图像扫描仪、手写笔、光笔、键盘、通信端口等,主要用于将系统所需要的各种数据输入计算机,并将模拟数据转换成数字化数据;数据输出设备如绘图仪、打印机或其他类型的显示设备用于表示数据处理结果。这些硬件组件协同工作,向计算机系统提供必要的信息,完成其 GIS 系统的各种任务,保存数据以备现在或将来使用,并将处理得到的结果或信息通过显示器(VDU)或终端控制计算机和外围设备提供给用户。

2.计算机软件系统

计算机软件系统是指 GIS 运行所必需的各种程序,通常包括计算机系统软件、地理信息系统软件和其他支撑软件,以及应用程序。

1)计算机系统软件

计算机系统软件是由计算机厂家提供的为用户开发和使用计算机提供方便的系统软件,通常包括操作系统、汇编程序、编译程序、诊断程序、库程序以及各种维护使用手册、程序源等,它们是 GIS 日常工作所必要的。

2)地理信息系统软件和其他支撑软件

地理信息系统软件包括数据输入和检验、数据存储和管理、数据变换、数据输出和表示、用户接口五类基本模块。

(1)数据输入。包括能将现有地图、外业观测数据、传感器获取的数据转换成计算机兼容的数字形式的各种转换软件。许多计算机工具都可用于输入,例如人机交互终端、数字化仪、扫描仪以及从磁带、磁盘、磁鼓上读取数字或数据的装置等,还要通过观测、统计分析和逻辑分析检查数据中存在的错误,并通过适当的编辑方式加以改正。数据输入和检验是建立地理数据库必需的过程。

(2)数据存储和管理。数据存储和数据库管理涉及地理元素(表示地表物体的点、线、面)的位置、连接关系及属性数据如何构造和组织等,使其便于计算机处理和系统用户理解等。用于组织数据库的计算机程序,称为数据库管理系统(DBMS)。空间数据库包括数据格式的选择和转换、数据的联结、查询、提取等。

(3)数据的分析和处理。包括两类工作:①从数据中消除错误,数据更新,与其他数据库匹配;②回答 GIS 提出的问题而采用的大量数据分析方法。空间数据和非空间数据可单独或联合进行变换运算。比例尺变换、数据与投影匹配(投影变换)、数据的逻辑检索、面积和边长计算等,都是 GIS 中一般的变换特征。其中,特别重要的是空间分析函数变换。空间分析函数变换是指对单幅或多幅图件及其属性数据进行分析运算和指标量测。在这种操作中,以一幅或多幅图作为输入,而分析运算结果则以一幅或多幅新生成的图件表示,在空间定位上仍与输入的图件一致,故可称为函数转换。空间函数转换可分为基于点或像元的空间函数,如基于像元的算术运算、逻辑运算或聚类分析等;基于区域的空间函数如叠加分类、区域形状量测等;基于邻域的空间函数如像元连通性、扩散、最短路径搜索等。量测包括对面积、长度、体积、空间方位、空间变化等指标的计算。函数变换还包括错误改正、格式变换和预处理。

(4)数据表示与输出。表示与输出是指地理信息系统内的原始数据或经系统分析、转换、重新组织的数据以某种用户可以理解的方式进行传输,如报表、统计图、查询应答、地图形式在屏幕上显示,或通过打印机、绘图仪输出,也可通过通信网络传输到其他计算机系统供用户使用。

(5)用户接口模块。用户接口模块主要用于接收用户的指令、程序或数据,是用户和系统交互的工具,主要包括用户界面、程序接口与数据接口。由于地理信息系统功能复杂,而用户又往往为非计算机专业人员,用户界面(或人机界面)是地理信息系统应用的重要组成部分,它通过菜单技术、用户询问语言的设置及采用人工智能的自然语言处理技术与图形界面等技术,提供多窗口和鼠标选择菜单等控制功能,为用户发出操作指令提供方便。该模块还随时向用户提供系统运行信息和系统操作帮助信息,这就使地理信息系统成为人机交互的开放式系统。而程序接口和数据接口可分别为用户联结各自特定的应用程序模块和使用非系统标准的数据文件提供方便。

3)应用分析程序

应用分析程序是指系统开发人员或用户根据地理专题或区域分析的模型编制的用于某种特定应用任务的程序,是系统功能的扩充和延伸。在良好的 GIS 工具支持下,应用程序的开发是透明的和动态的,与系统的物理存储结构无关,而随着系统应用水平的提高不断优化和扩充。应用程序作用于地理专题数据或区域数据,构成 GIS 的具体内容,这是用户最为关心的真正用于地理分析的部分,也是从空间数据中提取地理信息的关键。用户进行系统开发的大部分工作是开发应用程序,而应用程序的水平在很大程度上决定系统的实用性优劣和成败。

3. 地理空间数据

地理空间数据是指以地球表面空间位置为参照的描述自然、社会和人文经济景观的数据,可以是图形、图像、文字、表格和数字等形式。它是由系统建立者通过数字化仪、扫描仪、键盘、磁带机或其他系统通信输入 GIS,是系统程序作用的对象,是 GIS 所表达的现实世界经过模型抽象的实质性内容,不同用途的 GIS 其地理空间数据的种类、精度都是不同的,但基本上都包括三种互相联系的数据类型。

1)在某个已知坐标系中的位置

即用几何坐标标识地理实体的空间位置,如经纬度、平面直角坐标、极坐标等。采用数字化仪输入时,常采用数字化仪直角坐标或屏幕直角坐标。

2)实体间的空间关系

通常包括:度量关系,如两个地物之间的距离远近;延伸关系(或方位关系),定义了两个地物之间的方位;拓扑关系,定义了地物之间接通、邻接等关系,是 GIS 分析中最基本的关系。拓扑关系包括了网络节点与网络域之间的枢纽关系[如图 1-2a)所示]、边界线与面实体间的构成关系[如图1-2b)所示],以及面实体与岛或内部点的包含关系[如图1-2c)所示]等。空间拓扑关系对于地理空间数据的编码、格式转换、存储管理、查询检索和模型分析都有重要意义,是地理信息系统特色之一。

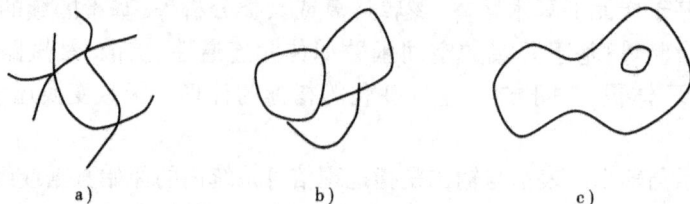

图1-2 几种典型的拓扑关系

3)与几何位置无关的属性

即通常所说的非几何属性或简称"属性",是在地理数据模型中,将地理事物或现象的性质描述为属性(At-tribute)的数据,也是与地理实体相联系的地理变量或地理意义。属性分为定性和定量的两种,前者包括名称、类型、特性等,它描述的属性有气候类型、土地利用、行政区划等;后者包括数量和等级,如面积、长度、土地等级、人口数量、降水量、河流长度、水土流失量等。非几何属性一般是经过抽象的概念,通过分类、命名、量测、统计得到。任何地理实体至少有一个属性,而地理信息系统的分析、检索和表示主要是通过属性的操作运算实现的,因而属性的分类系统、量测指标对系统的建设有较大的影响。

地理信息系统特殊的空间数据模型决定了地理信息系统独有的空间数据结构和数据编码,也决定了它独具的空间数据管理方法和系统空间数据分析能力,是地理学研究与资源环境管理等领域工作的重要工具。

4. 系统开发、管理和使用人员

人是GIS中重要构成因素。地理信息系统从其设计、建立、运行到维护的整个生命周期,处处都离不开人的作用。GIS不同于一幅地图,而是一个动态的地理模型,仅有系统软硬件和数据还构不成完整的地理信息系统,需要人进行系统组织、管理、维护和数据更新、系统扩充完善、应用程序开发,并采用地理分析模型提取多种信息,为研究和决策服务。对于合格的系统设计、运行和使用来说,地理信息系统专业人员是地理信息系统应用的关键,而强有力的组织是系统运行的保障。一个周密规划的地理信息系统项目包括负责系统设计和执行的项目经理、信息管理的技术人员、系统用户化的应用工程师以及最终运行系统的用户。如同生产复杂产品的企业一样,组织者要尽量使整个生产过程形成一个整体。要真正做到这些,不仅要在硬件和软件方面投资,还要在适当的组织机构中重新培训工作人员和管理人员等方面投资,使他们能够运用新技术。近年来,硬件设备连年降价而性能则日趋完善与增强,但有技能的工作人员及优质廉价的软件仍然不足。只有在对GIS合理投资与综合配置的情况下,才能建立有效的地理信息系统。

二、地理信息系统的功能

作为地理信息的自动处理与分析系统,地理信息系统的功能涵盖数据采集—分析—决策—应用的全部过程,并能回答和解决以下五类问题。

(1)位置,即在某个地方有什么的问题。

首先,必须定义某个物体或地区信息的具体位置。常用的定义方法有:通过各种交互手段确定位置,或者直接输入一个坐标。其次,指定了目标或区域的位置后,可以获得预期的结果及其所有或部分特性,例如当前地块所有者、地址、土地利用情况、估价等。

(2)条件,即符合某些条件的实体在哪里的问题。

首先,可以采取从预定义的可选项中进行选取、填写逻辑表达式、在终端上交互地填写表格等各种方式,指定一组查询条件。其次,在指定条件的基础上,可以获得指定条件的所有对象的列表,如在屏幕上以高亮度显示满足指定条件的所有特征,例如,需要查询某区域内所有国道公路网上经过大修加固、使用年限超过 15 年的预应力混凝土桥梁等。

(3)趋势,即某个地方存在的某个事件及其随时间的变化过程。

该类问题需要综合现有数据,以识别已经发生了或正在发生变化的地理现象。

首先,要确定趋势,当然趋势的确定并不能保证每次都正确,一旦掌握了一个特定的数据集,要确定趋势可能要依赖假设条件、个人推测、观测现象或证据报道等。其次,针对该趋势,可通过对数据的分析,对该趋势加以确认或否定。

地理信息系统可使用户快速获得定量数据以及说明该趋势的附图等。例如,通过 GIS,可以识别该趋势的特性:有多少柑橘地块转作他用?现在作为何用?某一区域中有多少地块发生了这种变化?这种变化可回溯多少年?哪个时间段能最好反映该趋势?1 年、5 年还是 10 年?变化率是增加了还是减少了等。

(4)模式,该类问题是分析与已经发生或正在发生事件有关的因素。地理信息系统将现有数据组合在一起,能更好地说明正在发生什么,找出发生的事件与哪些数据有关。

首先,要确定模式,模式的确定通常需要长期的观察、熟悉现有数据、了解数据间的潜在关系。其次,在模式确定后,可获得一份报告,说明该事件发生在何时何地、显示事件发生后的系列图件。例如,机动车辆事故常常符合特定模式,该模式(即事故)发生在何处?发生地点与时间有关吗?是不是在某种特定的交叉口处?在这些交叉处又具有什么条件?

(5)模拟,即某个地方如果具备某种条件会发生什么的问题。

地理信息系统的模拟是基于模型的分析。该类问题的解决需要建立新的数据关系以产生解决方案。首先,需要建立模型,如选择标准、检验方法等。其次,在建立了一个或多个模型后,GIS 系统产生满足待定的所有特征的列表,并着重显示被选择特征的地图,而且可以提供一个有关所选择的特征详细描述的报表。例如要在城市公共交通网络中新增一个公交汽车站,用来选址的评价指标可能包括 10min,15min,20min 可到达的空间区域。需要了解该区域生活、居住和工作的人数,该区域内商务和居住区的数量和分布,在这个区域内人们出行的要求和特点,区域内存在的其他交通方式和公交站场分布以及交通换乘的情况等。

为了完成上述地理信息系统的核心任务,需要采用不同的功能来实现它们。尽管目前商用 GIS 软件包的优缺点各有不同,而且对实现这些功能所采用的技术也是不一样的,但是大多数商用 GIS 软件包都提供了如下功能:数据的获取、数据的初步处理、数据的存储及检索、数据的查询与分析、图形的显示与交互。

GIS 作为地理信息的自动处理与分析系统,其数据处理是其最主要的内容。数据获取是通过对现实世界的观测,以及从现存文件、地图中获取数据。有些数据已经是数字化的形式,但是往往需要进行数据预处理,将原始数据转换为结构化的数据,以使其能够被系统查询和分析。查询分析是求取数据的子集或对其进行转换,并交互现实结果。在 GIS 整个处理过程中,都需要数据存储检索以及交互表现的支持,换言之,这两项功能贯穿了地理信息系统数据处理的始终。

为帮助读者对 GIS 的功能有一个较为详细的了解,下面列出了《GIS World》统计的地理信息系统软件的主要特征及功能。其中许多的功能是最重要、最必需的,但也有些功能可以根据用户的使用要求进行取舍。

(1)GIS 软件产品的基本类型

GIS,市政管理,自动制图,数据采集,格式转换,CAD,文本管理,桌面制图,影像处理,数据库管理,遥感分析,GPS 应用,地理编码等。

(2)GIS 软件支持的操作系统和数据库管理系统

①操作系统:Unix,DOS,Machintosh,Windows NT,OS/2,Windows 及其他。

②数据库管理系统:Access,内部数据库,DB2,Dbase,Ds,Foxbase,OODBMS,IMS,INFO,Infomix,Ingres,Oracle,OS/DB2,Paradox,Rbase,SyBase 等。

(3)GIS 软件的数据结构、地理坐标和数据集成能力

①数据结构:矢量,栅格,三维,TIN 及其他。

②地理坐标:地理经纬度,平面坐标,UIM,用户定义,坐标变换,地图投影,投影变换及其他。

③数据集成与交换:栅格至矢量,矢量至栅格,矢量与栅格叠加等。

(4)GIS 软件的数据获取方式、数据编辑和数据显示功能

①数据获取:手扶跟踪,扫描仪,GPS,RS,摄影测量,鼠标,野外测量等。

②数据编辑:拓扑矢量化,栅格数字化,线生成,接边,拓扑误差检查,属性域检查,悬挂点检查,节点匹配等。

③数据显示:多幅图叠加,阴影透视图,网状透视图,专题图叠加,用户格网,制图元素,改变注记大小,设置注记角度,沿地物注记,动画,多媒体等。

(5)GIS 软件所支持的数据格式

ARC,AVHRR,CGM,USGSDEM,DIGEST,DLG,DIED,DXF,EDIGEOERDAS,ETAR,GIRAS,HPGL,IGDS,IGES,ISIF,Landset,MOSS,NIF,SDTS,SIF,SPOT,TIGER,ASC Ⅱ,VPF 及其他。

(6)GIS 软件的分析功能

①几何测量:直线距离,弧段距离,面积,体积,频率等。

②检索:由光标查询,由键盘查询,由属性查询,SQL 等。

③缓冲区分析:点缓冲,线缓冲,多边形缓冲,加权缓冲等。

④地图分析:重新编码与分类,多层叠加,平均格网值,逻辑组合,最大最小格网值,加减地图,乘除地图,窗口内平均值,窗口内最大最小值,窗口内总值,窗口内最频繁格网值,聚块,形态分析等。

⑤地形分析:任意点内插高程,点通视分析,线或面通视分析,坡度,生成等高线,用户定义断裂线,计算最优路径,生成断面,充填方计算等。

⑥网络分析:网络最短路径,类技属性值,邮路分配,空间邻域搜索,最近邻域搜索,地址匹配,动态分割等。

⑦多边形操作:多边形叠置,点在多边形内,线在多边形内,通过属性和并与分割等。

第三节　地理信息系统与相关学科的关系

地理信息系统是在现代科学技术发展和社会需求的共同推动下,由多种学科交叉融合、联合攻关所形成的产物。人类为了解决人口、资源、环境、灾害这四大影响人类生存与发展的基本问题,需要自然科学、工程技术、社会科学等多学科、多手段联合攻关。而多个不同的学科,包括地理学、地图制图学、测量学、摄影测量与遥感学、计算机科学、数学、管理学、统计学以及一切与处理和分析空间数据有关的学科,在寻找一种能采集、存储、检索、变换、处理和显示输出从自然界和人类社会获取的各种数据和信息的工具的过程中,都不约而同地归结到地理信息系统上面。因此,地理信息系统(GIS)明显地体现出多学科交叉的特征,它本身既要吸取诸多相关学科的精华和营养,逐步形成独立的边缘学科,同时它又被多个相关学科所运用,并推动它们的发展。计算机科学作为 GIS 系统的最直接的技术支持,其数据库技术(DBMS)、计算机辅助设计(CAD)、计算机辅助制图(CAM)和计算机图形学(Computer Graphics)等软件包已经在许多 GIS 系统中得到应用,但这些软件系统不是为地理意义而设计的,无法取代 GIS 的作用。GIS 正是在这些相关学科与地理学相结合的基础上发展起来的,而 GIS 在与其他相关学科的交叉融合和相互促进中,本身也得到快速的发展。GIS 与相关学科的关系见图 1-3。

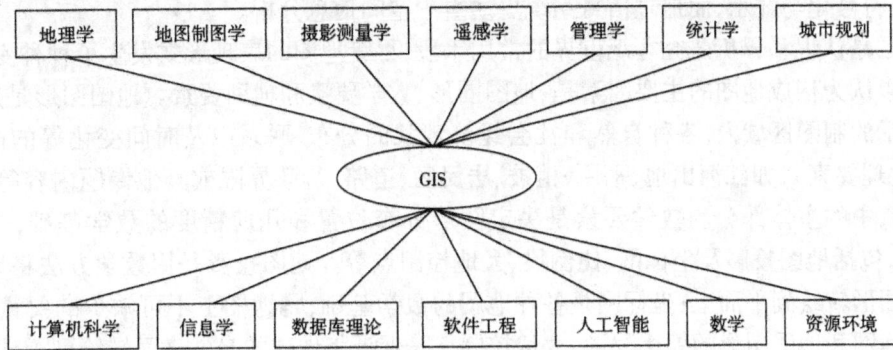

图 1-3　GIS 与相关学科的关系

1. 与地理学及地学数据处理系统的关系

地理学是一门对人类赖以生存的空间进行研究的科学。在地理学研究中,空间分析的理论和方法具有悠久的历史,它为地理信息系统提供了有关空间分析的基本观点与方法,成为地理信息系统的基础理论依托。而地理信息系统的发展也为地理问题的解决提供了全新的技术手段,并使地理学研究的数学传统得到了充分地发挥。

地理系统的内部及其外界,不仅存在着物质和能量的交流,还存在着信息流,这种信息交流使得系统许多看似不相关的形态各异的要素联系起来,共同作用于地理系统。而地理信息系统体现着一种信息联系,由系统建立者输入,而由机器存储的各种影像、地图和图表都包括了丰富的地理空间信息的数据,通过指针或索引等组织信息使其相关联;GIS 系统软件对空间数据编码解码和处理;用户对 GIS 发出指令,GIS 按约定的方式作出解释后,获得用户指令信息,调用系统内的数据提取相应的信息,从而对用户作出反应,这是信息按一定方式流动的过程。

地学数据处理系统以地理系统的数据为对象,为人类系统的分析、归纳、回答有关自然界等一切与人类生存相关的空间数据计算结果和统计规律,为分析一般地学空间现象提供决策支持;而地理信息系统除一般的数据分析和归类等功能外,更具魅力的是具有很强空间信息分析及查询功能,能极大限度地发挥地理空间信息(自然信息和社会信息)的潜能,为科学地了解和分析自然和社会提供支持。

由此可见,地理信息系统不仅要以信息的形式表达自然界实体之间物质与能量的流动,更为重要的是以最直接的方式反映了自然界的信息联系,并可以快速模拟这种联系发展的结果,达到地理预测的目的。

总之,自然界与人类存在着深刻的信息联系,地理学家所面对的是一个形体的,即自然的地理世界,而感受到的却是一个地理信息世界。地理研究实际上是基于这个与真实世界并存而且在信息意义上等价的信息世界的,GIS 以地理信息世界表达地理现实世界,可以真实、快速地模拟各种自然的程和思维的过程,对地理研究和预测有十分重要的作用。

2. 与地图学及电子地图的关系

地图是记录地理信息的一种图形语言形式,从历史发展来看,地理信息系统脱胎于地图,地图学理论与方法对地理信息系统的发展有着重要的影响。GIS 是地图信息的又一种新的载体形式,它具有存储、分析、显示和传输空间信息的功能,尤其是计算机制图为地图特征的数字表达、操作和显示提供了一系列方法,为地理信息系统的图形输出设计提供了技术支持;同时,地图仍是目前地理信息系统的重要数据来源之一。但二者又有本质的区别:地图强调的是数据分析、符号化与显示,而地理信息系统更注重于空间信息分析。

地图是认识和分析研究客观世界的常用手段,尽管地图的表现形式发生了种种变化,但是依然可以认为构成地图的主要因素是:地图图形、数学要素和辅助要素。地图图形是用地图符号所表示的制图区域内,各种自然和社会经济现象的分布、联系以及时间变化等的内容部分(又称地理要素),如江河山地、平原、植被、居民区、道路、行政界限或其他专题内容等,是地图构成要素中的主体部分。数学要素是决定图形分布位置和几何精度的数学基础,是地图的"骨架",包括地图投影及坐标网、比例尺、大地控制点等。地图投影是用数学方法将地球椭球面上的图形转绘到平面上;坐标网是各种地图的数学基础,是地图上不可缺少的要素;比例尺表示坐标网和地图图形的缩小程度;大地控制点是保证将地球的自然表面转绘到椭球面上,再转绘到平面直角坐标网内时,具有精确的地理位置。辅助要素是为了便于读图与用图而设置的,如,图例就是显示地图内容的各种符号的说明,还有图名、地图编制和出版单位、编图时间和所用编图资料的情况、出版年月等。有的地图上还有补充资料,用以补充和丰富地图的内容。如在图边或图廓内空白处,绘制一些补充地图或剖面图、统计图表,某一方面的重点文字说明等。电子地图主要是地图的数字(电子)化显示,根本上还是地图学的范畴。

从地理信息系统的发展过程可以看出,地理信息系统的产生、发展与制图系统存在着密切的联系,两者的相通之处是基于空间数据库的表达、显示和处理。从系统构成与功能上看,一个地理信息系统具有机助制图系统的所有组成和功能,并且地理信息系统还有数据处理的功能。地图是一种图解图像,是根据地理思想对现实世界进行科学抽象和符号表示的一种地理模型,是地理思维的产物,也是实体世界地理信息的高效载体,地图可以从不同方面、不同专题、系统地记录和传输实体世界历史的、现在的和规划预测的地理景观信息。

3. 与计算机科学的关系

地理信息系统的创立和发展是与地理空间信息的表达、处理、分析和应用手段的不断发展分不开的。20 世纪 60 年代初,在计算机图形学的基础上出现了计算机化的数字地图。地理信息系统与计算机的数据库技术(DBMS)、计算机辅助设计(CAD)、计算机辅助制图(CAM)

和计算机图形学(Computer Graphics)等有着密切的联系,但是这些计算机技术却无法取代地理信息系统的作用。

(1)地理信息系统与数据库管理系统

数据库管理系统(Database Management System,DBMS)一般指商用的关系数据库管理系统,如Oracle,SyBase,SQL,Server,Informix,FoxPro等。作为操作和管理数据库的软件系统,数据库管理系统可被多个应用程序和用户进行调用,提供数据库的建立、更新、查询和维护等数据管理的强大功能。DBMS也是一般事务管理系统,如银行系统、财务系统、商业管理系统、自动办公系统等系统的基础软件。GIS在数据管理上借鉴了DBMS的理论和方法,但DBMS在处理GIS中非几何属性信息方面存在以下明显的不足。①缺乏空间实体定义能力:目前流行的网状结构、层次结构、关系结构等数据库,都难以对空间结构全面、灵活、高效地加以描述,缺乏对地理信息图形数据和多媒体数据的处理、空间数据的可视化等功能。②缺乏空间关系查询能力:通用的DBMS的查询主要是针对实体的查询,而GIS中则要求对实体的空间关系进行查询,如关于方位、距离、包容、相邻、相交和空间覆盖关系等。显然,通用DBMS难以实现对地理数据的空间查询和空间分析。数据作为信息的载体,对数据进行解释就可以从中提取信息,而通用数据库和地理数据库都是针对数据本身进行管理的,无法实现对信息的提取。与通用的数据库管理系统不同的是,GIS可以在数据管理基础上,通过空间数据模型运算,产生有用的空间地理信息,而取得信息的多少和质量,与空间模型的水平密切相关。

尽管DBMS与GIS在数据管理上有上述明显区别,但是在地理信息系统中通常采用DBMS作为属性数据管理的基础软件,甚至有些GIS也直接用关系数据库管理系统管理图形数据。而关系数据库管理系统也在向空间数据管理方面扩展,如Oracle,Informix,Ingres等,都增加了管理空间数据的功能。随着数据库管理系统的发展和GIS开发及应用上的巨大需求,也存在GIS中的图形数据和属性数据全部由商用关系数据库管理系统进行管理的可能。

(2)地理信息系统与计算机图形学

计算机图形学是利用计算机处理图形信息以及借助图形信息进行人—机通信处理的技术,是地理信息系统算法设计的基础。但是计算机图形学所处理的图形数据是不包含地理属性的纯几何图形,是地理空间数据的几何抽象,可以实现GIS底层的图形操作,但不能完成数据的地理模型分析和许多具有地理意义的数据处理,不能构成完整的GIS。地理信息系统是随着计算机图形学技术的发展而不断发展完善的。

(3)地理信息系统与计算机制图系统

计算机辅助制图是地理信息系统的主要技术基础,它涉及GIS中的空间数据采集、表示、处理、可视化甚至空间数据的管理。GIS早期的技术主要反映在计算机机助制图方面,其机助制图系统或者说是数字地图系统,与传统的制图系统相比在概念和功能上有很大的差异,它涵盖了相当大的范围,从大比例尺的数字测图系统、电子平板,到小比例尺地图编辑出版系统、专题图的桌面制图系统、电子地图制作系统及地图数据库系统等。

地理信息系统和数字制图系统的主要区别在于空间分析方面。一个功能完善的地理信息系统可以包含数字制图系统的所有功能,此外它还具有丰富的空间分析功能。要建立一个决策支持型的GIS应用系统,需要对多层的图形数据和属性数据进行深层次的空间分析,以提供对规划、管理和决策有用的信息,各种空间分析如缓冲区分析、叠置分析、地形分析、资源分配等功能是GIS系统所必不可少的。

（4）地理信息系统与计算机辅助设计（CAD）

计算机辅助设计（CAD）是计算机技术用于机械、建筑、公路等土木工程和产品设计的系统。CAD主要用来代替或辅助工程师们进行各种设计工作，也可以与计算机辅助制图（CAM）系统共同用于产品加工中作实时控制。

GIS与CAD系统的共同特点是二者都有坐标参考系统，都能描述和处理图形数据及其空间关系，也都能处理非图形属性数据。它们的主要区别是：CAD处理的多为规则几何图形及其组合，图形功能极强，属性功能相对较弱；而GIS处理的多为地理空间的自然目标和人工目标，图形关系复杂，需要有丰富的符号库和属性库；GIS需要有较强的空间分析功能，图形与属性的相互操作十分频繁，且多具有专业化的特征。此外，CAD一般仅在单幅图上操作，海量数据的图库管理的能力比GIS要弱。但是，由于CAD具有极强的图形处理能力，也可以设计丰富的符号和连接属性，许多用户都把它作为数字制图系统使用。有些软件公司为了充分利用CAD图形处理的优点，在CAD基础之上，进一步开发出地理信息系统，如Intergraph公司开发了基于MicroStaion的MGE，ESRI公司与Autodesk公司合作推出了ARC-CAD。Autodesk公司自身最近又推出了基于AutoCAD的地理信息系统软件（或者说地图数据库管理软件）AutoMap等。

4. 与遥感、航测以及遥感图像处理系统的关系

（1）地理信息系统与遥感、航测

遥感（RS）和航测是一种不通过直接接触目标物而获得其信息的一种新型的探测技术。它通常是指获取和处理地球表面的信息，尤其是自然资源与人文环境方面的信息，并最后反映在像片或数字影像上的技术。影像通常需要进一步处理方可使用，该处理技术称为图像处理。图像处理包括各种可以对像片或数字影像进行处理的操作，这些操作包括影像纠正、影像压缩、影像存储、影像增强、处理以及量化影像模式识别等。

航测、遥感图像处理技术被用于获取和处理地球表面有关的信息；GIS的发展则源于对土地属性信息与相应几何表达的集成及空间分析的需求。这两项技术在过去是相互独立发展的，尽管他们实际上是互补的。从地理信息系统本身的角度出发，随着其应用领域的开拓和深入，其一，要求存储大量的有关数据，通过不断的积累和延伸，从而具备反映自然历史过程和人为影像的趋势的能力，揭示事物发展的内在规律。但是地理信息系统数据库几乎只是通过地图数字化建立起来的，用户不能接触到原始资料及其有关信息，而地理信息系统中的原始数据却是有效地模拟和控制误差传播的基础；其二，地理信息系统为了保持系统的动态性和现势性，它还要求及时地更新系统中的数据，目前地理信息系统中存储的信息只是现实世界的一个静态模拟，需要定时或及时的更新，遥感和航测作为一种获取和更新空间数据的强有力手段，能及时地提供准确、综合和大范围内进行动态检测的各种资源与环境数据，因此遥感信息就成为地理信息系统十分重要的信息源。在两者集成过程中，GIS主要用于数据处理、操作和分析；而遥感和航测则作为一种数据获取、维护与更新GIS中的数据的手段，此外，GIS可用于基于知识的遥感影像分析。

遥感和航测作为空间数据采集手段，已成为地理信息系统的主要信息源与数据更新途径。图像处理系统包含若干复杂的解析函数，并有许多方法用于信息的增强与分类。另外，大地测量为地理信息系统提供了精确定位的控制系统，尤其是全球定位系统（GPS），可快速、廉价地获得地表特征的熟悉位置信息。航空像片及其精确测量方法的应用使得摄影测量成为地理信息系统主要的地形数据来源。总之，遥感和航测是地理信息系统的主要数据源与更新手段，同

时,地理信息系统的应用又进一步支持遥感信息的综合开发与利用。

（2）地理信息系统与遥感图像处理系统

遥感图像处理系统是专门用于对遥感图像数据进行分析处理的软件。它主要强调对遥感栅格数据的几何处理、灰度处理和专题信息提取。遥感数据是地理信息系统的重要信息源,遥感数据经过遥感图像处理系统处理之后,或是进入 GIS 系统作为背景影像,或是与经过分类的专题信息系统一道协同进行 GIS 与遥感的集成分析。

一般来说,遥感图像处理系统还不便于直接用作地理信息系统。然而,许多遥感图像处理系统的制图功能较强,可以设计丰富的符号和注记,并可进行图幅整饰,生产精美的专题地图。有些基于栅格的 GIS 除了能进行遥感图像处理之外,还具有空间叠置分析等 GIS 的分析功能。但是这种系统一般缺少实体的空间关系描述,难以进行某一实体的属性查询和空间关系查询以及网络分析等功能。当前遥感图像处理系统和地理信息系统的发展趋势是两者的进一步集成,甚至开发出在同一用户界面内,进行图像和图形处理,以及矢量、栅格影像和 DEM 数据的整体结合的存储方式。

5. 与管理信息系统的关系

传统意义上的管理信息系统是以管理为目的,在计算机硬件和软件的支持下具有存储、处理、管理和分析数据能力的信息系统,如人才管理信息系统、财务管理信息系统、服务业管理信息系统等。这类信息系统的最大特征是它处理的数据没有或者不包括空间特征。

目前,随着地理信息系统研究和应用的深入,现代管理信息系统大多是以具有空间分析功能的地理信息系统（GIS）为支持、以管理为目标的信息系统,它利用 GIS 的各种功能实现对具有空间特征的要素进行处理分析以达到管理区域系统的目的,如城市交通管理信息系统、城市规划管理信息系统、节水农业管理信息系统等。

第四节　交通地理信息系统

一、地理信息与交通信息

交通地理信息系统主要研究和处理的对象是与之相关的地理信息和交通信息。地理信息作为对地理数据的一种解释,是指表征地理系统诸要素的数量、质量、分布特征、相互关系和变化规律的数字、文字、图像和图形等内容的总称。而关于交通的解释,广义地说是指人、物以及信息的空间的移动,即各种运输和邮电通信的总称。实际上人们把人和物的运转、输送和移动划分为交通领域,而把语言、文字、符号、图像等信息的传递划分到通信领域。人和物的移动,随之不同的运输方式又可区分为:航空交通、铁路交通（或叫做轨道交通,包括城市间的铁路和城市内的地铁以及其他的轨道交通）、道路交通（城市道路和城市间道路）、船舶交通、管道交通等。这里不难发现,交通与信息具有同源的关系。作为完整的交通系统其基本构成要素包括四个方面:人（交通出行者、驾驶员和管理者）、物（货物）、各类交通工具和相应的交通设施。因此交通信息的定义应包括上述交通系统各要素所关联的一切信息。所以,交通信息通常的定义是指人和物的移动及与其相关的人、车、运输物质、道路等方面的信息,它是具有更加动态变化特征和网状特征的地理信息。

交通涉及的各种各样的信息除了具有信息量大、动态、不确定、复杂、非线性、时变等特征外,还具有明显的地理特征,这就决定了研究交通问题离不开地理信息,同时不仅需要文字和图形描述的信息,还要对信息的文字和图形进行描述。

二、交通地理信息系统

交通地理信息系统(GIS-T)是收集、存储、管理、综合分析和处理空间信息和交通信息的计算机软硬件系统。它是地理信息技术在交通领域的延伸,是地理信息系统与多种交通信息分析和处理技术的集成,是为研究交通系统中的问题而开发的地理信息系统。交通地理信息系统由硬件、软件、数据、人、组织和相关协议互相连接而成的,主要用于为交通领域的各种应用提供决策依据。

交通地理信息系统的应用涵盖了交通领域十分宽广的范围,如交通基础设施规划、设计和管理,交通规划和实施,交通分析和控制,交通安全分析,环境影响评估,减少危险,以及配置和管理复杂的物流管理系统、智能交通系统等都在使用 GIS 工具。

交通地理信息系统是 GIS 技术与多种交通信息分析和处理技术的集成。结合交通领域的技术特点和应用要求,一般的交通地理信息系统需要具备数据处理,叠加分析,动态分段,地形分析,栅格显示及路径优化等主要功能。

交通地理信息系统的数据处理是对有关地理数据和交通信息进行有效处理和管理。其基本功能用于编辑、显示和测量图层,主要包括对空间和属性数据的输入、存储、编辑,以及制图和各种空间分析等功能。编辑功能允许用户添加和删除点、线、面或改变它们的属性;综合制图功能以灵活多样的制作和显示地图、分层输出专题图,如交通规划图、国道分布图等,可以显示地理要素、技术数据,并可放大缩小以显示不同的细节层次;测图功能用于测定地图上线段的长度或指定区域的面积等方面。

叠加功能允许两幅或更多图层在空间上比较其地图要素和属性,一般可分为合成叠加和统计叠加。合成叠加可得到一个新图层,它可以显示原图层的全部特征,交叉的特征区域仅显示共同特征等;统计叠加的目的是统计一种要素在另一种要素中的分布特征。

动态分段功能是交通地理信息系统有别于一般地理信息系统的重要功能之一。由于公路具有空间地理分布的线性特征,有关公路的非空间信息(或属性数据)是以里程桩(线性参照系统)为参照系统来采集的。而且,公路属性数据具有多重性,即所有有关公路的属性特征被按一定的标准分为多个属性集分别建库,每个属性集中都包含了公路的多项特征,各个属性数据库对应的路段变化点里程是不同的,而且随着属性数据的变化而变化。而在传统 GIS 中,线状特征是以弧段为基本单位进行存储和管理的,对于空间数据库中的每条弧段,属性数据库中至多存在一条记录与它对应,同一弧段上的所有位置都具有相同的属性特征。这种传统 GIS 处理线状特征的模式在公路信息的管理应用中遇到了强烈挑战。

动态分段是在传统 GIS 数据模型的基础上利用线性参照系统和相应算法,在需要分析、显示、查询及输出时,动态地计算出属性数据的空间位置,即动态地完成各种属性数据集的显示、分析及绘图的一种方法。动态分段解决了传统的 GIS 在处理线性特征时所遇到的问题,是一种新的线性特征的动态分析、显示和绘图技术,它可以极大地增强线性特征的处理功能。动态分段技术的出现,为 GIS 在公路、铁路、河流和管道等领域中的应用开辟了广阔的前景。

地形分析功能主要通过数字地面模型(DTM)以离散分布的地形点来模拟连续分布的地形表面。数字地面模型不仅为道路设计提供各种所需的地面资料,在道路设计集成系统中起着十分重要的作用,而且也是道路三维动态仿真的基础。

栅格显示功能允许 GIS 包含图片和其他影像,并可对这些图片中对应的属性数据进行叠加分析,从而对图层进行更新。如可以通过添加桥梁和交叉口及更正线形等新特征的方法对原有的道路图层进行更新;对带状(或多边)图层进行叠加可以标出土地的用途和其他属性等。

具有最短路径分析模型也是交通地理信息系统的重要特色。最短路径分析在交通运输需求分析、交通运输规划、道路交通管理等方面有广泛的应用。

从上述交通地理信息系统的特点可知,空间分析是地理信息系统软件的核心。叠加分析、地形分析和路径优化等功能为交通地理信息系统进行空间分析提供了强有力的工具和广阔的应用空间。随着各项功能的完善和发展,交通地理信息系统已经逐步成为交通领域各部门日常工作不可或缺的工作手段。

三、交通地理信息系统的发展

交通运输的发展史是人类社会发展史的一个重要组成部分,是一部科技的发展史。交通运输业的发展是科学技术发展的象征。

从公元前 4000 年车的发明,到 1830 年火车时代开始,再到 1890 年汽车出现,交通运输业经历了不平凡的历史。随着技术革命的加速与进步,交通运输发展愈加迅速。1945 年至现在的 60 多年间,公路发展十分迅速,欧洲各国、美国、日本等很多国家先后建成了比较完善的全国公路网,许多国家打破了一个多世纪以来以铁路为中心的交通格局,公路运输在综合交通运输体系中起着主导作用。

交通运输业的发展凝结着科学技术的成果,科学技术的发展也推动了交通运输的发展,交通 GIS 正是现代科学技术的必然产物。作为当今世界经济和社会发展大趋势的信息化,是产业升级和实现工业化、现代化的关键环节。信息化水平也是城市生产力和实现可持续发展的重要标志。伴随着人类向信息化社会的迈进,交通运输业也必须实现信息化,交通 GIS 正是适应了交通运输信息化的需要。

交通地理信息系统的发展可以追溯到 20 世纪 60 年代。计算机技术的发展,使得信息存储和数字计算变得容易。学者们建立起许多不同的数学模型来用计算机表达客观世界。同样,地理学者们也试图用尽量少的数据种类和数据量来表达地理事物,并进行复杂的操作和计算。在 20 世纪 60 年代,美国人口统计局建立的 DIME 以及后来的 TIGER 数据模型中,研究者们就开始采用基于点和线的一维线性网络来表达道路系统,并在同那些点线相连的属性表中记录点线的各种属性信息。一直以来,这一模型成为了道路交通系统表达模型的一个主流。这种表达方式也适于进行道路交通系统的路径分析。这可以视为交通地理系统的雏形。随着经济的发展,道路交通系统变得复杂起来,诸如多车道、单行线、转弯限制、立交桥等的出现。最初学者们是通过向属性表中增加新的字段来解决这些新现象,如加入字段"车道数"来表示该路段的车道属性,加入字段"通行方向"来注明该路段是否单行线等。

交通地理信息系统随着地理信息系统和各种测设新技术的发展,以及现代交通领域的各种新的需求,不断得到发展和完善。交通地理信息系统在城市规划与管理、交通运输规划与管理等方面的应用越来越普及,而道路建设与运营管理的全寿命周期中,从道路规划、道路设计、道路工程建设管理、道路养护维修、道路运营管理等所有阶段均与地理信息密切相关,交通地理信息系统因其具有强大的信息服务和管理功能,在交通行业的许多方面有着广泛的应用前景。交通地理信息系统不仅在从交通规划、设计、施工到运营和养护的所有阶段以及交通科研、交通管理的各个环节得到广泛的应用,也可以广泛应用在国家、省、市等不同层次,以及政府、交通运输管理、运输企业和工程设计施工等各部门的管理等方面。人们可以利用交通地理信息系统获取各种运输信息,对道路设施进行管理,可借助交通地理信息系统对交通事故进行准确的描述和预测,借助交通地理信息系统进行运输规划和运输网络分析,在交通地理信息系统基础上建立智能运输系统等。地理信息系统在交通领域中的应用极大地提高了交通领域相关部门的管理水平及生产效率,同时带来巨大的社会效应和经济效益。

GIS-T 作为 21 世纪现代化交通运输体系的管理模式和发展方向,是交通运输进入信息时代的重要标志。交通地理信息系统伴随着科学技术的进步而出现、发展,并为解决交通问题带来了新的前景。

第二章　空间数据基础

　　数据是交通地理信息系统中非常重要的一个组成部分,没有了数据,交通 GIS 便成了无米之炊。交通 GIS 中的数据必须适合建立实用系统的目的,在维护和建立一个交通 GIS 的过程中,对数据的投入通常占总投入的 70% ~ 80%。同时,数据与 GIS 应用系统的使用状况密切相关,没有高质量数据的支持,GIS 不可能发挥其应有的作用。有些已建成的 GIS 系统之所以没有发挥出应有的效益,其重要原因就是没有解决好数据这个瓶颈问题。同样,如果交通 GIS 开发者对各类数据的特点及适用范围没有充分的了解,也难以设计和开发出完全适用的 GIS。

　　随着 GIS 产业化的深入发展,越来越多的地理资料被不同数据生产部门数字化。较之传统制图生产数据资料的来源,用户有了更多的选择。在国际上,电子数据产品的生产正不断分散于专门从事数据生产的私有企业(如美国的 TAK 公司)和民间组织(如英国的 CIESIN)。为使数据“物尽其用”,以提高数据获取和数据生产的效益,人们不断的对现有数据进行多次开发,以满足越来越多的各类数据用户的要求,从而导致了数据的商品化和标准化。对现有数据进行再次开发常常涉及综合使用不同数据源的数据。因此,如何有效地利用现有多源数据来产生新的数据产品,这将随着越来越多的数字化产品的出现而显得更加重要。

　　在开发一个特定的 GIS 产品时,要根据应用需求确定对各类数据的要求。这包括确定数据的内容、格式和精度。有了特定的要求,再确定数据来源。对现有数据进行审查,看是否符合要求。如现在数据源中没有所需的数据内容,则须考虑是否可以根据现有的其他内容的数据来产生所需的数据内容。这需要综合利用现有数据源的数据来产生新的数据内容。如果无法利用现有数据生成所需要的数据,则应对所需数据另行采集。现代的测量学(包括全球定位系统,即 GPS)、定点观测、航空和航天遥感、统计调查等均是数据采集的手段。如果现有的数据源中有所需的数据,则需考虑其精度是否满足要求。若现有的数据精度不够,则需考虑是否可以利用其他数据来改善所需数据的精度,否则需要采集新数据。如果现有数据源中既有所需的数据,又满足所需精度,则只需确定该数据是否具有所需的数据格式。若不符合所需的数据格式,则要进行格式转换。对现有数据的审查过程归纳于图 2-1。由图 2-1 中可见,对各种数据来源有全面及时的了解,对设计 GIS 来说很有必要。

第一节　地理空间与空间数据

　　“空间”(Space)的概念在不同的学科有不同的理解。从物理学的方面看,空间即指宇宙在三个互相垂直的方向上所具有的广延性;从天文学方面讲,空间就是指时空连续体系的一部分;在地理学上,地理空间(Geographic space)即指物资、能量、信息的存在形态、结构过程、功能关系上的分布方式和格局及其在时间上的延续。

　　地理信息系统中的空间概念常用“地理空间”(Geo-spatial)来表述。一般地讲,地理空间

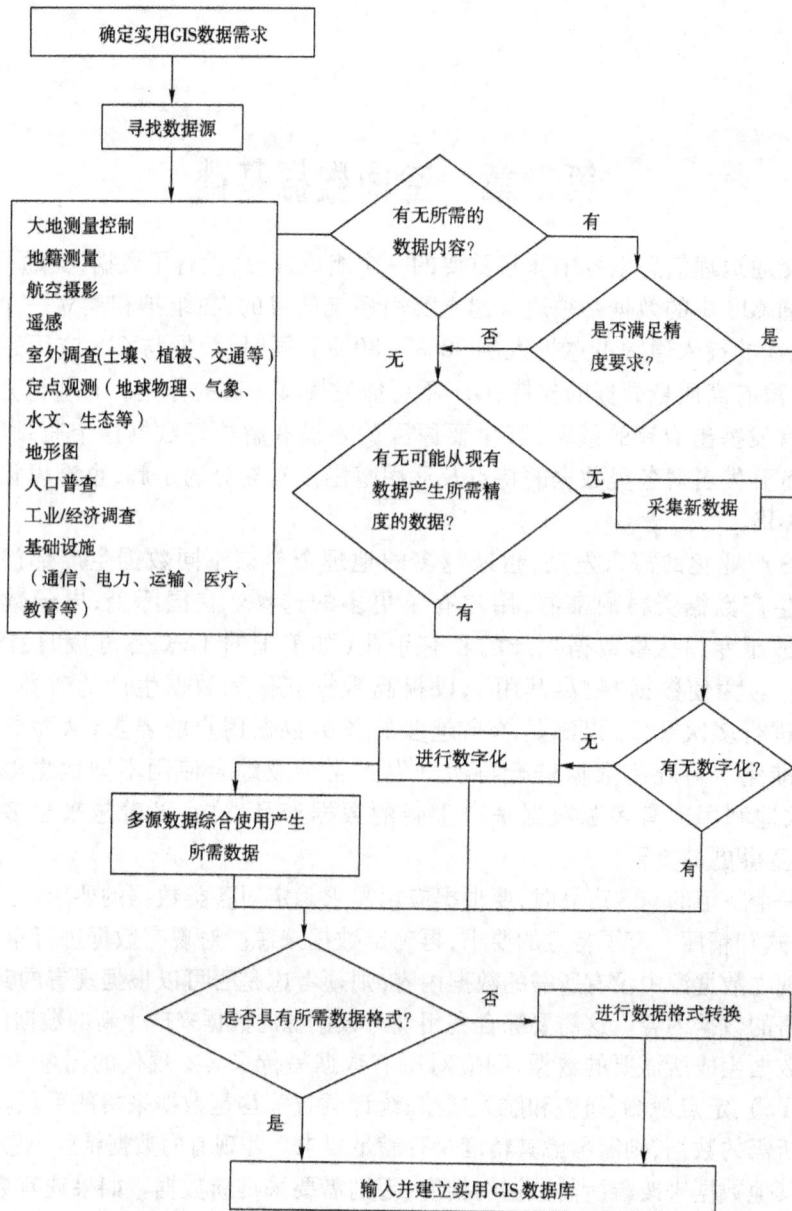

确定实用GIS数据需求

寻找数据源

大地测量控制
地籍测量
航空摄影
遥感
室外调查（土壤、植被、交通等）
定点观测（地球物理、气象、水文、生态等）
地形图
人口普查
工业/经济调查
基础设施
（通信、电力、运输、医疗、教育等）

有无所需的数据内容？　有

是否满足精度要求？　是

无　否

有无可能从现有数据产生所需精度的数据？　无　采集新数据

有

有无数字化？　无　进行数字化

有

多源数据综合使用产生所需数据

是否具有所需数据格式？　否　进行数据格式转换

是

输入并建立实用GIS数据库

图 2-1　数据审查过程

被定义为绝对空间和相对空间两种形式。绝对空间是具有属性描述的空间位置的集合,它由一系列不同位置的空间坐标值组成;相对空间是具有空间属性特征的实体的集合,它是由不同实体之间的空间关系构成。

在 GIS 中,有关空间目标实体的描述数据可分为三种类型:空间特征数据、时间属性数据、专题属性数据。对于绝大部分 GIS 的应用来说,时间和专题属性数据结合在一起共同作用为属性特征数据,空间特征数据和属性特征数据统称为空间数据(或地理数据)。空间数据通过观察或量测获得,或通过计算获取。

空间目标实体的属性特征数据常常以列表或表格的方式进行组织。无论这些表在计算机内部如何组织,都可将其当作二维表格(属性表)。行代表空间实体,列代表属性。

24

一、空间数据的基本特征

空间数据描述的是现实世界现象的三大基本特征:空间、时间和专题属性(图 2-2)。对于 GIS 来说,时间和专题特征常常被视为非空间属性。近年来对时间特征的研究越来越受到重视。特征值可通过观测或对观测值处理与运算来得到。例如在某一选定点位获得重力测量值这一专题特征,而该点的重力异常值则是计算出来的专题特征。下面对这三种特征进行分述。

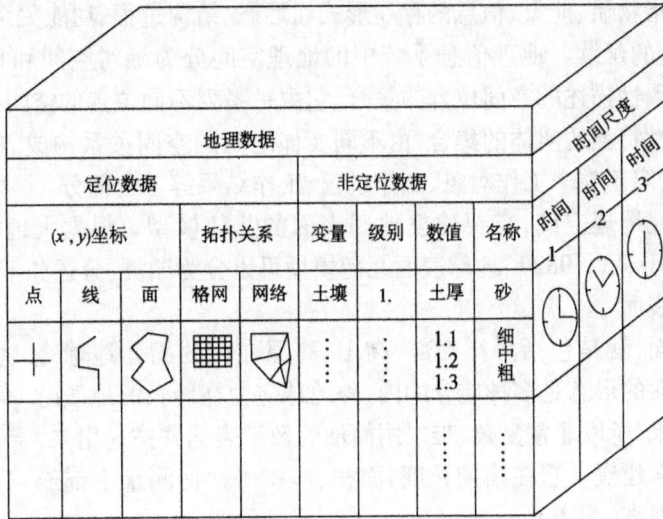

图 2-2　空间、时间、专题属性

1. 空间特征

空间特征指空间物体的位置、形状和大小等几何特征,以及相邻物体的拓扑关系。位置和拓扑特征是地理或空间信息系统所独有的,空间位置可以由不同的坐标系统来描述,如地理坐标系统,一些标准的地图投影坐标或是任意的直角坐标等。GIS 的作用之一就是进行各种不同坐标间的相互转换。

人类对空间目标的定位一般不是通过记忆其空间坐标,而是确定某一目标与其他更熟悉的目标间的空间位置关系,而这种关系往往也是拓扑关系。如一个学校是在哪两条路之间,或是靠近哪个道路叉口,一块农田离哪户农家或哪条路最近等。通过这类空间描述,可在很大程度上确定某一目标的位置,一般纯粹的地理坐标对人的认识来说几乎没什么意义。而对以计算机处理为主的 GIS 来说,最直接、最简单的空间定位方法是使用坐标,而拓扑关系则需要在空间坐标的基础上通过计算来建立。这类算法已很普遍,如在 Burrough(1986)、黄杏元和汤勤(1989)等所著书中均有介绍。而对于如何从人类对空间拓扑的文字描述中自动产生空间坐标这一过程则很少在 GIS 中实现,或许这将成为未来交通 GIS 的一个功能。

2. 专题特征

专题特征指的是除了时间和空间特征以外的空间现象的其他特征。如地形的坡度、坡向、某地的年降水量、大地酸碱度、土地覆盖类型、人口密度、交通流量、空气污染程度等。这类特征在其他类型的信息系统中均可存储和处理。其空间表示方法在传统的地图制图学中有详细的阐述(Robinson,1984;李海晨,1984)。目前 GIS 中对专题特征的输出方法大多沿用传统的专题制图方法,如分级(层)设色法和符号法等。

3. 时间特征

严格来说,空间数据总是在某一特定时间或时间段内采集所得或是由计算产生。由于有些空间数据随时间变化相对较慢,因而有时被忽略。在很多场合,时间可以被看作是专题特征,这对于大多数地理信息系统软件来说是可以做到的,但如何有效地利用时间在 GIS 中进行索引和时空分析,目前仍处于研究阶段。

二、地理空间及其数学构建

地理空间是指物质、能量、信息的存在形式在形态、结构过程、功能关系上的分布方式和格局,及其在时间上的延续。地理信息系统中的地理空间分为绝对空间和相对空间两种形式。绝对空间是具有属性描述的空间位置的集合,它由一系列不同位置的空间坐标值组成;相对空间是具有空间属性特征的实体的集合,由不同实体之间的空间关系构成。在地理信息系统应用中,空间概念贯穿于整个工作对象、工作过程、工作结果等各个部分。

要进一步研究地理空间,需要建立地球表面的几何模型。根据大地测量学的研究成果(Vanicek,E. kraskiwsky,1982),地球表面几何模型可以分为四类,分述如下。

1. 地球自然表面

地球自然表面,就是包括海洋底部、高山、高原在内的固体地球表面。固体地球表面的形态是多种成分的内、外地球应力在漫长的地质时代综合作用的结果,所以非常复杂,难以用简洁的数学表达式描述出来,因此不适合于数学建模。它在诸如长度、面积、体积等几何测量中都面临着十分复杂的困难(图 2-3)。

图 2-3 地球自然表面

2. 大地水准面

相对抽象的面,即大地水准面。地球表面的 72% 被海水所覆盖,因此,可以假设一个当海水处于完全静止的平衡状态时,海平面延伸穿过大陆、岛屿且与地球重力方向处处正交的一个连续、闭合的水准面,这就是大地水准面。以大地水准面为基准,就可以方便地用水准仪完成地球自然表面上任意一点高程的测量。尽管大地水准面比起实际的固体地球表面要平滑的多,但实际上,由于海水的温度变化,盛行风的存在,可以导致海平面高达百米以上的起伏变化。卫星雷达的高程测量结果表明,海平面随大洋中脊和海沟的分布而呈现相应的起伏变化。

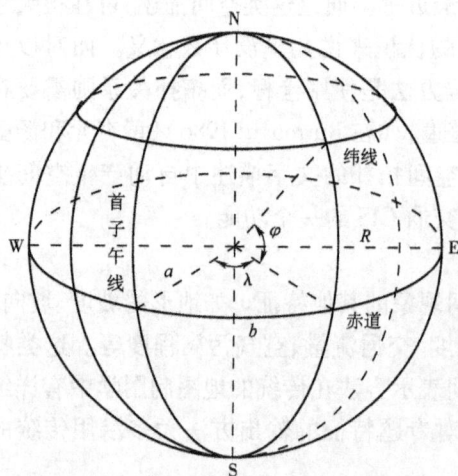

图 2-4 椭球体模型

3. 椭球体模型

椭球体模型,就是以大地水准面为基准建立起来的地球椭球体模型(图 2-4)。它由一个椭圆绕其短轴旋转而成。地球的短半轴是由地心到南极或北极,其长度比地球的长半轴大约短 1/298。例如,1984 年世界大地坐标系(WGS1984)使用的椭球长短半轴长度分别为 6 378 137.0m 和 6 356 752.3m。若以椭球为地球的近似形状,则任意两点间的最短距离 D 可近似为:

$$D = k + k^3/24R^2 + 3k^5/64R^4 \qquad (2\text{-}1)$$

上式中,k 是两点间的弦长,R 是椭球体的近似半径,可由下式求出:

$$R = \rho v / (\rho \sin^2 \alpha + v \cos^2 \alpha) \qquad (2\text{-}2)$$

26

α 是点 1 到点 2 的方位角,由下式可求:

$$\tan\alpha = \sin(\lambda_1 - \lambda_2)/\{\sin\varphi_1[\cos(\lambda_1 - \lambda_2) - (\cos u_1/\cos u_2)(1 - b^2/a^2)] - b^2/a^2 \cdot \tan\varphi_2\cos\varphi_1\} \quad (2\text{-}3)$$

式中:a、b——椭球体的长、短半轴,其值有克拉索夫斯基及国际大地测量协会推荐值等;

λ_1、λ_2——两点的地理经度(°);

φ_1、φ_2——两点的地理纬度(°)。

$$u = \tan^{-1}[(b/a)\tan\varphi]$$
$$\rho = a(1 - e^2)/(1 - e^2\sin^2\varphi)^{3/2}$$
$$e^2 = (a^2 - b^2)/a^2 \quad \text{即偏心率}$$
$$v = a/(1 - e^2\sin^2\varphi)^{1/2}$$

k 由下式求得:$k^2 = (x_1 - x_2)^2 + (y_1 - y_2)^2 + (z_1 - z_2)^2$

$$x = a\cos u \cdot \cos(\lambda_1 - \lambda_2)$$
$$y = a\cos u \cdot \sin(\lambda_1 - \lambda_2)$$
$$z = b\sin u$$

应用上述公式,Maling(1989)计算并比较从位于 0°经线、北纬 58°点到位于东经 10°、北纬 62°之间的球面和椭球面距离。该两点间用国际椭球面 $a = 6\,378\,388$m 和 $b = 6\,356\,911.9$m,所求得的椭球面距离为 712 851m。以各种近似程度不同的地球半径求得该两点的球面距离与椭球面距离之间的差异在 131m 到 2 630m 之间,误差在 1/250 左右,即每 250m 可有 1m 的误差,可见,准确地计算宜在(参考)椭球面上进行。

如上所描述的旋转椭球体是地球表面几何模型中最简单的一类模型,为世界各国普遍采用作为测量工作的基准。对于旋转椭球体的描述,由于计算年代不同,所用方法不同,以及测定地区不同,因此,其描述方法变化多样。美国环境系统研究所(ESRI)的 ARC/INFO 软件中提供了多达 30 种旋转椭球模型。我国目前采用 1975 年国际椭球值(国际大地测量协会第 5 套推荐值)作为地球表面几何模型,其基本元素值为:

$$a = 6\,378\,140\text{m}, \qquad b = 6\,356\,755.3\text{m}, \qquad \alpha = 1/298.257$$

实际地球固体自然表面,大地水准面和地球椭球体模型表面之间的关系如图 2-5 所示。

4. 数学模型

数学模型,是在解决某些大地测量学问题时提出来的,如类地面(Teluriod)准大地水准面,静态水平衡椭球体等。

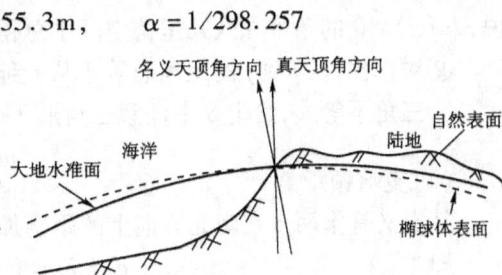

图 2-5 地球固体自然表面、大地水准面和地球椭球体表面之间的关系

三、地理空间坐标系与距离度量

度量地球表面特征点的位置,最直接的方法就是用经度和纬度来表示,它对空间点位的确定比较有利,但对距离、方向、面积等参数的计算较困难。这些参数计算的理想环境就是笛卡尔平面直角坐标系,或称二维欧几里德(Euclider)空间。

在不考虑地形起伏等因素,可建立经度(λ)、纬度(φ)与平面直角坐标系(x,y)之间的变换关系式:

$$\begin{cases} x = a \cdot \cos\varphi\cos\lambda \\ y = a \cdot \cos\varphi\sin\lambda \end{cases} \quad (2\text{-}4)$$

这个变换关系式使得用经度(λ)、纬度(φ)表示的地球旋转椭球体与平面直角坐标系(x, y)之间建立一种一一对应的空间转换关系:

$$F:(\varphi,\lambda)\rightarrow(x,y)$$

这个空间转换关系 F 实质上就是地图投影。地图投影变换引起了地理空间要素在平面形态上的变化,包括长度变化、方向变化和面积变化。但是,平面直角坐标系(x,y),确定了对地理空间良好的视觉感,并能进行距离、方向、面积等空间参数的计算,以及进一步的空间数据处理和分析。

GIS 中的地理空间,通常就是指经过投影变换后放在笛卡尔坐标系中的地球表征空间,它的理论基础在于旋转椭球体和地图投影变换。原来,人们主要考虑了二维地理空间的理论问题,关于三维 GIS 中涉及的地理空间测量在上述笛卡尔平面直角坐标系上加上第三维 z,并假设笛卡尔坐标平面是处处切过地球旋转椭球体的,这样 z 就代表了地面相对于该旋转椭球体表面的高程。当研究的区域较小时,可以忽略地球曲率的影响,这样近似计算一般不影响其小区域的精度要求。

地理空间中空间点的距离度量,可以沿着实际的地球表面进行度量,这样空间点之间的距离既与其地理坐标有关,也与所通过的路径上地形的起伏程度有关,随着地形起伏的加剧,距离随之增长;由于地表形态的分布特征,这种度量非常复杂。如果用另一种方法,即沿地球旋转椭球体表面进行距离量算,用此方法对在地球空间中相对比较远的两点,在假定地球是标准的球形,两点间的距离为通过两点的地球大圆的弧长的条件下可以避免因地形起伏对距离度量(值)的影响。

主要有如下几类在地球表面度量距离的方法:

(1)欧几里德距离

在相对较小的范围内,用笛卡尔坐标系,定义地球空间中所有点的集合,组成笛卡尔平面,记为 R^2。在 R^2 中,任意两点 (x_i,y_i) 和 (x_j,y_j) 间的欧几里德距离 $d(i,j)$ 如下:

$$d(i,j) = \sqrt{(x_i - x_j)^2 + (y_i - y_j)^2} \tag{2-5}$$

地理空间中所有点的欧几里德距离函数组成的度量空间,记为 S,度量空间具有以下特点。

①如 i 和 j 是不同的两点,则 $d(i,j) > 0$;反之,如果 i 和 j 是同一点,则 $d(i,j) = 0$。也就是说,$d(i,j) \geq 0$ 的条件在欧几里德空间中总得到满足。

②对称性,从 i 到 j 的距离总等于从 j 到 i 的距离,$d(i,j) = d(j,i)$。

③三角不等式,给定 S 中任意三角形 3 个顶点间距离 m、n、l,则存在如下关系式:

$$m + n \geq l$$

(2)曼哈顿距离

其定义是指两点在南北方向上的距离加上在东西方向上的距离。

即
$$d(i,j) = |x_i - x_j| + |y_i - y_j| \tag{2-6}$$

对于一个具有正南正北,正东正西方向规则布局的城镇街道,从一点到达另一点的距离正是在南北方向上旅行的距离加上在东西方向上旅行的距离。因此曼哈顿距离又称这为出租车距离。曼哈顿距离的度量性质与欧几里德距离性质相同,保持对称性和三角不等式成立。两者不同的是,在讨论空间邻近性时,不同点距离的排序会有很大不同。同时曼哈顿距离也不是距离不变量。当坐标轴变动时,点对之间的距离就会不同。因此,曼哈顿距离只适用于讨论具有规则布局的城市街道的相关问题。

(3)时间距离

时间距离或旅行时间距离是由空间中一点到达另一点所需时间进行度量的。距离关系难以用一个确定的关系式表达。时间距离的度量具有若干不同尺度,包括全球尺度、国家尺度和地方尺度。交通工具不同也影响到时间距离。时间距离不具有前述欧几里德距离和曼哈顿距离的度量空间的性质,如对称性,三角不等式也不一定成立。在地方尺度上,常常把从一点出发到达周围特征点的时间距离进行插值,形成等值线,从该点出发到达等值线上任意两点的距离都是相等的。在均质的地理区域里面,所有等值线应该构成以该点为圆心的同心圆。而实际上的地理区域是非均质的,使同心圆结构产生变形。还有不同的时间距离概念,如考虑一个流域中的暴雨洪水过程,从流域上游产生的暴雨,形成径流,然后在流域末端汇流,则流域中不同位置的暴雨径流到达末端的时间是不同的。这一时间距离对于洪水预报具有重要价值。

图 2-6 表示地球表面上距离度量的几种类型。

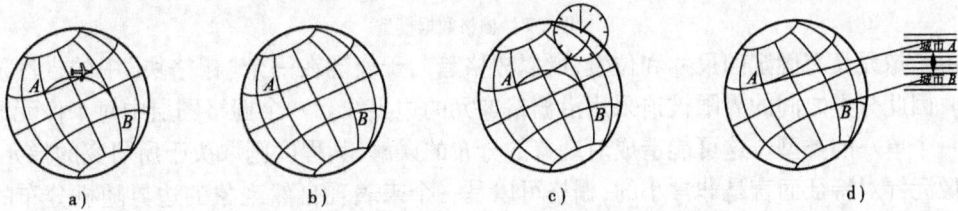

图 2-6 地球表面上距离度量的不同类型
a)大地测量距离;b)曼哈顿距离;c)时间距离;d)词典编纂距离

四、地球空间的表达与拓扑

地理空间的表达是地理数据组织、存储、运算、分析的基础。地理空间的表达方法可以概括为栅格、矢量、不规则三角网(TIN)、Voronoi 等几类。以此为基础,可以构造地理空间各种不同的数据模型和数据结构。

1. 栅格表达法

栅格数据模型是基于连续铺盖的,就是将连续空间离散化,即用二维铺盖或画上覆盖整个连续空间;铺盖可以分为规则的和不规则的(TIN 及 Voronoi 属于不规则铺盖)。不规则铺盖可以当作拓扑多边形处理,如社会、经济分区、城市街区;铺盖的特征参数有尺寸、形状、方位和间距。对同一现象,也可能有若干不同尺度、不同聚分性(Aggregation or subdivisions)的铺盖。在边数从 3 到 N 的规则铺盖(Regular Tessellations)中,方格、三角形和六角形是空间数据处理中最常用的,三角形是最基本的不可再分的单元,根据角度和边长的不同,可以取不同的形状。方格、三角形和六角形可完整地铺满一个平面(图 2-7)。

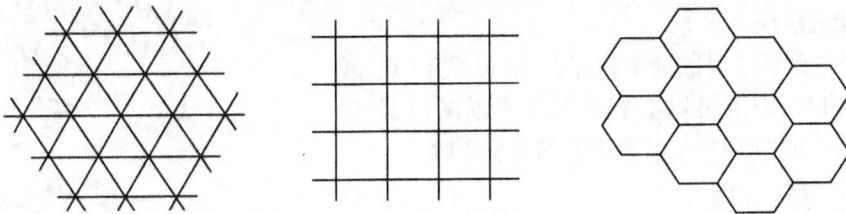

图 2-7 方格、三角形和六角形划分

基于栅格的空间模型把空间看作像元(pixel)的划分(Tessellation)。每个像元都与分类或者标志所包含的现象的一个记录有关。像元与"栅格"两者都是来自图像处理的内容,其中单个图像可以通过扫描每个栅格产生。GIS 中栅格数据经常是来自人工和卫星遥感,以及数字化的文件。采用栅格模型的信息系统,通常应用了分层的方法,在每个图层中栅格像元记录了特殊的现象的存在,每个像元的值表明了在已知类中现象的分布情况(图 2-8)。

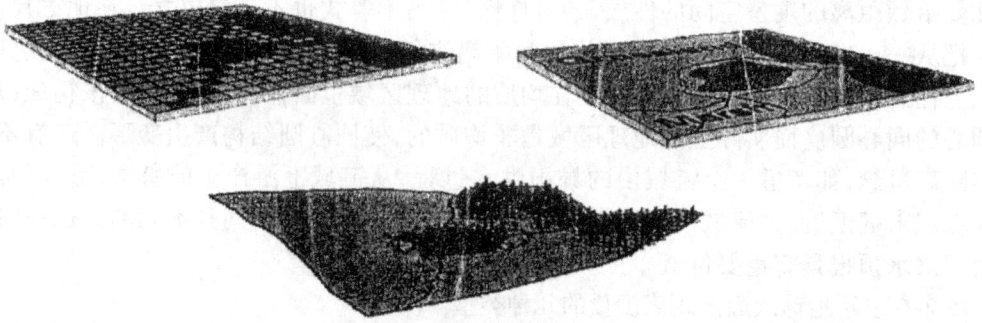

图2-8 栅格数据模型

由于像元具有固定的尺寸和位置,所以栅格趋向于表现在一个"栅格块"中的自然及人工现象。因此分类之间的界限被迫采用沿栅格像元的边界线。一个栅格图层中每个像元通常被分为一个单一的类型。这可能造成对现象的分布的误解,其程度则取决于所研究的像元大小。如果像元针对特征而言是非常小的,栅格可以是一个来表现自然现象的边界随机分布的特别有效的方式,该现象趋于逐渐地彼此结合,而不是简单地划分。如果每个像元限定一个类,栅格模型就不可能充分地表现一些自然现象的转换属性。除非抽样被降低到一个微观的水平,否则许多数据类事实上都是混合类。模糊的特征通过混合像元,在一个栅格块内可以被有效地表达,其中分类通过像元所组成度量的或者百分比来表示。尽管如此,也应该强调一个栅格的像元仅仅被赋予一个单一的值。

为了方便 GIS 数据处理,栅格模型的一个重要特征就是每个栅格中的像元的位置被预先确定,所以很容易进行叠置运算以比较不同图层中所存储的特征。由于像元位置是预先确定的且是相同的,在一个具体应用的不同图层中,每个属性可以从逻辑上或者从算法上与其他图层中的像元的属性相结合以便产生相应的一个重叠的属性值。其与基于图层的矢量模型不同之处,在于图像中的面单元彼此是独立的,直接地比较图像必须作进一步处理以识别重叠的属性。

GIS 中基于栅格的表示可以被扩展到三维以产生一个体元(Voxel)模型,其中像元是由长方形元素组成,体元是立方体、立体元素所组成。地理数据的一些模型,并不总是由边界表示的,因为数据值可能与一个属性相关,而该属性随着位置的变化而变化。体元模型是描述这类模型数据的一个比较合适的模型,该模型被广泛地应用于媒体成像,可以很好地表现渐进的特殊的位置变化,并适用产生这种变化的剖面图。

2. 矢量表示法

矢量方法强调了离散现象的存在,由边界点(点、线、面)来确定边界,因此可以看成是基于要素的(图2-9)。在 GIS 中,不同的空间特征具有不同的矢量维数。

1)0 维矢量

它是空间中的一个点。点在二维欧氏空间中用唯一的实数对(x,y)来表示。在三维欧氏空间中用唯一的数组(x,y,z)来表示。在数学上,它没有大小、方向。

2)一维矢量

它表示空间中的一个线划要素,或是空间对象间的边界,亦称为弧段、链。在二维欧氏空间中用一组离散化实数点来表示:

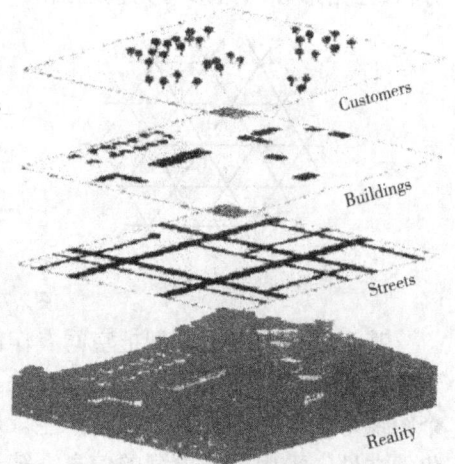

图2-9 矢量数据模型

30

$$(x_1, y_1), (x_2, y_2), \cdots, (x_n, y_n)$$

其中，n 是大于 1 的整数。同理，在三维空间中则表示为：

$$(x_1, y_1, z_1), (x_2, y_2, z_2), \cdots, (x_n, y_n, z_n)$$

其中，(x_1, y_1) 或 (x_1, y_1, z_1) 是起始点，(x_n, y_n) 或 (x_n, y_n, z_n) 是终止点。

起始点与终止点又统称为节点。位于起始和终止点之间的其他点，包括 (x_2, y_2)，(x_3, y_3)，$\cdots$，(x_{n-1}, y_{n-1}) 或 (x_2, y_2, z_2)，(x_3, y_3, z_3)，$\cdots$，$(x_{n-1}, y_{n-1}, z_{n-1})$ 称为拐点。

一维矢量可以闭合，即弧段首尾相接，则有：

$$x_1 = x_n, y_1 = y_n, z_1 = z_n (对于三维空间)$$

但弧段不能与自身相交。如果相交，则应以交点为界将该一维矢量分成几个一维矢量，如图 2-10c) 中可以分出两个一维矢量,d) 中可以分出三个一维矢量。

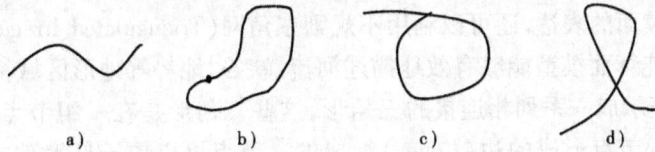

图 2-10 一维矢量自身的可能空间关系

一维矢量具有方向，始于起点，止于终点。它具有一定的长度，其长度是矢量方向上相邻两点间的空间距离之和。用欧氏空间距离的概念，表示为：

$$长度 = \sum_{i=2}^{n} [(x_i - x_{i-1})^2 + (y_i - y_{i-1})^2]^{1/2} \tag{2-7}$$

一维矢量的距离在三维空间中有三种可能：一是沿路程距离；二是平面投影距离，与二维平面上的距离定义相同；三是起终点之间的直线距离。

3）二维矢量

它表示空间的一个面状要素，在二维欧氏平面上是指一组闭合弧段所包围的空间区域。由于面状要素是由闭合分弧段所界定，故二维矢量称为多边形。其二维矢量的参数特征如下。

（1）面积。在二维平面上二维矢量的面积就是对闭合多边形求面积和。设闭合多边形表示为函数关系：

$$f(x, y), (x, y) \in S$$

其中，S 为实数集的有限子集。则面积公式可以写为：

$$面积 = \iint_s f(x, y) \, \mathrm{d}x \mathrm{d}y \tag{2-8}$$

三维曲面的面积包含两种概念：一是指三维曲面的表面积，计算上较复杂；另一是指将三维曲面积投影到二维平面上，计算其在平面的投影面积。方法与在二维平面上的运算方法相同，这种方法用得较广。例如，我国的总面积 960 万平方公里就是将我国的地理空间投影到地球旋转椭球体表面的面积。这个旋转椭球表面在 Albers 投影下又可转化为二维笛卡尔平面直角坐标。

（2）凹凸性。此特征用于二维矢量的形态描述。计算几何中定义了多种不同类型的多边形，凸多边形是指多边形的所有内角都小于 180°，它具有这样一种特性：如果从内部点向其他任意一内部点引射线，则两点间的线段必完全落在多边形以内；反过来，凹多边形是指在多边形上总能找到两点，使两点之间的连接线段上总有一部分位于多边形之外。

（3）单调性。设有欧氏平面上若干点的有序点所组成的链 $c = [p_1, p_2, \cdots, p_n]$，当且仅当在欧氏平面上的若干线段的节点在这些线段上的投影点保持原有的顺序，则称 c 为单调的。

显然,所有凸多边形都是单调的。

(4)走向、倾角和倾向。这是在地形描述、地层描述中常用的概念,是三维空间中曲面法向矢量的另外一种描述方法。在三维欧氏空间中表达的二维矢量,就是指空间曲面。用矢量的方法表示空间曲面是很复杂的,实际方法也有多种。比如等高线表示法,将空间中高程 z 值相等的点连接起来组成一段弧段,多组不同高程的一维弧段组合起来可以构成对三维曲面的描述;再比如剖面表示法,就是把三维曲面划分为一系列按特定的方向展布的剖面,多组剖面也可以构成对三维曲面的完备描述。

4)三维矢量

它是指三维空间中的实体,也就是由一组或多组闭合曲面所包围的空间对象。

3. 不规则三角网(TIN)

对于地理连续面的表达,还可以利用不规则三角网(Triangulated Irregular Network,TIN)表达。基于 TIN 的连续面模型能够有效地描述河流、峡谷、地势等地形区域特征。

TIN 把表面表示成一系列相连接的三角形,这些三角形是在一组节点(Nodes)之中,按照一定规则连接相邻节点形成的边(Edges)组成的。节点可以位于任意地方,但节点布置的好坏,直接影响到连续面模型的精度。好的节点应位于表面形状发生显著变化的地方,如山顶、山谷、绝壁、边缘等。按照山谷或峭壁边缘方向连接点而形成的分切线(Breakline)能够有效地控制表面形状,提高连续面模拟的精度(图 2-11)。

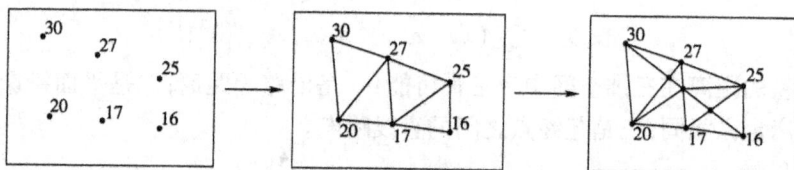

图 2-11 不规则三角网的表达

4. 拓扑属性和非拓扑属性

"拓扑"一词来源于希腊文,意思是"形状的研究"。拓扑学是几何学的一个分支,它研究在拓扑变换下能够保持不变的几何属性——拓扑属性。为了得到一些拓扑的感性认识,假设欧氏平面是一张高质量无边界的橡皮,该橡皮能够伸长和缩短到任何理想的程度。想象一下基于这张橡皮所绘制的图形,允许这张纸伸长但是不能撕破或者重叠,这样原来图形的一些属性将保留,而有些属性将会失去。例如,在橡皮表面有一个多边形,多边形内部有一个点。无论对橡皮进行压缩或拉伸,点依然存在于多边形内部,点和多边形之间的空间位置关系不改变,而多边形的面积则会发生变化。前者则是空间的拓扑属性,后者则不是拓扑属性。表 2-1列出了包含在欧氏平面中的对象的拓扑和非拓扑属性。

欧氏平面上实体对象所具有的拓扑和非拓扑属性 表 2-1

拓扑属性	一个点在一个弧段的端点
	一个弧段是一个简单弧段(弧段自身不相交)
	一个点在一个区域的边界上
	一个点在一个区域的内部
	一个点在一个区域的外部
	一个点在一个环的内部
	一个面是一个简单面(面上没有"岛")
	一个面的连续性(给定面上任意两点,从一点可以完全在面的内部沿任意路径走向另一点)

非拓扑属性	两点之间的距离
	一个点指向另一个点的方向
	弧段的长度
	一个区域的周长
	一个区域的面积

从表2-1中可以看出,拓扑属性描述了两个对象之间的关系,因此又称为拓扑关系(Topological Relation)。图2-12为拓扑空间关系的形式化表达。

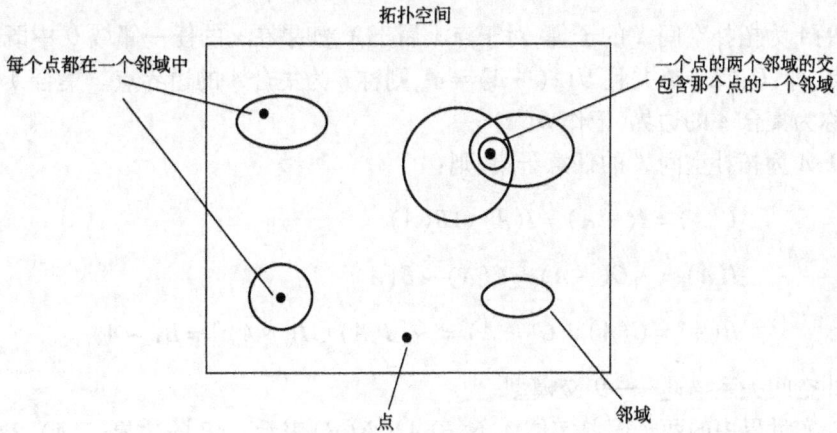

图2-12　拓扑空间中的点和邻域

5. 基于数学的拓扑描述——点集拓扑学

拓扑学是几何学分支之一,作为近代数学的一门基础理论学科,拓扑学已经渗透到数学的许多分支以及物理、化学和生物学之中,而且在工程技术中也获得了广泛的应用。由于拓扑学是研究图形在拓扑变化下不变的性质,拓扑学已成为地理信息系统空间关系的理论基础,为空间点、线、面之间的包含、覆盖、相离和相接等空间关系的描述提供直接的理论依据。

定义1:X为一非空集合,$\rho:X \times X \to R$为一映射,如果对于任意的$x,y,z \in X$,有:

(1)$\rho(x,y) \geq 0$,并且$\rho(x,y) = 0$,当且仅当$x = y$;

(2)$\rho(x,y) = \rho(y,x)$;

(3)$\rho(x,z) \leq \rho(x,y) + \rho(y,z)$(三角不等式)。

则称ρ为X的度量,偶对(X,ρ)称为度量空间。

定义2:A为度量空间X的子集,如果A的每一点都有一个球形邻域包含于A,则称A为ρ的开集。

定义3:X为非空集合,A为X的子集族,如果满足下列条件:

(1)X和空集$\varPhi$属于A;

(2)若A_1,A_2属于A,则A_1与A_2的交集属于A;

(3)A中任意两个元素的并仍为A中的元素。

则称A为X的拓扑。如果A为集合X的拓扑,则称偶对(X,A)为拓扑空间。

定义4:A为拓扑空间X的子集。如果点x属于X的每一邻域U中都有A中异于x的点,即$U \cap (A \sim \{x\}) \neq \varPhi$,则称$x$为$A$的聚点或极限点。$A$的聚点可以属于$A$也可以不属于$A$。

定义5:A为拓扑空间X的子集,集合A的所有聚点构成的集合称为A的导集,记作 dX

33

(A)或 d(A)。

定义6:A 为拓扑空间 X 的子集,如果 A 的每一聚点都属于 A,即 d(A) 为 A 的子集,则称 A 为闭集。

定义7:X 为拓扑空间,X 的子集 A 与 A 的导集 d(A) 的并集 $A \cup$ d(A) 称为 A 的闭包,记作 $C(A)$。

定义8:为拓扑空间 X 的子集,如果 A 是点 x 属于 X 的邻域,即存在 X 的开集 U 使得 x 属于 U,U 为 A 的子集,则称点 x 为集合 A 的内点。集合 A 的所有内点构成的集合,称为 A 的内部,记作 $I(A)$。

定义9:A 为拓扑空间 X 的子集,对于点 x 属于 X,如果在 x 的任一邻域 U 中既有 A 的点又有 $\sim A$ 的点,即:$U \cap A \neq \Phi$ 并且 $U \cap (\sim A) \neq \Phi$,则称 x 为集合 A 的边界点。集合 A 的所有边界点的集合称为集合 A 的边界,记作 $B(A)$。

定理1:A 为拓扑空间 X 的任意子集,则:

$$C(A) = I(\sim A) = I(A) \cup B(A)$$

$$I(A) = \sim C(\sim A) = C(A) \sim B(A)$$

$$B(A) = C(A) \cap C(\sim A) = \sim [I(A) \cup I(\sim A)] = B(\sim A)$$

6. 拓扑空间关系描述——9交模型

设有现实世界中的两个简单实体 A、B,$B(A)$、$B(B)$ 表示 A、B 的边界,$I(A)$、$I(B)$ 表示 A、B 的内部,$E(A)$、$E(B)$ 表示 A、B 余。Egenhofer[1993]构造出一个由边界、内部、余的点集组成的9交空间关系模型(9 – Intersection Model,9 – IM),如表2-2。

9交空间关系模型 表2-2

$B(A) \cap B(B)$	$B(A) \cap I(B)$	$B(A) \cap E(B)$
$I(A) \cap B(B)$	$I(A) \cap I(B)$	$I(A) \cap E(B)$
$E(A) \cap B(B)$	$E(A) \cap I(B)$	$E(A) \cap E(B)$

对于该矩阵中的每一元素,都有"空"与"非空"两种取值,9个元素总共可产生 $2^9 = 512$ 种情形。

9交模型形式化地描述了离散空间对象的拓扑关系,基于9交模型,可以定义空间数据库的一致性原则,并应用于数据库更新、维护中。此外,9交模型也是进一步研究空间关系的基础❶。

9交模型一共可以表达512种可能的空间关系,但是在实际上,有些关系并不存在。表2-3 给出了面/面(A/A),面/线(A/L),面/点(A/P),线/线(L/L),线/点(L/P),点/点(P/P) 可能空间关系的矩阵形式。其中"一"表示不可能存在该关系,"Yb"表示在单值和多值的矢量图上都可能存在的关系,"Ym"表示在多值的矢量图上可能存在的关系❷。

从表2-3 可以看出,可能的拓扑关系数目要远远少于512 个(面/面:6,面/线:19,面/

---

❶ 在这方面,比较有意义的工作是 Egenhofer 等进行的9交模型与自然语言中空间关系描述的对应研究。
❷ 所谓单值矢量图是指对于一给定点,最多只能属于一个地物要素,即地物不能重叠;而对于多值矢量图,地物可以重叠。

点:3,线/线:16,线/点:3,点/点:2）。图 2-13 给出了这些可能关系的图示。从某种意义上讲,9 交模型所描述的拓扑关系只是拓扑关系的类别,对于每一类别可以有多种可能的情形,例如两条相交的线,一个交点的情形和多个交点的 9 交模型表示是一致的,但是其拓扑关系并不同。

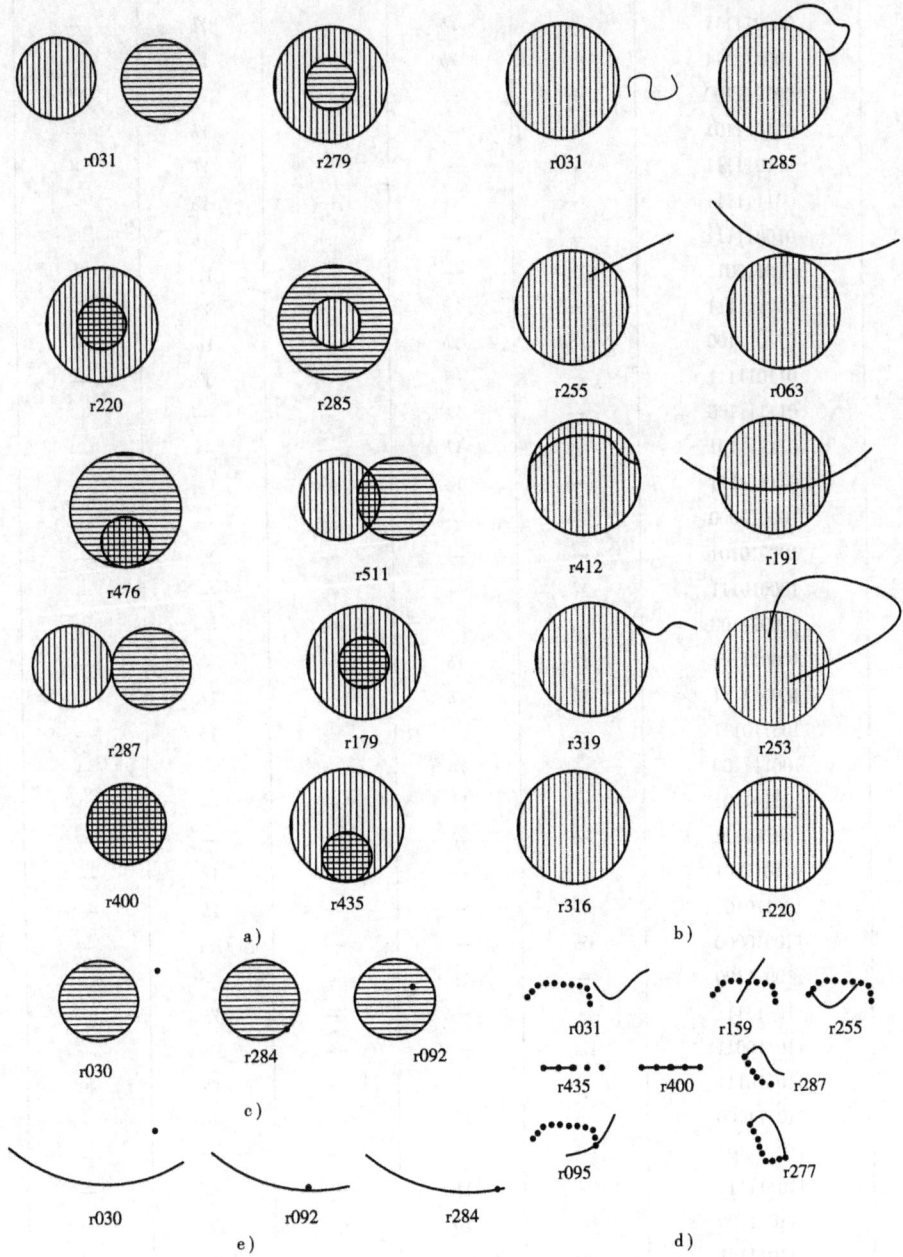

图 2-13 9 交模型所述拓扑关系图示
a)面/面关系;b)面/线关系;c)面/点关系;d)线/线关系;e)线/点关系

通过 9 交模型表示的两个要素可能的拓扑关系　　　　表 2-3

关系	9 交模型矩阵	A/A	A/L	A/P	L/L	L/P	P/P
r026	000011010	—	—	—	—	—	Yb
r030	000011110	—	—	Yb	—	Yb	—
r031	000011111	Yb	Yb	—	Yb	—	—
r063	000111111	—	Yb	—	Yb	—	—
r092	001011100	—	—	Yb	—	Yb	—
r093	001011101	—	—	—	Yb	—	—
r095	001011111	—	—	—	Yb	—	—
r127	001111111	—	—	—	Yb	—	—
r159	010011111	—	—	—	Yb	—	—
r179	010110011	Ym	—	—	Ym	—	—
r191	010111111	—	Yb	—	Yb	—	—
r220	011011100	Ym	Yb	—	Ym	—	—
r223	011011111	—	—	—	Yb	—	—
r252	011111100	—	Yb	—	—	—	—
r253	011111101	—	Yb	—	—	—	—
r255	011111111	—	Yb	—	Ym	—	—
r272	100010000	—	—	—	—	—	Ym
r277	100010101	—	—	—	Yb	—	—
r279	100010111	Yb	—	—	—	—	—
r284	100011100	—	—	Yb	—	Yb	—
r285	100011101	Yb	Yb	—	—	—	—
r287	100011111	Yb	Yb	—	Yb	—	—
r311	100110111	—	—	—	Yb	—	—
r316	100111100	—	Yb	—	—	—	—
r317	100111101	—	Yb	—	—	—	—
r319	100111111	—	Yb	—	—	—	—
r349	101011101	—	—	—	Yb	—	—
r373	101110101	—	—	—	Yb	—	—
r400	110010000	Ym	—	—	Ym	—	—
r412	110011100	—	Yb	—	—	—	—
r415	110011111	—	—	—	Yb	—	—
r435	110110011	Ym	—	—	Ym	—	—
r439	110110111	—	—	—	Yb	—	—
r444	110111100	—	Yb	—	—	—	—
r445	110111101	—	Yb	—	—	—	—
r447	110111111	—	Yb	—	—	—	—
r476	111011100	Ym	Yb	—	Ym	—	—
r477	111011101	—	—	—	Yb	—	—
r501	111110101	—	—	—	Yb	—	—
r508	111111100	—	Yb	—	—	—	—
r509	111111101	—	Yb	—	—	—	—
r511	111111111	Yb	—	—	—	—	—

注:表中将矩阵的 9 个数值展开得到一个二进制数值,1 表示相应交集不为空,0 表示交集为空。

7.9 交模型的扩展

通过引进点集的余,9 交空间关系模型增强了面/线、线/线空间关系的唯一性。但它仅仅用"空"与"非空"来区分两个目标的边界、内部、余,对面/面、点/点、点/线、点/面的空间关系描述并无多大改进。为此,该方法仍有一定的局限性。

在地理信息系统中,数据可以划分为几何数据与属性数据两大类型。由于几何数据具有可量测性,为此地理信息系统所涉及的客观世界是一个度量空间,而且每个度量空间又是一个拓扑空间。根据目标的自由度,基本实体可划分为点、线、面三种基本类型。点状目标具有固定的位置和方向,将其定义为零维目标;线状目标都有一条有形或无形的定位线,将其定义为一维目标;面状目标都有一个有形或无形的轮廓线,将其定义为二维目标。

运用维数扩展法,将 9 交模型进行扩展,利用点、线、面的边界、内部、余之间的交集的维数来作空间关系描述的框架。对于几何实体的边界,它是比其更低一维的几何实体的集合。为此,点的边界为空集;线的边界为线的两个端点,当线为闭曲线时,线的边界为空;面的边界由构成面的所有线构成。若设 P 为一个点集,定义点集的求维函数 DIM 如下。

利用维数扩展法,9 交模型可扩展为表2-4所示模型。

9 交模型可扩展模型 　　　　　　　　　　　　　　　　　　　　　　　表2-4

$DIM[B(A) \cap B(B)]$	$DIM[B(A) \cap I(B)]$	$DIM[B(A) \cap E(B)]$
$DIM[I(A) \cap B(B)]$	$DIM[I(A) \cap I(B)]$	$DIM[I(A) \cap E(B)]$
$DIM[E(A) \cap B(B)]$	$DIM[E(A) \cap I(B)]$	$DIM[E(A) \cap E(B)]$

根据 DE – 9IM,对于点集拓扑空间 X,当需要进行关系判别时,可对矩阵的 0 元取值进行分析、比较。令 C 为各单元交的点集,其取值 P 可能为 $\{T, F, *, 0, 1, 2\}$。各个取值的具体含义为:

①$P = T$ $DIM(C) \in \{0, 1, 2\}$,即交集 C 包含有点、线、面;

②$P = F$ $DIM(C) = -1$,即交集 C 为空;

③$P = *$ $DIM(C) \in \{-1, 0, 1, 2\}$,即两目标交集既有点、线、面,又含有某些部分的交为空的情形,该情况在关系判别时,一般不予以考虑;

④$P = 0$ $DIM(C) = 0$;

⑤$P = 1$ $DIM(C) = 1$;

⑥$P = 2$ $DIM(C) = 2$。

扩展 9 交模型中各元素通过取值 $\{T, F, *, 0, 1, 2\}$,可产生的情形为 $6^9 = 10\ 077\ 696$ 种,关系非常复杂,通过对大量的空间关系进行归纳和分类,得出 5 种基本的空间关系:相离关系(Disjoint),相接关系(Touch)、相交关系(Cross)、包含于关系(In)、交叠关系(Overlap),并将这 5 种关系定义为空间关系的最小集,其特征为:

①相互之间不能进行转化;

②能覆盖所有的空间关系模式;

③能应用于同维与不同维的几何目标;

④每一种关系对应于唯一的 DE – 9IM 矩阵;

⑤任何其他的 DE – 9IM 关系可以通过用这 5 种基本关系进行表达。

8. 拓扑空间关系识别

在地理信息系统中,空间数据具有属性特征、空间特征和时间特征,基本数据类型包括属性数据、几何数据和空间关系数据。作为基本数据类型的空间关系数据主要指点—点、点—线、点—面、线—线、线—面、面—面之间的相互关系。

第二节 空间数据来源与输入

一、数据来源

数据源可以大致分为原始数据（第一手数据）或经加工处理后的数据（第二手数据）；又可将数据源分为电子数据和非电子数据两类。大多数 GIS 中的数据是第二手数据，当然它们都是电子数据，第二手数据主要包括地图、图书和图像等。表2-5 列出了第一手数据和第二手数据的来源。可见，GIS 最终提供给用户的一般是经过地理编码后第二手的电子数据库或由此制作出来的图件。

不同数据种类及其来源   表 2-5

项　　目	第 一 手 数 据	第 二 手 数 据
电子数据	全站仪,GPS 数据 地球物理,地球化学数据 遥感数据	数据库
非电子数据	野外测量（包括工程测量等） 笔记、航空相片 人口普查,社会经济调查	地图 统计图表

传统的野外测量用平板仪等工具,将测量结果绘记于纸上。全球定位仪,全站仪等现代测量工程正在全面取代传统的测量仪器,它们可直接与数据记录仪连接,将所测得大量数据记录在仪器内,也可直接存储在便携计算机的硬盘上。这类仪器配以图形软件和数据库软件,可以使野外测量基本达到电子数字化。如 Trimble 公司生产的 GPS 仪器 PRO－XL 或 Explorer 与其Pfinder 软件配合,即用 GPS 接收仪与便携机可以定位,数据储存、数字图形显示等目的。如PRO－XL 再记录(它可以做到)全站仪等外接装置传来的数据,可使第一手数据的获取更加快捷。

第一手数据资料,经解译、编辑、处理后,就成为第二手数据,如地图、图书中的地理编码数据。有越来越多的第二手数据被数字化后输入各种 GIS 中。因此有必要建立空间数据的标准,即数据交换格式,数据模型和结构等的标准化,以便 GIS 数据的共享。

对于模型简单,概念明确的空间数据,其数据标准较容易确定,如基于空点观测的土地调查数据,地球物理数据等,卫星遥感影像数据等已有统一的数据标准,如 TIFF 等格式。对于数据的抽象层次提高时,制订数据标准就相应困难些。如土地利用,生态类型、地质类型等较抽象的数据,确定标准就需考虑较多的因素。对于将第二手数据经过许多变换,概括组合、合成、抽象等步骤派生成更多类型的数据,要将其过程标准化,困难更大。要充分、有效地利用任何数据都应对其产生和加工处理的过程有足够的了解。

GIS 的数据采集就是将非电子的第一手数据或第二手数据变成电子数据,并进一步处理加工成符合 GIS 要求的空间数据。

二、地图投影

空间数据库的一个重要内容是地图投影,只有确定了各类投影数据,才能将各种空间数据转换到统一的地理坐标系之中,以便于综合应用。

平面坐标是依据一定的投影而得到的。尽管在 GIS 中使用地理坐标来描述客观现象的位置是可能的,但最终对各类现象的显示还需要通过纸、胶片、屏幕等平面媒体来实现。为了避免在球面坐标和投影坐标之间转来转去,大多数 GIS 数据库按投影坐标储存数据。下面对坐标体系、地球的形状、投影变形等加以说明。

1. 地理坐标

地表空间实体的位置按严格的数学定义表达成地理坐标(球面坐标)或平面坐标。地理坐标用经度和纬度表达。连接地球表面任一点和南极(S)、北极(N)的线称做经线(图 2-14)。人们把经过英国格林尼治天文台的经线定义为 0°,该经线以东 180°内称东经,而其以西 180°以内称西经。经过任一点 P 的经线决定的子午面与 0°经线所在子午面之间的二面角即为该点 P 的经度。纬度可以近似地定义为 OP 与赤道平面的夹角。o 是地球南北极连线的中点,即所谓地心。赤道平面是通过 o 与 NS 垂直的平面,赤道平面与地球表面的交线称赤道。P' 是通过 P 的经线与赤道的交点。纬度的严格定义是 P 点法线方向与赤道平面之夹角。由于纬度以赤道始算至南北两极,所以纬度有南纬、北纬之分。

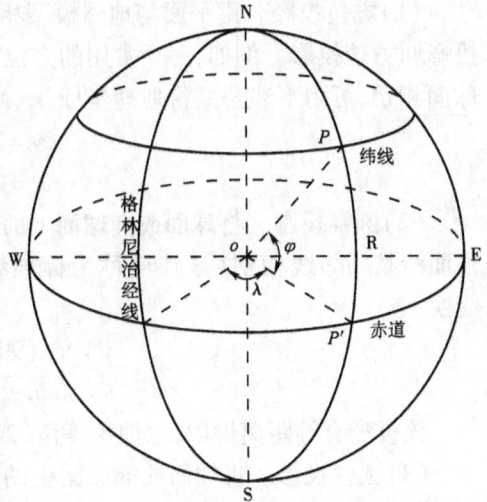

图 2-14 地理坐标经纬度示意图

在球面上给定两个点的经度、纬度,便可以计算两点间的最短距离 D,即大地线距离:

$$D = R \cdot Z$$
$$Z = \cos^{-1}\left[\sin\varphi_1 \times \sin\varphi_2 + \cos\varphi_1 \times \cos(\lambda_1 - \lambda_2)\right] \qquad (2\text{-}9)$$

式中:　　　　　R——地球半径,一个能被广为接受的地球半径是 6 371.11km;

　　　　　　　　Z——弧度;

(φ_1, λ_1)、(φ_2, λ_2)——分别是给定两点的经纬度。

D 是在假定地球是球体的条件下计算出来的,其实地球形态更近似于椭球体,即任何包含两极的平面与之相切为一椭圆,而任何与两极连线垂直的平面与之相切为一个标准圆。纬线即是这些标准圆而经线是那些椭圆。

2. 地球几何形体

为了从数学上定义地图投影,必须建立一个地球表面的几何模型。这个模型由地球的形状决定。如前所述,较为接近地球形状的几何模型是椭球体,它由一个椭圆绕其短轴旋转而成。地球的短半轴即是由地心到南极或北极,其长度比地球的长半轴大约短 1/298。例如,1984 年世界大地坐标系统(WGS84)使用的椭球长短半轴长度分别为 6 378 137.0m 和 6 356 752.3m。若以椭球体为地球的近似形状,则任意两点间的最短距离可根据式(2-1)求得。

如前所述,Maling 应用上述方法计算并比较从位于 0°经线、北纬 58°点到位于东经 10°、北纬 62°之间的球面和椭球面距离。该两点间用国际椭球面之 $a = 6\ 378\ 388$m 和 $b =$

6 356 911.9m,所求得的椭球面距离为 712 851m。以各种近似程度不同的地球半径求得该两点间的球面距离与椭球面距离之间的差异在 131m 到 2 630m 之间,误差在 1/250 左右。所以认为在(参考)椭球面上进行计算较为准确,亦即计算以参考椭球体表示地球几何形体。

3. 地图投影种类

球面或椭球地球几何模型可以被投影到许多种表面上,常用的有平面、柱面和锥面。各种表面又可与地球模型相切或相割,柱面和锥面均可展为平面。理解地图投影的概念可以想象在地球内有一个灯泡,灯泡的光线照射以地球上的各个点,投影到套在地球上的各种形状(圆锥、圆柱或平面型)的纸上,将这张纸按一定的公式裁开以后便成了平面地图。

(1)方位投影。用平面与地球模型相切或相割而将球面或椭球面上的点转换到平面上的投影叫方位投影。例如,一个常用的方位投影是球极等角方位投影。假设一个平面在北极与球面相切,可用下述公式将地理坐标(φ, λ)转换成以北极点为极点的极坐标(γ, θ):

$$\gamma = 2\tan(90 - \varphi/2) \tag{2-10}$$
$$\theta = \lambda$$

(2)圆锥投影。将球面或椭球面上的点置换以锥面上的投影称为圆锥投影。假设球面与锥面沿某一纬线相切(该纬度称为标准纬度φ_0),可由下述公式实现地理坐标向极坐标的变换:

$$\gamma = \tan(90 - \varphi_0) + \tan(\varphi_0 - \varphi) \tag{2-11}$$
$$\theta = \lambda \sin\varphi_0$$

该投影有等距离性质,兰伯特等角(双纬线)圆锥投影是常用的一种投影方式。

(3)圆柱投影。将球面或椭球面上的点转换到柱面上的投影称为圆柱投影,常见的墨卡托投影是圆柱投影,假设圆柱与球面在赤道处相切,可用下列公式实现投影变换:

$$x = \lambda \tag{2-12}$$
$$y = \ln \tan(45 + \varphi/2)$$

一个较常用的圆柱投影是由国际大地测量和地球物理联合会于 1936 年制定的横轴墨卡托投影,又称高斯—克里格投影。它将地球按经度分为 60 个 6° 条带,而纬度在北纬 84° 和南纬 80° 之间。这种投影被世界许多国家广泛地用于各种比例尺的地形图制图。

4. 地面的铅垂和水平基准面

地球上除了地形起伏的陆地表面以外,海洋表面也起伏不断,没有常态。要在地球表面定义坐标体系,首先要定义参考标准(Datum),即有恒定高程坐标值的表面。在测量学中使用两种参考表面:一种是垂直的,另一种是水平的基准面(Wells et al.,1986)。一般以最近似平均海平面的地球重力等势面作为高度为零的大地水准面(Geoid)(图 2-15)。

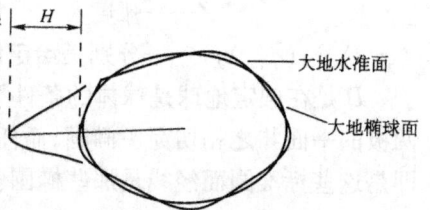

图 2-15 基于地球等势面的大地水准面与大地椭球面

以大地水准面为参考测量得到的高度 H 被用于地形制图,它是一种正射(视)高度。如果将大地水准面换成一个椭球面,人们也可以计算一个几何高度 h 或称为以椭球面为参考的高度,这种高度实际上很少使用。$H - h$ 即是大地水准面和椭球面在基点的高度差,就全球而言,大地水准面与对大地水准面拟合最好的椭球面之间的高度差几乎在所有的地方都小于 100m。尽管椭球面不被用于测量高度,它却被广泛用作经纬网测量的参考面,因此它被称为水平基准面。

40

三、全球定位系统(GPS)

美国海军和空军从 20 世纪 60 年代开始筹划,从 1973 年开始实施并于 20 世纪 90 年代初完成了 NAVSTAR(NAVigation Satellite Time And Ranging)GPS 全球定位系统(Global Positioning System)。GPS 由 3 个组成部分:卫星、控制系统和用户。现有 24 颗卫星在距离地面大约 20 183km 轨道高度上以每日绕地两周的周期运行着。6 条轨道按轨道面夹角 60°间距分开。每条轨道与赤道面的交角为 55°,每条轨道上有 4 颗卫星。

每颗卫星发射两种频率的无线电波用于定位。第一频率,L1,位于 1 575.42MHz;第二频率,L2,位于 1 227.6MHz;而载波频率由两种伪码[Pseudo – Random Noise(PRN)Code]和一条导航信息(电文)等组成,载波频率及其调制由星上原子钟控制。

GPS 控制系统由设在印度洋的 Diego Garcia,大西洋的 Ascencion,太平洋的 Kwajalein 和夏威夷以及美国本土的 Colorado Springs 五个监测站组成。Colorado Springs 站为监测总站。卫星监测站的功能是监测卫星运行状况,确定其轨道和卫星上原子钟的工作状态,传送需要传播的信息到各卫星上。

GPS 用户使用适当的接收机下载卫星信号码及载波相位并提取传播的消息。将下载接收到的卫星信息码与接收机(如图 2-16)产生的复制码匹配比较,便可确定接收机至卫星的距离。如果计算出 4 颗或更多卫星到接收机的距离,再与卫星位置相结合,便可确定 GPS 接收机天线所在的三维地心坐标(以 WGS84 为标准的椭球面坐标)。若用于高精度的大地测量,则需记录并处理载波或信息波的相位数据。

1. GPS 定位原理

GPS 定位基本原理是利用测距交会确定点位。如图 2-17 所示,一颗卫星信号传播到接收机的时间只能决定该卫星到接收机的距离,但并不能确定接收机相对于卫星的方向。在三维空间中,GPS 接收机的可能位置构成一个球面;当测到两颗卫星的距离时,接收机的可能位置被确定于两个球面相交构成的圆上;当得到第三颗卫星的距离后,球面与圆相交得到两个可能的点;第四颗卫星用于确定接收机的准确位置。因此,如果接收机能够得到四颗 GPS 卫星的信号,就可以进行定位;当接收到信号的卫星数目多于四颗时,可以优选四颗卫星计算位置。

图 2-16　GPSMap76 车载/手持式接收机

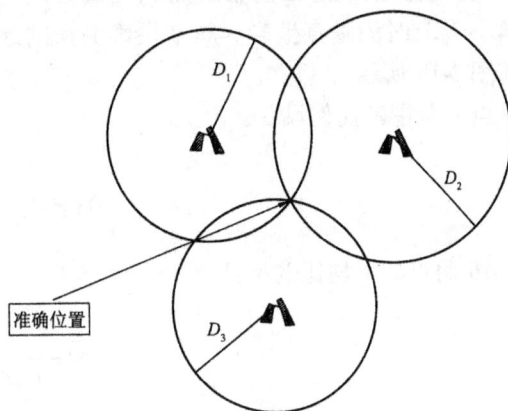

图 2-17　测距交会定位示意图

2. GPS 误差及其纠正

造成 GPS 定位误差的因素有很多,如由于卫星轨道变化以及卫星电子钟不准确以及定位信号穿越电离层和地表对流层是速度的变化等引起的误差,但是 GPS 定位中最为严重的误差则是由于美国军方人为降低信号质量造成的,这种误差可高达 100m。

美国为了防止未经许可的用户把 GPS 用于军事目的,实施了各种技术。首先 GPS 卫星发射的无线电信号包括两种不同的测距码,即 P 码(也称精码)和 C/A 码(也称粗码)。相应两种测距码 GPS 提供两种定位服务方式,精密定位服务(PPS)和标准定位服务(SPS)。前者的服务对象主要是美国军事部门和其他特许部门,后者则服务于广大民间用户。此外,通过使用选择可用性(Selective Availability,SA)技术,C/A 码的定位精度从 20m 降低至 100m;而反电子欺骗(Anti-spoofing,AS)技术用于对 P 码进行加密,当实施 AS 时,非特许用户不能得到 P 码。

上述的人为误差给 GPS 的民用造成了障碍,但是可以通过差分纠正来消除。差分纠正是通过两个或者更多的 GPS 接收机完成的,其方法是在某一已知位置,安置一台接收机作为基准站接收卫星信号,然后在其他位置用另一台接收机接收信号,由前者可以确定卫星信号中包含的人为干扰信号,而在后者接受到的信号中减去这些干扰,即可以大大降低 GPS 的定位误差。有关纠正、差分的原理及公式可参阅相关著作。

四、航空摄影测量

航空摄影测量在我国基本比例尺测图生产中起了关键作用,我国绝大部分 1:1 万和
1:5 万基本比例尺地形图使用摄影测量方法。同样,在 GIS 空间数据采集的过程中,随着数字摄影测量技术的推广,亦将起越来越重要的作用。

1. 基本原理

摄影测量包括航空摄影测量和地面摄影测量。地面摄影测量一般采用倾斜摄影或交向摄影,航空摄影一般采用垂直摄影。摄影机镜头中心垂直于聚焦平面(胶片平面)的连线称相机的主轴线。航测上规定当主轴线与铅锤线方向的夹角小于 3°时为垂直摄影。航空摄影测量的原理如图 2-18 所示。

点 A 范围的比例尺:

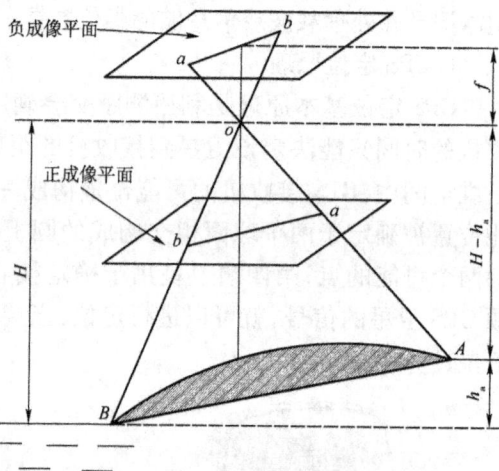

图 2-18 垂直航空摄影测量示意图

$$S_A = \frac{1}{(H - h_a)/f} \tag{2-13}$$

AB 两点的平均比例尺:

$$\bar{S} = \frac{1}{(AB/ab)} \tag{2-14}$$

航空摄影测量一般采用量测用摄影机,相机的主距是相对固定的,为便于测量像片,每张像片的四周或四角标有量测框标。如图 2-19 所示,由对边框标的连线相交的点为像片的几何

中心。该点一般与主光轴相交于像片的像主点 P 重合。通过镜头中心的铅垂线与像片相交的点 N 称为像底点,主光轴 OP 与通过像底点的铅垂线 ON 的夹角等分线与像片相交的点 I 称为等角点。当垂直摄影时,P、I、N 三点重合。

　　航空像片上存在两种主要误差:一是像片倾斜误差,二是由于地形起伏引起的投影误差。虽然,摄影时尽量保持垂直,但由于飞机的摄影机的波动,难免会产生误差。垂直摄影由于保持倾角在 3° 以内,故倾斜误差不大,而且可以通过恢复摄影时的方位,自动改正该项误差。航空像片最大的误差是投影差,即地形起伏造成的像点位移。由于航摄像片是中心投影,根据中心投影原理可得任一像点比例尺的计算公式(图 2-18):

$$S = \frac{1}{h_a/f} = \frac{1}{(H-h)/f} \tag{2-15}$$

式中:h_a——某一点的航高;

　　　H——绝对航高;

　　　h——该点的高程;

　　　f——相机的焦距。

　　从上式中可以看出,航空像片的比例尺是随地物点的高程而变化的。即,当地面有起伏时,像片的比例尺是不定的,也即像片存在误差,不能当作地图使用。通常所说的航摄比例尺只是一个平均比例尺概念。

　　如图 2-20 所示,设某点 A 的参考平面 A_0 的航高为 H,该点对应的高程为 h_a,像片上该点到像底点的距离为 $\overline{na}$,则该点的投影差:

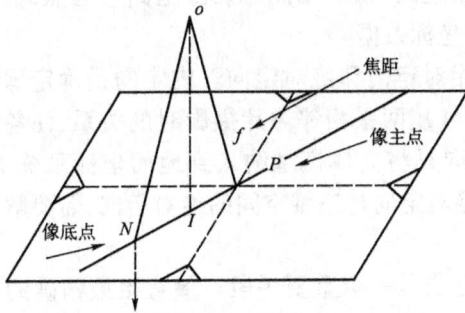

图 2-19　航空像片的像主点、像底点和等角点　　　　图 2-20　航空像片的投影差

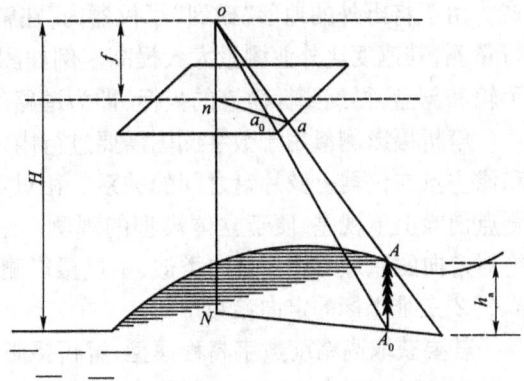

$$\delta_a = \overline{a_0 a} = \frac{h_a \cdot \overline{na}}{H} \tag{2-16}$$

　　从式(2-16)可以看出,高程投影差与三个因素有关:一是该点的高程,高程越大,投影差越大;第二个因素与该点离像底点的距离有关,离像底点距离越远,投影差越大;第三个因素与航高有关,航高越大,投影差越小。这就是为什么 TM 遥感影像的投影差通常可以忽略不计的原因。

　　由于像片上存在各种误差,摄影测量学者研究发展一系列理论、方法和仪器来解决这一问题,如纠正仪、微分纠正仪、单投影仪和数字微分纠正仪等,使得到的影像图消除了倾斜误差和投影差,整个图上的比例尺相同,即得到正射影像,影像图的结果与正射投影的结果一致。但是单张像片的摄影测量,在摄影测量中的地位和作用并不是很大。摄影测量有效的方式是立体摄影测量,它对同一地区同时摄取两张或多张重叠的像片,在室内的光学仪器上或计算机内恢复它们的摄影方位,重构地形表面,即把野外的地形表面搬到室内进行观测。航测上对立体覆盖的要求是当飞机沿一条航线飞行时相机拍摄的任意相邻两张像片的重叠应保持在60%。立体摄影测量原理的示意图如图2-21所示。

摄影测量工作者为立体像对或者说立体模型的观测研究出一系列航测仪器,包括多倍仪、立体量测仪、立体坐标量测仪、精密立体测图仪、解析测图仪、数字摄影测量工作站等。前面的一些仪器设备大部分是生产模拟地图用的仪器,仅有解析测图仪和经过数字化改造的精密立体测图仪,

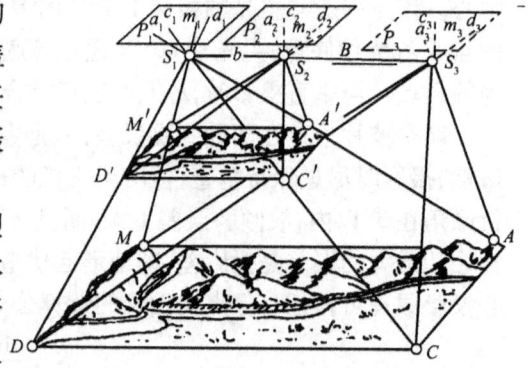

图2-21 立体摄影测量的原理

以及数字摄影测量工作站可以用于GIS的空间数据采集。下面概述这三种仪器进行GIS数据采集的原理。

2. 解析摄影测量

这里所说的解析摄影测量包含经过数字化改造的精密立体测图仪,其工作原理与解析测图仪类似,只不过在精密立体测图仪中,恢复摄影方位和空间交会是由机械实现,而解析测图仪是由计算机解算实现。但是它们测量的空间实体的坐标都直接进入计算机内,由计算机进行编辑、处理和制图。

解析摄影测量除用于解析空中三角测量的像点坐标观测以外,主要用于数字线划图的生产。由于将野外的地形"搬到"了仪器内,在解析测图仪或立体测图仪上对照"真实"的地形进行量测,其速度比外业测量大大提高。例如测量一条道路,仅需用测标切准道路中心点,摇动手轮和脚盘,得到测标轨迹的坐标,即为道路的空间坐标数据。

解析摄影测量用于数字测图需要进行内定向、相对定向和绝对定向。内定向是确定像框和像主点与仪器上像片盘之间的关系。相对定向是恢复两张相邻像片摄影时的关系,使各观测点消除上下视差,便于立体模型的观测。绝对定向是将立体模型纳入到地面坐标系统中。绝对定向的原理与图板定向类似,不过摄影测量的绝对定向是三维空间的绝对定向,需要解算X、Y、Z三维坐标的定向参数。

若要获取高精度数字高程模型,解析摄影测量方法是一个重要手段。最直接最精确的方法是直接量测每个格网的高程值。安置X、Y方向的步距,人工立体切准格网高程点,可直接得数字高程模型。利用解析测图仪获取数字高程模型的另一种方案是先跟踪等高线,并加测一些地形特征点线,构成不规则三角网,再内插成格网,建立数字高程模型。

3. 数字摄影测量

数字摄影测量一般指全数字摄影测量。前述的解析摄影测量中,操作仪器也是由计算机控制,输出的结果也是数字线划图或数字高程模型。但是那里的像片是模拟的,观测系统是机械和光学的。而全数字摄影测量则不同,影像是数字的,而且不再有光学机械,所有的数据处理过程全部在计算机内进行。

数字摄影测量继承立体摄影测量和解析摄影测量的原理,同样需要内定向、相对定向和绝对定向,在计算机内建立立体模型。但是由于像片进行了数字化,数据处理在计算机内进行,所以可以加入许多人工智能的算法,使它进行自动内定向,自动相对定向,半自动绝对定向。不仅如此,还可以进行自动相关、识别左右像片的同名点、自动获取数字高程模型,进而生产数

字正射影像。还可以加入某些模式识别的功能,自动识别和提取数字影像上的地物目标。

当前用数字摄影测量方法生产数字高程模型和数字正射影像的技术已经成熟,而且我国在该领域处于领先地位,武汉大学(原武汉测绘科技大学)和中国测绘科学研究院都推出了实用系统。在数字线划图的生产方面,一般采用人机交互方法,类似于解析测图仪的作业过程。半自动识别和提取空间目标的方法已开始在一些数字摄影测量系统中实现。有关摄影测量更详细的内容,可以参考王之卓(1979)、李德仁和郑肇葆(1992)、张祖勋和张剑清(1996)等人的摄影测量专著。

五、遥感数据(RS)

1. 遥感图像数据

前面简单介绍了航空摄影和航空像片的一些特点,航空像片是一种特殊而又应用最广泛的遥感数据。本节将航空像片与遥感数据列表进行比较,然后再进一步介绍各类遥感数据的特色。较之野外测量或野外观测,遥感数据有下列优点。

(1)增大了观测范围。

(2)能够提供大范围的瞬间静态图像。这一点对动态变化的现象非常重要,例如可根据一系列在不同时间获得的洪泛区图像研究洪水在大面积范围内的变化,如靠野外测量的方法很难做到,因为当我们从一点到达另一点的时候,所观测的洪水趋势已与上一点的观测时间不同了,所以得不到一个大范围的瞬时静态图像。

(3)能够进行大面积重复性观测,即使是人类难以到达的偏远地区也能够做到这一点,特别是在卫星平台上可以周期性地获取某地区的遥感数据。

(4)大大加宽了人眼所能观察的光谱范围。人眼敏感的光谱范围大致在 $0.4 \sim 0.7\mu m$ 波长之间,而摄影胶片的敏感范围为 $0.3 \sim 0.9\mu m$,使人眼的光谱视域加宽到原来看不到的紫外和近红外波段。利用其他对电磁波敏感的器件,可以使光谱范围增大至从 X 射线(波长为 $0.1nm$ 级)到微波(波长在数十厘米)。其中,对温度敏感的热红外传感器可以不受昼夜限制对不同物体的温度成像(光谱范围 $10.4 \sim 12.4\mu m$)。而利用微波技术制成的雷达则不仅不受限于昼夜的光照条件,而且可以穿透云层从而达到全天候的成像能力。

(5)空间详细程度高。航空像片的空间分辨率可高达厘米级甚至毫米级,在野外实地观察,人眼往往难以注意到这样的空间细节。从前面的介绍中也可看出航空像片经过纠正后几何精度很高,几乎所有像点都有较高的几何精度,这也是野外实地测量达不到的。商用卫星遥感数据的空间分辨率也将达到 $80cm$ 左右,而数字航空摄影或利用其他航空传感器也可以达到 $10 \sim 30cm$ 的空间分辨率。

非摄影遥感数据与航空像片资料相比又有哪些特点呢?我们用表 2-6 作一归纳。

非摄影遥感与航空像片资料的比较   表 2-6

项 目	航 空 像 片	航 空 遥 感	卫 星 遥 感
传感器	照相机	多光谱扫描仪 热红外扫描仪 雷达	同左
数据载体	胶片、像片	磁带、硬盘、光盘、 胶片、像片	磁带、硬盘、光盘、 胶片、像片

项 目	航空像片	航空遥感	卫星遥感
光谱敏感范围	0.3~0.9nm	0.1nm~1m	0.1nm~1m
光谱分辨率	≥50nm	一般大于3nm	一般大于3nm
光谱波段数	1~3	1~288	1~384
空间分辨率	可达毫米级	20cm~20m	最高可达0.61m
单幅影像覆盖范围	400m×400m 20km×20km	一般大于20km×20km	6km×6km至整个半球
对光照条件的要求	10:00~14:00地方时	当光谱小于1mm时 日出至日落间 3~16mm时 昼夜均可、受云影响 微波雷达可全天候	同左
对于气候条件的要求	风暴天不宜	风暴天不宜 阴雨天对雷达无妨	操作于大气层外 不受天气条件影响
数据获取频率	受限于光照和天气条件	受天气条件限制	30min~26d
对辐射能量量化的 难易程度	难	易	易
摄影方式	中心投影	多中心、多条带	多中心、多条带
几何质量	高	低	低

注:表中数值范围不能随意组合,如卫星遥感空间分辨率可高达0.61m,而光谱波段可达384个,并不意味着有384个波段的传感器,其空间分辨率为0.61m,事实上有0.61m空间分辨率的卫星影像只有一波段。而384波段的传感器空间分辨率为15m,欲知每个卫星传感器的详细资料可参阅相关资料或向数据生产商及其代理商索要。数值范围均是估算出来的,实际范围可能略有出入。

从表2-6可以看出非摄影数据较航空像片易于数字化存储和处理,光谱敏感范围大大加宽,光谱分辨率提高,光谱波段大为增多。光谱分辨率高有助于区分不同物质间细微的光谱辐射差异。光谱波段增多可增加光谱信息含量,拥有数十个以上较连续的光谱波段,光谱分辨率较高的传感器称为成像光谱仪。这类仪器获取的图像上每一点都可以制成光谱曲线加以分析(图2-22)。但这类传感器也增加了数据容量,从而增加了存储和处理的难度。获取非摄影数据无须航空摄影那样严格的光照和天气条件。详细的电磁辐射量化程度有助于区分同一波段内的细微辐射程度。卫星遥感一般在覆盖范围方面又远远大于航空遥感,并且其周而复始的轨道周期性使获取数据更容易。但由于一幅遥感影像由许多中心投影构成,其几何质量不如

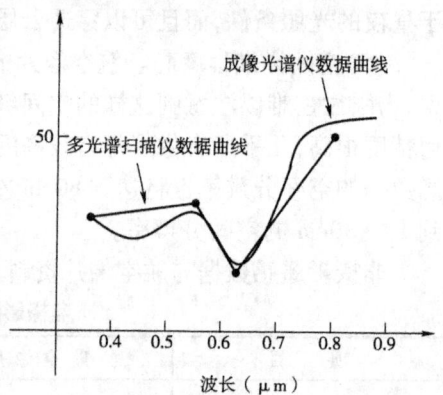

图2-22 成像光谱仪数据与陆地卫星多光谱数据的比较

航空像片,纠正起来也更困难,所以若用于制作较大比例尺的地图,不一定能够满足地图的几何精度要求。

2. 遥感图像的空间分辨率

航空像片比例尺反映航空像片上对地物记录的详细程度,数字遥感资料则靠空间分辨率来表示。一般传感器的空间分辨率由其瞬间视场的大小决定,即由传感器内的感光探测器单元在某一特定的瞬间从一定空间范围内能接收到一定强度的能量而定,但一般使用其名义分辨率,它通过下式得到:

名义分辨率 = 图像某行对应于地面的实际距离/该行的像元数

3. 扫描式传感器所获图像的几何特性

扫描式传感器与垂直摄影和倾斜摄影的几何特性如图 2-23 所示。从图 2-23 中可以看出中心投影与多条带中心投影的区别,水平面上的直线在扫描传感器所得到的图像上会变形,而且任何垂直于平面的物体都在图像上沿垂直于飞行方向向远处移位。这一特点使得不同飞行方向对林区或高层建设区获取多光谱扫描图像有不同的影响。当飞行方向与太阳方位平行时,所得图像上森林或高层建筑的阴影可得到均衡分布,即一棵树或一座楼房阴阳面的影像均

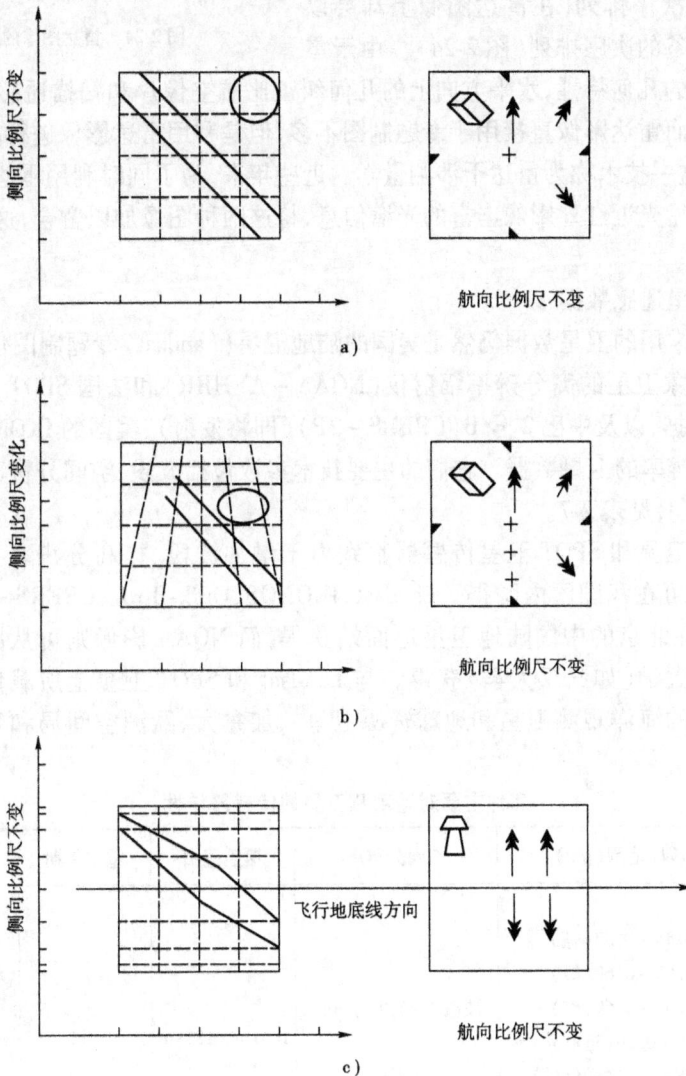

图 2-23 垂直摄影、倾斜摄影和扫描式传感器的几何特性
a)垂直航空像片;b)倾斜航空像片;c)未经纠正的扫描传感器像片

可得到,这是比较理想的情况。而当飞行方向与太阳方向垂直时,会得到具有阴阳两个条带的图像,即在飞行底线的一侧物体影像基本来自阳面,而在另一侧则基本来自阴面,这会增加对物体的识别难度。对具有垂直中心投影的航空像片来说,飞行方向与太阳方位无关。

4. 侧视雷达图像的几何特性

侧视雷达图像在航向的变形,即同样大小的物体随离飞行底线距离的增加而变小,与倾斜航空像片类似。但是其与飞行底线垂直方向上的变形则较复杂,在无起伏的平原地区,同样大小的地物离雷达的距离越近,其中图像上的尺寸愈小,而当地形起伏时面向雷达的山坡回射信号强而背坡弱,有时甚至会出现由山顶到山麓的成像倒错。如,两排山在垂直中心投影下,本应按山峰—山谷—山峰的空间次序排列,在雷达图像上却会以山峰—山峰—山谷的次序排列(图2-24)。由于雷

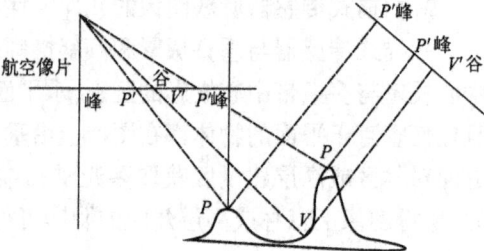

图2-24　雷达图像的几何特性

达图像这些复杂的几何特性,水平方向上的几何纠正比航空像片和扫描遥感影像的几何校正难度大得多。因而雷达影像直接用于专题制图不多,但是利用雷达影像进行高度测量,却可以达到很高精度,这一技术称为雷达干涉测量学。近些年来,为了同时利用雷达影像上丰富的地形起伏信息和可见光近红外影像丰富的光谱信息,将这两种图像加以融合,这类技术称为图像融合技术。

5. 常用的卫星遥感数据

目前世界上常用的卫星数据仍然是美国的陆地卫星(Landsat)专题制图仪(Thematic Mapper,TM)、诺阿气象卫星的高分辨率辐射仪(NOAA – AVHRR)和法国SPOT卫星的高分辨率传感器(HRV)数据,以及中巴2号B(CBERS –2B)(即将发射)、美国的IKONOS、Quik-Bird等新近发射的高分辨率的卫星数据。它们的主要技术参数包括波段、空间分辨率、覆盖范围和对同一地点重访周期,见表2-7。

下一代陆地卫星和SPOT卫星传感器都致力于增加波段、提高分辨率方面的改进。表2-7所列图像,均可在我国国内购得。Landsat、IKONOS、Quik-Bird 、CBERS –2B(发射之后)和SPOT可从设在北京的中国陆地卫星地面站获得,而NOAA影像则可从国家气象中心和许多省气象局或大学(如武汉大学)获得。与Landsat和SPOT卫星上所载传感器相类似的还有日本和印度的海洋观测卫星和地球资源卫星。加拿大、欧洲空间局和日本也提供星载雷达图像。

几种主要对地观测卫星的传感器特性　　　　　　　　　　　　　　表2-7

卫星传感器	波段范围(μm)	空间分辨率	覆盖范围	重访周期	主要用途
Landsat TM	0.45～0.52(蓝) 0.52～0.60(绿) 0.63～0.69(红) 0.76～0.90(近红外) 1.55～1.75(中红外) 10.4～12.4(热红外) 2.05～2.35(远红外)	波段1～5,7 为30m 120m	185km×185km	16d	水深、水色 水色、植物状况 叶绿素、居住区 植物长势 土壤和植物水分 云及地表温度 岩石类型

卫星传感器	波段范围（μm）	空间分辨率	覆盖范围	重访周期	主要用途
NOAA AVHRR	0.58～0.68（红） 0.72～1.10（近红外） 3.55～3.93（热红外） 10.3～11.3（热红外） 11.5～12.5（热红外）	1.1km	2 400km×2 400km	0.5d	植物、云、冰雪 植物、水陆世界面 热点、夜间云 云及地表温度 大气及地表温度
SPOT–HRV	0.50～0.59（绿） 0.61～0.68（红） 0.79～0.89（近红外） 0.51～0.73（可见光）	20m 20m 20m 10m	60km×60km	26d 局部重访2～3d	水色、植物状况 叶绿素、居住区 植物长势 制图
IKONOS	0.45～053（蓝） 0.52～0.61（绿） 0.64～0.72（红） 0.77～0.88（近红外） 0.45～0.90（全色）	4m 4m 4m 4m 1m	16km×16km	2.9d(1m) 1.5d(1.5m)	水深、水色 水色、植物状况 叶绿素、居住区 植物长势 测绘制图、城市规划
Quick-Bird	0.45～0.52（蓝） 0.52～0.66（绿） 0.63～0.69（红） 0.76～0.90（近红外） 0.45～0.90（全色）	2.44m 2.44m 2.44m 2.44m 0.61m	16.5km×16.5km	1～6d(取决于 纬度高低)	水深、水色 水色、植物状况 叶绿素、居住区 植物长势 制图、城市规划
中巴2B （CCD相机）	0.45～0.52（蓝） 0.52～0.59（绿） 0.63～0.69（红） 0.77～0.89（近红外） 0.51～0.73（可见光）	19.5m	113km×113km	26d（局部很短）	水深、水色 水色、植物状况 叶绿素、居住区 植物长势 制图监测预防等

于1997年底1998年初出现的小卫星传感器多采用与SPOT–HRV类似的波段，只不过分辨率相对提高到1～4m。而对于大范围乃至全球变化研究，美国宇航局发射的中等分辨率成像光谱仪（MODIS）尤其值得一提。MODIS有36个波段覆盖0.4～14.5μm的光谱范围。它在星下点的空间分辨率为250m（波段1～2），500m（波段3～7）、1 000m（波段8～36）。表2-8列出了MODIS的各波段范围及计划用途。这种传感器的优点是它同时探测大气、云、水汽、臭氧、海洋、冰雪、陆地表面等的光谱特性，可以用提取到的大气特征信息，校正对地表覆盖敏感的光谱波段图像，从而使陆地表面制图与全球变化信息的提取更加可靠，这是以往遥感很少能够做到的。

波段	光谱范围(μm)	主要用途	波段	光谱范围(μm)	主要用途
1	0.620 ~ 0.670	土地覆盖边界	20	3.600 ~ 3.840	地表云层温度
2	0.841 ~ 0.876		21	3.929 ~ 3.989	
3	0.459 ~ 0.479	土地覆盖特性	22	3.929 ~ 3.989	
4	0.545 ~ 0565		23	4.020 ~ 4.080	
5	1.230 ~ 1.250		24	4.433 ~ 4.498	大气温度
6	1.628 ~ 1.652		25	4.482 ~ 4.549	
7	2.105 ~ 2.155		26	4.360 ~ 4.390	春云特征
8	0.405 ~ 0.420	海洋颜色 – 浮游生物	27	6.535 ~ 6.895	水汽
9	0.438 ~ 0.448	生物地球化学	28	7.175 ~ 7.475	
10	0.483 ~ 0.493		29	8.400 ~ 8.700	
11	0.526 ~ 0.536		30	9.380 ~ 9.880	地表云层温度
12	0.546 ~ 0.556		31	10.780 ~ 11.280	地表云层温度
13	0.662 ~ 0.672		32	11.770 ~ 12.270	
14	0.673 ~ 0.683		33	13.185 ~ 13.485	云顶高度
15	0.743 ~ 0.753		34	13.485 ~ 13.785	
16	0.862 ~ 0.877		35	13.785 ~ 14.085	
17	0.890 ~ 0.920	大气水汽	36	14.085 ~ 14.385	
18	0.931 ~ 0.941				
19	0.915 ~ 0.965				

6.遥感图像处理系统

遥感图像可以采用模拟法处理和数字图像处理。目前一般采用数字图像处理方法。特别是对 GIS 数据采集而言,遥感图像处理系统与 GIS 有着密切的关系。

1)数据处理的地位

能够从宏观上观测地球表面的事物是遥感的特征之一,通过遥感平台上的遥感器采集的遥感数据几乎都是作为图像数据处理的。为此,遥感中所进行的数据处理除一部分外都属于图像处理的范畴,甚至可看成是数字图像处理。因此,遥感数据处理大多是在数字图像处理系统中进行的。

2)处理系统中遥感数据的流程

图 2-25 是处理系统中遥感数据的流程,图 2-26 是处理内容的概要。

(1)观测数据的输入:采集的数据中包括模拟数据和数字数据两种,为了把像片等模拟数据输入到处理系统中,必须用胶片扫描仪等进行 A/D 变换。对数字数据来说,因为数据多记录在特殊的数字记录器中(HDDT 等),所以必须转换到一般的数字计算机都可以读出的 CCT (Computer Compatible Tape)等通用载体上。

(2)再生、校正处理:对于进入到处理系统的观测数据,首先进行辐射量失真及几何畸变的校正,对于 SAR 的原始数据进行图像重建;其次,按照处理目的进行变换、分类,或者变换与分类结合的处理。

(3)变换处理:变换处理意味着从某一空间投影以另一空间上,通常在这一过程中观测数

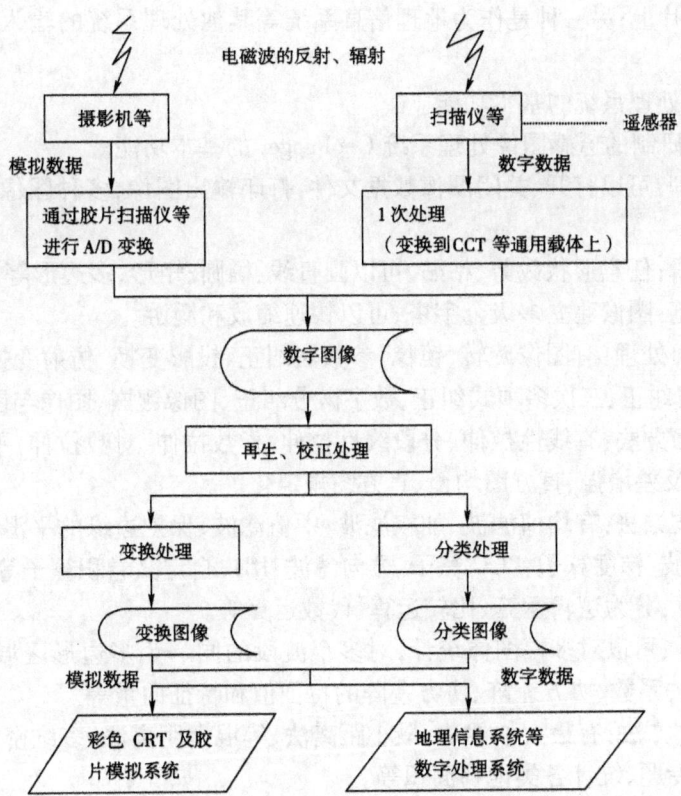

图 2-25　处理系统中遥感数据的流程

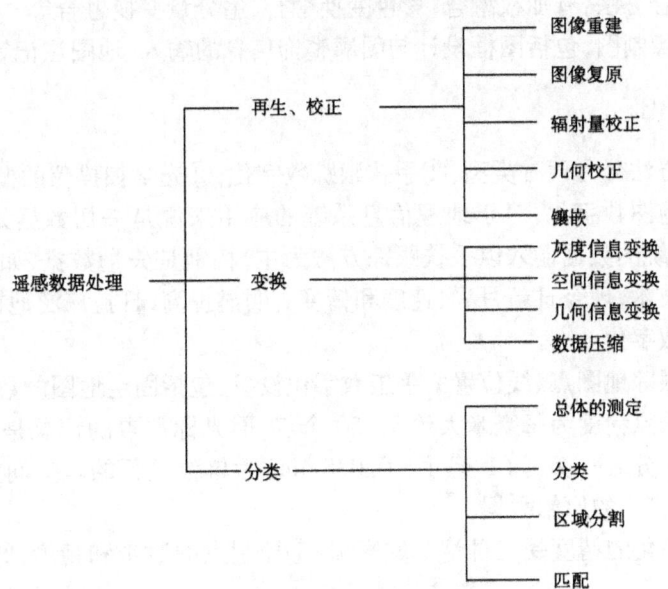

图 2-26　遥感数据处理的内容

据所含的一部分信息得到增强。因此,变换处理的结果多为增强的图像。

　　(4)分类处理:分类是以特征空间的分割为中心的处理,最终要确定图像数据与类别之间的对应关系。因此,分类处理的结果多是专题图的形式。

　　(5)处理结果的输出:处理结果可分为两种情况,一种是经 D/A 变换后作为模拟数据输出到显示装置及胶片上;另一种是作为地理信息系统等其他处理系统的输入数据而以数字数据输出。

3)遥感图像处理系统的基本功能

以下是国内研制的遥感图像处理系统 GeoImager 的基本功能。

(1)文件管理:可以打开、关闭图像数据文件,打印输出图像,多种图像数据格式的转入转出等。

(2)图像编辑:任意形状裁剪、粘贴,可以画直线、椭圆、矩形、多边形等。

(3)图像浏览:图像建立多级金字塔,可以快速缩放和漫游。

(4)图像几何处理:有图像旋转、镜像、参数法纠正、投影变换、仿射变换纠正、类仿射变换纠正、二次多项式纠正、三次多项式纠正、数字微分纠正、图像镶嵌、图像与图像配准等。

(5)图像增强方法:有线性拉伸、分段线性拉伸、指数拉伸、对数拉伸、平方根拉伸、LUT 拉伸、饱和度拉伸、反差增强、直方图均衡、直方图规定化等。

(6)图像滤波方法:有均值滤波、加权滤波、中值滤波、保护边缘的平滑、均值差高通滤波、Laplacian 高通滤波、梯度算子、LOG 算子、方向滤波、用户自定义卷积算子等。

(7)图像运算:分为逻辑运算、比较运算、代数运算等。

(8)图像统计:可以对多幅图像统计,对多个波段的同一个多边形区域进行统计,可以统计图像之间的相关系数、协方差阵、协方差阵的特征值和特征向量等。

(9)图像分类方法:有最大似然法、最小距离法、等混合距离法、多维密度分割等。分类后处理方法有变更专题、统计各类地物面积等。

(10)图像变换方法:有傅立叶(逆)变换、彩色(逆)变换、主分量(逆)变换等。

(11)图像融合方法:有加权融合、彩色变换融合、主分量变换融合等。

(12)遥感图像制图,包括图框设计与图廓整饰信息的输入,地图注记等。

六、地图数字化

地图数字化方法分为两种类型:①手扶跟踪数字化;②光学扫描仪的栅格扫描。使用手工和自动方法进行地图数字化,对于地理信息系统的应用来说是一切数据处理和分析的开始。早期,地理信息系统的数据输入以手扶跟踪方法为主,特别是矢量数据,如河流、道路网等,而数据的扫描输入技术,现今日新月异,速度和精度有明显提高,日益广泛地被应用。

1.手扶跟踪数字化

用来记录和跟踪地图点、线位置的手工数字化设备,包括固定地图的数字化板和光标。手扶跟踪数字化的采点精度为每毫米大约 5～50 个点,而光标位置的记录是在平面笛卡尔坐标系中以毫米或者千分之一英寸(1 英寸 = 0.025 4m)为单位进行的。空间坐标串包括了表达点、线和面等矢量格式的原始数据。

手扶跟踪数字化的精度受三种情况的影响:①控制点的数量和精度;②地图纸张伸缩;③操作者的技术。

一般地,手扶跟踪数字化操作的第一步是在数字化地图区域之外的三个角上分别选取三个参照点,这些点确定了数字化文件相对于数字化板的位置。如果数字化文件从数字化板上取下,后又贴在板上的不同于原来的位置,当对该文件进行新的数字化或者编辑操作时,只需将上述选取的三个参照点重新数字化。虽然,数字化文件在不同的数字化阶段,文件相对于数字化板的位置可能发生了几次变化,但是,由数字化软件在不同数字化阶段生成的结果——平面坐标数据将保持一致性。

数字化操作的第二步是确定几个控制点并将其数字化,这些控制点的位置用来确定从平面坐标到输入地图的投影坐标的转换参数。如果知道了地图的投影参数和投影类型,这些控制点的位置可以以地理坐标的形式确定下来,由此可以计算出控制点的东移和北移。控制点的选择对于空间实体地理位置的确定,即空间坐标数据的地理编码具有至关重要的意义。地理编码数据,是不同来源的地图相互之间以及地图数据和其他类型数据相互之间进行比较的基础。

数字化操作的第三步,将以点、线和数据流模式采集数据。在点模式下,地图上各个孤立的点位置(例如井点、道路交叉口等)通过将光标定位于点位置上并按下正确的按钮予以记录。在线模式下,直线段通过数字化线段的两个端点来记录,曲线则是通过对于组成它的一系列直线的数字化来记录。在数据流模式下,曲线是以时间或者距离的规定间隔自动采集点的坐标值得到。该模式下的数字化能够快速生成很大的数据文件。

在对点、线进行数字化时,它们也被赋予了数值标识符,这些标识符用来联结空间坐标和非空间属性。例如,在对土壤调查中以点形式存在的采样点进行数字化时,需要对这些采样点赋上点的标识符号,1,2,3,…,N,这些标识符使得采样点的空间坐标与点的各种土地属性值相连。

对于多边形边界进行数字化时,其有关空间坐标与多边形属性的连接问题将变得复杂化。该问题解决的常见方法有三种:全多边形模式、手工拓扑关系建立模式、自动拓扑关系建立模式。

1)全多边形模式

每个多边形的所有外边界在数字化后成为一个独立的空间实体,而每个多边形的所有边界都存储在一起,这样有利于点在多边形中(Point - in - polygon)的快速搜索以及闭合多边形的自动填充。但是,从地理信息系统应用的角度来看,该种方法存在严重的问题。除非是针对某个特殊多边形进行数字化,否则,多边形的边界将被数字化两次,这是由于每条线对于相邻的两个多边形来说是公共边。这样就导致了数据记录的冗余以及同一条直线的两次数字化结果的不重合。由此,将会产生许多的"碎(Sliver)多边形"。

2)手工拓扑关系建立模式

在数字化过程中,不是以多边形为主要的数字化对象,而是线以及它们的交叉点(节点)为主要的数字化对象。对于每一条数字化弧段,它都被赋予一对数值属性以确认该弧段左右两边的多边形。这种方法在数字化过程中直接对拓扑信息进行编码。由于每条弧段只数字化一次,因而避免了"碎片"多边形的发生。有关"岛"的问题则通过对象间的拓扑关系会自动得到解决。这种方法的不足之处是它要求数字化操作人员经常中断利用光标跟踪线条的数字化工作,以记录拓扑数据,这样就造成了数字化工作注意力的不集中,由此容易造成数字化操作质量降低的问题。解决的方法是应用自动拓扑关系建立的模式。

3)自动拓扑关系建立模式

该方法使操作人员注意力集中于弧段和节点的数字化,而不用考虑对于弧段左右多边形标识符的赋值。在接下来的步骤中,每个多边形内部中一个点被数字化并被赋予一个数值标识符以建立和多边形属性表的联系。虽然这些点不一定是几何质心,但它们仍被称作质心。几何质心是位于多边形质量中心的一个点,在某些情况下,它可能位于多边形边界之外。该方法将自动建立拓扑关系,以生成多边形标识符的一个集合,该集合通过点到多边形的计算来与质心标识符建立联系。

2. 自动扫描数字化

扫描输入因其输入速度快、不受人为因素的影响、操作简单而越来越受到大家的欢迎,再加之计算机运算速度、存储容量的提高和矢量化软件的踊跃出现,使得扫描输入也称为图形数据输入的主要方法。

扫描数字化由扫描仪或摄像仪进行,扫描仪可以每英寸 300、400 或 600 点(线)采集地图或影像的灰度或颜色,形成点阵像元数据,视不同档次灰度范围由 0~1 到 64~256 灰度级,也可形成多波段彩色数据。

1)地图扫描仪器

地图扫描设备是用来将地图按一定精度转换为栅格格式数据文件的硬件装置,栅格数据文件中每个像元表示地图上一个矩形区域的反射或透射强度。扫描数据文件是经转换形成数据地图格式的基础。

扫描仪是直接把图形(如地图形)和图像(如遥感影像、照片)扫描输入到计算机中,以像素信息进行存储表示的设备。按其所支持的颜色分类,可分为单色扫描仪和彩色扫描仪;按所采用的固态器件又分为电荷耦合器件(CCD)扫描仪、MOS 电路扫描仪、紧贴型扫描仪等;按扫描宽度和操作方式分为大型扫描仪、台式扫描仪和手动扫描仪。

常用的地图扫描设备有 CCD 摄像机和电子扫描仪两类。

(1)CCD 摄像机(Change – Coupled Device Video Camera)。常用的拍摄录像片的摄像头配上相应的接口可将拍摄的地图图像转换为计算机可读的数据文件,作为进一步后续处理的基础。其优点是价格便宜,速度极快(通常在 1S 以内),可形成彩色或灰度影像数据,所采集地图的大小可灵活调整。缺点是几何变形严重,受光照条件影响而反射不均。此外,通常几何分辨率较低,垂直或水平方向的像元总数一般在 250~1 000 之间。用于地图数字化时,需每次采集一个局部,如一个公里网格等,再通过控制点进行几何纠正,方可进行其他后续处理。CCD 摄像机是比较简单的扫描数字化设备。

(2)电子扫描仪(Electronical Scanner)。电子扫描仪由多个线性 CCD 扫描头组成,通过机械移动地图或移动扫描头而实现地图的扫描采集。与摄像机相比,电子扫描仪通常价格比较高,扫描速度较慢,扫描一幅标准图幅的地图约需几分钟至 20 分钟左右,但精度和质量均比较高,几何畸度小,更符合地图数字化的要求。电子扫描仪的有效尺寸由 20~150cm,精度达 500~1 000dpi。

用于机助出版系统的小型平板扫描仪(Desktop Scanner),价格便宜,其精度和质量可以满足地图数字化的要求,常用来数字化地图局部或小尺寸图件。磁鼓扫描仪(Drum Scanner)可用来进行大尺寸图幅的扫描数字化。令一种经济的方式是将扫描头安装在平板或滚筒绘图仪上,通过移动扫描结合地图进行扫描数字化。

地图扫描数字化的第一步形成扫描影像数据,技术上已经成熟,可完全自动化地实现。主要的技术难题在于将扫描影像数据转换为可用的地图数据格式的后续处理中。

2)扫描过程

扫描时,必须先进行扫描参数的设置,设置的扫描参数如下。

(1)扫描模式的设置(二值、灰度、百万种彩色),对地形图的扫描一般采用二值扫描,或灰度扫描。对彩色航空像片或卫星像片采用百万种彩色扫描,对黑白航空像片或卫星像片采用灰度扫描。

（2）扫描分辨率的设置，根据扫描要求，对地形图的扫描一般采用300dpi或更高的分辨率。

（3）针对一些特殊的需要，还可以调整亮度、对比度、色调、GAMMA值等。

（4）设定扫描范围。

扫描参数设置完后，即可通过扫描获得某个地区的栅格数据。通过扫描获得的是栅格数据，数据量比较大。如一张地形图采用300dpi灰度扫描，其数据量就有20MB左右。除此之外，扫描获得的数据还存在着噪声和中间色调像元的处理问题，噪声是指不属于地图内容的半点污渍和其他模糊不清的东西形成的像元灰度值。噪声范围很广，没有简单有效的方法能加以完全消除，有的软件能去除一些小的脏点，但有些地图内容如小数点等和小的脏点很难区分。对于中间色调像元，则可以通过选择合适的阈值或选用一些软件（如Photoshop等）来处理。

3）扫描数据处理

地图经扫描设备转换为扫描影像数据，以栅格方式忠实地记录了地图图面信息，后续处理要将这种信息经分析提取转换为结构化的数字地图格式，通常要求得到矢量地图数据格式并赋予各空间要素相应的属性，这是地图扫描数字化中最困难的一步。视扫描质量和处理方式的不同，后续处理一般包括二值化、去噪声、细化、矢量化、冗余处理、断线修复、要素提取、符号识别和属性赋值等，设计数字图像处理、计算机图形学、图像理解和模式识别等多种技术。近年来数学形态学（Mathematical Morphology）的图像并行变换技术应用于细化、断线修复、要素提取和等值线自动赋值等，取得了引人注目的进展。

（1）二值化（Binerisation）

彩色或灰度扫描影像数据通常首先做二值化处理，以便压缩数据和提取线划信息。目前主要通过彩色分类、色度变换、局部或整体阈值技术实现扫描数据的二值化。

（2）细化（Thinning）

细化将扫描影像中的线划减细为中心的单像元线，为矢量化做准备。较为成熟的技术是通过对每个像元的八个邻域像元进行编码和模式匹配而逐步剔除中心线以外的像元。数学形态的"击中"（Hitting）变换可用于快速细化处理。

（3）矢量化（Vectorisation）及冗余去除

矢量化可以在细化图像的基础上通过搜索八邻域完成。由于矢量线的搜索是逐个像元进行的，通常需要通过一定的算法（如Douglas - Peucker算法检测弧上点到弦的距离）去除不必要的点记录。比较复杂的矢量化技术直接基于灰度图像或不经细化的二值化图像，通过可变的窗口和阈值逐段搜索中心线，可避免冗余。目前仍需解决的问题是如何保证矢量线之间的相交角度忠实于原始地图，特别是对于街区图。

（4）断线修复（Linking Broken Line）

由于扫描质量的影响或去除了某些空间要素和字符符号之后，一些矢量线（如多边形边界、等值线等）会出现断头，通过判断断点距离、断线方向、属性和拓扑关系等可以实现部分自动修复，但有时会产生新的错误，人工修复通常是必要的。对于等值线图，根据等值线的并行关系，通过数学形态学变换可基本上修复断线。

（5）要素提取（Element Extraction）

要素提取包括如下三个方面的内容。

①空间要素提取：选择提取某些需要数字化的线划（如道路、等值线等）或分离具有不同属性的空间要素。对于噪声和不需数字化的空间要素，有时需加以提取以便删除。

55

②填充晕线提取:将晕线与边界分离以追踪边界,并识别晕线结构用于属性赋值。

③字符符号提取:将字符符号与线划分离,删除无用符号及进行符号识别以用于属性赋值。

要素提取主要可通过颜色、结构、方向、尺寸、形状、交角、线宽、位置、线数以及上下文关系的检测实现。数学形态用于要素提取特别是某些晕线符号的分离很有效。

(6)符号识别(Symbol Recognition)

文字识别是模式识别技术的一个重要部分,目前对于印刷体和手写印刷体的文稿识别正确率可达95%以上。对于扫描地图来讲,主要问题是字体多样,位置不一致,符号不统一,方向多变并有旋转,有时与其他要素相交而不宜提取,自动识别尚有一定的困难,是扫描数据处理中的一个难题,直接影响到属性赋值的自动化。

(7)属性赋值(Attribute Assignment)

线状要素的属性自动赋值可通过识别线形和几何特征进行,对于多边形,除特殊形态外主要通过识别晕线填充符号和标注的字符符号完成,对等值线则需识别线上的高程数字。自动赋值主要受分离和识别技术的限制,是目前需人工干预最多的处理,等值线赋值在不能完全识别高程值的情况下,可通过图论(Graph Theory)建立等值线树状结构,或通过地形变化趋势分析,半自动交互式指定关键部位的高程值,而由计算机程序完成其他等值线的赋值,可大大减少人工工作量。

4)交互式地图扫描数字化

由于技术水平的限制,全自动数据处理尚不能正确完整地完成由扫描数据到地图格式的转换,必须通过人机交互加入手工处理,解决软件难以处理的难题。人机交互主要用于完成下列任务:

(1)编辑修改扫描栅格数据,剔除噪声、粘连和不能识别及难以提取的符号和空间要素。

(2)对矢量化后的矢量数据进行编辑,修改错误、连接断线、剔除无用的要素。

(3)指定用于自动识别不同类型空间要素所需的各种参数及空间范围。

(4)交互式追踪提取某些空间要素。

(5)空间要素部分或全部属性赋值。

因为在上述处理操作中,扫描数据通常作为背景显示在屏幕上,由操作员通过交互设备驱动光标在软件功能支持下进行的,故又称为覆盖数字化(Overlay Digitization)。目前已有商品化的交互式扫描数字化软件系统,比较著名的如 Laser-Scan 公司的 VTRAK 软件,提供自动和人机交互的扫描数字化环境,以尽可能少的人工处理完成地图扫描数据处理,代表了当前地图扫描数字化技术的发展方向。

5)地图扫描数字化技术发展

扫描输入精度高,还可减少手扶跟踪不准确造成的误差,是最有前途的数字化方式,不利之处是:

(1)设备与跟踪数字化仪相比过于昂贵;

(2)扫描数据量极大,增加存储负担;

(3)后续处理比较复杂和费时;

(4)由于目前软件水平的限制,一般扫描之前需将地图分要素清绘,并由人工干预赋属性;

(5)扫描有时造成灰度不均、漏线、污点等噪声,消除需特殊技术。

尽管扫描输入有许多问题,但由于其效率之高,可大大加快 GIS 建立的速度,引起了广泛的重视,在不久的将来,将随软件技术的发展达到实用化。

目前扫描处理软件研制重点在以下两个方面。

(1)图形要素提取:包括二值化、填空隙、细化、矢量追踪等。

(2)制图符号和注记符号提取的识别,这是目前限制扫描数字化采用的主要技术难题,目前正在探讨采用交互式、模式识别,特别是数学形态学的方法解决问题。

地图扫描数字化始于 20 世纪 70 年代,著名的加拿大 GIS – CGIS 曾使用 20 世纪 60 年代中期制造的 IBM3951 扫描仪数字化了大量地图。到 20 世纪 80 年代已发展了多种扫描数据处理和转换技术,随着 20 世纪 80 年代中期扫描设备价格大幅度下降,地图扫描数字化技术得到越来越多地采用,并显示了取代占主导地位的手扶跟踪数字化的趋势。

扫描仪可以极快的速度将地图转换为栅格数据文件,但自动将扫描数据转换为地图数据格式却遇到了很大的困难,仍需相当多的人工操作,而且处理大量的扫描数据对计算机内外存容量、处理速度以及显示和交互设备都提出了更高的要求。随着软、硬件技术的发展,交互式扫描数字化技术已经商品化,并将很快成为主要的地图数字化方式。全自动扫描数字化取决于人工智能的研究在图像理解和模式识别方面有突破性进展,才可能成为现实。当前只能逐步增加交互式扫描数字化技术的智能成分,通过操作者的灵活使用,提高自动化程度。针对某些具有特殊几何性质的空间要素的自动提取,如自然条件地图中的填充符号、地形图等高线的高程值、街区图中的道路和建筑物等的研究,对于一些特定种类的地图取得了一定成果,并融入交互式地图扫描软件中。属性自动赋值是阻碍地图自动扫描数字化的一大难题,有待于深入研究。另一条途径是准备专门用于扫描数字化的地图底图,单专题要素,使用专用符号和字符,避免填充符号,线划清晰,不同要素不重叠、无混淆,由专门软件完成全自动处理是可以实现的。

总之,全自动地图扫描数字化尚与使用相距甚远,而交互式地图扫描数字化则随着多媒体交互技术和存储显示设备的发展,即将取得主导地位,并将逐步提高其自动化程度。

3. 数字化矢量数据的编辑

由于线和节点的不正确连接造成的五个常见的数字化错误,如图 2-27 所示,它们需要进

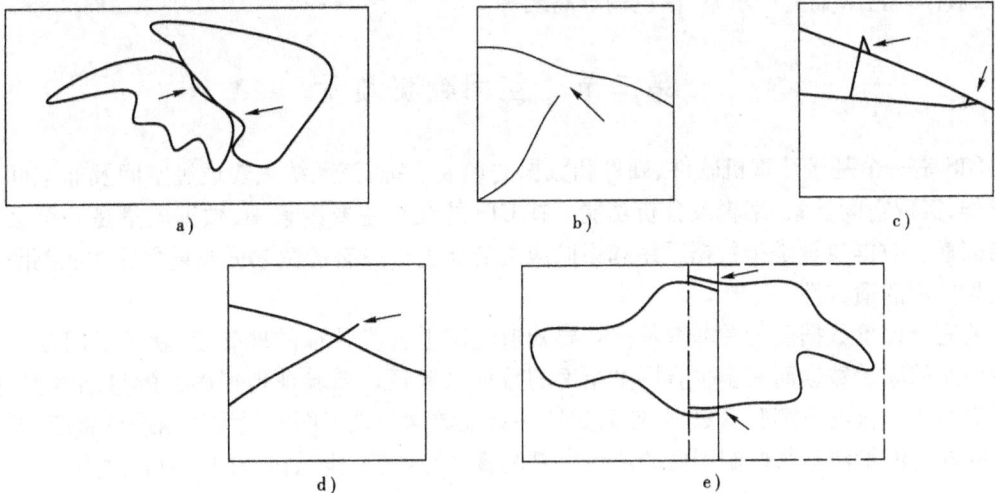

图 2-27 常见的数字化错误

a)碎多边形;b)不达节点;c)错误多边形;d)超出节点;e)接边问题

行编辑更正。第一个错误是碎多边形(Sliver polygon)的产生,它形成于两个相邻多边形的边界绘制以及两个多边形的叠加;第二个错误是线的端点不达节点(Undershoot),即对于两个独立的多边形来说,在线的端点和节点之间存在着间隙,需要进行连接编辑;第三个错误是不正确多边形(Erroneous polygon)的产生,它在节点附近形成,并经常显得很小,且难以识别;第四个错误是线的端点超过节点(Overshoot),在端点附近生长出多余的小弧段;第五个错误是边缘匹配问题(Edge matching problem)。这些错误可以通过矢量编辑来纠正,特别是通过利用剪辑程序(Snap procedure)来克服,剪辑程序可以使多边形自动封闭,并保证每个弧段的两个端点都是节点。

4.栅格扫描

自 20 世纪 60 年代中期开始,光学滚筒扫描仪或者平板扫描仪就已经应用于制图数据的录入。栅格扫描仪能够生成数字值的大矩阵,每个矩阵元素集中记录了原始图像中某一小部分的反射系数。辐射分辨率决定了扫描仪可以区分每个像素的数值范围。大多数的扫描仪具有 8 个比特的分辨率,或者能够区分处理 256 个亮度级别。扫描仪的空间分辨率从每英寸 600 个点(即 600dpi)到每英寸 200 个点(即 200dpi)。

栅格扫描仪能够以二进制或 8 比特模式工作。8 比特模式可用于扫描像片、卫星图像或地图,用该方法扫描的地图可作为背景,上面可显示其他数据,但无法从中得到点、线或多边形对象,以及其他符号。从扫描数据中抽取矢量特征并建立拓扑关系主要有以下两种方法。

第一种方法是让扫描仪以二进制方式工作。扫描前,将扫描地图上的线性特征,如多边形的边界和图像角线等进行重描。扫描后,对所得到的二进制栅格图像进行自动处理与编辑工作,包括对栅格线条进行细化到一个像元的宽度,以及节点的确定。然后,按照前面讲的自动拓扑关系建立模式,再对栅格线条进行磁量化跟踪处理,得到多边形,并形成弧 - 节点的数据结构以及完整的拓扑属性,最后,通过人工数字化质心(Centroids)对每个多边形进行标识,以建立多边形对象与非空间属性表的联结。

第二种方法是扫描线自动跟踪。该方法将文档原封不动地扫描而不用输入文档作重描预处理。如果能对地图进行分色,则能得到更清晰的扫描文档;也可以输入文档进行电子分色,以得到许多特征,如蓝色水系、棕色的等高线等。

第三节 空间数据质量

GIS 是一个基于计算机软件、硬件和数据的集成系统,该系统主要通过空间及非空间数据的操作,实现空间检索、编辑及分析功能。在 GIS 的几个主要因素中,数据质量是一个极为重要的因素。数据质量是指数据适用和不同应用的能力。只有清楚数据质量之后才能判断数据对某种应用的适宜性。

要充分评价数据质量并非容易。若要知道地图上各类特征的准确度,就需要用独立于制图所使用的原始数据而又至少有同类精度的数据来验证。要验证地形图上的量测数据,要么需用更昂贵的仪器量测验证数据,然后要这些验证数据对地形图的量测数据进行验证;要么需要用同样的测量法对某些制图对象进行重复测算,但这需要投入很多的人力和财力。

一、空间数据质量的评价

空间数据质量可从以下几方面进行评价。

1. 准确度(Accuracy)

即一个记录值(测量或观察值)与它的真实值之间的接近程度。这个概念是相当抽象的,似乎人们已经知道存在这样的事实。在实际中,测量的知识可能依赖于测量的类型和比例尺。一般而言,单个的观察或测量的准确性的估价仅仅是通过与可获得的最准确的测量或公认的分类进行比较。空间数据的准确性经常是根据所指的位置、拓扑或非空间属性来分类的。它可用误差(Error)来衡量。

2. 精度(precision)

即对现象描述的详细程度。如对同样两点,用 GPS 测量其距离为 9.903km,而用工程制图尺在 1:100 000 地形图上量算仅精确到小数点后两位,即 9.85km,9.85km 比 9.903km 精度低,但精度低的数据并不一定准确度也低。如在计算机中用 32bit 实数来存储 0~255 范围内的整数,并不能因为这类数后面带着许多小数位而说这类数比仅用 8bit 的无符号整列数存储的数更精确,它们的准确度实际上是一样的。若要测地壳移动,用精度仅在 2~5m 的 GPS 接收机测量当然是不可能的,需要用精度在 0.001m 量级供大地测量用的 GPS 接收机。

3. 空间分辨率(Spatial Resolution)

分辨率是两个可测量数值之间最小的可辨识的差异。那么空间分辨率可以看作记录变化的最小距离。在一张用肉眼可读的地图上,假设一条线用来记录一个边界,分辨率通常由最小线的宽度来确定。地图上的线很少以小于 0.1mm 的宽度来画。在一个图形扫描仪中最细的物理分辨率从理论上讲是由设施的像元之间的分离来确定的。在一个激光打印机上,这是 1 英寸的 1/300,而且在高质量的激光扫描仪上,这会细化 10 倍。如果没有放大,最细的激光扫描仪的线是看不到的,尽管这依赖于背景颜色的对照。因此,在人的视觉分辨率和设备物理分辨率之间存在着一个差异。一个相似的区别可以存在于两个最小距离之间,即当操作者操作数字化仪时所区别的最小距离和数字化仪硬件可以不断地报告的最小距离。

4. 误差(Error)

定义出一个记录的测量和它的事实之间的准确性以后,很明显对于大多数目的而言,它的数值是不准确的。误差研究包括:位置误差,即点的位置的误差、线的位置的误差和多边形的位置的误差;属性误差;位置和属性误差之间的关系。

5. 不确定性(Uncertainty)

地理信息系统的不确定性包括空间位置的不确定性、属性不确定性、时域不确定性、逻辑上的不一致性及数据的不完整性。空间位置的不确定性指 GIS 中某一被描述物体与其地面上真实位置上的差别;属性不确定性是指某一物体在 GIS 中被描述的属性与其真实的属性之差别;时域不确定性是指在描述地理现象时,时间描述的差错;逻辑上的不一致性指数据结构内部的不一致性,尤其是指拓扑逻辑上的不一致性;数据的不完整性指对于给定的目标,GIS 没有尽可能完全地表达该物体。

6. 相容性(Compatibility)

指两个来源的数据在同一个应用中使用的难易程度。例如两个相邻地区的土地利用图,当要将它们拼接到一起时,两图边缘处不仅边界线可良好地衔接,而且类型也一致,则称两图相容性好;反之,若图上的土地利用边界无法接边,可见两个城市的统计指标不一致造成了所得数据无法比较致使数据不相容。这种不相容可以通过统一分类和统一标准来减轻。另一类不相容性可从使用不同比例尺的地图数据看到,一般土壤图比例尺小于 1:100 000,而植被图则在 1:15 000 至 1:150 000 万之间。当使用这两种数据进行生态分类时,可能出现两种情况:

一是当某一土壤的图斑,大得使它代表的土壤类型在生态分类时可以被忽略;二是当土地界线与某植被图斑相交时,它实际应该与植被图斑的部分边界一致,这种状况使得本该属于同一生态类型的植被图斑被划分为两类,造成这种状况的原因可能是土壤图制图时边界不准确,或由于制图综合所致。显然,比例尺的不同能够造成数据的不相容。当用遥感影像更新林业图时,虽然原来的林业图可能是从航空像片判读得来的,如果遥感影像的几何准确度在林业图的几何准确度范围之内,而遥感图像上所得到的森林类型、密度级别和树木大小级别与林业图一致而且准确度在可接受的范围内,则称从遥感图像上得到的林业图更新数据与原林业图相容。如果两种用不同方法制作的林业图中一个图的分类体系可以转化成另一个图的分类体系,那么从使用图的角度看,前一个图与后一个图是相容的,反之亦然。

7. 一致性(Consistency)

指对同一现象或同类现象的表达的一致程度。如同一条河流,在地形图上和在土壤图上形状不同,又如同一行政边界在人口图和土地利用图上不能重合,这些均表示数据的一致性差。又如,在同一地形图上,同类地形起伏和地貌状况,等高线的疏密和光滑程度有所不同。这或是由同一制图者对等高线的制图综合标准不一或是两个不同制图者的制图综合标准有出入造成的。再如水系图与森林图叠加后发现,森林与湖泊重叠,这在逻辑上是不一致的,造成这一状况的原因要么是某图的数据坐标有偏差,要么是制图综合程度不一致。逻辑的一致性,指描述特征间的逻辑关系表达的可靠性。这种逻辑关系可靠性是特征的连续性、层次性或其他逻辑结构。

8. 完整性(Completeness)

完整性是指具有同一准确度和精度的数据特定空间范围内是否完整的程度。一般来说,空间范围越大,数据完整性可能就越差。数据不完整最简单的例子是缺少数据。如计算机从GPS 接收机传输位置数据时,由于软件受干扰,只记录下经度而丢失了纬度,以致造成数据不完整。另外由于 GPS 接收机无法收到四颗或更多的卫星信号而无法计算高程数据也会造成数据不完整。又如某个应用项目需要 1:50 000 的基础底图,但现有的地图数据只覆盖项目区的一部分,底图数据便不完整。这时可用更大比例尺的地图填补缺少 1:50 000 比例尺地图的地区。

9. 秘密性(secrecy)

指获取或使用数据的容易程度。保密的数据按其保密等级限制使用者的多少,有些单位或个人无权使用,公开的数据则按价决定可得性,太贵的数据可能导致用户另行搜集,造成浪费。

10. 现势性(Timeliness)

现势性指数据反映客观现象目前状况的程度。不同现象的变化频率是不同的,如地形、地质状况的变化一般来说比人类建设要缓慢,地形可能会由于山崩、雪崩、滑坡、泥石流、人工挖掘及填海等原因而在局部区域改变。但由于地图制作周期较长,局部的快速变化往往不能及时反映在地形图上,对那些变化较快的地区,地形图就失去了现势性。城市地区土地覆盖变化比较快,这类地区土地覆盖图的现势性就比发展较慢的农村地区会差些。地形图上记录着所用航空像片的获取年代,若又用其他数据进行过修改(一般是较新的航空像片),也应记录于上。开发数据库时,应该记录数据的采集时间及其处理方法和过程,这便可作为数据的档案(lineage)。谈到现势性差的数据,我们或许会想到可将它们作为历史资料与新采集的数据进行比较,以确定一定时间间隔内发生的变化。

因而,空间数据质量的好坏与以上各种数据特征有关。这些特征代表着数据的不同方面;同时,它们之间有联系,如现势性差,那么用于反映现在的客观现象就可能不准确。如数据精度差,则数据不确定性就高。

二、空间数据质量控制

空间数据质量控制通常包括空间数据和属性数据的质量检测。下面对这两种不同质量控制类型的内容和方法加以简要介绍。

1. 空间数据质量控制

(1)空间位置的几何精度。

(2)空间地理特征的完整性,是否所有的内容均数字化。

(3)空间特征表达的完整性。例如,面状的特征是否以面状的多边形进行表达。

(4)空间数据的拓扑关系。

(5)空间数据的地理参考系统是否正确,是否满足整个数据库使用的最低要求。

(6)空间数据所使用的大地控制点的正确与否。

(7)边界匹配如何。

2. 属性数据质量控制

(1)属性表的定义是否符合数据库的设计。

(2)主关键项的定义和唯一性怎样。

(3)各项的值是否在有效范围以内。

(4)各属性表的外部关键项是否正确。

(5)各关系表之间的关系表达得是否正确。

(6)各数据项的完整性。

3. 数据检查方法

为保证数据的质量,尽可能避免出现错误和对已经发现的错误进行修改,应当在建库的过程中,自始至终加强数据质量控制。数据质量控制主要通过在建库的全过程中,不断进行检查修改体现。

对图形数据进行检查的方法如下。

(1)在屏幕上进行目视检查,将数据显示在屏幕上,对照原图检查数据的错误,如点、线、面目标的丢失,相互关系错误等。

(2)利用软件进行检查,主要指利用 GIS 软件本身的功能,检查数据拓扑关系的一致性,或者开发一些检查程序,检查数据的逻辑一致性和完整性。同时,将发现的错误显示或打印出来。

(3)绘制检查用图进行检查,利用数据生成绘图文件,绘制分要素或全要素的检查用图,与原图套合进行检查。

上述这些方法,往往交替使用,以便能够对图形数据进行认真、全面地检查。

对专题统计数据和属性数据,则主要是通过打印表格,对照原始资料进行检查,还可以通过屏幕显示或绘图,发现异常数值。

检查出的各种错误和问题,均应根据原始资料进行修改处理。对数据的质量检查和修改需要反复进行。最后,还应当组织专门的检查验收,从而最大限度地减少错误、确保质量。

建库过程每个步骤的情况、发现的问题及其处理结果等,均应详细地记入登记表中。

4. 常用的质量控制方法

表 2-9 将各种质量控制(Quality Control,QC)的内容与方法进行了小结,供读者参考。表中的字母分别对应上面提到的各种空间和属性质量控制方法。图件方法是将空间和属性数据进行制图的方式表达出来。这些图可以使用与原始图一致的比例尺和注记、符号等,绘制在透明纸上,然后与原始图件进行重叠比较。图件法使用很多很广,是检查空间数据位置精度的有效方法。图件法是一种人工检查的方法,费时费力。除此之外还有许多其他的使用程序的自动质量检查方法,例如有效值法通常用于属性数据的有效值检查。例如如果属性数据是电压的话,它的有效值通常应该是 220V、110V、6V、9V、12V 等;如果属性数据是土地利用,那么有效值只可能是林业、牧业、水系、居住用地、道路等。频率方法主要用于主关键项、外部关键项等的检查,如果一个表中某一项的值都要求是唯一的情况时,频率法是最有效的检查方法。

各种质量控制方法比较　　　　　　　　表 2-9

项目		图件	有效值	频率	包含	统计	匹配检查	程序	检查报告
空间	a	×							
	b	×							
	c	×							
	d							×	×
	e								×
	f	×							
属性	a					×	×		
	b			×					×
	c		×	×	×	×			
	d							×	×
	e								×
	f	×		×		×		×	

统计方法主要使用常用的统计方法,例如均值、方差、最大值、最小值、中值等来检查属性数据的内容。

包含法用来检查数据项的值是否在一定的范围内。它与有效值方法类似,区别主要在于它通常用来检查连续性的数据,而有效值方法主要用来检查离散型数据。数据表的定义是否正确,是否符合数据库设计的要求,可以使用匹配方法来检查。

匹配法将标准的数据库表定义与实际的数据表定义写成同一数据格式,例如文本数据格式,然后使用程序(例如 UNIX 的 Shell)来进行比较。该方法是数据库结构检查的常用方法。

程序法通常是一种很灵活的质量检测方法,它可以或多或少地被应用于任何一类质量检查。它要求实施者会使用某一种或多种程序语言。

最后一种方法即报告法,通常用于给用户提供的质量检查报告,该报告可以根据不同项目的具体要求而定。

目前各种商业的 GIS 软件均提供一些基本的质量控制功能,使用户可以根据自己的要求进行裁减或二次开发,这种质量控制方面的工具可以以一种标准的方式制定出来,对整个数据库进行自动检测。

三、空间数据质量的误差分析

1. 数据误差的来源

数据的误差大小即数据的不准确程度是一个累积的量。数据从最初采集,经加工最后到存档及使用,每一步都可能引入误差。如果在每步数据处理过程中都能做质量检查和控制,则可了解不同处理阶段数据误差的特点及其改正方法。误差分为系统误差和随机误差(偶然误差)两种。系统误差一经发现易于纠正,而随机误差则一般只能逐一纠正,或采取一定处理手段以减少或避免随机误差的产生。

GIS 数据误差的主要来源见列表 2-10。

数据的主要误差来源　　　　　　　　　　　　　　表 2-10

数 据 处 理 过 程	误 差 来 源
数据搜集	野外测量误差:仪器误差、记录误差 遥感数据误差:辐射和几何纠正误差、信息提取误差 地图数据误差:原始数据误差、坐标转换、制图综合及印刷等误差
数据输入	数字化误差:仪器误差、操作误差 不同系统格式转换误差:栅格－矢量互换、三角网－等值线互换
数据存储	数值精度不够 空间精度不够:格网或图像太大、地图最小制图单元太大
数据处理	分类间隔不合理 多层数据叠加引起的误差传播:插值误差、多源数据综合分析误差 比例尺太小引起的误差
数据输出	输出设备不精确引起的误差 输出的媒介不稳定造成的误差
数据使用	对数据所包含的信息的误解 对数据信息使用不当

2. 数据误差的类别

数据误差的类别可以是随机的,也可以是系统的。归纳起来,数据的误差主要有四大类,即几何误差、属性误差、时间误差和逻辑误差。其中,属性误差和时间误差与普通信息系统中的误差概念是一致的,几何误差是地理信息系统所特有的,而几何误差、属性误差和时间误差都可能引起逻辑误差,所以下面讨论逻辑误差和几何误差。

1)逻辑误差

数据的不完整性是通过上述四类误差反映出来的。事实上检查逻辑误差,有助于发现不完整的数据和其他三类误差。对数据进行质量控制、质量保证或质量评价,一般先从数据的逻辑性检查入手。如图 2-28 所示,其中桥或停车场等与道路是相接的,如果数据库中只有桥或停车场,而没有与道路相连,则说明道路被遗漏,使数据不完整。

2)几何误差

由于地图是以二维平面坐标表达位置,在二维平面上的几何误差主要反映在点和线上。

(1)点误差

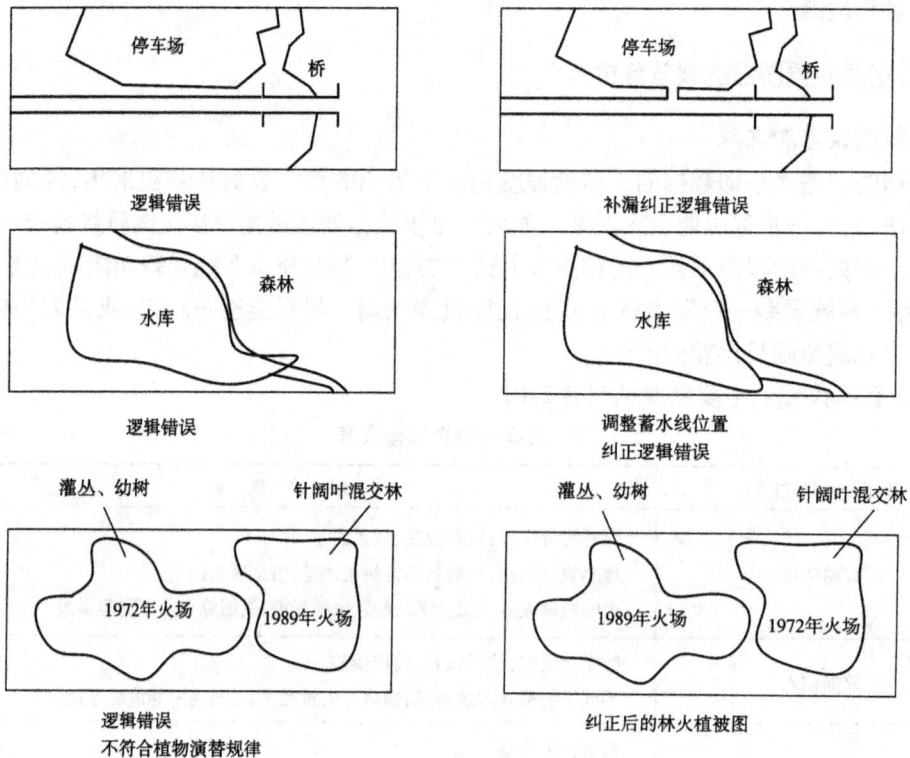

图 2-28 逻辑误差

关于某点的点误差即为测量位置(x,y)与其真实位置(x_0,y_0)的差异。真实位置的测量方法要比一般测量位置的方法更加精确，如在野外使用高精度的 GPS 方法得到。点误差可通过计算坐标误差和距离的方法得到。坐标误差定义为：

$$\Delta x = x - x_0$$
$$\Delta y = y - y_0$$

为了衡量整个数据采集区域或制图区域内的点误差，一般抽样测算$(\Delta x, \Delta y)$。抽样点应随机分布于数据采集区内，并具有代表性。这样抽样点越多，所测的误差分布就越接近于点误差的真实分布。

（2）线误差

线在地理信息系统数据库中既可表示线性现象，又可以通过连成的多边形表示面状现象。第一类是线上的点在真实世界中是可以找到的，如道路、河流、行政界线等，这类的线性特征的误差主要产生于测量和对数据的后处理；第二类有些在现实世界中是找不到的，如按数学投影定义的经纬线、按高程绘制的等高线，或者是气候区划线和土壤类型界限等，这类线性特征的线误差及在确定线的界限时的误差，被称为解译误差。解译误差与属性误差直接相关，若没有属性误差，则可以认为那些类型界线是准确的，因而解译误差为零。

线误差分布可以用 Epsilon 带模型来描述，它由一条线以及沿该线两侧定宽的带构成，真实的线以某一概率落于 Epsilon 带内。Epsilon 带是等宽的（类似于缓冲区，不过其意义不同），在此基础上，误差带模型被提出，与 Epsilon 带模型相比，它在中间最窄而在两端较宽。基于误差带模型，可以把直线与折线误差分布的特点分别看作是"骨头型"或者"车链型"的误差分布带模式（图 2-29）。

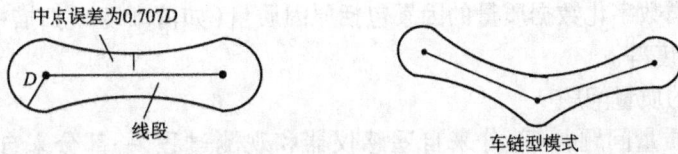

中点误差为0.707D

D

线段

车链型模式

图 2-29　折线的误差分布

对于曲线的误差分布或许应当考虑"串肠型模式"(图 2-30)。

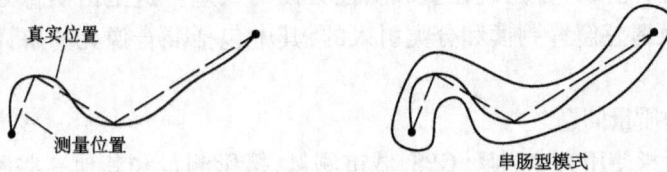

真实位置

测量位置

串肠型模式

图 2-30　曲线的误差分布

3. 地图数据的质量问题

地图数据是现有地图经过数字化或扫描处理后生成的数据。在地图数据质量问题中,不仅含有地图固有的误差,还包括图纸变形、图形数字化等误差。

(1)地图固有误差:是指用于数字化的地图本身所带有的误差,包括控制点误差、投影误差等。由于这些误差间的关系很难确定,所以很难对其综合误差作出准确评价。如果假定综合误差与各类误差间存在线性关系,即可用误差传播定律来计算综合误差。

(2)材料变形产生的误差:这类误差是由于图纸的大小受温度和湿度变化的影响而产生的。温度不变的情况下,若湿度由 0 增至 25%,则纸的尺寸可能改变 1.6%;纸的膨胀率和收缩率并不相同,即使湿度又恢复到原来的大小,图纸也不能恢复原有的尺寸,一张 6in(1in = 0.025 4)的图纸因湿度变化而产生的误差可能高达 0.576in。在印刷过程中,纸张先随湿度的升高而变长变宽,又由于冷却而产生收缩。

(3)图像数字化误差:数字化方式主要有跟踪数字化和扫描数字化两种。跟踪数字化一般有点方式和流方式两种工作方式,前者在实际工作中使用较多,后者进行数字化所产生的误差要比前者大得多。

4. 不同数据录入方式对数据质量的影响

1)跟踪数字化

影响其数据质量的因素主要有:数字化要素对象、数字化操作人员、数字化仪和数字化操作。其中,数字化要素对象:地理要素图形本身的高度、密度和复杂程度对数字化结果的质量有着显著影响,如粗线比细线更易引起误差,复杂曲线比平直线更易引起误差,密集的要素比稀疏的要素更易引起误差等。数字化操作人员:数字化操作人员的技术与经验不同,所引入数字化误差也会有较大的差别,这主要表现在最佳采点点位的选择、十字丝与目标重叠程度的判断能力等方面,数字化操作人员的疲劳程度和数字化的速度也会影响数字化的质量。数字化仪的分辨率和精度对数字化的质量有着决定性的影响,数字化操作方式也会影响到数字化数据的质量,如曲线采点方式(流方式或点方式)和采点密度等。

2)扫描数字化

扫描数字化采用高精度扫描仪图形、图像等扫描并形成栅格数据文件,再利用扫描矢量化软件对栅格数据文件进行处理,将它转换为矢量图形数据。矢量化过程有两种方式:交互式和全自动。影响扫描数字化数据质量的因素包括原因质量(如清晰度)、扫描精度、扫描分辨率、配准精度、校正精度等。

5. 遥感数据的质量问题

遥感数据的质量问题,一部分来自遥感仪器和观测过程,一部分来自遥感图像处理和解译过程。遥感观测过程本身存在着精确度和准确度的限制,这一过程产生的误差表现为空间分辨率、几何畸变和辐射误差,这些误差将影响遥感数据的位置和属性精度。遥感图像处理和解译过程,主要产生空间位置和属性方面的误差。这是由图像处理中的影像或图像校正和匹配以及遥感解译判读和分类引入的,其中包括混合像元的解译判读所带来的属性误差。

6. 测量数据的质量问题

测量数据主要指使用大地测量、GPS、城市测量、摄影测量和其他一些测量方法直接量测所得到的测量对象的空间位置信息。这部分数据质量问题,主要是空间数据的位置误差。空间数据的位置通常以坐标表示,空间数据位置的坐标与其经纬度表示之间存在着某误差因素,由于这种误差因素无法排除,一般也不作为误差考虑。测量方面的误差通常考虑的是系统误差、操作误差和偶然误差。

系统误差的发生与一个确定的系统有关,它受环境因素(如温度、湿度和气压等)、仪器结构与性能,以及操作人员技能等方面的因素综合影响而产生。系统误差不能通过重复观测加以检查或消除,只能用数字模型模拟和估计。

操作误差是操作人员在使用设备、读数或记录观测值时,因粗心或操作不当而产生的。应采用各种方法检查和消除操作误差。一般地,操作误差可通过简单的几何关系或代数检查验证其一致性,或通过重复观测检查并消除操作误差。

偶然误差是一种随机性的误差,由一些不可测和不可控的因素引入。这种误差具有一定的特征,如正负误差出现频率相同、大误差少、小误差多等。偶然误差可采用随机模型进行估计和处理。

第四节　地理信息系统的标准化

20 世纪 80 年代,人们利用来自不同厂商的计算机创建网络,共享网络资源,开始着手研究建立计算机通信标准,包括物理和电信联络的基本要求、网络信息传播协议以及数据格式及其表达等。

为了推动地理信息系统技术的社会化,实现基于计算机网络的地理信息与信息分析软件的共享,推动网络地理信息系统的发展,除了需要研究计算机设备自身信息联系的各类技术标准以外,还需要对有关地理信息系统的标准化问题进行深入研究。

地理信息系统标准化研究内容包括:①与地理信息系统软件工具开发有关的各种标准化活动,例如软件工程、软件评测等标准;②与地理信息系统数据库建设有关的活动,包括各种操作规程的制定、文本编写、数据库安全等方面的标准;③与地理信息系统数据共享有关的标准化工作,包括对数据重复使用、数据交换、网络安全等方面的界面、技术标准,例如数据模型标准、数据质量评定标准、元数据标准等。

1983 年,在原国家科委的主持下,我国编制了第一部地理信息系统的标准化文件《资源与环境信息系统国家规范研究报告》。

一、标准化的目标

地理信息系统的标准化,它的直接作用是保障地理信息系统技术及其应用的规范化发展,指导地理信息系统相关的实践活动,拓展地理信息系统的应用领域,从而实现地理信息系统的社会及经济价值。地理信息系统的标准体系是地理信息系统技术走向实用化和社会化的保证,对于促进地理信息共享、实现社会信息化具有巨大的推动作用,可以实现如下目标。

1. 促进空间数据的使用与交换

地理信息系统所直接处理的对象就是反映地理信息的空间数据,由于空间数据的生成及其操作的复杂性,它是造成在地理信息系统研究及其应用实践中所遇到的许多具有共性问题的重要原因。进行地理信息系统标准研究最直接的原因,就是为了解决在地理信息系统研究及其应用中所遇到的这些问题。

1)数据质量

对数据质量的影响来自两方面:一方面是由于生产部门数字化作业人员水平参差不齐,各种航摄及解析仪器、各种数字化设备的精度不同,导致最终对地理信息系统数据的精度进行控制的困难;另一个方面是对地理属性特征的识别质量,由于没有经过严格校正的属性数据存在误差,从而导致人们使用数据的错误。对数据质量实施控制的途径是制定一系列的规程,例如地图数字化操作规范、遥感图像解译规范等标准化文件,作为日常工作的规章制度,指导和规范工作人员的工作,以最大限度地保障数据产品的质量。

2)数据库设计

在地理信息系统实践中,数据库设计是至关重要的一个问题,它直接关系到数据库应用上的方便性和数据共享。一般地,数据库设计包括三方面的内容:数据模型设计、数据库结构和功能设计以及数据建库的工艺流程设计。这三个方面,可能出现的一些问题列入表2-11。要解决这些问题,就需要针对数据库的设计问题,建立相应的标准,如数据语义标准,数据库功能结构标准,数据库设计工艺流程标准。

不规范的数据库设计可能带来的问题   表 2-11

数据模型设计	术语不一致,数据语义不稳定,数据类型不一致,数据结构不统一
数据库结构和功能设计	结构不合理,术语不一致,功能不符合用户要求
数据建库的工艺流程设计	整个工艺流程不统一,术语不一致,用户调查方式不统一,设计文本不统一

3)数据档案

对数据档案的整理及其规范化,其中代表性的工作就是对地理信息系统元数据的研究及其标准的制定工作。明确的元数据定义以及对元数据方便地访问,是安全地使用和交换数据的最基本要求。一个系统中如果不存在元数据说明,很难想象它能被除系统开发者之外的第二个人正确地应用。因此,除了空间信息和属性信息以外,元数据信息也被作为地理信息的一个重要组成部分。

4)数据格式

在地理信息系统发展初期,地理信息系统的数据格式被当作一种商业秘密,因此对地理信息系统数据的交换使用几乎是不可能的。为了解决这一问题,通用数据交换格式的概念被提了出来(J. Raul Ramirez,1992),并且,有关空间数据交换标准的研究发展很快。在地理信息系统软件开发中,输入功能及输出功能的实现必须满足多种标准的数据格式。

5）数据可视化

空间数据的可视化表达，是地理信息系统区别于一般商业化管理信息系统的重要标志。地图学在几百年来的发展过程中，为数据的可视化表达提供了大量的技术储备。在地理信息系统技术发展早期，空间数据的显示基本上直接采用了传统地图学的方法及其标准。但是，由于地理信息系统的面向空间分析功能的要求，空间数据的地理信息系统可视化表达与地图的表达方法具有很大的区别。传统的制图标准并不适合空间数据的可视化要求，例如利用已有的地图符号无法表达三维地理信息系统数据。解决地理信息系统数据可视化表达的一般策略是：与标准的地图符号体系相类似，制定一套标准的地理信息系统用于显示地理数据的符号系统。地理信息系统标准符号库，不但包括图形符号、文字符号，还应当包括图片符号、声音符号等。

6）数据产品的测评

对产品进行测评是评价一个产品非常必要的工作。同样，对 GIS 数据产品的质量、等级、性能等方面进行测试与评价，对于 GIS 项目工程的有效管理、促进 GIS 市场的发展等都有重大意义。

2. 促进地理信息共享

地理信息的共享，是指地理信息的社会化应用，就是地理信息开发部门、地理信息用户和地理信息经销部门之间以一种规范化、稳定、合理的关系共同使用地理信息及相关服务机制。

地理信息共享，深受信息相关技术的发展（包括 RS 技术、GPS 技术、GIS 技术、网络技术）、相关的标准化研究及其所制定的各种法规保障制度的制约。现代地理信息共享，以数字化形式为主，并已步入模拟产品、数据产品和网络传输等多种方式并存的数字化时代。因此，数据共享几乎成为信息共享的代名词。在数据共享方式上，专家们的观点是，未来的数据共享将以分布式的网络传输方式为主，例如，我国有关部门提出以两点一线、树状网络、平行四边形网络、扇状平行四边形网络四种设计方案作为地理信息数据共享的网络基础。

从信息共享的内容上来看，地理信息的共享并不只是空间数据之间的共享，它还是其他社会、经济信息的空间框架和载体，是国家以及全球信息资源中的重要组成部分。因此，除了空间数据之间的互操作性和无误差的传输性作为共享内容之一外，空间数据与非空间数据的集成也是地理信息共享的重要内容。后一种数据共享方式具有更大的社会意义，因为它为某些社会、经济信息的利用提供了一种新的方法。

地理信息共享有三个基本要求：要正确的向用户提供信息；用户无歧义、无错误地接收并正确使用信息；要保障数据供需双方的权力不受侵害。在这三个要求中，数据共享技术的作用是最基本的，它将在保障信息共享的安全性（包括语义正确性、版权保护及数据库安全性等方面）和方便灵活地使用数据方面发挥重要的作用。数据共享技术涉及四个方面，它们是：面向地理系统过程语义的数据共享概念模型的建立；地理数据的技术标准；数据安全技术；数据的互操作性。

1）面向地理系统过程语义的数据共享的概念模型

在地理地信息系统技术发展过程中，由于制图模型对地理信息系统技术的深刻影响，关于现实地理系统的概念模型大多集中于对地理系统空间属性的描述。例如对地理实体的分类，以其几何特性点、线、面等为标志，由于这一局限，地理信息系统只能显式地描述一种地理关系——空间关系。这种以几何目标为主要模拟对象的模拟方法不但存在于传统的关系型地理信息系统中,而且也存在于各种面向对象的地理信息系统模型研究文章中。以几何目标特性为主,模拟地理系统的思想几乎成为一种标准;而基于地理系统过程思想的概念模型很少出现。

实际的数据共享是一种在语义层次上的数据共享,最基本的要求是供求双方对同一数据集具有相同的认识,只有基于同一种对现实世界地理过程的语义抽象才能保证这一点。因此,在数据共享过程中,应有一种对地理环境的模型作为不同部门之间数据共享应用的基础。面向地理系统过程语义的数据共享的概念模型,包括一系列的约定法则:地理实体几何属性的标准定义和表达、地理属性数据的标准定义和表达、元数据定义和表达等。这种模型中的内容和描述方法,有别于面向地理信息系统软件设计或地理信息系统数据库建立的面向计算机操作的概念建模方法。为了数据共享的无歧义性及用户正确地使用数据,面向数据共享的概念模型必须遵循 ISO 为概念模型设计所规定的"100%原则",即对问题域的结构和动态描述达100%的准确。

2）地理数据的技术标准

地理数据的技术标准为地理数据集的处理提供空间坐标系、空间关系表达等标准,它从技术上消除数据产品之间在数字存储与处理方法上的不一致性,使数据生产者和用户之间的数据流畅通。

地理数据技术标准的一项重要工作是利用标准的界面技术完整地表达数据集语义的标准数据界面。随着对数据共享认识的越来越清晰,科学家们越来越重视对地理信息系统人机界面的标准化。在有关用户界面的标准化的讨论中,两个观点占了主流:一个观点主张采用现有IT 标准界面,这是计算机专家们的观点;另一个观点提出要以能表达数据集的语义作为用户界面标准的标准。经过多年的讨论实践已逐渐形成两种策略,它们是:建立标准数据字典和建立标准的特征登记,这两种策略的理论基础都是基于对现实世界的概念性模拟以及要领模式规范化的建立。

在数据库领域,数据字典是一个很老的概念,它的初始含义是关于数据某一抽象层次上的逻辑单元的定义。应用于地理信息系统领域后,其含义有了变化,它不再是对数据单元简单的定义,而且还包括对值域及地理实体属性的表达,它已走出元数据的范畴,而成为数据库实体的组成部分之一。建立一个标准数据字典,实际上也就是建立相应地理信息系统数据库的一种外模式,可能方便地对数据库施行查询、检索及更新服务。特征登记是一种表达标准数据语义界面方法,它产生于面向地理特征的信息系统设计思想。

3）数据的安全

数据使用过程中,为了保证数据的安全,必须采用一定的技术手段。在网络数据传输状况下更是如此。从技术上解决数据安全问题,主要考虑在数据使用和更新时要保持:①数据的完整性约束条件;②保护数据库免受非授权的泄露、更改或破坏。在网络时代,还要注意网络安全,防止计算机病毒等。数据库中数据的安全性,一般通过设置密码,利用用户登记表等方法来保证。

4）数据的互操作性

从技术的角度,数据共享强调数据的互操作性。数据的互操作性,体现在两个方面:一个是在不同地理信息系统数据库管理系统之间数据的自由传输;另一个是不同的用户可以自由操作使用同一数据集,并且保证不会导致错误的结论。数据的互操作性在数据共享所有环节中是最重要的,技术要求也是最高的。

二、GIS 标准化的内容

1. 地理信息内容

GIS 数据模型的设计,是对于地理知识的演绎和归纳基础之上,形成反映地理系统的形式化的地理信息的组织和表达模式。

地理数据是地理信息的数字化载体,只有建立在某种数据模型基础上的地理数据,才能表达地理信息和地理知识,才具有地理分析的意义。

地理信息由地理实体特征信息和关于数据本身一些描述信息(元数据)两部分构成。前者包括:空间特征、关系特征、属性特征、动态特征等信息,后者包括数据质量,获取数据时间和机构等信息。

2. 地理信息的分类与编码

地理数据对地理现实的表达是建立在一定的逻辑概念体系之上的,对地理知识的系统化是建立这些逻辑概念的基础,而地理信息的分类是地理知识系统化的一个重要方法。

1)地理信息的分类

对信息的分类一般具有两种方法:线分类法和面分类法。线分类法是将分类对象根据一定的分类指标形成相应的若干个层次目录,构成一个有层次的、逐级展开的分类体系;面分类法是将所选用的分类对象的若干特征视为若干个"面",每个"面"中又分彼此独立的若干类组,由类组合形成类的一种分类方法。对地理信息的分类一般采用线分类法。

地理信息的分类方法并不是要以整个地理现实作为它的分类对象,它要为某种地理研究及其应用服务。不同地理研究目的之下的分类体系可能不同,即使研究对象为同一地理现实,而用以描述该地理现实的分类体系则可能有质的不同。如果从地理组成要素的观点出发,并且认为地貌、水文、植被、土壤、气候、人文是全部的地理组成要素,那么这六大组成要素就形成了六大分类体系。这六大分类体系,共同组成了地理现实的描述体系。分类体系的特点之一,是概念之间仅能以 $1:n$ 的关系来描述研究对象。

地理信息的分类方法也可以是成因分类,即以成因作为主要的分类指标进行地物分类,这种方法通常为面分类法。地理信息的另一种分类方法,以地理现实的空间分布特点为主要指标进行分类。ISO 将这种以地理空间差异为主要指标而划分形成的空间体系,称为地理现实的非直接参考系统,行政区划、邮政编码都是这类的代表。

分类体系中的分级方法所依据的指标,一般以地理现实的数量指标或质量指标为主。例如,对河流的分级描述、土地利用类型的确定,最有代表意义的是以地物光谱测量特征为主要指标的遥感解译和制图。

应用目的不同和分类指标不同,在极大地丰富了地理分类学研究内容的同时,也在一定程度上造成了对其使用上的困难,其最大的问题是各分类体系之间不兼容。由于这种分类体系的直接应用是对地理现实的编码表示,因此,各分类体系之间的不兼容将导致同一地物的编码不一,或同一编码所具有的语义有多个,从而造成了数据共享困难。

2)地理信息的编码

对地理信息的代码设计是在分类体系基础上进行的,一般地在编码过程中所用的码有多种类型,例如顺序码、数值化字母顺序码、层次码、复合码、简码等。我国所编制的地理信息代码中,以层次码为主。

层次码是按照分类对象的从属和层次关系为排列顺序的一种代码,它的优点是能明确表示出分类对象的类别,代码结构有严格的隶属关系,例如《中华人民共和国行政区划代码》(GB 2260—80),《基础地理信息要素分类与代码》(GB/T 13923—2006)都是采用了层次码作为代码的结构,其结构表示为图2-31。

层次码一般是在线分类体系的基础上设计的。

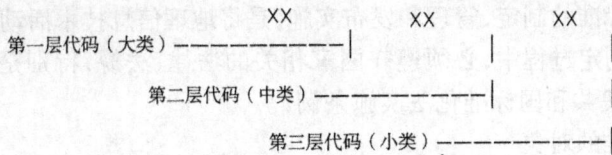

图 2-31   GB 2260—80 所采用的层次代码结构

地理信息的编码要坚持系统性、唯一性、可行性、简单性、一致性、稳定性、可操作性、适应性和标准化的原则,统一安排编码结构和码位;在考虑需要的同时,也要考虑到代码之简洁明了,并在需要的时候可以进一步扩充,最重要的是要适合于计算机的处理和方便操作。目前,已形成国家标准的地理信息方面的分类及代码已有25部之多,例如《中华人民共和国行政区划代码》(GB 2260—80)、《基础地理信息要素分类与代码》(GB/T 13923—2006)、《1:500、1:1 000、1:2 000 地形图要素分类与代码》(GB 14804—93)、《1:5 000、1:10 000、1:25 000、1:50 000、1:100 000 地形图要素分类与代码》(GB/T 5660—1995)、《公路信息分类与代码》(GB/T 17734—1999)、《公路等级代码》(GB/T 920—2002)、《公路路面等级与面层类型代码》(GB/T 920—2002)、《公路路线标示规则》(GB 917.1~917.2—2000)等。

3. 地理信息的记录格式与转换

不同的地理信息系统软件工具,记录和处理同一地理信息的方式是具有差别的,这往往导致早期不同地理信息系统软件平台上的数据不能共享。记录格式的不同加上格式对用户是隐蔽的,导致了数据使用上的困难。世界上已有了许多数据交换标准,其中有关数据格式的转换建立了一种通用的,对用户来讲是透明的通用数据交换格式。数据格式的另一个内容,是数据在各种媒体上的记录标准问题。

1)数据交换格式

在数据转换中,数据记录格式的转换要考虑相关的数据内容所采用的数据结构。如果纯粹为转换空间数据而设立的标准,那么重点考虑的将是:①不同空间数据模型下空间目标的记录完整性及转换完整性,例如由不同简单空间目标之间的逻辑关系形成的复杂空间目标,在转换后其逻辑关系不应被改变;②各种参考信息的记录及转换格式,例如坐标信息、投影信息、数据保密信息、高程系统等;③数据显示信息,包括标准的符号系统、颜色系统显示等。

对于地理的信息,除了考虑上述数据的转换格式外,还应该多考虑下列内容:①属性数据的标准定义及值域的记录及转换;②地理实体的定义及转换;③元数据(Metadata)的记录格式及转换等。由于在转换过程中,地理数据是一个整体,各类数据的转换一般以单独转换模块为基础进行转换,因此,还要具备不同种类数据转换模块之间关系的说明及数据整体信息的说明,例如利用一定的机制说明不同转换模块的记录位置信息,转换信息的统计等。

在所有数据标准中,数据交换格式的发展是最快的,地理信息系统软件开发商在其中做了不少工作,例如 DXF、TIFF 等可以用于空间数据的记录与交换。

2)媒体的数据记录格式

在数据的使用过程中,数据总是以一定的媒质(例如磁带、磁盘、光盘)等作为存储载体。

数据在媒体上的记录格式对用户是否透明也是制约数据应用范围的一个重要因素。在该类记录格式的标准化过程中,各种媒介本身的技术发展对记录格式的影响很大,不同记录媒体,由于处于不同的时期,而应分别采用和制定相应的标准。

4. 地理信息规范及标准的制定

地理信息技术标准的制定、管理和发布实施,是将地理信息技术活动纳入正规化管理的重要保证。在标准的制定过程中,必须遵守国家相关的法律、法规,特别是《中华人民共和国标准化法》和《中华人民共和国标准化法实施条例》。

1)制定技术标准的对象

标准的特有属性,使得对信息技术标准制定的对象有特殊的要求。制定标准的主要对象,应当是地理信息技术领域中最基础、最通用、最具有规律性、最值得推广和最重要的共同遵守的重复性的工艺、技术和概念。针对地理信息领域,应优先考虑作为标准制定对象的客体有工具软件、数据、系统开发等。

2)制定技术标准的一般要求

制定技术标准的一般要求主要有:①认真贯彻执行国家有关的法律、法规,使地理信息技术标准化的活动正规化、法制化;②在充分考虑使用的基础上,要注意与国际接轨,并注意在标准中吸纳民间最先进的技术成果,使所制定的标准既能适合于现在,还能面向未来;③编写格式要规范化。

3)编制技术数据体系表

围绕着地理信息技术的发展,所需要的技术标准可能有多个,各技术标准之间具有一定内在的联系,相互联系的地理信息技术标准形成地理信息技术标准体系。信息技术标准体系具体有目标性、集合性、可分解性、相关性、适应性和整体性等特征,是实施编制整个地理信息技术标准的指南和基础。

地理信息标准体系,反映了整个地理信息技术领域标准化研究工作的大纲,规定了需要编写的新标准,还包括对已有的国际标准和其他相关标准的使用。对国际、国外标准的有用程序一般分为三级:等同采用、等效采用和非等效采用。我国标准机构对标准体系表的编制具有详细的规定。

三、ISO/TC211 地理信息标准

ISO/TC211 地理信息/地球信息科学专业委员会成立于 1994 年 3 月,其目的是为了促进全球地理信息资源的开发、利用和共享,即制定 ISO/TC211 地理信息/地理信息科学标准,它是对与地球上位置直接或间接有关的特体或现象信息的结构化标准。该标准共分为 25 个部分,主要针对地理信息的内容和相关的方法,各种数据管理的工具和服务及有关的请求、处理、分析、获取、表达,以及在不甘落后的用户、系统平台和位置上进行数据的转换。

25 个部分主要由五个工作组负责。第一组,由美国召集,负责框架和参考模型,即 1 ~ 5、21,24 部分;第二组,由澳大利亚召集,负责空间数据模型和算子,即 7、8、9 和 23 部分;第三组,由英国召集,负责地理空间数据管理,即 10 ~ 15 部分;第四组,由挪威召集,负责地理空间数据服务,即 16 ~ 19,24 部分;第五组,由加拿大召集,负责第 6,20 部分,第 22 部分由加拿大负责的另一个小组制定。其中,后五个的部分的工作刚刚开展。ISO/TC211 委员会同时有一个质量控制小组和咨询小组支持整个标准制定工作。

在 ISO/TC211 中,定义和描述了一系列地理信息以及地理数据管理和地理过程的标准。

其中,某个方面可能有多个标准,如测量标准和编码标准;其他一些标准中可能描述了一系列内容,如空间模式标准。在实际应用中,可能只采用某个标准或标准的一部分,甚至是对某个标准进行特化,专用标准给出了使用的指导。

ISO/TC211标准的各个部分之间具有依赖关系。表2-12描述了这种依赖性。其中单元格内容为"D"表示相应行的标准依赖于相应列的标准,如"质量评定过程"依赖于"质量原则"、"I"表示有关,"X"表示无关,"C"表示关系尚不明确。

ISO/TC 211 标准前 20 个部分之间的关系　　　　　　　　表 2-12

	1	2	3	4	5	6	7	8	9	10	11	12	13	14	15	16	17	18	19	20
1. 参考模型		I	I	I	X	I	I	I	I	I	X	C	I	X	I	I	I	I	I	X
2. 综述	D		D	D	D	D	D	D	D	D	D	D	D	D	D	D	D	D	D	D
3. 概念化模式语言	D	I		I	I	I	I	I	X	I	I	I	I	I	I	I	I	I	I	I
4. 术语定义	D	D	D		D	D	D	D	D	D	D	D	D	D	D	D	D	D	D	D
5. 一致性和测试	D	I	X	I		D	D	D	D	C	D	C	D	D	I	I	I	I	D	D
6. 专用标准	D	I	D	C	I		D	D	D	D	D	C	C	D	D	D	I	D	D	D
7. 空间子模式	D	I	D	I	D	I		X	D	I	I	I	I	I	I	I	I	I	I	I
8. 时间子模式	I	I	D	I	I	X	X		C	C	X	X	I	I	X	I	X	I	X	X
9. 应用模式规则	D	I	D	I	X	I	D	X		D	X	C	I	D	I	I	I	I	I	I
10. 地理信息分类	D	I	I	I	X	X	X	I	D		X	X	C	X	D	X	X	X	X	X
11. 坐标参考系统	D	I	D	I	D	I	I	X	I	X		X	C	X	X	X	X	X	X	X
12. 间接参考系统	D	I	D	I	D	I	X	X	X	X	I		I	X	X	X	X	X	X	X
13. 质量原则	C	I	D	I	D	I	I	I	I	I	I	I		I	X	X	I	X	X	X
14. 质量评定过程	D	I	D	I	X	I	I	I	I	I	I	I	D		X	X	I	X	X	X
15. 元数据	D	I	D	I	D	D	D	C	D	D	D	D	D			I	I	D	D	D
16. 定位服务	D	I	D	I	D	I	X	I	X	X	D	X	C	X			X	X	D	X
17. 地理信息描述	D	C	D	I	D	I	D	D	D	I	X	I	I	I	D	I			X	X
18. 编码	D	I	D	I	X	I	X	X	D	X	X	X	C	X	D	I	I		I	X
19. 服务	D	I	D	I	D	I	I	I	I	X	I	X	X	I	D	I	X			D
20. 功能标准	D	I	D	I	X	C	D	D	D	X	D	X	X	D	X	D	X	X	D	

四、开放的地理数据互操作规范——Open GIS

Open GIS/（OGIS, Open Geodata Interoperation Specification,开放的地理数据互操作规范）由美国OGC（Open GIS协会,Open GIS Consortium）提出。OGC是一个非营利性组织,目的是促进采用新的技术和商业方式来提高地理信息处理的互操作性（Interoperablity）OGC会员主要包括GIS相关的计算机硬件和软件制造商（包括ESRI,Intergraph, MapInfo等知名GIS软件开发商）,数据生产商以及一些高等院校,政府部门等,其技术委员会负责具体标准的制定工作。

Open GIS的目标是,制定一个规范,使得应用系统开发者可以在单一的环境和单一的工作流中,使用分布于网上的任何地理数据和地理信息处理。它致力于消除地理信息应用之间以及地理应用与其他信息技术应用之间的藩篱,建立一个无"边界"的、分布的、基于构件的地理数据互操作环境,与传统的地理信息处理技术相比,基于该规范的 GIS 软件将具有很好的可扩展性、可升级性、可移植性、开放性、互操作性和易用性。

Open GIS 规范主要定义了以下三个模型。

1. 开放的地理数据(Open Geodata)模型

定义了一个概括的、公用的基本地理信息类型集合,该集合可以被应用于特定领域的地理数据建模。Open GIS 将现实世界抽象成为两类基本对象:要素(Feature)和覆盖(Coverage),前者描述现实世界中的实体对象,后者描述现实世界中的现象。对于要素,将与空间坐标相关的属性抽取出来,称为几何体(Geometry)。同时,Open GIS 又定义了要素的时空参照系统、语义(Semantics)以及元数据来对要素进行描述,以便于共享和互操作。

2. Open GIS 服务模型

定义了一个服务的集合,该集合用于访问地理数据模型中定义的地理类型,提供了同一信息团体(Information Community)内不同用户之间,或者不同信息团体之间的地理数据共享能力。

服务模型中的主要组成如下。

(1)要素实例(Feature Instance)的创建过程。

这种面向对象的要素实例创建过程便于实现数据的共享,同时又保证信息的封装性。

(2)获取地理数据的方法。

(3)时空参照系统的获取与转换。

(4)语义转换。

3. 信息团体模型

信息团体模型的目的是,建立一种途径,使得信息团体或用户维护对数据进行分类和共享所遵循的定义;实现一种有效的、更为精确的方式,使不同信息团体之间可以共享数据,尽管他们并不熟悉对方的地理要素定义。信息团体模型定义了一种转换模式,使得不同信息团体的"地理要素辞典"可以自动"翻译"。

团体模型规范建立了一个概念模型,并将其文档化,采用了在面向对象技术中通用的 UML 作为其形式化的建模语言。抽象规范通过对现实世界的描述,建立了系统实现与现实世界之间的概念化的联系,它是与具体的软件实现无关的,而只是定义了软件应该实现的内容。

目前,其团体模型抽象规范共分 17 个主题:

· 综述(Overview)

· 要素几何体(Feature Geometry)

· 空间参照系统(Spatial Reference Systems)

· 位置几何体结构(Locational Geometry Structures)

· 存储功能和插值(Stored Functions and Interpoltion)

· 要素(Features)

· 覆盖类型及其子类型(The Coverage Type and its Subtype)

· 地球影像(Earth Imagery Case)

· 要素之间的关系(Relations Between Features)

· 质量(Quality)

· 要素集合(Feature Collections)

· 元数据(Metadata)

- Open GIS 服务体系结构(Open GIS Service Architecture)
- 目录服务(Catalogs Service)
- 语义和信息团体(Semantics and Information Communities)
- 图像使用服务(Image Exploitation Service)
- 图像坐标转换服务(Image Coordinate Transformation Service)

其他有关地理信息系统标准制定组织和标准如下。

(1)美国联邦地理数据委员会(FGDC)制定的美国空间数据元数据标准和空间数据转换标准。

FGDC 是美国政府机构的一个协调性组织,其主要目的是在全国范围内促进对地理数据的共同开发、使用、共享和传播。

空间数据的元数据标准定义了一套数字化地理元数据的内容,并建立了相应的概念和术语,根据该标准的定义,元数据可能从以下 7 个方面对空间数据进行描述。

①标识(Indentification):包括数据名称,开发者,数据描述的区域,专题,现势性,对数据使用的限制等。

②数据质量(Data Quality):数据质量的定义,数据精度,完整性,一致性,产生该数据的原始数据以及处理过程。

③空间数据组织(Spatial Data Organization):数字编码的空间数据组织方式,空间实体的数目,除空间坐标外其他的属性。

④空间参照(Spatial Reference):数据采用的地图投影,存储格式(矢量还是栅格),水平与垂直的地球参照系,从一种坐标系统转换到另一种坐标系统的方法。

⑤实体和属性信息(Entity & Attribute Information):数据中包括的地理信息,信息的编码方式,编码的意义描述。

⑥分发(Distribution):如何得以数据,数据的格式,存储的格式,存储介质,价格等。

⑦元数据参考信息(Metadata Reference):该数据何时完成,由谁完成等信息。

(2)空间数据转换标准(SDTS,Spatial Data Transfer Standard)是目前美国许多政府部门和商业组织所采用的交换格式标准。SDTS 是一个分层的数据转换模型,定义了数据转换的概念、逻辑和格式三个层次,同时采用元数据来辅助数据转换和评价。

概念层建立了地理要素及其特征的模型,可以是矢量数据也可以是栅格数据,提供了地理要素的标准实体和属性的定义。逻辑层将概念化的地理要素转换成为逻辑化的模型、记录、数据项和子项,它提供各种空间数据类型和关系的基础内容。SDTS 的物理格式层定义与标准相符合的文件格式,以进行空间数据的转换。

SDTS 使得任意两种空间数据可以相互转换,并保证最小的信息损失,对于 NSDI(国家空间数据基础设施)的实现起到了决定性的意义。

(3)加拿大 Mercator GIS 标准

Mercator 是以墨卡托投影来命名的,它是由加拿大政府组织、建立的一个国家 GIS 数据标准。其主要目标是:建立空间地理信息的标准,建立空间数据的存储库以及有关软件的开发。Mercator 定义了一个叫做 OGDI(Open Geospatial Datastore Interface)的程序接口,支持在客户机/服务器模式访问空间数据。

第三章 空间数据结构与数据管理

第一节 GIS 数据库的一般原理

一、传统的数据库模型

传统的纸质模拟地图是根据地图模型(map model),按一定的数学法则、符号、制图综合原则和比例,将地球空间实体和现象的形状、大小、相互位置、基本属性等表示在二维平面上。在计算机化的 GIS 中表达和组织管理地球空间实体和现象的空间数据,比起传统的纸质模拟地图要复杂得多。地理信息系统空间数据模型既要表达和处理空间实体及其相互间关系,还要考虑计算机存储和处理的性能,因而与地图模型有着本质的区别。空间数据模型类似于一种语言,是说明和描述空间数据、数据间关系、数据语义、数据一致性、数据操纵等的一种方法。

空间数据模型是空间数据库模式设计的基础,空间数据库模式是关于空间数据库数据组织的描述。其中概念数据模型对应于概念数据模式(扩展语意结构),常用的表示方法为实体—联系方法(Entity—Relationship Approach),即用 E—R 图来描述实体及实体间的联系。逻辑数据模型对应于逻辑数据模式,是对整个数据库中的全部数据进行定义和操纵的数据模型,包括网状模型、层次模型、关系模型及面向对象的模型等。物理数据模型对应于内模式(即内部语意结构)。

空间数据模型为空间数据库模式设计提供了目标类型、数据操作算子和完整性规则等语法规则。其中目标类型是指空间数据模型能够表达的实体类型及实体间联系,包括空间实体本身的几何和非几何特征及两者之间的直接或间接关系。在设计一个空间数据库时,其所表达的空间目标是由所选定的空间数据模型决定的。算子是指可用来对数据库目标对象进行的检索、更新等各种操作,包括其定义及操作符号、操作规则及语言定义。完整性规则给出了数据模型中数据及其联系所具有的制约和依存规则。用于说明空间实体的几何和非几何特性之间的相互制约机制及限定时间序列下的动态变化,以保证数据的正确、有效及相容性。

二、地理信息系统数据库及其设计

纵观国内外 GIS 研究和应用的发展状况,无论是针对具体应用目标进行 GIS 应用系统设计,还是研制 GIS 基础软件平台,均是以空间数据模型理论为基础的。

就 GIS 基础软件平台而言,Arc/Info 是在地理—关系模型基础上发展起来的,SYSTEM 9 是在面向对象空间数据模型基础上发展起来的。一般可将 GIS 空间数据管理基础软件平台的设计思想分为以下三种情况。

1. 混合结构体系

早期设计研制的 GIS 空间数据管理系统采用的是混合结构体系,即分别采用常规的数据库管理系统管理属性数据和用专门的空间数据管理系统管理定位数据。若用关系型数据库管理系统管理属性数据的话,则成为地理—关系(Geo—relational)结构,如图 3-1a)所示。当前国际上流行的 Arc/Info、MGE、GENEMAP 和 SICARD 等就是采用这种设计思想。例如,美国 ES-RI 公司的 Arc/Info 用 INFO(或 ORACLE、INGRES)管理属性数据,用 ARC 管理和处理空间数据。值得说明的是,人们以往主要是将通用的关系型数据库管理系统(General purpose relational DBMS)用于处理表格型数据,是因为其在处理空间数据方面有如下局限性。

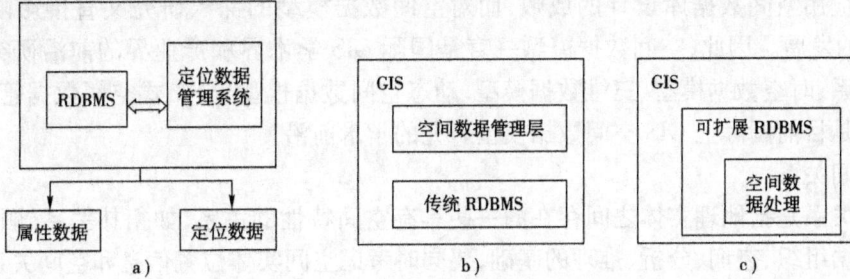

图 3-1 空间数据的结构体系
a)地理关系结构;b)扩展结构体系;c)统一结构体系

(1)由于不同空间目标的坐标串长度往往不统一,空间数据的记录是变长的,而通用的关系型数据库管理系统适于处理定长数据记录。此外,需要扩充通用关系型数据库管理系统的功能,方可处理与空间坐标数据交织在一起较为复杂的拓扑关系和属性数据。

(2)空间数据操作涉及诸如相邻、连通、包含、叠加等空间概念,而通用关系型数据库管理系统的查询语言不具备这方面的功能。

(3)通用关系型数据库管理系统一般不具备空间数据处理要求的高级图形功能。

(4)GIS 数据之间的高度相关性要求一个高性能的安全系统(security system),以保证空间数据多文件的一致性。

2. 扩展结构体系

即采用同一 DBMS 存储空间数据和属性数据。SYSTEM 9 和 Small World 都是采用这种方法。其做法是将空间实体划分成若干部分,用独立的关系表格存储,检索需要进行关系的"并"运算,为此还要在标准的关系型 DBMS(如 Oracle)上增加空间数据管理层,如图 3-1b)所示,以将空间查询转换成标准的 SQL 查询。其优点是省去了空间数据库和属性数据库之间的烦琐联结,提高了系统的效率。

3. 统一结构体系(integrated design)

GEO⁺⁺、TIGRIS 等采用的是这种设计思想,该结构不再是基于传统的 DBMS,而是在开放型 DBMS 基础上扩充空间数据表达的功能,如图 3-1c)所示。近年来,Oracle 等商业化 RDBMS 开始支持空间数据的定义和空间查询。

对于 GIS 应用系统设计来说,空间数据库管理系统是其最基础的部分,直接关系到整个信息系统的运行质量和成败,这是因为它不仅影响着分析或显示模块对系统内数据的有效利用和存取效率,而且也影响着用户对数据库的概念的理解。为了有效地进行空间数据库设计,需要针对具体的应用问题,选用合适的空间数据模型,分别进行概念、逻辑和物理设计。在概念模型层上,用户根据其问题的性质,将把现实世界中的客观对象抽象为一种信息结构,在此基础上对现实世界进行数字化表达、处理和管理。在逻辑模型层,系统设计员通过对各种用户观点的综合分析,指明数据实体及相互间的关系、记录相互间的关系,但不涉及过于详细的实现技术;在最低一层(物理模型)中,程序设计者根据系统设计,综合地运用各种计算机技术,设计和实现数据的实际存储结构以及在存储介质上进行检索存储操作的各种算法。

三、地理信息系统数据库的发展趋势

对现有空间数据模型认识和理解的正确与否,在很大程度上决定着 GIS 空间数据管理系统研制或应用空间数据库设计的成败,而对空间数据模型的深入研究又直接影响着新一代 GIS 系统的发展。因此,空间数据模型一直是国际 GIS 学术界和产业界的前沿研究领域。其中空间关系、时空数据模型、三维数据模型、动态空间数据模型、分布式空间数据管理、空间存取方法等是目前国际上 GIS 空间数据模型研究的学术前沿。

1. 空间关系

空间关系是指地理实体之间存在的一些具有空间特性的关系,如拓扑关系、顺序关系等,是空间数据组织、查询、分析、推理的基础,要同时考虑空间实体位置信息和空间关系的表达与处理问题。它既是 GIS 区别于 CAD 等计算机图形处理系统之处,也是 GIS 空间数据组织与处理的复杂性和难度所在。美国国家自然科学基金会自 1988 年起就资助美国国家地理信息与分析中心,开展了定性空间关系描述方法、自然语言中空间关系的理解、时空推理、空间知识表达和处理的限制性等研究;美国 UCGIS 1998 年将以空间关系为基础的空间分析列为当前 GIS 界十大重点问题之一。国际一些高层次 GIS 学术会议也将空间关系作为重要议题,如两年一度的 SDH(spatial data handling)、国际 SSD(symposium advances in spatial databases)和 COSIT(conference spatial information theory)会议、国际摄影测量与遥感学会有关会议、ASPRS – ACSM 会议等。我国国家自然科学基金会(NNSFC)等部门自 20 世纪 90 年代初也陆续资助了对 GIS 空间关系的研究。

就总体而言,目前国际上对空间关系的研究主要集中在空间关系的语义问题、空间关系描述、空间关系表达、基于空间关系的分析等方面。

1)空间关系的语义研究

空间关系语义研究是空间关系描述和表达的前提与基础。其基本问题是,地理实体间究竟有哪些类型空间关系,这些空间关系有哪些性质?早期人们认为 GIS 空间关系主要分为顺序关系、度量关系、拓扑关系三大类。拓扑空间关系是指拓扑变换下的拓扑不变量,如空间目标的相邻和连通关系,以及表示线段流向的关系等。顺序关系描述目标在空间中的某种排序,如前后、上下、左右、东西南北等。度量关系是用某种度量空间中的度量来描述的目标间的关系,如目标间的距离。

由于空间拓扑关系在 GIS 空间数据组织、分析、查询等方面起着十分重要的作用,人们对空间拓扑关系进行了大量深入细致的研究。与此同时,人们开始对空间实体间的其他多种空间关系进行研究,如相离关系、模糊空间关系、穿越与进入等反映实体运动状态的空间关系,以及实体之间的不确定性空间关系、时空关系、全局性与区域性空间关系等。此外,自然语言中空间关系表达、文化和语言异同对空间关系的影响等也是空间关系语义研究的热点内容。

2)空间关系描述

空间关系描述的基本任务是:以数学为基础的方法区分不同的空间关系,给出形式化的描述。其意义在于澄清不同用户关于空间关系的语义,为构造空间查询语言和空间分析提供形式化工具。目前国际上使用较多的是基于点集拓扑理论的交叉方法,这种方法是将空间实体分解为几个部分,通过比较两个实体各组成部分的交去判定或研究实体间的空间关系。另一

种思路是运用空间目标的整体来进行空间关系的区分与定义。Randell 等人提出的空间逻辑是这种交互方法的代表,它根据区域联结和逻辑演算描述空间区域间的关系。

就空间关系描述结果的评价而言,一般要考虑完备性、可靠性、唯一性、通用性准则。其中,完备性是指空间关系描述结果能包含目标间所有可能的定性关系;可靠性是要求所推出的一组关系是实际存在的或正确的;唯一性要求所有关系是互斥的;通用性指描述方法应能处理各种形状的目标和各类关系。

3）空间关系表达

空间关系表达的基本任务是存储和组织空间目标间的空间关系,构建相应的存取、检索方法。就 GIS 空间数据组织管理与分析应用而言,需要显式地表达或储存一些基本空间关系,根据这些基本空间关系推断出其他空间关系。

关系表法是早期发展的一种空间关系表达方法。随着 GIS 的发展,这种方法越来越显示出其存在的不足与弊端,表现为数据之间的关联性强,空间数据库的更新与维护困难,也难于表达复杂目标之间的关系。二维字符串法(2D string)是影像信息系统中采用的一种空间关系表达方法,它是采用符号投影的方法,将不同二维空间目标的边界沿 X 轴和 Y 轴作正射投影,分别生成有顺序关系的字符串,借以表达和判断目标间的空间关系。为了克服二维字符串法在表达空间关系方面的局限性,人们提出了扩展的 2D string 等表达方法。但从理论上讲,字符串法是用一维方法解高维问题,因此难以保证可靠性与完备性,在表达方向关系方面较为有效,而没有显式地表达拓扑关系,并难以向三维空间扩展。此外,人们还研究了基于偏序的空间关系表达方法,发展了基于语义网络图的图像目标表达、父子地块间链接关系的时态链法、面向对象的空间关系表达方法等。

2. 三维空间数据模型

三维空间目标可分为形状规则和形状不规则。人们是用二维点、线、面或像元简化地表示现实世界中形状规则的三维空间实体,如大多数的人工建筑物,第三维的信息(高程)作为属性存储。对于形状不规则的三维地形(terrain)、海平面等,通常用格网、TINs 和样条函数表示。由此所建立的数字地面模型中的每一个点 (x,y) 上只有一个 z 值,或者说不能处理多值问题,因而被认为是 2.5 维的。目前国际上关于三维空间数据模型的研究大体上可分为两个方向。

1）三维矢量模型(3D vector models)

三维矢量模型是用一些基元及其组合去表示三维空间目标。这些基元本身可用简单的数学解析函数描述。在 CAD/CAM 和计算机图形学中,人们一直是用 CSG(Constructive Solid Geometry)和 B-rep(Boundary representation)对这些基元进行几何表达,其中 CSG 采用一些诸如粘贴的操作,利用基本体元构造三维空间目标,B-rep 是采用矢量方法表达三维目标,与二维 GIS 采用的矢量模型是一致的。近几年来,人们也试图在 GIS 中利用或集成 CAD/CAM,但发现 GIS 与 CAD/CAM 在数据获取方法、目标维数和特征、属性数据、坐标系统、空间分析等方面存在不少差异。例如,CAD 强调对基元的处理和目标的构建,而 GIS 考虑面、线、点特征数据的有效组织和空间分析,因此 CAD 采用的三维数据结构与方法并不能套用到三维 GIS 中去。因此,有必要研究和发展专门的三维矢量化的 GIS 空间数据结构。其中的重要问题之一是描述和表达基元间的三维拓扑空间关系。目前国际上这方面的工作有三维形式化数据结构、基于剖分的三维拓扑数据模型。

2）体积模型

Voxel(volumetric pixel elements)模型是目前主要研究和发展的体积模型,其基元可看做是三维像元,可无限细分或聚合(divided or aggregated limitless)。Octree、polytree、3D grids 等是几种常见的 Voxel 模型。Octree 是 quadtree 的扩展,它根据三维目标的边界将空间逐级细分为八边体(octants),并提供了有效的布尔运算和压缩编码方法(efficient Boolean operations and compact coding methods),在三维动态建模和模拟动画中很有应用特色。但由于现实空间实体并不是矩形的,用 Octree 表达的三维目标的边界不是光滑的。这些 Voxel 模型的特点是易于表达三维空间属性的非均衡变化,其缺点是所占存储空间大、处理时间长。

值得说明的是,当同时存在三维规则和不规则空间目标时,需要将三维矢量模型和 Voxel 模型集成起来,以便有效地综合表示规则和不规则空间目标。此外,三维内插、三维空间目标数字化方法等对三维空间建模有着直接的影响,应在研究和发展三维空间数据模型时予以考虑。

基于栅格结构的三维 GIS 系统可以看成是二维系统的扩展,与二维情形相比,它所面临的主要问题是数据量的急剧增加及随之带来的如何对这些大量的数据进行有效存储和管理等问题。三维栅格数据结构常用的方法有三维格网及等平面表示、八叉树(octrees)及其变化形式,如 Poly-trees(polyhedral trees)、G-(grey-scale)octrees 等。

3. 时空数据模型

众所周知,现实世界空间实体及其相互间关系是随时间不断发生变化的。这种时空变化表现为三种可能的形式,一是属性变化,空间坐标或位置不变;二是空间坐标或位置变化,属性不变,这里空间坐标或位置的变化既可能是单一实体的位置、方向、尺寸、形状等发生变化,也可能是两个或两个以上的空间实体之间的关系也发生变化;三是空间实体或现象的坐标和属性同时发生变化。如何有效地记录和管理这种时空变化是近几年来国内外地理信息系统(GIS)学术界和应用部门面临的一大难题。例如,城市房地产权属与空间分布,往往因土地转让、房屋扩建、协议出租、抵押等发生变化,这要求城市房地产 GIS 不仅要记录和管理的每一具体时刻房地产权属和空间分布的情况,而且要描述和表达权属变更和空间分布变化的动态过程及其成因,以便为房地产产权管理和纠纷处理提供准确可靠的产权、产籍信息及法律依据。但是,目前国内外广为采用的各类 GIS 在本质上均属于非时态 GIS,主要适于记录和表达某一时刻空间实体形状及相互间关系的静态分布,难以有效地描述和表达空间实体及其相互间关系的时空变化。

为了解决这一难题,国际学术界开始研究和发展能够用于描述和表达时空变化的时态 GIS,在国际 GIS、计算机数据库的主要学术会议和刊物上常可以看到有关的研究进展报告或成果。当前国际上时态 GIS 研究的主要方向有:表达时空变化的数据模型、时空数据组织与存取方法、时空数据库的版本问题、时空数据库的质量控制、时空数据的可视化问题等。从整体上看,这方面的研究虽已取得了一些成果和进展,但尚处于初步探索阶段,具体表现为对时态 GIS 的一些基本理论和技术方法还缺乏系统深入的研究,形成一种新的时空拓扑关系。迄今为止,人们对这种时空拓扑关系的机理和规律的认识尚不清楚,对其描述和表达方法的研究亦未真正开始,这实际上已成为设计和发展时态 GIS 时必须解决的一个瓶颈问题。现有的各种时空数据模型主要是表达空间实体状态随时间的变化,没有顾及导致这些状态变化的事件及事件的执行者,此外,还应描述和表达时空决策中的主体、事件、目标状态之间的各种关系。这就需要研究顾及事件的时空数据模型建模问题,发展能集成表达决策主体、事件、结果及其之间因果关系的时空数据模型,发展相应的形式化表达方法和时空数据库设计方法。

4. 分布式空间数据模型

分布式空间数据库管理系统和联邦空间数据库是国际上关于分布式空间数据模型的两个主要研究方向。前者是将空间数据库技术与计算机网络技术相结合,利用计算机网络对通过通信线路相连的一些相关联的空间数据库进行数据和程序的分布处理,以实现集中与分布的统一,即分布式空间数据库管理系统是将分散的空间数据库连成一体。这里涉及的主要问题包括空间数据的分割、分布式查询、分布式并发控制(即协调在同一时间里访问同一数据库的用户的相互作用);后者则是在不改变不同来源的各空间数据库管理系统的前提下,将非均质的空间数据库系统连成一体,形成联邦式的空间数据库管理体系,并向用户提供统一的视图。其核心问题是将各空间数据库的局部视图转化成分量视图,继而将诸分量视图统一成联邦视图,并根据具体用户的需要提供专门的外模式视图。

第二节　空间数据的栅格模型与结构

栅格数据是在空间格网离散化后,用栅格或格网中一个或一组点来构成地理要素的形态,而相应的栅格点被赋予对应地理实体的属性代码值。这里,不同的地理要素,如森林、河流、房屋等相应地被赋予不同的代码值:"P","R","H"等。即在栅格格式中,空间被规则地分为一个个小块(通常为正方形,称为格网单元或像元)。地理实体由占据小块的横排与竖列的位置决定,空间单位就是这些小块,小块的位置则由其横排竖列的数码决定。栅格编码后的全图是规则的阵列,其数学实质就是矩阵。

一、空间数据的栅格模型

栅格数据的组织模式为:由图幅到分区,然后是子库,最后到数据库(图 3-2)。

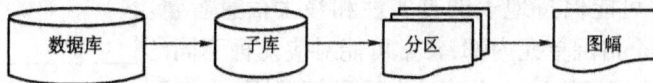

图 3-2　栅格数据的组织

1. 子库的划分

从数据库的数据组织可以看出,数据库是划分子库的。而子库的划分主要依据数据的类型和数据的比例尺。

从数据库的库体结构中可以看出,栅格数据库中存储的数据主要是数字栅格数据、数字正射影像数据、数字高程模型数据,在这种数据类型中又包括了不同比例尺的数据,所以空间数据库的子库由"数据类型、用户建库数据的范围定义和比例尺"的模式定义。如用户建库数据的范围不大,就可以将栅格数据库划分为数字栅格图、数字正射影像数据、数字高程模型数据三个子库。

2. 栅格数据子库设计

对于每个栅格数据子库,需要根据用户建库的范围定义分区对子库的数据进行一级划分,在具体的一个分区中,在以图幅为单位进行划分。一个栅格数据子库的划分如图 3-3 所示。

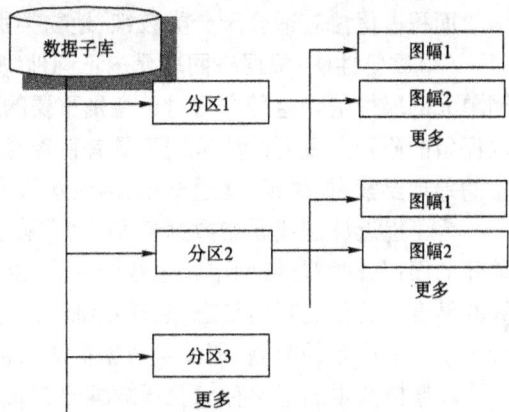

图 3-3　栅格数据子库的组织

二、空间数据的栅格数据结构

1. 栅格数据结构及其编码方法

1）基本概念

栅格数据结构实际就是像元（即格网单元）阵列，每个像元由其所在行列号确定它的位置。由于栅格结构是按一定的规则排列的，所表示的实体位置隐含在格网行列位置，可方便地根据其在文件中的记录位置得到。

在栅格数据文件中每个代码本身明确地代表了实体的属性或属性值。点实体在栅格数据中表示为一个像元；线实体则表示为在一定方向上连接成串的相邻像元集合；面实体由聚集在一起的相邻像元结合表示。这种数据结构很适合计算机处理，因为行列像元阵列非常容易存储、维护和显示。

用栅格数据表示的地表是不连续的，是量化和近似离散的数据，这就意味着在地表一定范围（即一个像元所覆盖的面积）内地理数据的近似性，例如平均值、主成分值、按某种规则在像元内提取的值等。像元大小（像元地面分辨率）对长度、面积等的度量有较大影响。

2）栅格数据的取值方法

栅格数据的取得，可在地图上均匀地划分格网（相当于将一透明方格纸覆盖在地图上），每一单位格子覆盖部分的属性数据便成为图中各点的值，最后形成栅格数字地图文件。也可以扫描地图，将扫描数据重采样和再编码得到栅格数据文件或由矢量数据转换而来。

栅格数据的获取需尽可能保持原图或原始数据的精度。在决定属性值时尽可能保持地表的真实性和最大信息容量。如图3-4所示的一个格网单元内部，常常可能对应几种不同的属性值，而每一个单元只能取一个值。在这种情况下，有以下一些取值方法。

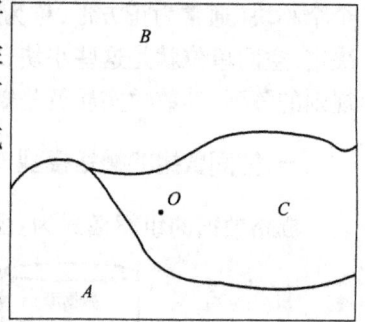

图3-4　栅格单元代码的确定

（1）中心点法：用处于格网单元中心 O 处的地物类型或现象特性决定属性值。此时该单元属性值确定为 C。此法常用于连续分布的地理要素，如降雨量分布、大气污染等。

（2）面积占优法：以占单元面积最大的地物类型或现象特征决定格网单元的属性值。如图3-4所示单元，此时取值为 B。

面积占优法较适合于分类较细、地物类别斑块较小的情况。

（3）重要性法：根据格网单元内不同地物的重要性，选取最重要的地物类型代表相应的格网单元的属性值。这种方法对于特别重要的地理实体，尽管其面积很小或不在格网中心，也采取保留的原则。重要性法常用于具有特殊意义而面积较小的地理要素，特别是具有点、线状分布的地理要素，如城镇、交通枢纽、河流水系等。

为了逼近原图或原始数据精度，除了采用上述几种取值方法外，还可以采用缩小单个格网单元的面积，即增加格网单元总数的方法，这样行列数也相应增加，减少混合单元，可以提高量算的精度。更接近真实形态，表现更细小的地物类型。然而增加格网个数、提高精度的同时也带来了一个严重的问题，那就是数据量的大幅度增加，此时需采用信息压缩编码方法。

2. 栅格数据的直接存储及压缩编码方式

直接栅格编码是最简单、最直观而又非常重要的一种栅格结构编码方法，通常称这种编码

82

的数据文件为栅格数据文件。直接栅格编码就是将栅格数据看作一个数据矩阵,逐行(或逐列)逐个单元记录属性值,可以每行都从左到右记录,也可奇数行从左到右,而偶数行由右向左记录。为了特定目的还可采用其他特殊的顺序。

直接栅格编码简单易行,但由于逐个单元记录,需要行数×列数×属性值字节数(Byte)的容量,数据量通常十分庞大。如一幅4 000行×4 000列、属性值长度为单字节的栅格图像,其容量约为16MB。因此,必须采用某种方法来压缩处理。

压缩方法有信息无损编码和信息有损编码之分。信息无损编码是指编码过程中没有任何信息损失,通过解码操作可以完全恢复原来的信息;信息有损编码是指为了提高编码效率,最大限度地压缩数据,在压缩过程中损失一部分相对不太重要的信息,解码时这部分难以恢复。在城市地理信息系统中多采用信息无损编码,而对原始遥感影像进行压缩编码时,有时也采取有损型的压缩编码方法。栅格数据结构不论采用何种压缩方法,其逻辑原型都是直接编码的栅格数据文件。

1)链式编码(Chain Codes)

链式编码又称为弗里曼链码或边界链码。考虑图3-5中的多边形。该多边形的边界可表示为:由某一原点开始并按某些基本方向确定的单位矢量链。基本方向可定义为:东 = 0,东南 = 1,南 = 2,西南 = 3,西 = 4,西北 = 5,北 = 6,东北 = 7八个基本方向。如果再确定原点为像元(10,1),则该多边形边界按顺时针方向的链式编码为:

10,1,7,0,1,0,7,1,7,0,0,2,3,2,2,1,0,7,0,0,0,0,2,4,3,4,4,3,4,4,5,4,5,4,5,4,5,4,6,6。

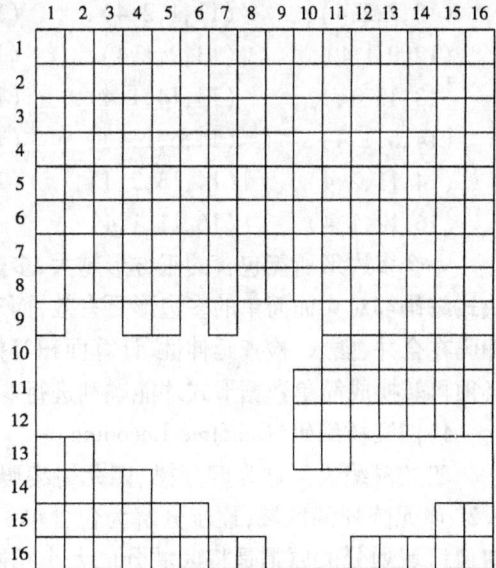

图3-5 栅格地图上的一个简单区域

其中前两个数字10和1表示起点为第10行第1列,从第3个数字开始每个数字表示单位矢量的方向,8个方向以0~7的整数代表。

链式编码对多边形的表示具有很强的数据压缩能力,且具有一定的运算功能,如面积和周长计算等,探测边界急弯和凹进部分等都比较容易,比较适于存储图形数据。缺点是对叠加运算,如组合、相交等则很难实施,对局部修改将改变整体结构,效率较低,而且由于链码是以每个区域为单位存储的边界,相邻区域的边界则被重复存储而产生冗余。

2)游程长度编码(Run—Length Codes)

游程长度编码(又称游程编码)是按行的顺序存储多边形内的各个像元的列号,即在某行上从左至右存储属该多边形的始末像元的列号。图3-5中多边形按游程长度编码方法的编码为:

第9行	2,3	6,6	8,10	第10行	1,10
第11行	1,9			第12行	1,9
第13行	3,9	12,16		第14行	5,16
第15行	7,14			第16行	9,11

在这个例子中 69 个像元的多边形只用 22 个数值就完整地表示出来了,因而大大减少了存储量。

显然,游程长度编码在许多相邻像元属性值相同的情况下,压缩效率很高。采用游程长度编码,格网加密时,数据量没有明显增加,且易于检索、叠加、合并等操作,但压缩和解压处理工作量都有所增加。

3)块式编码(Block Codes)

块式编码是将游程长度编码扩大到二维的情况,把多边形范围划分成由像元组成的正方形,然后对各个正方形进行编码。

如对图 3-5 所示多边形进行分块和编码,块式编码内容由初始位(行号,列号)和半径,再加上块体单元的代码组成。根据这一编码原则,上述多边形只需 17 个 1 单元的正方形,9 个 4 单元的正方形和 1 个 16 单元的正方形就能完整表示。如果该区域是一片森林,用代码 4 表示,则其块式编码为:

(9,2,1,4),   (9,3,1,4),   (9,6,1,4),   (9,8,1,4),
(9,9,2,4),   (10,1,1,4),   (10,2,1,4),   (10,3,4,4),
(10,7,2,4),   (11,1,2,4),   (11,9,1,4),   (12,7,2,4),
(12,9,1,4),   (13,9,1,4),   (13,12,1,4),
(13,13,1,4), (13,14,1,4), (13,15,2,4),
(14,5,1,4),   (14,6,1,4),   (14,7,2,4),   (14,9,2,4),
(14,11,2,4), (14,13,2,4), (16,9,1,4),
(16,10,1,4), (16,11,1,4)

一个多边形所能包含的正方形越大,多边形的边界越简单,块式编码的效果越好。游程和块式编码都对大而简单的多边形更有效,而对那些碎部较多的复杂多边形效果并不好。块式编码在合并、插入、检查延伸性、计算面积等操作时有明显的优越性。然而对某些运算不适应,必须再转换成简单数据形式才能顺利进行。

4)四叉树编码(Quadtree Encoding)

四叉树编码又称为四分树、四元树编码。它是一种更有效地压缩数据的方法。它将 $2^n \times 2^n$ 像元阵列的区域,逐步分解为包含单一类型的方形区域,最小的方形区域为一个像元。图像区域划分的原则是将区域分成大小相同的象限,而每一个象限又可根据一定规则判断是否继续等分为次一层的四个象限。其终止判据是,不管是哪一层上的象限,只要划分到仅代表一种地物或符合既定要求的几种地物时,则不再继续划分,这一过程可一直分到单个栅格像元为止。这种分块过程示于图 3-6。块状结构用四叉树来描述,习惯上称为四叉树编码(图3-7)。

所谓四叉树结构,即把整个 $2^n \times 2^n$ 像元组成的阵列当作树的根节点,n 为极限分割次数,$n+1$ 为四分树的最大高度或最大层数。每个节点又分别代表西北、东北、西南、东南四个象限的四个分支。四个分支中要么是树叶,要么是树权。树叶用方框表示,它说明该四分之一范围全部在某一多边形内(黑色四方块)或全部在某一多边形外(空心四方块),因此不再划分这些分枝;树权用圆圈表示,它说明该四分之一范围内,部分在多边形内,另一部分在多边形外,因而继续划分,直到变成树叶为止。

为了在计算机中既能以最小的冗余存储与图形对应的四叉树,又能方便地完成各种图形操作,专家们已提出多种编码方式。这里介绍美国马里兰大学地理信息系统中采用的编码方

图 3-6 的网格内容（连续四等分过程）：

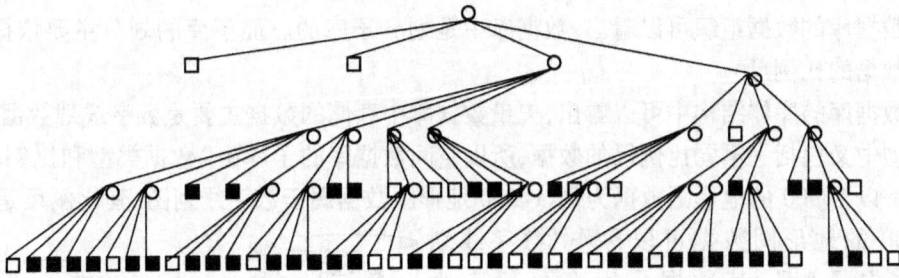

1		2		3		4	
5		6		7		8	

9	10	11	12	13	14	15	16	17	18	
20	21	22	23	24	25	26	27		19	

28	29	30	31	32	33	34	
				35	36		

37	38	39	40	41	42	43	44	45	46	47
	48	49			50	51	52	53		

54	55	56	57	58	59	60	61	62	63	64
			65	66		67	68	69	70	

图 3-6　连续四等分过程

图 3-7　四叉树结构

式。该方法记录每个终点（或叶子节点）的地址和值，值就是子区的代码，其中地址包括两个部分，共占有 32 位（二进制），最右边四位记录该叶子节点的深度 n，即处于四叉树的第几层上，有了深度可以推知子区的大小，地址由从根节点到该叶子节点的路径表示。0,1,2,3 分别表示 NW，NE，SW，SE，从右边第五位开始 $2n$ 字节记录这些方向。

如图 3-6 第 23 个叶子节点深度为 4，第一层处于 SW 象限记为 2；第二层处于象限 NW，记为 0；第三层处于象限 NE，记为 1；第四层处于象限 SE，记为 3，以二进制为表示。

20 位	8 位	4 位
0000...	10 00 01 11	0100

上述二进制换算成十进制整数为 2 164。这样，记录了各个叶子的地址，再记上相应的属性值，就记录了整个图形，并可在此编码的基础上进行多种图形操作。

四叉树编码有许多优点：一是容易而有效地计算多边形的数量特征；二是阵列各部分的分辨率是可变的，边界复杂部分四叉树分级多，分辨率也高，而不需要表示的细节部分则分级少，分辨率低。因而既可精确表示图形结构，又可减少存储量；三是直接栅格编码到四叉树编码及四叉树到简单栅格编码的转换比块式编码等其他压缩方法容易；四是多边形中嵌套不同类型小多边形的表示较方便。

第三节 空间数据的矢量模型与结构

矢量结构数据对空间的描述则是将空间实体从形态上抽象为点、线、面三种基本图形,以一对 x,y 坐标记录点实体的位置,对连续的线需先将其离散为系列有序点,再利用一组点坐标及它们的连接方式来记录描述;对于面状区域则是通过对边界线的定义来进行的,如森林、河流。也就是说,矢量结构的空间离散方法实质上是将面(区域)化为边界线,线化为系列点,最终是以离散点坐标及连接方式来定义空间位置与形态。

一、空间数据的矢量模型

矢量数据的组织模式为:由图层到大类,然后是子库,最后到数据库(图3-8)。

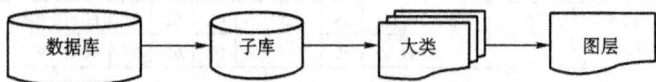

图3-8 矢量数据的组织

1. 子库的划分

从数据库的数据组织可以看出:数据库中是划分子库的。而子库的划分主要依据数据的类型和数据的比例尺。

从数据库的库体结构中可以看出,矢量数据库中存储的数据主要是数字线划数据,在这种数据类型中又包括了不同比例尺的数据,所以空间数据库的子库由"数据类型和比例尺"的模式定义。以 $1:500$ 的地形图数据为例, $1:500$ 地形图数据属于数字线划图,其比例尺是 $1:500$,则 $1:500$ 的地形图数据可以称作"数字线划 $1:500$ 数据子库",其数据子库名可暂定为"DLG500"。

2. 矢量数据子库设计

对于每一个矢量数据(DLG)的子库,可以先根据国家有关行业标准对其进行大类的划分。以 $1:500$ 地形图为例,可以根据国家有关行业标准将数据子库先划分为控制点、居民地、交通、水系等几个大类。具体到每一个大类再根据实体的类型(点、线、面)和实体在数据中的意义(辅助信息、主要信息)划分出具体的层来。一个 DLG 据子库的划分如图 3-9 所示。

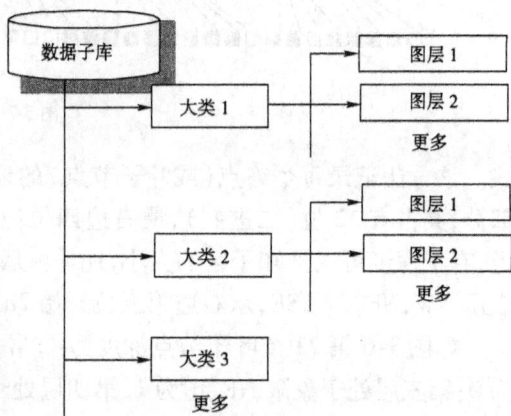

图3-9 矢量数据子库的组织

二、空间数据的矢量数据结构

矢量数据结构是一种最常见的图形数据结构,即通过记录坐标的方式,尽可能地将点、线、面地理实体准确地反映出来。其坐标空间假定为连续空间。因此矢量数据能比栅格数据更精确地定义位置、长度和大小。实际上,其精度也受限于如下因素:①坐标的精度受字长限制;②所有矢量输出设备包括绘图仪在内,尽管分辨率比栅格设备高,但也有一定的步长;③矢量法输入时曲线上选取的点不可能太多;④数字化仪分辨率有限;⑤人工输入中不可避免的定位误差。

1. 矢量数据结构编码的基本内容

1)点实体

在城市地理信息系统中,点实体具有一对 x,y 坐标和至少一个属性。在矢量数据结构中,除点实体的 x,y 坐标外,还应存储其他一些与点实体有关的数据来描述点实体的类型、名称、等级、数值、代码等。点是空间上不可再分的地理实体,可以是具体的也可以是抽象的,如地物点、线段网络的节点、多边形标识点等。图 3-10 表明了点实体的矢量数据结构的一种组织方式。

其中,唯一标识码是系统排列序号;点标识码表示点的类型;x,y 坐标表示点的空间位置;与点相连的有关属性可以直接存储于点文件中,也可以单独存储。

2)线实体

线实体可以定义为由线元素组成的各种线性要素,由两对或两对以上的 x,y 坐标定义。最简单的线实体只存储它的坐标串、属性等有关数据。

弧段、链是 n 个坐标对的有序集合,这些坐标可以描述任何连续而又复杂的曲线。组成曲线的线元素越短,x,y 坐标数据越多,就越逼近于一条复杂曲线。若要节省存储空间,又要求较为精确地描绘曲线,一种方法是在线实体的记录中加入一个指示字,当启动显示程序时,这个指示字告诉程序,调用内插函数(例如样条函数)加密数据点,并且与原来的点匹配。但这一方法增加了数据内插工作量。

线的网络结构。简单的链携带彼此互相连接的空间信息,这种连接信息是网络分析中必不可少的。因此要在数据结构中建立指针系统使计算机在复杂的线网络中跟踪每一条线,如建立水网中每条支流之间连接关系时必须使用这种指针系统。指针的建立要以节点为基础,从而完整地定义线网络的拓扑关系。

如上所述,线实体主要用来表示线状地物(如公路、水系、管线)和多边形边界(如地类界、政区界线),有时也称为"弧段"、"链"等,其矢量编码包括的内容见图 3-11。

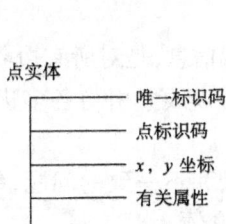

图 3-10　点实体的矢量
数据结构

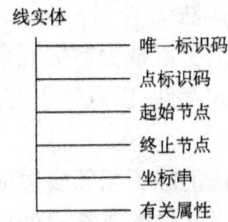

图 3-11　线实体矢量编
码的基本内容

其中,唯一标识码是系统排列序号;线标识码表示线的类型;起始节点和终止节点可以用点号表示;与线相联的有关属性可以直接存储于线文件中,也可单独存储。

3)面实体

多边形(有时称为区域)数据是描述地理空间信息的又一类数据。

多边形矢量编码,不但要表示位置和属性,还要表达区域的拓扑特性,如邻域和层次结构等。由于要表达的信息十分丰富,基于多边形的运算多而复杂,因此多边形矢量编码比点和线实体的矢量编码更为复杂。

在讨论多边形矢量数据结构编码的时候,应特别注意:

(1)每个多边形应有封闭的边界;

（2）应能够记录每个多边形的邻域关系，即拓扑关系；

（3）能处理多边形内嵌套小的多边形，即复杂多边形。例如，岛湖嵌套的情形。这种所谓"岛"的结构是多边形关系中较难处理的问题。

2．矢量编码方法

1）坐标序列法

任何点、线、面实体都可以用某一坐标体系中的坐标点 x,y 来表示。这里 x,y 可以对应于大地坐标经度和纬度，也可以对应于平面坐标系坐标 x 和 y。对于点，则是一对坐标；对于线，则是一个坐标串；而对于多边形，则是一条或多条线组成的封闭曲线坐标串，坐标必须首尾相同。图3-12为点、线、面实体，表3-1则为对应的坐标序列示例。

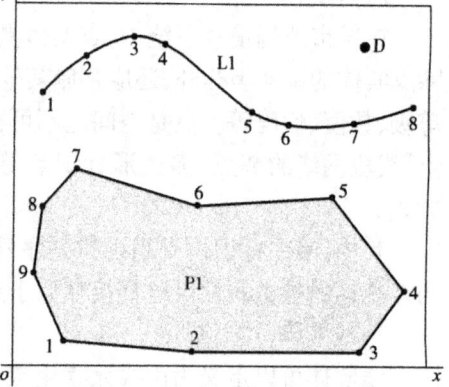

图3-12　点、线、面实体的坐标序列法表示

点、线、面实体的坐标序列示例　　　　　　　　　　　　表3-1

	特征码	位 置 坐 标
点	D	x,y
线	L1	$x_1,y_1;x_2,y_2;x_3,y_3;x_4,y_4;x_5,y_5;x_6,y_6;x_7,y_7;x_8,y_8$
面	P1	$x_1,y_1;x_2,y_2;x_3,y_3;x_4,y_4;x_5,y_5;x_6,y_6;x_7,y_7;x_8,y_8;x_9,y_9;x_1,y_1$

坐标法文件结构简单，易于实现以多边形为单位的运算和显示。这种方法的缺点是：

（1）邻接多边形的公共边被数字化和存储两次，由此产生冗余和边界不重合的匹配误差；

（2）每个多边形自成体系，而缺少有关邻域关系的信息；

（3）不能解决复杂多边形嵌套问题，内岛只作为单个的图形建造，没有与外包多边形产生联系。

2）树状索引编码法

该法采用树状索引以减少数据冗余并间接表示邻域信息，是对所有边界点进行数字化，并将坐标对以顺序方式存储，以点索引与边界线号相联系，以线索引与各多边形相联系，从而形成树状结构。

树状索引编码法消除了相邻多边形边界的数据冗余和不一致的问题，邻域信息和岛状信息可以通过对多边形文件的线索引处理得到，但是较为麻烦。

3）拓扑结构编码方法

将拓扑关系应用到数据结构中，可以解决多边形嵌套和邻域关系问题。建立拓扑结构的方法有两种：①输入数据的同时输入拓扑联结关系；②由计算机软件从一系列相互关联的链建立拓扑结构。

首先在地理数据结构中建立拓扑关系是美国人口调查局建立的双重独立地图编码系统，简称DIME(Dual lndependent Map Encoding)。DIME建立城市街道网和统计单元如街区、人口统计区等的数据库，并实现自动和半自动的编辑和分析。DIME数据文件的基本元素是由始末点定义的弧段，复杂的曲线可由多条弧段组成。每条弧段有两个指向节点的指针和两边多边形的编码。由于这种数据结构中没有链反向节点及链指向邻近链的指针，因此要花很多时间去查找组织多边形的各条边界线。

另一种简单而有效的多边形数据结构的基本方法是：多边形以线段或链文件的形式存储，

该文件中每条链又以组成该链的各坐标对来列表存储,而且每条链还包括两个指向邻接多边形的指针。多边形的名称存储在另一个独立文件中,该文件实际上是一个表格,也包括一些指针。但这种数据结构不能进行更为复杂的邻域关系的搜索,也不能检查奇异多边形等差错。

为了建立恰当的多边形数据拓扑结构,使复杂多边形、面积计算、邻域关系处理、奇异多边形检查等都能顺利处理,在城市地理信息系统中,最好在数字化时充分考虑建立拓扑关系的需要,有时要求用户按顺时针方向或逆时针方向数字化所有的多边形,以便把线元素与其左右两边的多边形组合起来。

目前,一些地理信息系统商品软件已具备将一系列按任意顺序和任意方向数字化的链组成多边形拓扑结构的功能。这种数据结构能够处理任何多边形的嵌套问题,检查奇异多边形,自动或半自动地将非空间属性数据与多边形连接起来,并全面支持邻域关系的搜索等。

多边形拓扑数据结构有如下优点:

(1)把全部多边形综合成一个整体,没有重叠,数据冗余度小;

(2)全部多边形、链、属性数据均为内部连接在一起的整体单元的一部分,可以进行任何类型的邻域分析,而且能将属性数据与多边形连接进行各种分析;

(3)多边形中嵌套多边形没有限制,可以无限地嵌套;

(4)数据结构与数据收集和输入的牵连不多。

第四节　空间数据的栅格和矢量混合模型

一、栅格数据与矢量数据的相互转换

栅格数据与矢量数据的相互转换,一直是地理信息系统的技术难题之一,这主要是由于转换程序通常占用较多的内存,涉及复杂的数值运算,而难以在系统特别是微机地理信息系统中被采用。近年来已发展了许多高效的转换算法,适用于不同的环境。

对于点状实体,每个实体仅由一个坐标对表示,其矢量结构和栅格结构的相互转换基本上只是坐标精度转换问题。线实体的矢量结构由一系列坐标对表示,在变为栅格结构时,除把坐标对变为栅格行列坐标外,还需根据栅格精度要求,在坐标点之间插满一系列栅格点,这也容易由两点式直线方程得到;线实体由栅格结构变为矢量结构与将多边形表示为矢量结构相似。因此以下重点讨论多边形(面实体)的矢量结构与栅格结构相互转换问题。

1.矢量格式向栅格格式转换

矢量格式向栅格格式转换又称为多边形填充,就是在矢量表示的多边形界内部的所有栅格上赋予相应的多边形编号,从而形成栅格数据阵列。

(1)内部点扩散算法:该算法由每个多边形一个内部点(种子点)开始,向其八个方向的邻点扩散,判断各个新加入点是否在多边形边界上,如果是边界点,则新加入点不作为种子点,否则把非边界点的邻点作为新的种子点与原有种子点一起进行新的扩散运算,并将该种子点赋予多边形的编号。重复上述过程,直到所有种子点填满该多边形并遇到边界为止。

扩散算法程序设计比较复杂,需要在栅格阵列中进行搜索,占用内存很大。在一定栅格精度上,如果复杂图形的同一多边形的两条边界落在同一个或相邻的两个栅格内,会造成多边形不连通,则一个种子点不能完成整个多边形的填充。

(2)复数积分算法:对全部栅格阵列逐个栅格单元判断栅格归属的多边形编码,判别方法

是由待判点对每个多边形的封闭边界计算复数积分,对某个多边形,如果积分值为$2\pi i$,则该待判点属于此多边形,赋予多边形编号,否则在此多边形外部,不属于该多边形。

复数积分算法涉及许多乘除运算,尽管可靠性好,设计也并不复杂,但运算时间很长,难以在较低档次的计算机上采用。采用一些优化方法,如根据多边形边界坐标的最大最小值范围组成的矩形来判断是否需要做复数积分运算,可以部分地改善运算时间长的状况。

(3)射线算法:射线算法可逐点判别数据栅格点在某多边形之外或在多边形内,由待判点向图外某点引射线,判断该射线与某多边形所有边界相交的总次数,如相交偶数次,则待判点在该多边形的外部,如为奇数次,则待判点在该多边形内部。

射线算法要计算与多边形的交点,因此运算量大,且会出现射线与多边形相交时有些特殊情况如相切、重合等,会影响交点的个数,必须予以排除,由此造成算法的不完善,并增加了编程的复杂性。

(4)扫描算法:扫描算法是射线算法的改进,通常情况下,沿栅格阵列的行方向扫描,在每两次遇到多边形边界点的两个位置之间的栅格,属于该多边形。扫描算法省去了计算射线与多边形交点的大量运算,大大提高了效率,但一般需要预留一个较大的数组以存放边界点,而且扫描线与多边形边界相交的各种特殊情况仍然存在,需要加以判别。

(5)边界代数算法:边界代数多边形填充算法是一种基于积分思想的矢量格式向栅格格式转换算法。

为说明边界代数转换法的原理,先考虑图3-13所示单个多边形的简单情况,模仿积分求多边形区域面积的过程,初始化的栅格阵列各栅格值为零,欲填充多边形编号为a的区域,即将区域内栅格点的值变为a,而区域外各点仍保持原值零。转换时,以栅格行列为参考坐标轴,由多边形边界上某点为起点顺时针搜索边界线,当边界线段为上行时,如图3-13a),位于搜索边界多边形边界曲线左侧的具有相同行坐标的所有栅格点被减去一个值a;当边界线段

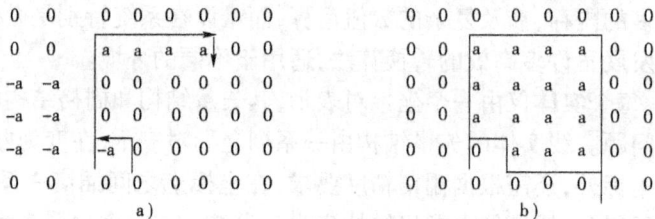

图3-13 单个多边形边界代数法转换示意图

为下行时,如图3-13b),则将边界左边(从曲线前进方向看为右侧)所有具有相同3个坐标点的栅格点加上一个值a,当沿边界搜索运算一周回到起始点后,所有多边形内部的栅格点都被赋值a,而多边形外的栅格点的值不变。

事实上,每幅地图都是由多个多边形区域组成的。如果把不属于任何多边形的区域(包括无穷远点)看成一个编号为零的特殊区域,则每一条边界弧段都与两个不同编号的多边形相邻,按边界弧段的前进方向分别称为左、右多边形。对图3-14所示的3个多边形的6条边,有如表3-2所示的多边形编号。

对多边形n_1:线Ⅰ上行 $- n_1$,下行 $+ n_1$;线Ⅳ上行 $+ n_1$;线Ⅵ下行 $+ n_1$;

对多边形n_2:线Ⅱ上行 $+ n_2$;下行 $- n_2$ 线Ⅳ上行 $- n_2$;线Ⅲ上

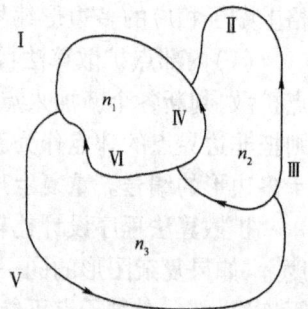

图3-14 多个多边形示意图

90

行 $-n_2$;

对多边形 n_3:线Ⅳ下行 $-n_3$;线Ⅲ上行 $+n_3$;线Ⅴ下行 $-n_3$;上行 $+n_3$。

线　号	左　多　边　形	右　多　边　形
Ⅰ	0	n_1
Ⅱ	n_2	0
Ⅲ	n_3	n_2
Ⅳ	n_1	n_2
Ⅴ	n_3	0
Ⅵ	n_3	n_1

由此得到边界代数算法的基本思想:对每幅地图的全部具有左右多边形编号的边界弧段,沿其前进的方向逐个搜索,当边界上行时,将边界线位置与左图框之间的网格点加上一个值 =(左多边形编号)-(右多边形编号);当边界线下行时,将边界线位置与左图框的栅格加上一个值:(右多边形编号)-(左多边形编号),而不管边界线的排列顺序。

边界代数法与其他算法的不同之处在于它不是逐点搜寻判别边界,而是根据边界的拓扑信息,通过简单的加减代数运算将拓扑信息动态地赋予各栅格点,实现了矢量格式到栅格格式的转换。由于不需考虑边界与搜索轨迹之间的关系,因此算法简单,可靠性好,而且由于仅采用加减代数运算,每条边界仅计算一次,免去了公共边界重复运算,又可不考虑边界存放的顺序,因此运算速度快,同时受内存容量的限制较少,特别适用于微机地理信息系统。

2. 栅格格式向矢量格式的转换

栅格格式向矢量格式转换的目的,是为了将栅格数据分析的结果,通过矢量绘图装置输出,或者为了数据压缩的需要,将大量的面状栅格数据转换为由少量数据表示的多边形的边界。但是更重要的是为了将自动扫描仪获取的栅格数据加入矢量形式的数据库,多边形栅格格式向矢量格式转换,就是提取以相同编号的栅格集合表示的多边形区域的边界和边界的拓扑关系,并表示成多个小直线段的矢量格式边界线的过程。

栅格格式向矢量格式转换通常包括以下四个步骤。

(1)多边形边界提取:采用高通滤波将栅格图像二值化或以特殊值标识边界点。

(2)边界线追踪:对每个边界弧段由一个节点向另一个节点搜索,通常对每个已知边界点须沿除进入方向之外的其他 7 个方向搜索下一个边界点,直到连成边界弧段。

(3)拓扑关系生成:对于矢量表示的边界弧段,判断其与原图上各多边形的空间关系,形成完整的拓扑结构,并建立与属性数据的联系。

(4)去除多余点及曲线圆滑:由于搜索是逐个栅格进行的,必须去除由此造成的多余点记录,以减少数据冗余。搜索结果曲线由于栅格精度的限制可能不够圆滑,需要采用一定的插补算法进行光滑处理。常用的算法有线性迭代法、分段三次多项式插值法、正轴抛物线平均加权法、斜轴抛物线平均加权法、样条函数插值法等。

栅格向矢量转换最为困难的是边界线搜索、拓扑结构生成和多余点去除。任伏虎博士发展了一种栅格数据双边界直接搜索算法,较好地解决了上述问题。

双边界直接搜索算法的基本思想是通过边界提取,将左右多边形信息保存在边界点上,每条边界弧段由两个并行的边界链组成,分别记录该边界弧段的左右多边形编号。边界线搜索采用2×2栅格窗口,在每个窗口内的四个栅格数据的模式可以唯一地确定下一个窗口的搜索方向和该弧段的拓扑关系,这一方法加快了搜索速度,拓扑关系也很容易建立。具体步骤如下:

(1)边界点和节点提取:采用2×2栅格阵列作为窗口顺序沿行、列方向对栅格图像全图扫描,如果窗口内四个栅格有两个以上不同的编号,则该四个栅格为边界点并保留各栅格所有多边形编号;如果窗口内四个栅格有三个以上不同编号,则标识为节点(即不同边界弧段的图形的不连通),保留各栅格原多边形编号信息。对于对角线上栅格两两相同的情况,由于造成了多边形的不连通,也作为节点处理(图3-15、图3-16、图3-17)。

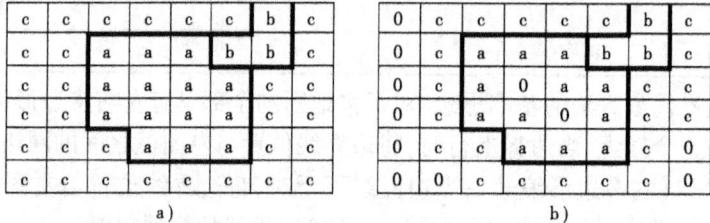

图 3-15 边界点及节点的提取与标识

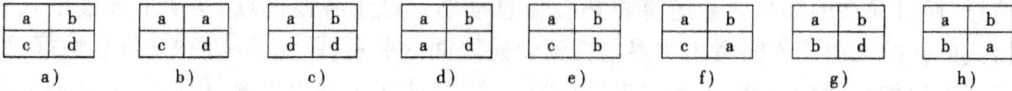

图 3-16 节点的八种结构

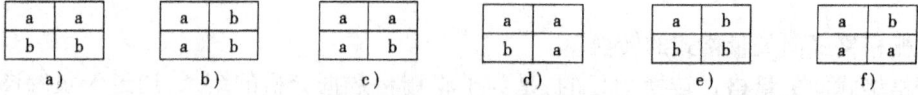

图 3-17 边界点的六种结构

(2)边界搜索与所有多边形信息记录:边界线搜索是逐个弧段进行的,对每个弧段从一组已标识的四个节点开始,选定与之相邻的任意一组四个边界点和节点都必定属于某一窗口的四个标识之一。首先记录开始边界点组的两个多边形编号作为该弧段的左右多边形,下一点组的搜索方向则由前点组进入的搜索方向和该点的可能走向决定,每个边界点组只能有两个走向,一个是前一点组进入的方向,另一个则可确定为将要搜索后续点组的方向。双边界结构可以唯一地确定搜索方向,从而大大地减少搜索时间,同时形成的矢量结构带有左右多边形编号信息,容易建立拓扑结构和与属性数据的联系,提高转换的效率。

二、空间数据的栅格和矢量混合模型

在实际应用中,往往需要将两者结合起来。例如,在城乡规划管理的过程中,由于规划管理的对象、内容、阶段的不同,往往涉及多种不同形式的数据资料。从数据处理和管理的角度来看,其不仅需要统一地存储管理多种数据结构的空间数据,而且要求综合地运用矢量、栅格等多种空间数据处理办法,因此单一数据结构的 GIS 工具往往难以满足空间数据存储管理、查询检索、分析评价、输出表达等方面的要求。为了解决这一问题,人们试图设计出能有效表达矢量和栅格两种数据的混合数据结构,曾提出了 Chain Coding,Vaster,pseudo—vector 等模型,它们在表示不同类型的空间数据(线、面和影像)时各有所长,但难以顾及各方面的要求。因此,人们一方面继续探索新的混合数据结构,另一方面采用集成式方法,在同一空间数据库管理系统中支持或管理矢量和栅格两种数据结构,允许数据库的每一目标采用适宜的矢量或栅格数据结构,通过"目标"实现统一的数据管理。

对于 GIS 应用系统设计来说,空间数据库管理系统是其最基础的部分,直接关系到整个信息系统的运行质量和成败,这是因为它不仅影响着分析或显示模块对系统内数据的有效利用和存取效率,而且也影响着用户对数据库的概念。为了有效地进行空间数据库设计,需要针对具体的应用问题,选用合适的空间数据模型,分别进行概念、逻辑和物理设计。在概念模型层上,用户根据其问题的性质,将把现实世界中的客观对象抽象为一种信息结构,在此基础上对现实世界进行数字化表达、处理和管理。在逻辑模型层,系统设计员通过对各种用户观点的综合分析,指明数据实体及其间的关系、记录其间的关系,但不涉及过于详细的实现技术;在最低一层(物理模型)中,程序设计者根据系统设计,综合地运用各种计算机技术,设计和实现数据的实际存储结构以及在存储介质上进行检索存储操作的各种算法。

第五节　地理信息系统数据的组织与管理

一、属性数据库管理

属性数据虽然一般均由关系数据库管理系统管理,但是它的文件组织方式因 GIS 软件而异,下面介绍几种属性数据文件的组织方法。

第一种情况是大家比较熟悉的 ARC/INFO,它的属性数据文件一般建立在对应的 Coverage 目录之下,在工作区目录下,通常有一个记录属性数据文件信息包括目录路径的文件。特别是,无论一个 Coverage 包含多少地物类,仅有一个 AAT 表和一个 PAT 表。为了表达不同地物类的不同属性项,也可能按每个地物类建立一个扩展属性表,它们与 AAT 或 PAT 表的连接,根据地物编码和内部连接码进行。这样在查询一个空间地物的属性时,需要从 AAT 表或 PAT 表中得到部分信息,然后通过关系连接再查询到扩展属性。

第二种情况是 MGE 的属性数据管理方式,一个地物类对应于一个属性表文件,而且所有属性文件都在工程的目录下,也就是说,不同工作区相同的地物类型的属性是放在一起的,这样便于属性的工程管理,在工程中查找某一属性要快速得多。值得指出的是 MGE 并不要求每个地物类都带属性表,例如陡坎等无关紧要的地物,它可不带属性。

第三种是 GeoStar 的属性管理模式,它结合前两者的优点。在 GeoStar 中,可以设计成一个地物类为一个属性表,也可以是多个地物类公用一个属性表。这样会带来许多方便,例如,高速公路、一级公路、乡镇公路,它们的地物类型编码可能不同,但它们的属性项可能相同,它们可以公用一个属性表,以便于查询、显示和进行最佳路径分析,GeoStar 属性数据文件的组织与 MGE 基本类似,在建立工程之前,属性数据文件位于与工作区平行的目录,在建立工程之后,位于工程的目录之下。一个属性文件包含了该工程内所有同类空间对象的属性。在这种情况下,由于属性数据文件大,建立关键字的索引是必要的。

二、空间数据库管理

由于空间数据的特殊性,通用的数据库模型和数据库管理系统并不能完全适应于空间数据的组织与管理。这里简要讨论空间数据管理的几种模式以及它们的实现方法。

1. 空间数据的特征

根据空间数据的表达与数据结构,可以归纳空间数据具有下述几个基本特征。

(1)空间特征

每个空间对象都具有空间坐标,即空间对象隐含了空间分布特征。这意味着在空间数据组织方面,要考虑它的空间分布特征。除了通用性数据库管理系统或文件系统关键字的索引和辅关键字索引以外,一般需要建立空间索引。

(2)非结构化特征

在当前通用的关系数据库管理系统中,数据记录一般是结构化的。即它满足关系数据模型的第一范式要求,每一条记录是定长的,数据项表达的只能是原子数据,不允许嵌套记录,而空间数据则不能满足这种结构化要求。若将一条记录表达一个空间对象,它的数据项可能是变长的,例如,一条弧段的坐标,它的长度是不可限定的,它可能是两对坐标,也可能是十万对坐标;而且一个对象可能包含另外的一个或多个对象,例如,一个多边形,它可能含有多条弧段。若一条记录表示一条弧段,在这种情况下,一个多边形的记录就可能嵌套多条弧段的记录,所以它不满足关系数据模型的范式要求,这也就是为什么空间图形数据难以直接采用通用的关系数据管理系统的主要原因。

(3)空间关系特征

空间数据除了前面所述的空间坐标隐含了空间分布关系外,空间数据中记录的拓扑信息表达了多种空间关系。这种拓扑数据结构一方面方便了空间数据的查询和空间分析,另一方面也给空间数据的一致性和完整性维护增加了复杂性。特别是有些几何对象,没有直接记录空间坐标的信息,如拓扑的面状目标,仅记录组成它的弧段的标识,因而进行查找、显示和分析操作时都要操纵和检索多个数据文件方能得以实现。

(4)分类编码特征

一般而言,每一个空间对象都有一个分类编码,而这种分类编码往往属于国家标准、行业标准或地区标准,每一种地物的类型在某个 GIS 中的属性项个数是相同的。因而在不少情况下,一种地物类型对应于一个属性数据表文件,当然,如果几种地物类型的属性项相同,也可以多种地物类型共用一个属性数据表事件。

(5)海量数据特征

空间数据量是巨大的,通常称海量数据。一个城市地理信息系统的数据量可能达上百 GB,如果考虑影像数据的存储,可能达几百个 GB。正因为空间数据量大,所以需要在二维空间上划分块或图幅,在垂直方向上划分层来进行组织。

2. 文件与关系数据库混合管理系统

由于空间数据具有以上几个特征,通用的关系数据库管理系统难以满足要求。因而,大部分 GIS 软件采用混合管理的模式。即用文件系统管理几何图形数据,用商用关系数据库管理系统管理属性数据,它们之间的联系通过目标标识或者内部连接码进行连接,如图 3-18 所示。

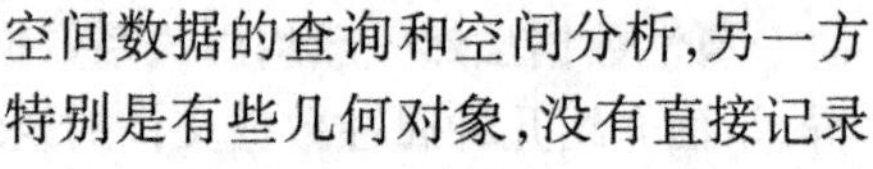

ID	图形数据
	属性数据

图 3-18　GIS 中图形数据与属性数据的连接

在这种管理模式中,几何图形数据与属性数据除它们的 ID 作为连接关键字段以外,几乎是两者独立地组织、管理与检索。就几何图形而言,由于 GIS 系统采用高级语言编程,可以直接操纵数据文件,所以图形用户界面与图形文件处理是一体的,中间没有裂缝。但对属性数据来说,则因系统和历史发展而异。早期系统由于属性数据必须通过关系数据库管理系统,图形

94

处理的用户界面和属性的用户界面是分开的,它们只是通过一个内部码连接。导致这种连接方式的主要原因是早期的数据库管理系统不提供编程的高级语言的接口,只能采用数据库操纵语言。这样通常要同时启动两个系统(GIS图形系统和关系数据库管理系统),甚至两个系统来回切换,使用起来很不方便。

最近几年,随着数据库技术的发展,越来越多的数据库管理系统提供高级编程语言接口,使得地理信息系统可以在C语言的环境下,直接操纵属性数据,并通过C语言的对话框和列表框显示属性数据,或通过对话框输入SQL语句,并将该语句通过C语言与数据库的接口,查询属性数据库,并在GIS的用户界面下,显示查询结果。这种工作模式,并不需要启动一个完整的数据库管理系统,用户甚至不知道何时调用了关系数据库管理系统,图形数据和属性数据的查询与维护完全在一个界面之下。这种模式称为混合处理模式,如图3-19所示。

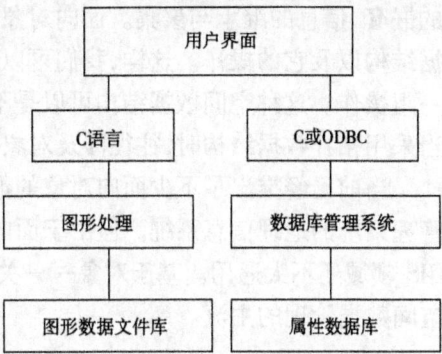

图3-19　图形与属性结合的混合处理模式

采用文件与关系数据库管理系统的混合管理模式,还不能说建立了真正意义上的空间数据库管理系统,因为文件管理系统的功能较弱,特别是在数据的安全性、一致性、完整性、并发控制以及数据损坏后的恢复方面缺少基本的功能。多用户操作的并发控制比起商用数据库管理系统来要逊色得多,因而GIS软件商一直在寻找采用商用数据库管理系统来同时管理图形和属性数据。

3. 全关系型空间数据库管理系统

全关系型空间数据库管理系统是指图形和属性数据都用现有的关系数据库管理系统管理。关系数据库管理系统的软件厂商不作任何扩展,由GIS软件商在此基础上进行开发,使之不仅能管理结构化的属性数据,而且能管理非结构化的图形数据。

用关系数据库管理系统管理图形数据有两种模式,一种是基于关系模型的方式,图形数据按照关系数据模型组织。这种组织方式由于涉及一系列关系连接运算,相当费时。

关系数据库管理系统管理图形数据的另一种方式是将图形数据的变长部分处理成二进制块字段。目前大部分关系数据库管理系统都提供了二进制块的字段域,以适应管理多媒体数据或可变长文本字符。GIS利用这种功能,通常把图形的坐标数据,当作一个二进制块,交由关系数据库管理系统进行存储和管理。这种存储方式,虽然省去了大量关系连接操作,但是二进制块的读写效率要比定长的属性字段慢得多,特别是涉及对象的嵌套,速度更慢。

4. 对象—关系数据库管理系统

由于直接采用通用的关系数据库管理系统的效率不高,而非结构化的空间数据又十分重要,所以许多数据库管理系统的软件商纷纷在关系数据库管理系统中进行扩展,使之能直接存储和管理非结构化的空间数据,如 Ingres,Informix 和 Oracle 等都推出了空间数据管理的专用模块,定义了操作点、线、面、圆、长方形等空间对象的 API 函数。这些函数,将各种空间对象的数据结构进行了预先的定义,用户使用时必须满足它的数据结构要求,用户不能根据 GIS 要求再定义。例如,这种函数涉及的空间对象一般不带拓扑关系,多边形的数据是直接跟随边界的空间坐标,那么 GIS 用户就不能将设计的拓扑数据结构采用这种对象—关系模型进行存储。

这种扩展的空间对象管理模块主要解决了空间数据的变长记录的管理,由于是由数据库软件商进行扩展,效率要比前面所述的二进制块的管理高得多。但是它仍然没有解决对象的嵌套问题,空间数据结构也不能由用户任意定义,使用上仍然受到一定限制。

5. 面向对象空间数据库管理系统

由于面向对象模型最适应于空间数据的表达和管理,它不仅支持变长记录,而且支持对象的嵌套、信息的继承与聚集。面向对象的空间数据库管理系统允许用户定义对象和对象的数据结构以及它的操作。这样,我们可以将空间对象根据 GIS 的需要,定义出合适的数据结构和一组操作。这种空间数据结构可以是不带拓扑关系的面状数据结构,也可以是拓扑数据结构,当采用拓扑数据结构时,往往涉及对象的嵌套、对象的连接和对象与信息聚集。

当前已经推出了不少面向对象的数据库管理系统,也出现了一些基于面向对象的数据库管理系统的地理信息系统。但由于面向对象数据库管理系统还不够成熟,价格又昂贵,目前在 GIS 领域还不太通用。基于对象——关系的空间数据库管理系统将在一段时期可能成为 GIS 空间数据管理的主流。

三、地图图库管理

图幅索引可以看成是最粗一级的空间索引,它根据鼠标在工程中的空间位置,迅速地找到鼠标所在的工作区。但是如果工作区数据量较大,特别是用无缝的空间数据库管理整个工程的空间数据时,需要建立空间索引。当要查询某一个地物时,鼠标到底落到哪一个空间地物上,如果没有空间索引,需要对整个工作区中的空间对象进行(鼠标)点与点的距离比较,或点在线状地物上的判别、点在多边形内的判别等一系列计算,这些计算比较复杂和费时。所以一般 GIS 软件系统,都在工作区内建立空间索引,对于不分图幅的无缝空间数据库,需要在整个工程内建立空间索引,以便在图形的开窗、放大、漫游以及进行各种从图形到属性的空间查询时能迅速找出所涉及的空间地物。常见的空间索引方法是对象范围索引。

对象范围索引在记录每个空间对象的坐标时,记录每个空间对象最大最小坐标。这样,在检索空间对象时,根据空间对象的最大最小范围,预先排除那些没有落入检索窗口内的空间对象,仅对那些最大最小范围落在检索窗口的空间对象进行进一步的判断,最后检索出那些真正落入窗口内的空间对象。

这种方法没有建立真正的空间索引文件,而是在空间对象的数据文件中增加了最大最小范围一项,它主要依靠空间计算来进行判别。在这种方法中仍然要对整个数据文件的空间对象进行检索,只是有些对象可以直接判别予以排除,而有些对象则需要进行复杂计算才能判别,这种方法仍然需要花费大量的时间进行空间检索。但是随着计算机的速度越来越快,这种方法一般也能满足查询检索的效率要求。

第四章 空间数据处理与维护

空间数据是地理信息系统的基础数据,是描述空间实体的位置、形状、大小及各个不同实体之间关系的信息。地理信息系统以表示地理信息的数据库为核心,以同时描述空间数据和属性数据为最基本的特征。将不同来源、不同尺度、不同时期的地理数据精确定位于公共的地理基础之上,是实现 GIS 目标的基本要求。通过数字化仪、扫描仪、几何坐标等方法输入的,具有地图、影像和空间数据表格等各种类型的数据,在数据结构、数据组织、数据表达上都不一样,必须经过一定的转换(即空间数据处理)才能在地理信息系统中使用。本章介绍 GIS 中坐标体系的转换、校核,空间数据的交互编码与维护,空间数据的压缩与编码,地理信息系统数据库的动态更新,GPS、RS 与 GIS 的数据一体化等内容。

第一节 坐标体系的转换与坐标校核

大多数地理信息系统以平面地图投影方式存储空间坐标,因此要将不同来源的空间数据从它们存在的坐标系统转化为地理信息系统中的平面坐标系,需要进行一系列的坐标转换。空间坐标的转换,有矢量转换(包括数字化的表格数据到地图投影坐标的转换,投影坐标到地理坐标的转换和地理坐标到工作投影坐标的转换)和栅格坐标到某个已知投影类型的坐标转换。空间数据类型转换是指矢量数据与栅格数据之间的相互转换。本节仅以数字化仪数据采集为例介绍坐标转换和坐标校核,其他内容请参考相关的专业书籍。

一、坐标体系的转换

通过数字化仪数字化后得到的坐标数据,是基于数字化仪平面板上的笛卡尔坐标系的数据,还需根据被数字化的图形的要求进行旋转、平移和缩放,将其转换成大地坐标或所要求的某种坐标系。

平面坐标的转换有四个定向元素(比例因子,旋转角,坐标系原点,位移元素),至少需要有两个已知控制点(或格网点)作为定向点,当定向点个数多于 2 个时,可以采用最小二乘平差求解四个定向元素。

以地形图数字化为例,对每一个定向点而言,有两对坐标,该点的数字化仪量测坐标 x_s、y_s 和其大地坐标 x_t、y_t。对于两点定向,解下列线性方程组可得定向元素 x_0、y_0、$\cos\theta$、$\sin\theta$。

$$\begin{cases} x_{t1} = x_0 + x_{s1} \cdot \cos\theta + y_{s1} \cdot \sin\theta \\ x_{t1} = y_0 + x_{s1} \cdot \sin\theta + y_{s1} \cdot \cos\theta \\ x_{t2} = x_0 + x_{s2} \cdot \cos\theta + y_{s2} \cdot \sin\theta \\ x_{t2} = y_0 + x_{s2} \cdot \sin\theta + y_{s2} \cdot \cos\theta \end{cases} \tag{4-1}$$

若有 n 个定向点,则有 $2n$ 个方程,如下式所示(其中 $i = 1, \cdots, n$)。

$$\begin{cases} x_{t(1)} = x_0 + x_{s(1)} \cdot \cos\theta + y_{s(1)} \cdot \sin\theta \\ x_{t(1)} = y_0 + x_{s(1)} \cdot \sin\theta + y_{s(1)} \cdot \cos\theta \\ \cdots \\ x_{t(i)} = x_0 + x_{s(i)} \cdot \cos\theta + y_{s(i)} \cdot \sin\theta \\ x_{t(i)} = y_0 + x_{s(i)} \cdot \sin\theta + y_{s(i)} \cdot \cos\theta \\ \cdots \\ x_{t(n)} = x_0 + x_{s(n)} \cdot \cos\theta + y_{s(n)} \cdot \sin\theta \\ x_{t(n)} = y_0 + x_{s(n)} \cdot \sin\theta + y_{s(n)} \cdot \cos\theta \end{cases} \tag{4-2}$$

将四个定向元素 $\cos\theta$、$\sin\theta$、x_0、y_0、以未知数 A、B、C、D 代之,则有 $2n$ 个观察方程:

$$\begin{cases} x_{t(1)} = A \cdot x_{s(1)} - B \cdot y_{s(1)} + C \\ y_{t(1)} = A \cdot y_{s(1)} + B \cdot x_{s(1)} + D \\ \cdots \\ x_{t(i)} = A \cdot x_{s(i)} - B \cdot y_{s(i)} + C \\ y_{t(i)} = A \cdot y_{s(i)} + B \cdot x_{s(i)} + D \\ \cdots \\ x_{t(n)} = A \cdot x_{s(n)} - B \cdot y_{s(n)} + C \\ y_{t(n)} = A \cdot y_{s(n)} + B \cdot x_{s(n)} + D \end{cases} \tag{4-3}$$

理论上,上式所示方程组中各式两边应相等,由于误差的存在,各式并不恒等,令 $\Delta V_{x(i)}$、$\Delta V_{y(i)}$ 分别表示其误差,则有误差方程组:

$$\begin{cases} \Delta V_{x(1)} = A \cdot x_{s(1)} - B \cdot y_{s(1)} + C - x_{t(1)} \\ \Delta V_{y(1)} = A \cdot y_{s(1)} + B \cdot x_{s(1)} + D - y_{t(1)} \\ \cdots \\ \Delta V_{x(i)} = A \cdot x_{s(i)} - B \cdot y_{s(i)} + C - x_{t(i)} \\ \Delta V_{y(i)} = A \cdot y_{s(i)} + B \cdot x_{s(i)} + D - y_{t(i)} \\ \cdots \\ \Delta V_{x(n)} = A \cdot x_{s(n)} - B \cdot y_{s(n)} + C - x_{t(n)} \\ \Delta V_{y(n)} = A \cdot y_{s(n)} + B \cdot x_{s(n)} + D - y_{t(n)} \end{cases} \tag{4-4}$$

误差方程组的矩阵表示为:

$$V = AX - L$$

其中

$$A = \begin{bmatrix} x_{s(1)} & -y_{s(1)} & 1 & 0 \\ y_{s(1)} & x_{s(1)} & 0 & 1 \\ \cdots \\ x_{s(i)} & -y_{s(i)} & 1 & 0 \\ y_{s(i)} & x_{s(i)} & 0 & 1 \\ \cdots \\ x_{s(n)} & -y_{s(n)} & 1 & 0 \\ y_{s(n)} & x_{s(n)} & 0 & 1 \end{bmatrix} \quad X = \begin{bmatrix} A \\ B \\ C \\ D \end{bmatrix} \quad L = 2\begin{bmatrix} x_{t(1)} \\ y_{t(1)} \\ \cdots \\ x_{t(i)} \\ y_{t(i)} \\ \cdots \\ x_{t(n)} \\ y_{t(n)} \end{bmatrix} \quad (4\text{-}5)$$

$$\underset{2n \times 4}{} \qquad\qquad \underset{4 \times 1}{} \qquad\qquad \underset{n \times 1}{}$$

对 V 求极小值可得法方程组为:

$$A^{\mathrm{T}}AX - A^{\mathrm{T}}L = 0 \qquad\qquad (4\text{-}6)$$

解法方程组,可得定向系数阵 X:

$$X = \begin{bmatrix} ABCD \end{bmatrix}^{\mathrm{T}} \qquad\qquad (4\text{-}7)$$

选择定向点时,应尽可能使定向点位于待数字化图形的区域边缘。对于两点定向,通常沿数字化区域边缘对角线方向选择;对于多点定向,则选择在待数字化图形区域的四周。图纸变形较大时,采用最小二乘平差法求定向元素,其总体精度高于二点定向。

二、坐标校核

地形图数字化是 GIS 数据采集的一种主要方法,由于地图在使用过程中,图纸材料会受温度和湿度的变化而产生图纸变形误差,数字化后会产生平面坐标误差、高程误差、接边误差和形状误差等位置误差。因此,不同途径获得的数据转换成 GIS 统一坐标后,需要进行坐标校核,尽量减少误差。常用的坐标校核方法大致有三类。

1. 地形图图纸变形校正

地形图图纸变形校正最简单直观的办法是,通过相应点的转换坐标和实际坐标之间的关系,事先确定图纸分别在 x 方向与 y 方向的最大变形,在数字化量测过程中,逐点按线性关系在 x、y 方向分别进行校正。

由于图纸变形不仅存在线性变形,还存在非线性变形和具有旋转形式的变形等,上述方法不适合对变形较大的图纸进行校正。根据数学中仿射变换的思想,实验证实,采用双线性函数式进行逐点变形改正,可以有效地消除或减少图纸线性与非线性变形及具有旋转形式变形所引起的量测点位的平面坐标误差。校正程序是:先量测测图区域 4 个角点的坐标值(最好布置成正方形或矩形并靠近区域边缘),得到其转换过后的四对平面坐标 x_c、y_c,并输入相应四点的已知坐标 x_t、y_t。

根据 4 个角点的 8 对坐标,可列出 8 个误差改正式:

$$\begin{cases} x_{t(1)} = a_1 + a_2 \cdot x_{c(1)} + a_3 y_{c(1)} + a_4 \cdot x_{c(1)} \cdot y_{c(1)} \\ x_{t(1)} = b_1 + b_2 \cdot x_{c(1)} + b_3 y_{c(1)} + b_4 \cdot x_{c(1)} \cdot y_{c(1)} \\ \cdots \\ x_{t(4)} = a_1 + a_2 \cdot x_{c(4)} + a_3 y_{c(4)} + a_4 \cdot x_{c(4)} \cdot y_{c(4)} \\ x_{t(4)} = b_1 + b_2 \cdot x_{c(4)} + b_3 y_{c(4)} + b_4 \cdot x_{c(4)} \cdot y_{c(4)} \end{cases} \qquad (4\text{-}8)$$

式中 a_1、a_2、a_3、a_4、b_1、b_2、b_3、b_4 为纠正系数,直接解线性方程组(4-8),即可求出 8 个纠正

系数。设定向元素 $\cos\theta$、$\sin\theta$、x_0、y_0 已求得,当数字化仪量测点数据为 x_i、y_i 时,则大地归化后的坐标为:

$$\begin{cases} x_c = \cos\theta \cdot x_i - \sin\theta \cdot y_i + x_0 \\ y_c = \cos\theta \cdot y_i - \sin\theta \cdot x_i + y_0 \end{cases} \quad (4\text{-}9)$$

逐点变形纠正后的大地坐标为:

$$\begin{cases} x_t = a_1 + a_2 \cdot x_c + a_3 \cdot y_c + a_4 \cdot x_c \cdot y_c \\ y_t = b_1 + b_2 \cdot y_c + b_3 \cdot y_c + b_4 \cdot y_c \cdot x_c \end{cases} \quad (4\text{-}10)$$

2. 接边

对于存在多幅地图的比较大的区域,在数字化时,同样需要分幅输入,并对分幅数字化的地图进行合并,同时,在连续空间数据库环境下,分幅数字化的地图应先和相邻的数字化地图经接边处理后才能入库。相邻两幅图拼接时,在交接处可能产生错位问题(图4-1)。利用专门的接边程序,可消除这一问题。接边程序的计算方法应使常见的误差不因接边而明显扩大。

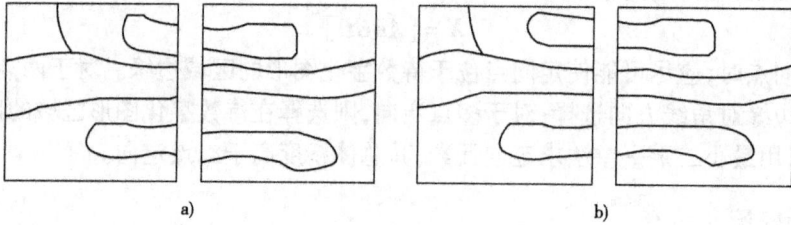

图 4-1　接边处理
a)处理前;b)处理后

3. 核对

地形图数字化后,由于线和点的不正确连接所造成的数字化错误常见的有 5 种情形,如图 4-2 所示。分别是:(1)数字化后产生碎多边形,如在绘制两个相邻多边形边界以及两个多边形叠加时常会产生碎多边形;(2)线的端点不达节点,即两个独立的多边形数字化后,在线的端点和节点之间存在空隙,需要进行连接编辑;(3)数字化后在节点附近产生很小且难以识别的不正确多边形;(4)数字化后线的端点超过节点,即在端点附近出现多余的小弧段;(5)边缘匹配问题。

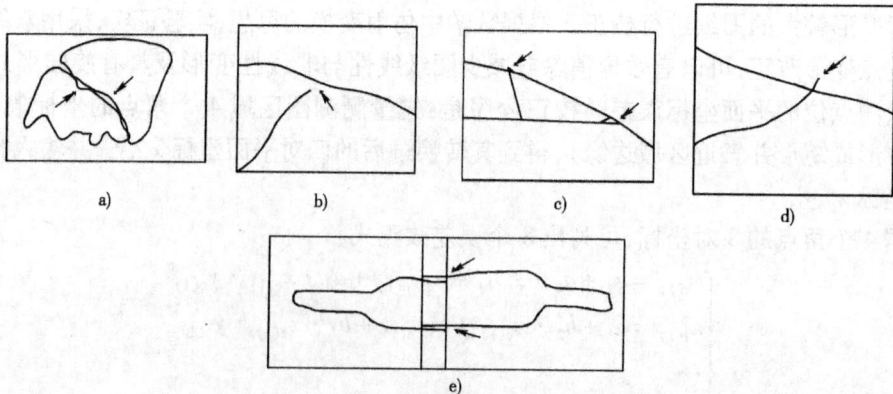

图 4-2　常见的数字化错误
a)碎多边形;b)不达节点;c)不正确多边形;d)超过节点;e)边缘匹配问题

上述错误需要经过检查核对,通过矢量编辑来纠正。

常用的检查核对方法有:

(1)人工核对检查。利用 GIS 软件的功能,将各种要检查的数据,根据其性质进行可视化,将计算机回放的资料与数据采集的原始资料进行人工比较核对,从而判断和确定数据的正确性。这种方法的特点是简便、容易操作,对硬软件条件的要求低。但检查的质量受人为因素的影响较大,对于复杂空间数据的检查存在很大的困难,甚至无能为力。

(2)人机交互检查。在 GIS 软件环境下,将要检查的数据进行可视化,以图形、图像、表格等形式显示在计算机的屏幕上,通过人工判断其正确性;或者使用 GIS 的查询、统计、显示等功能的组合,实现对数据的检查。这种核对方法的特点是灵活多变,能够任意组合,应用范围广泛。但对设备条件以及使用 GIS 软件的能力要求较高。

(3)软件自动检查。空间数据的图形与属性、图形与图形、属性与属性之间存在有一定的逻辑关系和规律,通过编制计算机程序,设计模型和算法,将数据中不符合规律、逻辑关系矛盾的要素自动地挑选出来,再使用人机交互的方式进行验证并修改。此种方法的特点是准确率高、速度快,对于复杂图幅有较好的效率,但需要开发软件,仅适用于能以程序表达关系的要素检查。

值得注意的是,在核对时上述三种方法需要相互配合、综合应用才能发挥优势,单独使用任何一种方法,都不可能达到预定的质量要求。

第二节　空间数据的交互编码与维护

一、图形与数据之间的交互

在地理信息系统中,空间数据的组织是依据地理实体之间不同的特征(如将公路和铁路视为不同的类)、相似的特征(如将公路和铁路视为一类)以及不同地理实体的组合特征(如飞机跑道、出租车道、建筑楼群和停车场共同构成飞机场)来对地理特征进行分类的。对空间实体的数据描述分为空间特征和属性特征,属性特征是对空间特征的描述,属性值包括数字值和非数字值两种,例如,描述道路实体的属性特征包括如下方面。

道路类型:1 = 高速公路
　　　　　2 = 主干道
　　　　　3 = 居民街道
　　　　　4 = 其他
路面材料:1 = 水泥
　　　　　2 = 沥青
　　　　　3 = 碎石
道路宽度:m(m)
小巷数量:n 个
道路名字:道路名

在道路属性表 4-1 中,每一条道路都有一组属性对其进行描述。属性表中每一行都是一个记录,它包含了针对某个空间实体的描述信息;表中每一列称为信息描述的一个项。

道路计数	道路类型	材料	宽度(m)	小巷数量	道路名
1	3	水泥	15	4	中山大道
2	2	沥青	30	3	广园路
3	1	沥青	60	1	京珠高速

空间特征数据的表达方式包括各种数据结构,并表现为点、线、面等各种图形符号信息;属性特征数据的表达方式包括基于地理特征(包括空间特征和属性特征)的多种分类关系的表格。地理信息系统正是通过建立空间特征数据的图形符号表达与属性特征数据的表格表达之间的关系,才具备了强大的空间分析能力。

在地理信息系统中,通过对每一个具有拓扑关系的空间特征以及这个空间特征的一个描述记录赋予共同并且是唯一的标识符,来保证空间特征和属性记录之间一一对应的关系。这样,就可以通过空间记录查找并显示属性信息,也可依据存储在属性表格中的属性生成具有地学分析意义的空间图形。

如图4-3所示,多边形—弧段拓扑关系表定义了多边形的空间特征拓扑关系,而多边形属性表则通过共同的并且是唯一的多边形标识符 A、B、C 与多边形拓扑关系表建立了联系。

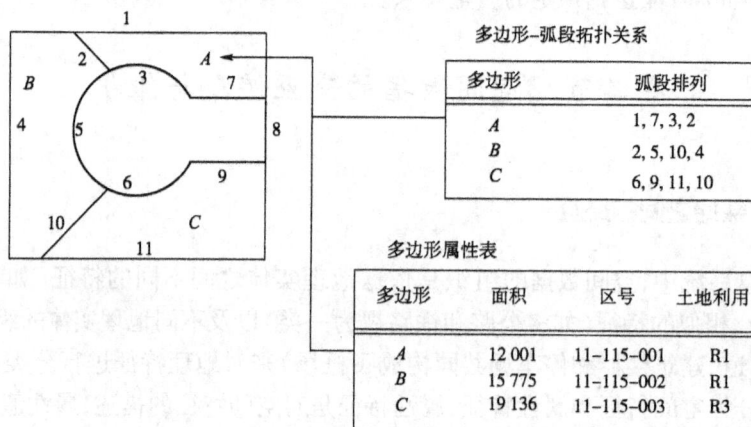

图4-3　多边形拓扑关系表与多边形属性表之间的联系

两个表之间的联系也可以通过信息描述项来建立。如图4-4所示,区域号码11-115-003具有多个所有者,这表现了空间关系分析中的一个重要概念:一对多的关系,即一个空间特征可以具有多个属性特征描述集合。

二、特征点、线、面的自动生成

1.线的生成和简化

地图上线的数字化是通过输入一系列点来实现的,如果线非常曲折的话,用一串折线来近似表达会显得精度不够或不美观。多取点来加密曲线虽可提高精度,但数据库的存储量随之增加,因此通常采用数学函数(一般为圆弧)来拟合这些曲线,这一功能常称之为线的数学函数生成。这种方法可减少存储量、提高地图的精度。但在用拓扑结构做空间分析时,仍然用小段直线来近似地表示曲线。

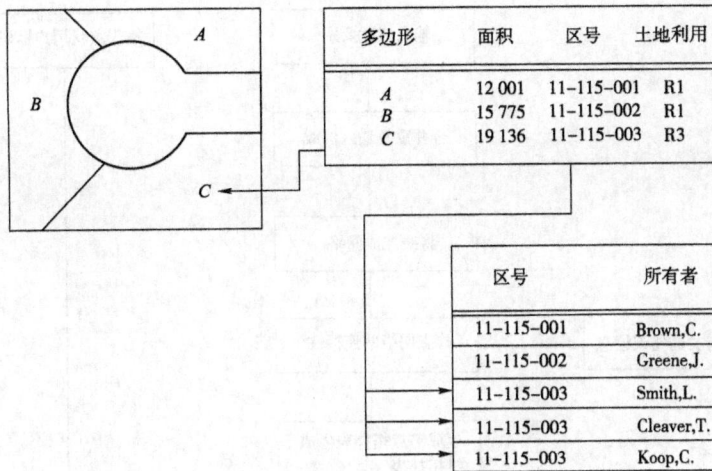

多边形	面积	区号	土地利用
A	12 001	11-115-001	R1
B	15 775	11-115-002	R1
C	19 136	11-115-003	R3

区号	所有者
11-115-001	Brown,C.
11-115-002	Greene,J.
11-115-003	Smith,L.
11-115-003	Cleaver,T.
11-115-003	Koop,C.

图 4-4　一个空间特征可以具有多个属性特征描述

　　如果数字化的结果是由于取点太密,超出了实际的需要程度(由扫描仪输入的地图常有这一问题)。这时可对曲线的表达进行简化(又称疏化,见图 4-5),即用较少的关键点来表示曲线,对于近似直线的曲线则直接用一段长直线来代替。处理这一问题的软件应允许操作人员事先定义一些原则、参数使软件按这些原则、参数自动的取消或者合并某些坐标点。软件处理后的结果是使数据库所占的存储量显著减少,而实际精度并不明显下降。

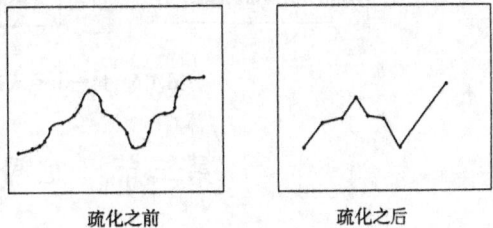

疏化之前　　　　　　疏化之后

图 4-5　线的疏化

　　2. 网络、多边形、内部点的产生

　　在地理信息系统 GIS 中,网络、多边形(面)往往是由线和线连接而成,网络可表示现实世界中的河流、道路、电力、通信、给水等系统,常用矢量型的链—节点式的拓扑结构来定义。网络的拓扑结构在线输入到计算机后由软件自动建立(图 4-6),软件也可查出在什么地方线与线没有严格的在预定节点处相交、在连续线的当中出现了不应有的节点或某些线是多余的等,并给操作员以提示,要求用手工编辑方式改正。多边形的拓扑结构产生和检查也和网络类似,有的软件还在每个多边形的形心位置上产生一个附加点,使将来绘图时对多边形的文字注释或符号注释就作在这些形心点上。当然,凹多边形形心点位置有可能不在多边形内部,这时使用地图的人容易产生误解,因此不少软件是由用户自己在多边形内部定义一个点,以防止自动产生的内部点在不合适的位置上。

　　3. 空间与属性数据库的连接和编辑

　　大多数比较复杂的 GIS 是将空间数据和属性数据分开输入,属性数据库和空间数据库的联结往往采用关键字的方法,如在空间数据库之中给每个点、线、面一个附加属性,相当于一个关键字,在属性数据库中也给每个点、线、面一个关键字,从而使两边在逻辑上一一对应,为此也需要由软件来检查两边的关键字是否完全匹配,有无输错、遗漏或重复,并提示用户改正。有的软件产品是靠内部指针来连接内部空间和属性数据,这样,匹配检验可能比较简单。

　　属性数据本身的数据添加、删除、更新等功能,和一般事务管理信息系统基本相同。

103

输入线状要素

输入点状用户标识

合并重复输入的线

将线连成网络

检查网络的连接性 → 输出有关的错误信息

生成节点拓扑表生成链拓扑表

将网络当作多边形和用户标识相连 ← 点在多边形内检查

生成多边形拓扑表 → 输出有关的错误信息

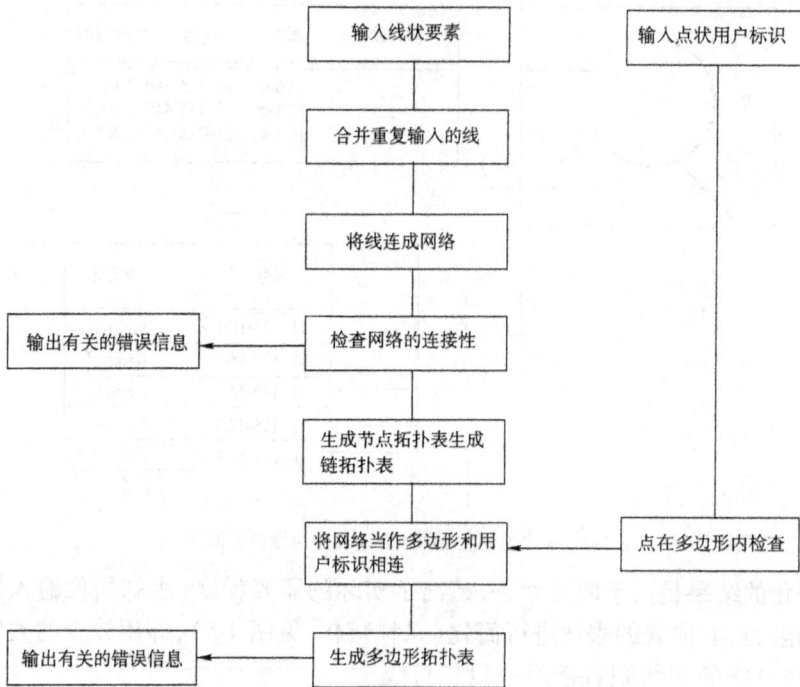

图4-6 链—节点式拓扑结构的一种自动生成方法

第三节 空间数据的压缩与编码

近年来,随着计算机技术、影像获取和处理技术以及数字通信技术的迅速发展,特别是网络和多媒体技术的兴起,使人们不仅需要不断地接收和处理数据量呈几何级数增长的影像数据,而且影像数据的存储和管理也随着数据量的增加而变得越来越重要。地理信息系统基础信息的形式主要包括:数字矢量线划数据(DLG)、数字栅格线划数据(DRG)、数字高程模型数据(DEM)、数字正射影像数据(DOM)、属性数据、三维数据及时态数据等。目前的商用关系数据库在存储海量影像数据方面均存在不足,为了减少数据(特别是影像数据)在存储和处理时所占用的存储空间,减少传输数据量,提高数据的传输效率,需要对数据进行压缩。压缩通过编码来实现,或者说编码带来压缩的效果,所以,一般把此项处理称之为压缩编码。本节主要论述空间数据压缩与编码的理论与方法,重点放在栅格数据的压缩存储上。所研究的栅格存储对象包括二值影像、少灰度图形文字扫描影像、块状影像、多灰度影像和 DEM 数据。最后介绍了矢量数据的压缩方法。

一、空间数据编码的原则与方法

地理信息系统中的实体(对象)一般包括三种基本信息:语义信息、量度信息和关系结构信息。语义信息表明实体的类型,量度信息用于描述实体的形状和位置等几何属性,关系结构信息用于描述一个实体与其他实体的联系。而空间数据的编码则主要是指语义信息的数据化,它是建立在地理特征的分类及其等级组织基础之上的空间信息数据编码。空间数据编码的原则大致如下:

(1)唯一性。代码和分类应一一对应,不能一个代码对应多种分类或多个代码对应一种分类。

(2)可扩充性。如果以后要增添新的内容,尽量不改变原有体系而实现扩充,这样可以减少用户熟悉新体系的麻烦,同时减少数据库的转换和处理软件的改动。

(3)易识别性。用户看到代码时,凭经验就可知道事物的分类,并和其他事物产生对比、联想。

(4)简单性。代码越简单,人的记忆、操作也简单,计算机处理也方便。

(5)完整性。综合性的信息系统牵涉的面很广,应全面考虑有关的信息类型与分类,防止顾此失彼。

空间数据的编码用于表明实体元素在数据分类分级中的隶属关系和属性性质。其方法是:编码由主码和子码共同组成,主码表示实体元素的类别,子码则是对实体元素的标识和描述。子码又可分为识别码和描述码(有时还需要有参数码),识别码用于唯一地标识具体的实体元素,描述码则是对实体元素的进一步性质描述。如果规定编码的格式为主码占3位,子码占5位,则每个属性编码占1个字节。通常,可采用2个字节的无符号整型数(阈值为0~65535)记录属性编码。从理论上说,用无符号整型数可编码65536种不同的实体元素,足以表示现有地形图规范和图式中的所有类别,并且还有很大的扩充余地。为了与有关标准进行相互转换,并将编码组织成树结构,可用无符号整形数的前两位(阈值为0~64)记录主码,后三位(阈值为0~999)记录子码(其中,0~499表示识别码,500~999表示描述码)。这样的编码可表示65种主码,每种主码下可有1000种子码,并且还有536种大于或等于65000的特殊用途编码。这种属性编码仅占2字节,并且具有可扩充性。

二、影像压缩编码

影像压缩是指在基本不影响影像的视觉和使用效果的情况下,采用一定的技术手段和压缩算法,将影像文件的尺寸压缩到原文件大小的几分之一或几十分之一,以节省存储空间和方便传输。影像数据压缩的可能性是因为组成图像的各像素之间存在着一定的相关性。例如,背景常取同样的灰度,某种特征中像素灰度相同或相近,应用某种编码方法提取或减少这些相关性,便可达到压缩数据的目的。从信息论观点看,影像压缩就是减少影像信息中无用的冗余信息,以节省存储和传输中的开销,同时又不损害图像信源的有效信息量。在有些场合,一定限度的失真是允许的,如人的眼睛对图像灰度分辨的局限性,监视器显示分辨率的限制,都可以对图像信源作一定程度有时是很大程度的压缩。图像编码压缩的方法目前已有多种,其分类方法视出发点不同而有差异。

压缩技术根据是否去掉影像的细节和颜色,又可分为有损压缩技术和无损压缩技术。有损技术通过去掉影像细节来压缩图像,无损技术对影像压缩时则不去掉影像细节。在通常情况下,有损压缩技术用于供检索和浏览用的数据的压缩,用有损压缩技术可将影像数据文件尺寸压缩到原来的1/10~1/50,而无损技术适用于对原始成果数据进行压缩,影像数据进行压缩后,数据量一般可压缩到原数据量的1/2~1/5。若以具体编码技术考虑,图像编码压缩又可分为变换编码、统计编码、行程编码和模型编码等。在选择压缩软件时,主要考虑两个方面,一是数据压缩后的质量,二是软件的实用性和压缩—解压缩速度。下面简要分析几种编码方法。

1. 变换编码

变换编码是将原始影像分块影射为变换系数,然后用比特分配矩阵给各系数分配以不同的比特数,即通过对低频成分分配较多的比特数,对高频成分分配较少的比特数,就可实现图像数据压缩。同时舍弃变换系数矩阵中某些幅度小的系数,可缩减计算维数,提高计算的速度。在假设影像数为 Gauss-Markov 场的前提下,离散 K-L 变换(Discrete Karhunen-Lovev Transform)是最佳的变换,但 K-L 变换没有快速算法。余弦变换与 K-L 变换非常相近,其快速算法比快速傅里叶变换 FFT 还快,所以余弦变换是最适合影像数据压缩的变换,这种变换编码可用于压缩多灰度影像和 DEM 数据。小波变换(Wavelet Transform,简写为 WT)是近几年才兴起的压缩技术,它是目前比较好的压缩方法,压缩倍率高,影像的目视效果也较好。

2. 统计编码

统计编码是根据信源的概率分布特性,分配可变长码字(其具有唯一可译性),降低平均码字长度,以提高传输速度,节省存储空间。哈夫曼(Huffman)编码就是根据可变长最佳编码定理,依据信源集中各信号出现的概率,分配不同长度的即时码。具体是在信号概率已知的基础上,概率大的信号用短码字,反之用长码字。这些码字与被描述对象之间有固定对应关系。接收端一旦得到哈夫曼编码,"即刻"解码得到与输入一致的图像信号。哈夫曼编码是一种无失真编码。可以利用改进的哈夫曼编码(MHC)对行程编码的行程长度进行压缩,以取得较高的压缩比。同时,还可用变形的哈夫曼编码(MHC)对多灰度影像和 DEM 数据进行压缩。

3. 游程长度编码

游程长度编码(Run-Length Coding)是按行的顺序存储多边形内各像元的列号,把属性值相同的连续若干个栅格看成是一个游程,即在某一行上从左到右存储属于该多边形的始末像元列号。该编码方法主要适合于二值影像和少灰度影像,是一种算法相对简单的编码。只有"0"和"1"两个灰度级的影像称之为二值影像,如文件、表格、工程图纸等。对二值影像来说,灰度信息隐式地包含在交替的黑白行程之中,不需要记录。在编码少灰度影像时,则须记录灰度值 及其行程长度。根据不同的顺序将二维影像变换成一维线性表,可得到不同效果的行程编码。合理地选择这种顺序,将有助于减少行程数,提高数据压缩比。

4. 跳跃空白编码

用一位二进制码(0 或 1)描述二值影像一个像素的编码方法称为直接编码。对二值影像进行分块,若全白块出现的概率较大,可给它分配最短的码字"0",而其他块用"1"加直接编码表示。编码效率取决于全白块出现的概率。分块的目的在于构成较多的白块。一种较灵活的方法是自适应分块编码。这种编码方法特别适合于压缩块状二值影像。

5. 线性四叉树编码

四叉树编码(Quadtree Encoding)的基本原理是:先把地图看成是一个正方形的单元,若该单元内有不同性质的多边形,则将单元分成四个大小相同的二级单元,然后分别判断这四个二级单元中是否还有性质不同的多边形,如果有,则再将其划分成四个大小相同的三级单元。这种逐级一分为四的方法一直持续到预定的最高分辨率为止。

为了在计算机中既能以最小的冗余来存储与图像对应的四叉树,又能方便地完成各种图形操作,现已有多种编码方法。在各种四叉树中,线性四叉树以节省存储,运算方便而成为最吸引人的一种。比较著名的线性四叉树编码包括深度优先码、色彩深度码和深度变化码。DF码采用深度优先法则记录四叉树的所有节点,其中非叶节点用一符号表示,叶节点用像素的灰度值表示。DF 码具有较高的压缩比,但运算较困难。CD 码用深度优先法则记录每个叶节点的深度和灰度值,其压缩比略低于 DF 码,但运算方便。VD 码依深度优先法则记录每个叶节点的灰度值,仅当深度变化时,才记录深度信息。VD 码综合了 DF 码和 CD 码的优点,压缩比与 DF 码相当,计算复杂性与 CD 码相当。

6. 分形编码

分形编码属模型编码的范畴。分形编码是一种构思新颖、完全不同于经典方法的编码技术,是目前正在大力开发的图像编码方案之一。它的主要特点是高压缩比(比经典编码高 1 到 2 个量级);运算速度与提高图像分辨率关系不大;压缩时计算量大,时间长,而解压速度则很快;选择恰当的分形模型完全可以构造清晰的边缘细节。

分形编码的具体步骤如下:

(1)把图像划分成互不重叠,任意大小,任意形状的 domain 分区,所有 domain 分区拼起来应恰为原图。

(2)对每个 domain 分区再划分一个 range 分区,range 分区必须大于相应的 domain 分区,range 分区之间可以重叠,所有 range 分区拼起来必须恰好覆盖原图全图。Range 分区在三维仿射变换以后应尽可能与 domain 分区中的图像接近。

(3)生成 FIF(Fractal Image Format)文件。每个 domain 分区都可通过仿射变换(n 维空间函数图像经过旋转,平移,拉伸等多种变换的综合过程,仿射变换能使图像构成更好的组形)恢复。仿射变换系数决定了仿射变换过程。FIF 文件的开头规定如何划分 domain 分区,接着依次记载各 domain 分区对应的仿射交换系数。

(4)对 FIF 文件编码,由于每个 domain 分区对应的仿射交换系数只有为数不多的几个参数(如给出方程 $y = ax + b$ 中的 a,b 值,就可画出一个任意分辨率的直线图形),所以分形编码可获得很高的压缩比。

7. 自适应网络编码

1991 年,Terzopoulos 和 Vasilescu 提出了一种能自动跟踪图像特征的自适应网络编码方法(Self-Adaptive-Mesh code)。所谓网格,是指由纵、横线条组成的多边形集合。如果划分一幅图像的网络均由正方形或长方形组成,称之为正规网络。如果划分一幅图像的网络因受图像局部特征的影响而变成不规则多边形,则称之为自适应网络。组成同一形状的网格的边数是固定的,多边形的顶点称之为节点。自适应网格编码的原理是:设想把一张由节点组成的正规网络覆盖在图像表面上,图像上重要性不同的特征对节点产生与其相适应的吸引力,正规网格上的节点就会按图像特征的重要性大小,不同程度的聚集在特征周围,形成能跟踪特征的自适应网格,在此基础上,对自适应网格的节点的位置、值以及重建图像所需的系数进行编码。

8. 图像编码的国际标准

海量数据存储与传输是制约网络、多媒体及"信息高速公路"在世界范围内普及和推广的技术瓶颈。解决这一问题的途径:一是研发新的通信设备和手段,以提高信息传输速度;二是探讨高效数据压缩方法,通过减少实际信息传输量来适应现代通信的需要。从 20 世纪 80 年代起,国际标准化组织(ISO)、国际电报电话咨询委员会(CCITT)等国际组织经过联合研究,先后提出了静止图像、活动图像以及用于可视电话、电话会议的国际标准,并分别命名为 JPEG 标准,MPEG 标准和 H261 编码标准。静止图像编码压缩技术标准 JPEG(Joint Photographic Experst Group)提供了四种压缩方式,即无失真编码、离散余弦变换 DCT 编码、基于 DCT 的增强方式(简称增强方式)和基于 DCT 的分层操作方式。活动图像编码压缩技术标准 MPEG(Motion Picture Experts Group)由三个方面的内容组成:MPEG 视频压缩 MPEG-Video,MPEG 音频压缩 MPEG-Audio 和 MPEG 系统 MPEG-System,主要针对音、视频同步传送以及多通道、多音频和视频系统的传送。

三、数字高程模型数据和多灰度影像的压缩

常用的数字高程模型数据和多灰度影像有如下几种压缩方式。

1. 信息保持压缩

进行数字高程模型数据压缩的步骤是:(1)将数字高程模型数据分块,每一子块的值都减去其最低高程值,形成高差子块,这样便将绝大多数2字节的高程值变为1字节的高差值;(2)按准等长编码方法记录各高差子块。这种方法可将数据压缩近一半,例如原始DEM(大小为200×140)的存储量为56 000字节,经过这种变换后,存储量减为28 012字节(其中有12个高差值大于254)。另一种压缩方案是,首先对高差子块进行统计,然后计算各种高差值的概率分布情况,给出现较多的高差值分配较短的码,给出现较少的高差值分配较长的码,如采用变形的MHC编码对上述DEM数据进行编码压缩,压缩后的存储量为19 644字节。同理,多灰度影像(如正射影像)也可采用类似的方法进行编码压缩。

2. 保真度压缩

变换编码压缩是一种常用的保真度压缩方法。用自适应余弦变换编码可大幅度压缩多灰度影像和DEM数据,其具体算法和事例请参考有关文献。这里仅介绍一种简单的分块截断码。其基本思想是,首先将影像(或DEM)分成大小为4×4的子块,然后计算每个子块的均值和均方差,并用一个4×4的位面标明每一位置的原始灰度值(或高差值)是高于均值还是低于均值。均值和均方差各占8比特,4×4的位面占16比特,这样便用4字节表示了16字节的数据,压缩比为4。这种编码的平均失真不大,但有个别位置可能产生较大的失真。对上述DEM数据进行分块截断编码,解码后数据的平均误差为1.9,最大误差为11.0。

四、矢量数据的压缩

在高斯-克吕格平面直角坐标系中,通常用4字节的实型数存储矢量数据。而图像信息系统采用局部坐标系,矢量坐标是用2字节的无符号整型数存储。无符号整型数的值域是0~65 535。当要求数值精度为图上0.1mm时,这个值域可存储6.5m×6.5m幅面的地图,可见局部坐标系的值域能以足够的图解精度存储相当大的空间图形。将高斯-克吕格平面直角坐标系中的矢量数据变换到局部坐标系中,便可将存储量减少一倍。另外,矢量数据(特别是通过扫描数字化得到的矢量数据)中的冗余部分主要是一些共线或近似共线的中间点。将这些多余的中间点去掉,便可达到数据压缩的目的。目前矢量地图数据压缩的方法有许多种,如独立点算法、局部处理法、受某些条件限制的扩大的局部处理法、不受条件限制的扩大的局部处理法和整体算法等。这些算法都是按照一定的法则,去掉若干点,而保留余下的点作为对原曲线的逼近。多边形数据压缩的典型算法是最小周长多边形逼近,而特征点筛选法适用于压缩线状数据,也可用于综合线状要素或建立变焦数据结构,它所筛选出的点具有相对最大信息量。有关各种压缩方法的具体步骤和描述详见有关文献。

第四节 地理信息系统数据库的动态更新

近年来,随着GIS技术的迅猛发展,大大促进了"数字地球"、"数字城市"和"数字交通"研究的开展。智能交通系统(ITS)进入人们的日常生活在不远的将来即可变成现实。数据库技

术是各种系统中的关键技术之一。数据库的维护和更新将是一项长期性的工作。由于城市地形地貌不断地在发生变化,特别是各种交通信息的时效性很强,各类空间数据和属性数据也具有很强的时效性,所以数据库也必然具有一定的时效性。要使系统长期有效地运行,并且适应各个应用系统发展的需求,建立和完善一个对数据库进行实时维护和更新的机制是非常必要的。只有快速准确地获取定位信息,迅速、及时、动态地更新数据库,实现实时实地的现场查询和分析判断,才能发挥地理信息系统特有的功能,地理信息系统也才能具有强大的生命力。

一、地理信息系统数据库更新的方法

常用的地理信息系统数据库更新的方法有如下几种。

1. 利用从各有关单位收集到的现势资料更新数据库中已变化的要素

通过从国家或省级测绘资料管理部门收集现势资料,经过比较发现变化,从而更新数据库中已变化的要素。这种方法是目前主要使用的更新方法,它的优点是成本低,数据获取周期短,见效快,可以作为日常性工作,经常进行。但是这种方法的依赖性大,更新内容少,工作量大,而且有时无法保证数据的位置精度。

2. 通过实地测量和调查获得现势性好的数据更新数据库

通过实地全站仪地面测量或实地调查,获得现势性好的数据,以替代数据库中原来的数据,达到对数据库中数据进行更新的目的。这种方法的特点是数据精度高,更新内容全面,但数据获取周期较长,速度慢,野外工作量较大,所需费用较高,不适用于数据库大规模全面更新。这种方法主要用于对数据库中局部地区或部分要素的更新,也可以用于小型数据库的全面更新。

3. 利用航空遥感测量技术获取所需数据更新数据库

随着航空和航天对地观测技术的迅速发展,利用多种星载和机载传感器,人们已经能够实时获取反映地球表面动态变化的、多时相、多波段、多分辨率的对地观测数据。而且获取数据的周期越来越短,分辨率也越来越高。采用现代遥感技术可以获得最新的空间信息,为我们提供了更多高效、快捷的地理信息系统数据库更新技术方法。

遥感技术是获取空间信息和时间序列信息的重要技术手段。由于早期的卫星遥感数据的分辨率的限制,(陆地)卫星遥感研究尚未进入我国经济建设中需求迫切和实用操作的层次。当前,遥感技术正在向多尺度、多频率、全天候、高精度、高效快速的方向发展,尤其是合成孔径雷达干涉测量(Interferometric Synthetic Aperture Radar,简称 InSAR)技术的发展以及高分辨率的商用陆地遥感卫星的相继升空,遥感数据的分辨率有了跳跃式提高(表4-2)。其中,美国 Space Imaging 公司的 IKONOS 卫星可以同时采集 1m 分辨率的全色(黑白)数据和 4m 分辨率的多光谱数据,在纬度 40°处,采集 1m 分辨率数据的周期仅为 2.9d,比传统的 LANDSAT (16d)和 SPOT(26d)要短得多。工程实例和有关研究表明,在地形平坦地区,仅利用少数控制点进行平面拟合纠正,用 IKONOS 影像制作的影像地图可以达到 1:5 000 地形图的精度,特别适合 1:5 000 地形图的更新。而 1:5 000 比例尺的卫星影像地图对地物地貌细部的表达能力,能够满足绝大多数专题属性数据的获取要求,如土地利用、交通设施调查、建筑物分布、城市灾害、环境分析等。目前,高分辨率卫星遥感数据已进入实用操作层次,广泛应用在城市及区域规划、精细农业、地球科学和 GIS 应用等方面。随着我国新一代高水平应用卫星的开发,遥感卫星获取信息的能力将会提高,应用范围也将从陆地扩展到海洋、从资源勘测扩展到地球环境监测和灾害预报。

卫星名称	公司	分辨率（全色波段）
Quick Bird	Earth-Watch	0.62m
IKONOS-2	Space Imaging	1m
Orbview-3	Orbital Science	1m
Orbview-4	Orbital Science	0.5m
Eros B	West India Space	1.3m
SPOT-5	Spot Image	2.5m、5m

采用航空遥感手段,可以获得信息量极其丰富的正射影像,同时能解译出属性数据。用于更新的影像可以解译出大多数需要更新的要素。遥感影像解译的方法有两种:一种是凭光谱规律、地学规律和解译者经验,从卫星图像的颜色、纹理、结构和位置等各种特征解译出各种要素的目视解译方法,该法应用较多,但工作量大,速度慢,人为干扰因素较大;另一种是通过选择分类特征、利用模式识别模型来确定每一像元类型的计算机图像分类法,该法调查速度快,可识别出像元的每一级灰阶差异,缺点是会造成一定量类别的误判。因此,必须在分类过程中将两种方法结合起来,进行较多的人机对话及必要的野外实地测量(如通过 GPS 测量地面控制点和调查地面类型等)。遥感影像可以解译大多数要素的空间位置信息,但对少部分要素的空间位置信息,如境界要素和林区中公路、铁路的空间位置信息和要素的属性信息解译比较困难,还需借助其他资料作为补充。

由于低分辨率遥感影像(例如,10m SPOT 全色影像,30m TM 多光谱影像等)难以大比例尺、高精度地表达全球土地利用变化情况,通常被用于区域案例研究或探询土地利用变化的热点地区等。高分辨率遥感影像尤其是美国 1m 全色和 4m 多光谱 IKONOS 遥感影像的获得,为在更深层次上进行数据库更新提供了准确获取所需数据的源泉。然而,从 IKONOS 影像上提取信息(如道路),影像的几何改正以及高分辨率多光谱 IKONOS 影像与相对低分辨率 SPOT 全色影像融合以提取信息等还在进一步研究之中。

采用现代遥感技术和影像数据更新数据库中变化的要素,是目前地理信息系统数据库更新的发展方向。这种方法的特点是更新周期短,见效快,数据精度能够满足要求,费用适中,但更新内容不够全面,有些要素无法从影像上解译出来。该方法适用于大型数据库,特别是中、小比例尺地图数据库的全面更新。目前,一些国家的基础地理信息系统数据库已经开始采用遥感技术进行更新。

在选择遥感影像时,要考虑影像性能价格比和数据获取的方便程度。更新应采用具有良好性能价格比且数据获取方便的影像,以便从数据源上为数据库更新制度化提供保证。

从各有关单位收集到的现势资料是较好的补充信息,比如已有的各种现势性好的测量数据和大比例尺地形图数据,各种工程图件、正式出版的图籍图册等,这些资料可以用于要素属性数据的更新和帮助确定部分要素的空间位置,使用这些资料既可以迅速获取新的变化信息,又可以节省更新经费。

4. 利用全球定位技术获得所需数据更新数据库

GPS 具有全天候、高精度、全球覆盖和实时提供任意点三维坐标的能力。随着美国宣布终止执行 SA 政策,GPS 用户实时单点定位的精度从 100m 提高到了 30m 左右,大幅度提高了

GPS 定位工作的效率。

采用 GPS 技术获得所需数据更新数据库，可以单独使用 GPS 技术采集数据，如采用 GPS 技术单点定位或用 RTK 技术测图，或者 GPS 技术结合航空摄影测量技术采集数据。特别是车载 GPS 技术的实用化和精度的不断提高，这种方法更是被较多的应用在交通要素的更新工作中。该方法的特点是数据精度高，更新内容全面，数据采集时间也比常规测量方法大大缩短，但野外工作量较大，用于大规模全面更新数据库，更新周期还是较长，所需费用也较高。该方法可用于部分要素的更新。

随着 GPS 接收机价格的降低和精度的提高，多波段、高分辨率遥感影像应用的普及，利用 GPS、RS 实时动态更新空间信息数据库将会逐步成为可能。

二、数据库更新的一般技术流程

一般数据库更新的技术流程应包括以下几部分，如图 4-7 所示。

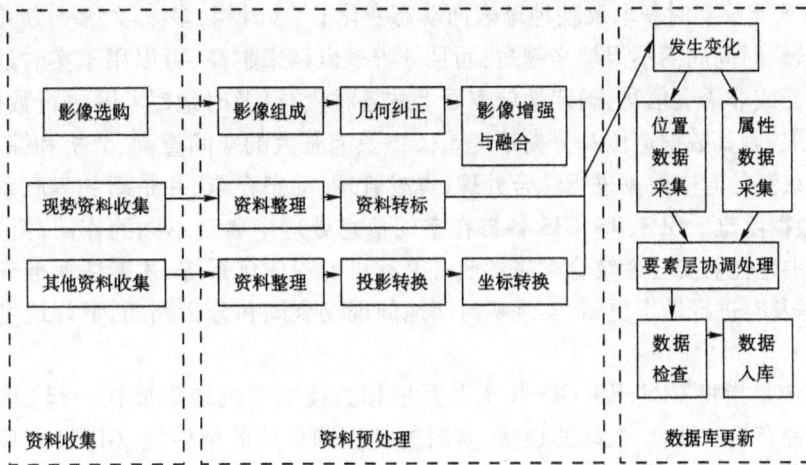

图 4-7　数据库更新主要技术流程图

1. 资料收集

需要收集的资料包括遥感影像的选择和购买、现势资料、各种测量数据和大比例尺地形图、其他相关资料和数据。主要目的是为数据库更新提供尽可能多的、最新的、质量优良的数据信息。

2. 资料预处理

资料预处理包括遥感影像的彩色合成、几何纠正、影像增强和融合、现势资料的整理和转换、坐标转换、投影转换及其他数据和资料的整理等。目的是为数据库更新做一些前期技术准备。

3. 数据库更新

数据库更新包括数据比较发现变化、变化要素空间位置数据采集、变化要素属性数据采集、各要素层协调处理、更新数据检查、更新数据入库和更新后的数据发布等。

第五节　GPS、RS 与 GIS 的数据一体化

空间数据是地理信息系统空间数据库建立的基础，空间栅格数据主要通过扫描仪、摄像

机、航空遥感和由矢量数据转换成栅格数据来获得;空间矢量数据主要通过数字化仪、航测数据采集、全球定位系统 GPS 和由栅格数据转换成矢量数据来获取。对于交通地理信息系统(GIS - T),交通信息又分为静态交通信息和动态交通信息。随着电子技术、多媒体信息处理技术及通信技术等的发展,数字图像信息采集、处理、传输及理解技术的不断成熟和实用化,静态交通信息的采集与更新以 RS、DPS、GPS 和 GIS 等技术的集成为主,动态交通信息的采集将以图像采集手段为主,其他采集手段为辅的方式。由于地理数据的多时空性、多尺度、获取手段的多样性、存储格式的多样化以及数据的多语义性产生"多元数据",对它们进行集成、融合和挖掘已成为当前 GIS 数据处理的重要任务。近年来,随着空间信息技术的发展和成熟,国际上"3S"技术的一体化(或集成化)和智能化研究与应用已成为空间信息技术的发展方向。

一、GPS、RS 与 GIS 的集成

全球定位系统 GPS 作为一种全新的现代定位方法主要用于实时、快速地提供目标的空间位置;遥感 RS 能够实时获取反映地球表面动态变化的、多时相、多波段、多分辨率的对地观测数据,数据获取时间周期不但越来越短,而且分辨率也越来越高,可以用于实时地提供目标及其环境的语义或非语义信息,确定地球表面上的各种变化,及时地对 GIS 进行数据更新,但受光谱波段的限制,其数据定位及分类精度差;GIS 具有强大的空间查询、分析和综合处理能力,可以对多种来源的时空数据进行综合处理、集成管理、动态存取,并是新的集成系统的基础平台,但获取数据困难。GPS、RS、GIS 各自在空间信息处理中表现不同的作用,但又互相联系,在实际应用中往往需要三者结合起来形成一个有机的一体化系统,才能快速准确地获取定位信息,对数据及时进行动态更新,实现实时实地的现场查询和分析判断,更好地发挥各自特有的功能。

"3S"集成是指将 GPS、RS、GIS 技术及其他相关技术有机地集成在一起。集成(Integration)是指一种有机的结合、在线的连接、实时的处理和系统的整体性,GPS、RS、GIS 集成的方式可以在不同技术水平上实现。

二、GPS、RS 与 GIS 的集成模式

实际应用中可能用到如下 3S 技术集成模式。

1. GPS 与 GIS 的集成

通过 GIS 系统,GPS 的定位信息在电子地图上可获得实时的、准确的反映和漫游查询,将 GPS 接收机与电子地图相配合,可组成各种电子导航监控系统,用于智能交通(ITS)、公安侦破、银行和车船自动驾驶。GPS 可为 GIS 及时采集、更新或修正数据。输入电子地图或数据库后,可对原有的专题图进行修正,核实或形成新的专题图件。GPS 与 GIS 的集成模式主要有如下三种。

(1)GPS 单机定位 + 栅格式电子地图。该系统能实时显示移动物体(如车、船、飞机)的位置,从而实现辅助导航。系统优点是价格便宜,不需要实时通信;缺点是精度和自动化程度都比较低。

(2)GPS 单机定位 + 矢量电子地图。该系统能自动计算和显示最佳路线,并可用多媒体方式向驾驶员提示。但矢量地图数据库的建立需要花费较大成本,GPS 测定误差可设法补偿和改正,从而提高精度。

(3)GPS 差分定位 + 矢量/栅格电子地图。该系统采用 GPS 差分技术,可使定位精度达到

1～3m,系统需要单向或双向的通信联系,用于交通指挥、导航、监测等。

2. RS 与 GIS 的集成

遥感作为获取和更新空间数据的有力手段,是 GIS 重要的数据源和数据更新的手段。遥感信息可编制成各种专题图件,用数字化仪或扫描仪把所需信息输入到地理信息系统数据库,从而实现数据库的更新。

GIS 为 RS 提供空间数据管理和分析技术,解决遥感信息"同物异谱"或"异物同谱"等现象,遥感图像处理系统与地理信息系统相互结合,形成一个完整的体系能大大提高野外的调查精度。RS 与 GIS 可能的结合方式包括:分开但是平行的结合(不同的用户界面,不同的工具库和不同的数据库),表面无缝的结合(同一用户界面,不同的工具库和不同的数据库)和整体集成(同一个用户界面,工具库和数据库)。

3. RS 与 GPS 的集成

GPS 的精确定位功能弥补了 RS 的不足,能将 RS 获取的数据实时、快速地进入 GIS 系统,并保证 RS 数据及地面同步监测数据获取的动态配准,动态进入 GIS 数据库。同时,利用 RS 数据还可进行 GPS 定位遥感信息查询。

4. GPS、RS 与 GIS 的整体集成

GPS、RS 和 GIS 技术的整体集成是人们所追求的目标,这种系统,不仅具有自动、实时地采集、处理和更新数据的功能,而且能够智能式地分析和运用数据,为各种应用提供科学的决策咨询,并回答用户可能提出的各种复杂问题。

第五章　空间信息的查询与分析

空间分析是对分析空间数据有关技术的统称。根据作用的数据性质不同,可以分为:

(1)基于空间图形数据的分析运算;

(2)基于非空间属性的数据运算;

(3)空间和非空间数据的联合运算。

空间分析赖以进行的基础是地理空间数据库,其运用的手段包括各种几何的逻辑运算、数理统计分析,代数运算等数学手段,最终的目的是解决人们所涉及地理空间的实际问题,提取和传输地理空间信息,以辅助决策。

第一节　空间关系的基本概念

在地理信息系统中集中存储了以下的内容:

·空间分布位置信息

·属性信息

·拓扑空间关系信息。

由此可见,空间位置、关系与度量的描述在 GIS 中起着举足轻重的作用。

地理要素之间的空间区位关系可抽象为点、线(或弧)、多边形(区域)之间的空间几何关系,其关系如图5-1 示。

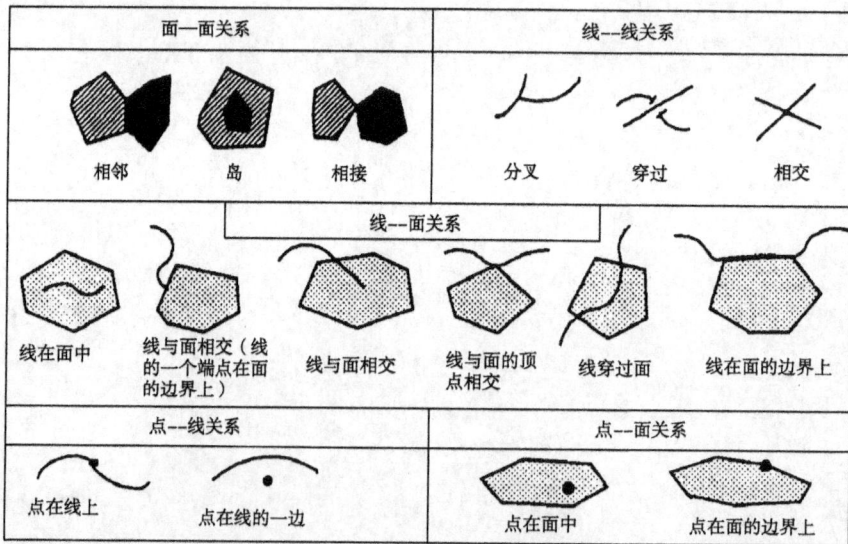

图5-1　地理要素之间的部分拓扑空间关系

1.点—点关系

(1)相合。

114

（2）分离。

（3）一点为其他诸点的几何中心。

（4）一点为其他诸点的地理重心。

2. 点—线关系

（1）点在线上：可以计算点的性质，如拐点等。

（2）线的端点：起点和终点。

（3）线的交点。

（4）点与线分离：可计算点到线的距离。

3. 点—面关系

（1）点在区域内，可以记数和统计。

（2）点为区域的几何中心。

（3）点为区域的地理重心。

（4）点在区域的边界上。

（5）点在区域外部。

4. 线—线关系

（1）重合。

（2）相接：首尾环接或顺序相接。

（3）相交。

（4）相切。

（5）并行。

5. 线—面关系

（1）区域包含线：可计算区域内线的密度。

（2）线穿过区域。

（3）线环绕区域：对于区域边界，可以搜索其左右区域名称。

（4）线与区域分离。

6. 面—面关系

（1）包含：如岛的情形。

（2）重合。

（3）相交：可以划分子区，并计算逻辑与、或、非和异或。

（4）相邻：计算相邻边界的性质和长度。

（5）分离：计算距离、引力等。

近年来，空间关系的理论与应用研究在国内外都非常多。它为地理信息系统数据库的有效建立、空间查询、空间分析、辅助决策等提供了最基本的关系。

空间关系包含三种基本类型，即拓扑关系、方向关系、度量关系。

拓扑一词来自于希腊文，意思是"形状的研究"。拓扑学是几何学的一个分支，它研究在拓扑变换下能够保持不变的几何属性——拓扑属性。为了得到一些拓扑的感性认识，假设欧氏平面是一张高质量无边界的橡皮，该橡皮能够伸长和缩短到任何理想的程度。想象一下基于这张橡皮所绘制的图形，允许这张纸伸长但是不能撕破或者重叠，这样原来图形的一些属性将保留，而有些属性将会失去。例如，在橡皮表面有一个多边形，多边形内部有一个点。无论对橡皮进行压缩或拉伸，点依然存在于多边形内部，点和多边形之间的空间位置关系不改变，而多边形的面积则会发生变化。前者则是空间的拓扑属性,后者则不是拓扑属性。表5-1列出了包含在欧氏平面中的对象的拓扑和非拓扑属性。

欧氏平面上实体对象所具有的拓扑和非拓扑属性

表5-1

拓扑属性	一个点在一个弧段的端点
	一个弧段是一个简单弧段(弧段自身不相交)
	一个点在一个区域的边界上
	一个点在一个区域的内部
	一个点在一个区域的外部
	一个点在一个环的内部
	一个面是一个简单面(面上没有"岛")
	一个面的连续性(给定面上任意两点,从一点可以完全在面的内部沿任意路径走向另一点)
非拓扑属性	两点之间的距离
	一个点指向另一个点的方向
	弧段的长度
	一个区域的周长
	一个区域的面积

从表中可以看出,拓扑属性描述了两个对象之间的关系,因此又称为拓扑关系(Topological Relation)。

方向关系又称为方位关系、延伸关系,它定义了地物对象之间的方位,如"江西省在广东省北部"就描述了方向关系。

基本空间对象度量关系包含点/点、点/线、点/面、线/线、线/面、面/面之间的距离。在基本目标之间关系的基础上,可构造出点群、线群、面群之间的度量关系。例如,在已知点/线拓扑关系与点/点度量关系的基础上,可求出点/点间的最短路径、最优路径、服务范围等;已知点、线、面度量关系,进行距离量算、邻近分析、聚类分析、缓冲区分析等。

第二节 空间信息分析的基本方法

一、空间信息量化

地理事物或现象是现实世界的客观存在,而计算机所处理的对象最好是数字。也就是说,地理信息系统所描述和处理的数据集是现实世界信息的模型。由于现实世界中地理要素或现象的空间分布是连续的任意形态,只有在空间离散化的基础上,化无限为有限才能对其进行描述;而其地理属性,既可能是定量的也可能是定性的,需对其进行编码描述。因此,地理信息系统表达现实世界的信息传输过程实质是一个数量化的过程。

空间离散化有两类形式:栅格化和矢量化。如某地理区域内有森林、河流、房屋等地理要素,可分别用栅格化和矢量化的形式来离散地理空间和描述空间实体,相应得到两种不同结构类型的空间数据,即栅格数据与矢量数据。

栅格数据是在空间格网离散化后,用栅格或格网中一个或一组点来构成地理要素的形态,而相应的栅格点被赋予对应地理实体的属性代码值。这里,不同的地理要素,如森林、河流、房屋等相应地被赋予不同的代码值"P","R","H"等。即在栅格格式中,空间被规则地分为一个个小块(通常为正方形,称为格网单元或像元)。地理实体由占据小块的横排与竖列的位置

116

决定,空间单位就是这些小块,小块的位置则由其横排竖列的数码决定。栅格编码后的全图是规则的阵列,其数学实质就是矩阵。

矢量结构数据对空间的描述则是将空间实体从形态上抽象为点、线、面三种基本图形,以一对 x,y 坐标记录点实体的位置;对连续的线需先将其离散为系列有序点,再利用一组点坐标及它们的连接方式来记录描述;对于面状区域则是通过对边界线的定义来进行的。也就是说,矢量结构的空间离散方法实质上是将面(区域)化为边界线,线化为系列点,最终是以离散点坐标及连接方式来定义空间位置与形态。

两种表示方法的主要差别如下。

(1)矢量表示法用于存储地理要素的数据量较小,即需要的存储空间少。

(2)矢量表示法比栅格表示法要精细得多。栅格法要达到矢量法相同的分辨率,网格单元要非常小才行,这势必大大增加数据量。

(3)矢量法中的数据搜索能沿着一定的方向进行。栅格法则能方便地对数据进行修改编辑,因为栅格数据修改只包括清除某些旧值和输入新值两个步骤。而矢量数据的修改除改变坐标值外,往往还需要重建拓扑关系。

属性数据和图形数据是地理信息系统数据库中紧密联系的两部分内容。属性数据的内容有时直接记录在栅格或矢量图形数据文件中,但多数情况下单独以关系数据结构存储为属性文件,通过关键码与图形数据相联系。属性数据包括名称、等级、数值、代码等多种内容,属性数据编码即将各种属性数据变为可被计算机接受的数值或字符形式,以便地理信息系统存储管理。

属性数据赋值一般要考虑以下三点。

(1)标识部分。用来标识属性数据的序号,可以是简单的连续编号,也可划分不同层次进行顺序编码。

(2)分类部分。用来标识属性的地理特征,可采用多位代码反映多种特征。

(3)控制部分。用来通过一定的查错算法,检查在编码、录入和传输中的错误,在属性数据量较大情况下具有重要意义。

二、空间信息分类

地理信息是地面上一切与地理空间分布有关的各种要素的图形信息、属性信息以及相互空间关系信息的总称。所谓要素是指存在于交通地理空间范围内的真实世界的具有共同特性和关系的一组现象或一个确定的实体及其目标的表示。

图形信息是以数字形式表示的存在于地理空间实体的位置和形状,按其几何特征可以抽象地分为点、线、面和体四种类型。

属性信息是指目标或实体的特定的质量或数量特征。赋给每个目标或实体的这种质量或数量称之为属性值。

空间关系是指各个实体或目标之间在空间上相互联系和相互制约的关系,包括位置关系、几何关系、拓扑关系、逻辑关系等。

这里主要阐述交通地理信息的内容,并按一定的规则对其进行分类和编码,以便对交通地理信息进行有效地存储、管理和检索。

1. 交通地理信息分类编码的意义

1) 交通地理信息的内容和特性

交通地理信息的内容十分广泛,大体上可以分为两类。

(1)基础信息。这类信息是交通最基本的地理信息,包括各种平面和高程测量控制点、建筑物、道路、水系、境界、地形、植被、地名以及某些属性信息等,用于表示地面的基本面貌,并作为各种专题信息空间定位的载体。交通地理信息系统的基础信息具有统一性、精确性和基础性的特点。统一性是指就一个交通地理信息系统而言,基础信息由主管部门集中统一采集,建立数据库,提供使用。交通地理信息系统各个专题信息子系统应当采用统一的基础信息作为空间定位基础,以实现系统间信息共享和交换。精确性是指基础信息数据的精度要能满足交通用户的需求,无论其平面位置精度还是高程精度均应符合行业精度规定。基础性是指基础信息是交通地理信息系统的各种专题数据库最基本的内容,基础信息数据库是交通地理信息系统的基础设施,应当优先于其他专题信息进行建设。

(2)专题信息。这类信息是指各种专业性的交通地理信息,包括城市规划、土地管理、交通、综合管网、房产、地籍和环境保护等,用于表示某一专业领域要素的地理空间分布及其规律。交通地理信息系统的专题信息具有专业性、统计性和空间性的特点。专业性是相对于基础信息的统一性而言的,即专题信息无论是内容还是应用范围,都有一定的特殊性。统计性是指专题信息大多采用统计的方法进行采集和记录,且许多专题信息已经建成了统计型的数据库。空间性是指各种专题信息都是在地理空间分布的,与空间位置有一定的关联,它们可以借助于基础信息确定其空间位置,进行空间分析,并在此基础上进一步确定不同专题信息之间相互联系和相互制约的空间关系。

此外,基础信息和专题信息都具有时效性特点。无论何种交通地理信息都只反映某一特定时间的交通地理现象,随着时间的推移,这些信息将会逐渐失去其现势性。尤其是当前我国城市社会经济建设迅猛发展,城市面貌日新月异,交通地理信息的时效性更加显著,需要对它们进行长期的维护和及时的更新。

2)交通地理信息分类编码的重要性

交通地理信息种类繁多,内容丰富,涉及诸多领域,如何将它们有机地进行组织,有效地进行存储、管理和检索应用,是一件十分重要的工作,它直接影响数据库乃至整个交通地理信息系统的应用效率。只有将交通地理信息按一定的规律进行分类和编码,使其有序地存入计算机,才能对它们进行按类别存储,按类别和代码进行检索,以满足各种应用分析需求。否则,这些信息进入数据库后,将会成为一堆杂乱无章的数据,或者无法查找,或者检索出的数据与需求不一致,甚至可能使数据库完全失去使用价值。因此,交通地理信息分类与编码是一项十分重要的基础工作。

2. 交通地理信息的分类和编码

1)交通地理信息分类和编码原则

(1)科学性。交通地理信息的分类应以适合现代计算机、地理信息系统和数据库技术对数据进行处理、管理和应用为目标,根据交通地理信息特征进行严密的科学分类。

(2)系统性。交通地理信息分类应按合理的顺序排列,形成系统的、有机的整体,各类目既反映相互间的区别,又反映彼此间的联系。

(3)稳定性。交通地理信息分类应以我国使用多年的基础信息和各种专题信息常规分类为基础。以各要素最稳定属性或特征为依据制定出的分类方案以及与之相对应的编码方案,应在较长时间里不发生重大变更。代码数值必须稳定,一旦确定就不再变更。

(4)不受比例尺限制。鉴于目前交通地理信息系统空间数据库一般仍然要按比例尺建成几级,交通地理信息特别是基础信息的分类和代码应当包容各级比例尺数据库所涉及的全部要素。在不同比例尺数据库中,分类的详尽程度可以有差异,但应形成上下层间的隶属关系,同一要素具有一致的分类和代码,以达到分类与编码的一致性,从而大大简化城市各部门间、各系统间交换交通地理信息工作。然而这一原则并不否定不同比例尺数据库间存储交通地理信息详尽程度和精度的差异。

(5)兼容性。在进行交通地理信息分类和编码时,凡已经颁布实施的有关国家标准均应直接引用,还应充分引用有关行业标准及各城市颁布实施的有关地方标准,参考正在研究和制定的国家、行业及地方相关标准的成果,求得最大限度地兼容和协调一致。

(6)完整性和可扩展性。交通地理信息的分类体系在总体上应具有很大的概括性和包容性,能容纳交通地理信息系统各专业领域现有的和将来可能产生的所有信息。分类既反映要素的属性,又反映要素间的相互关系,具有完整性。设计代码结构和进行具体编码时应留有适当的余地和给出扩充办法,以便在必要时扩充新类别的代码,且不影响已有的分类和代码。

(7)适用性。交通地理信息的分类和编码方案要便于使用,分类名称应尽量沿用各专业习惯名称,才不会发生概念混淆和二义性。代码应尽可能简短和便于记忆。

(8)灵活性。鉴于国内一些城市在其已建或正在建设的系统中采用了各自的分类和编码方案,并考虑到实际操作上的方便,可不必强求各个交通地理信息系统内部一律采用标准分类与代码。但当与其他系统交换数据时,应转换成标准规定的分类与代码。对新设计开发的交通地理信息系统建议采用标准方案。

除上述这些原则外,随着国际交往的增多,交通地理信息的分类与编码还应考虑国际信息交流的需求,尽量与国际相关标准接轨。

2)交通地理信息分类与编码的任务和方法

交通地理信息分类编码标准化是实现对各种交通地理信息进行有效管理和使用的保障。信息分类编码标准化包含信息分类与编码两个阶段。

信息分类是将具有不同属性或特征的信息区别开来的过程,是编码的基础。分类方法一般有两种,即线分类法与面分类法。线分类法是一种层级分类法,将数据逐次分成有层级的类目,类目间构成并列和隶属关系,形成串、并联结合的树形结构。面分类法是根据分类对象各自的特征,分成互不相关的面,相互间没有从属关系,不同面不互相交叉、重复,且顺序固定。

信息编码是将信息分类的结果用一种易于被计算机和人识别的符号体系表示出来的过程,是人们统一认识、统一观点、相互交换信息的一种技术手段。编码的直接产物是代码,即表示特定信息的一个或一组有序排列的符号,是计算机鉴别和查找信息的主要依据和手段。代码一般由数字、字符、数字字符混合构成,具有唯一性,并有分类和排序的功能。在设计时,若采用某些专用字符或对某些字符或数字作出一些特殊规定,则代码又具有某种特定的含义。

交通地理信息的图形信息和属性信息均应进行科学的分类和编码。图形信息分类一般采用线分类法,分类结果是形成树形结构的分类目录,其代码大体可以分为两种。

一种是分类码。它是直接利用信息分类的结果,根据交通地理信息分类体系设计出基础信息和各种专题信息的分类代码,简称分类码,用以标记不同类别信息的数据,根据它可以将数据按类别存储进数据库,或从数据库中按类别查询检索数据。例如,基础信息的境界分类编码(表5-2)。

代 码	类 目 名 称	代 码	类 目 名 称
7000	境界	7160	乡镇、国营农、林、牧场界
7100	行政区划界	7170	村界
7110	国界	7180	特别行政区界
7120	未定国界	7200	其他界线
7130	省、自治区、直辖市界	7210	特种地区界
7140	自治州、地区、盟、地级市界	7220	自然保护区界
7150	县、自治县、旗、县级市界		

另一种是标识码(也称识别码),它是间接利用信息分类结果,即在分类的基础上,对某些类别的数据分别设计出其全部或主要实体的识别代码,简称标识码,用以对某一类数据中某个实体,如一幢建筑物、一条道路、一个路口、一条河流、一段行政单元界线进行标识,以便能按实体进行存储和逐个地进行查询检索,从而弥补利用分类码不能按实体进行个体分离的缺陷。例如表5-3列出某市编制的城区部分道路标识码。

城区道路代码(部分) 表 5-3

代 码	道 路 名 称	代 码	道 路 名 称
L5511	大佛寺东街	F0221	东安门大街
L5712	大华路	L5211	东板桥街
L0631	灯市口大街	A0041	东长安街
L0621	灯市口西街	L0711	东厂胡同
A0231	地安门东大街	A5351	东单北大街

对交通地理信息系统而言,最好同时采用分类码和标识码这两种代码,以增强数据库的存储能力,从而满足各种用户多种查询检索方式的需要。

交通地理信息的属性信息分类一般采用面分类法,分类结果是形成的每一个面是一个属性项。属性项值可以是数值、名称,也可以是代码,例如给水管线数据的属性分类(表5-4)。

给水管线数据的属性分类 表 5-4

序 号	属 性 名 称	类 型	宽度(字节)	单 位
1	管线编号	C	8	
2	管线名称	C	7	
3	所在道路编号	C	5	
4	管线类型	C	5	
5	管径	N	6	mm
6	管长	N	5,2	m
7	管材	C	10	
8	埋深	N	2,2	m
9	坡度	N	1,3	
10	高程	N	3,2	m
11	压力	C	4	

序　号	属性名称	类　　型	宽度(字节)	单　位
12	设计流量	N	2,2	m³/s
13	现状流量	N	2,2	m³/s
14	用途	C	4	
15	埋设日期	C	8	
16	竣工图编号	C	7	
17	供配水系统名称	C	6	

另一个例子是桥梁数据的属性分类(表5-5)。

桥梁数据的属性分类　　　　　　　　　　表5-5

序　号	属性名称	代　码	类　型	宽度(字节)	单　位
1	桥梁代码	C0100001	C	15	
2	里程桩号	C0100102	N	10,5	km
3	跨越类型	C0100003	C	1	
4	跨越地物名称	C0100004	C	20	
5	桥梁跨径分类	C0100005	C	1	
6	主桥孔数	C0100106	N	2	孔
7	主桥主跨	C0100107	N	6,2	m
8	主桥边跨	C0100108	N	6,2	m
9	主桥长	C0100109	N	7,2	m
10	前引桥长	C0100110	N	6,2	m
11	后引桥长	C0100111	N	6,2	m
12	垂直净空	C0100112	N	5,2	m
13	上部构造	C0100013	C	2	
14	下部构造	C0100014	C	2	
15	设计负载等级	C0100015	C	1	
16	弯坡斜特征	C0100016	C	1	
17	竣工日期	C0100017	C	8	
18	养护单位代码	C0100018	C	10	
19	技术状况评定	C0100019	C	1	

鉴于交通地理信息的内容十分广泛和复杂,需要建立交通地理信息的分类体系和指标体系,以便控制各类信息的进一步分类、编码和使用。

将交通地理信息包含的图形信息按其最主要的专业特征,划分出最高一级类型,构成分类体系表,这是一项十分复杂的工作,既有技术上的难度,又有部门间的协调问题,很难在短时间内完成,但这项工作对建立一个完善的交通地理信息系统来说却是十分重要的。

交通地理信息属性数据除要进行分类外,每类属性信息的值还要规定分级指标,或直接使用数值、名称等。分级指标应尽可能使用现已发布的国家标准、行业标准或地方标准。

交通地理信息指标体系主要是指在属性信息分类和属性值分级指标的基础上所形成的统一的、标准化的属性信息指标体系。在实际建立交通地理信息系统时,根据特定的应用目标,选择能反映实体主要特征的属性项及其属性值的分级指标。这方面目前已有很多已完成的国家标准、行业标准或地方标准可以引用。然而,尚未构成指标体系的有待于今后进一步完善。

3)交通地理信息的分类码

基于交通地理信息分类表,将各门类信息进一步分类和编码,形成分类码。按线分类法,将交通地理信息的图形信息逐层细分为大、中、小类。上一层是下一层的母类,同位类之间形成并列关系。它们之间的逻辑关系和规则为:下位类的总范围与上位类范围相等。一个上位类划分为若干下位类时,应采用同一基准。同位类目之间不能相互交叉重叠,并对应同一个上位类。分类要依次进行,不能有空层或加层。

分类码一般由数字、字符或数字字符混合构成。分类码应保证能够区分不同类别的交通地理信息,在一定范围内唯一,尽可能简短,一般为 4~6 个字符(或数字)。代码的一般结构为:

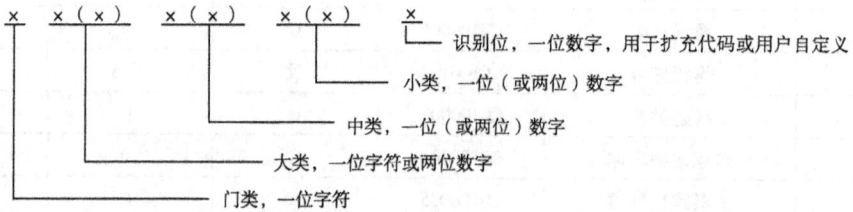

在系统内部的各个数据库中,门类代码可省略不用。识别位一般为"0",也可以不用,在扩充代码或用户定义后才有意义。

各门类的分类与代码标准应分别制定。本书中示例的分类与代码表,有些引自国家标准或行业标准,有些属建议性方案,仅供参考。

交通地理信息分类码主要用于对数据进行存储、管理、检索和交换。

在设计和建立交通地理信息系统数据库时,将数据类型作为基本存储单元,一类或几类相关的数据构成一个数据层,从而利用分类码实现对数据的有效组织和存储。在采集数据时,利用分类码作为用户标识码(即 ID)输入数据。

在维护管理数据库时,分类码可以用于检查数据的精度和完整性,对数据层进行调整或重新组织。对数据进行修改补充和更新时,也需要利用分类码。

在交通地理信息系统的应用中,分类码是使用最为频繁、最重要的检索因子;通过它可以按类检索数据,提取所需的信息,进行分析、运算或进行其他处理;利用它可以对数据进行取舍。通过分类码与符号库的连接,可以显示或输出符号化的地图。在信息服务和数据共享时,往往借助于分类码向用户提供所需的数据,不同系统间交换数据时,分类码也是最重要的数据标记,是实现系统间数据共享的重要基础。

分类码在交通地理信息系统中的应用是多方面的,应当十分重视分类码的标准化。

4)交通地理信息的标识码

交通地理信息的标识码亦称识别码,是对各类要素的实体逐个进行标识的代码。行政区划代码、道路编号、河流名称代码等均属于标识码一类,此外它还可能包括:街区(坊)、主要建筑物、政府机关、企事业单位、路段、路口、湖泊、桥梁、地块、市政管线、旅游景点、娱乐场所、体育场所、公园等。就某一个交通地理信息系统而言,应根据具体情况和用户需求,确定标识码的内容。

122

交通地理信息标识码编码原则与分类码编码原则基本一致。但应注意,标识码要保证在全系统范围内唯一,且与要素实体一一对应,不允许出现多个标识码对应同一地理要素实体,或不同地理要素实体对应一个标识码的情况出现。

下面以国家标准《城市地理要素——城市道路、道路交叉口、街坊、市政工程管线编码结构规则》(GB/T 14395—93)为例,介绍标识码的结构。该标准规定了城市道路、路口、街坊和市政管线等要素标识码结构规则,这几类标识码由定位分区和各要素实体代码两个主要码段构成,即:

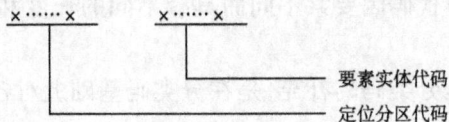

其中:

(1)应根据各个地方平面图形结构特点和习惯用法,将范围划分为若干基本(区域)单元,即定位分区。每个分区给定一个唯一的代码,称为定位分区代码。该码段一般采用 3~4 位字符数字混合码。

(2)对于不同要素实体,根据它们各自的数量,质量和分布特征,采用若干位字符数字混合码作为要素实体代码。这一码段在每个定位分区范围内应当保持唯一。例如,城市道路路名和路段实体的代码可以由下列结构组成:

①道路实体代码:

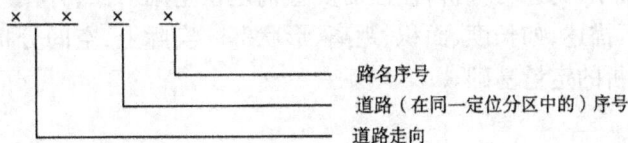

②路段实体代码:

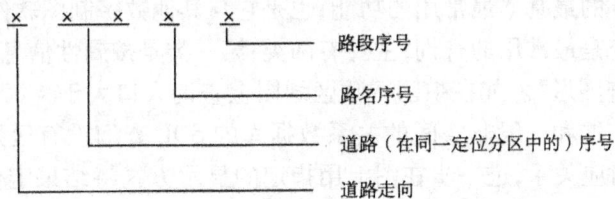

实质上,路段实体代码为:

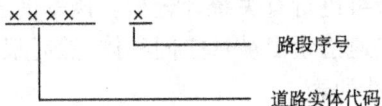

上述例子的标识码分别为:

①道路标识码:

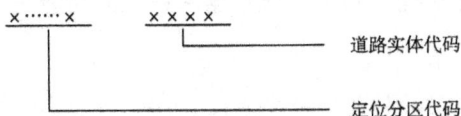

123

②路段标识码

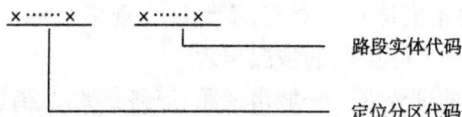

由此可见,上述几类交通地理要素标识码是基于定位分区编制的,定位分区代码必须在全系统范围内唯一。要素实体代码因要素不同而具有不同的长度和结构,这一码段必须在各个定位分区内唯一。

交通地理信息标识码是分类码的补充,是在分类码基础上对各同类要素的进一步细分,用于对每个要素实体的标识。

鉴于各类要素实体一般都数量巨大,因此在设计和建立交通地理信息系统时,只编制主要要素实体的标识码,用于对这些实体的存储、管理、检索和应用,从而实现在系统所管理的全范围内迅速方便地查找到一个特定的要素实体,如一条道路或路段、一个交叉路口、一幢建筑物、一条管线、一个地块、一个宾馆饭店、一所医院、一个学校等,大大增加交通地理信息系统的应用能力。

第三节　空间信息的查询与量算

在地理信息系统中,为进行分析,往往需要查询定位空间对象,并用一些简单的量测值对地理分布或现象进行描述,如长度、面积、距离、形状等。实际上,空间分析首先始于空间查询和量算,它是空间分析的定量基础。

一、空间查询

空间查询是 GIS 的最基本最常用的功能,也是它与其他数字制图软件相区别的主要特征。

图形与属性互查是最常用的查询,主要有两类:第一类是按属性信息的要求来查询定位空间位置,称为"属性查图形"。如在中国行政区划图上查询人口大于 4 000 万且城市人口大于 1 000 万的省有哪些,这和一般非空间的关系数据库的 SQL 查询没有区别,查询到结果后,再利用图形和属性的对应关系,进一步在图上用指定的显示方式将结果定位绘出。第二类是根据对象的空间位置查询有关属性信息,称为"图形查属性"。如一般地理信息系统软件都提供一个"INFO"工具,让用户利用光标,用点选、画线、矩形、圆、不规则多边形等工具选中地物,并显示出所查询对象的属性列表,可进行有关统计分析。该查询通常分为两步,首先借助空间索引,在地理信息系统数据库中快速检索出被选空间实体,然后根据空间实体与属性的连接关系即可得到所查询空间实体的属性列表。

在大多数 GIS 中,提供的空间查询方式有如下几种。

1. 基于空间关系查询

空间实体间存在着多种空间关系,包括拓扑、顺序、距离、方位等关系。通过空间关系查询和定位空间实体是地理信息系统不同于一般数据库系统的功能之一。如查询满足下列条件的城市:

· 在京沪线的东部;
· 距离京沪线不超过 50km;

124

- 城市人口大于 100 万；
- 城市选择区域是特定的多边形。

整个查询计算涉及了空间顺序方位关系(京沪线东部)，空间距离关系(距离京沪线不超过 50km)，空间拓扑关系(使选择区域是特定的多边形)，甚至还有属性信息查询(城市人口大于 100 万)。

简单的面、线、点相互关系的查询包括：

- 面面查询，如与某个多边形相邻的多边形有哪些；
- 面线查询，如某个多边形的边界有哪些线；
- 面点查询，如某个多边形内有哪些点状地物；
- 线面查询，如某条线经过(穿过)的多边形有哪些，某条链的左、右多边形是哪些；
- 线线查询，如与某条河流相连的支流有哪些，某条道路跨过哪些河流；
- 线点查询，如某条道路上有哪些桥梁，某条输电线上有哪些变电站；
- 点面查询，如某个点落在哪个多边形内；
- 点线查询，如某个节点由哪些线相交而成。

2. 基于空间关系和属性特征查询

传统的关系数据库的标准 SQL 并不能处理空间查询，这是由于关系数据库技术的弱点造成的，对于 GIS 而言，需要对 SQL 进行扩展。对于传统的 SQL，要实现空间操作，需要将 SQL 命令嵌入一种编程语言中，如 C 语言；而新的 SQL 允许用户定义自己的操作，并嵌入到 SQL 命令中。

3. 地址匹配查询

根据街道的地址来查询事物的空间位置和属性信息是地理信息系统特有的一种查询功能，这种查询利用地理编码，输入街道的门牌号码，就可知道大致的位置和所在的街区。它对空间分布的社会、经济调查和统计很有帮助，只要在调查表中添了地址，地理信息系统可以自动地从空间位置的角度来统计分析各种经济社会调查资料。另外这种查询也经常用于公用事业管理，事故分析等方面，如邮政、通信、供水、供电、治安、消防、医疗等领域。

有些系统则按下面方法细化空间查询。

1)几何参数查询

一般的 GIS 软件都提供了查询空间对象几何参数的功能。包括点的位置坐标，两点间的距离，一个或一段线目标的长度，一个面状目标的周长或面积等。

2)空间定位查询

空间定位查询是指给定一个点或一个几何图形，检索出该图形范围内的空间对象以及相应的属性。

(1)按点查询

给定一个鼠标点位，检索出离它最近的空间对象，并显示它的属性，回答它是什么，它的属性是什么。

(2)按矩形查询

给定一个矩形窗口，查询出该窗口内某一类地物的所有对象。如果需要，显示出每个对象的属性表。在这种查询中往往需要考虑检索是包含在该窗口内的地物，还是只要该窗口涉及的地物无论是被包含的还是穿过的都被检索出来。这种检索过程比较复杂，它首先需要根据空间索引，检索到哪些空间对象可能位于该窗口内，然后根据点在矩形内、线在矩形内、多边形位于矩形内的判别计算,检索出所有落入检索窗口内的目标。

（3）按圆查询

给定一个圆或椭圆,检索出该圆或椭圆范围内的某个类或某一层的空间对象,其实现方法与按矩形查询类似。

3）按多边形查询

用鼠标给定一个多边形,或者在图上选定一个多边形对象,检索出位于该多边形内的某一类或某一层的空间地物,这一操作其工作原理与按矩形查询相似,但是它比前者要复杂得多,它涉及点在多边形内、线在多边形内,多边形在多边形内的判别计算,这一操作也非常有用,用户需要经常查询某一面状地物,特别是行政区所涉及的某类地物,例如查询通过广东省的主要公路。

4）空间关系查询

空间关系查询包括空间拓扑关系查询和缓冲区查询。空间关系查询有些是通过拓扑数据结构直接查询得到,有些是通过空间运算,特别是空间位置的关系运算得到。

（1）邻接查询

多边形邻接查询,如查询与面状地物 A 相邻的所有多边形。该问题可用拓扑查询执行。

第一步:从多边形与弧段关联的表中,检索出该多边形关联的所有弧段。

第二步:从弧段关联的左右多边形的表中,检索出这些弧段所关联的多边形。

第二类邻接查询是线与线的邻接查询,例如查询所有与主河流 A 关联的支流。这一问题也可通过拓扑关系表查询得以完成。

第一步:从线状地物表中查找出组成线状地物 A 的所有弧段及关联的节点。

第二步:从节点表中查找出与这些节点相关联的弧段(线状目标)即为与 A 关联的支流。

邻接关系查询还可能涉及一个节点关联的线状目标和面状目标等。

（2）包含关系查询

查询某一个面状地物所包含的某一类的空间对象,被包含的空间对象可能是点状地物、线状地物或面状地物。它实际上与前面所述的按多边形的定位查询相似,这种查询使用空间运算执行。

（3）穿越查询

往往需要查询某一条公路或一条河流穿越了哪些县、哪些乡,完成这一操作,即可使用穿越查询。

穿越查询一般采用空间运算方法执行。根据一个线状目标的空间坐标,计算出哪些面状地物或线状地物与它相交。

（4）落入查询

有时我们需要了解一个空间对象落在哪个空间对象之内,例如,查询一个一等测量钢标落在哪个乡镇的地域内,以便找到相应行政机关给予保护。执行这一操作采用空间运算即可,即使用点在多边形内,线在多边形内,或面在多边形内的判别方法。

5）缓冲区查询

缓冲区查询不对原有图形进行切割,只是根据用户需要给定一个点缓冲,线缓冲或面缓冲的距离,从而形成一个缓冲区的多边形,再根据前面所述的多边形检索的原理,检索出该缓冲区多边形内的空间地物。

6）SQL 查询

GIS 的一个主要功能特色之一就是能够根据图形查询到属性和根据属性条件查询到相应的图形。前面介绍的都是根据空间图形查询空间关系及相应的属性,这里是如何根据属性查找图形。

查找(find)是最简单的由属性查询图形的操作,它不需要构造复杂的 SQL 命令,仅要选择一个属性表,给定一个属性值。找出对应的属性记录和空间图形。这一步操作是先执行数据库查询语言,找到满足条件的数据库记录,得到它的目标标识,再通过目标标识在图形数据文件中找到对应的空间对象。

查找的另外一种方式是当屏幕上已显示一个属性表时,用户根据属性表的记录内容,用鼠标在表中任意点取某一个或某几个记录,图形界面即闪亮被选取的空间对象。

GIS 软件通常支持标准的 SQL 查询语言。常用 SQL 查询语言有:

Select　　　　　　　需显示的属性项
From　　　　　　　　属性表
Where　　　　　　　条件
or　　　　　　　　　条件
and　　　　　　　　条件

一般的 GIS 软件都设计了比较好的用户界面,交互式选择和输入上面 Select 语句有关的内容,代替键入完整的 Select 语句。在输入了 Select 语句有关的内容和条件以后,系统转化为标准的关系数据库 SQL,查询语言,由数据库管理系统执行,查询得到满足条件的空间对象。

二、空间量算

1. 几何量算

几何量算对不同的点、线、面地物有不同的含义。

· 点状地物(0 维):坐标。
· 线状地物(1 维):长度,曲率,方向。
· 面状地物(2 维):面积,周长,形状,曲率等。
· 体状地物(3 维):体积,表面积等。

一般的 GIS 软件都具有对点、线、面状地物的几何量算功能,或者是针对矢量数据结构,或者是针对栅格数据结构的空间数据。

1)线的长度计算

线状地物对象最基本的形态参数之一是长度。在矢量数据结构下,线表示为点对坐标(X,Y)或(X,Y,Z)的序列,在不考虑比例尺情况下,线长度的计算公式为:

$$L = \sum_{i=0}^{n-1} [(X_{i+1} - X_i)^2 + (Y_{i+1} - Y_i)^2 + (Z_{i+1} - Z_i)^2]^{1/2} = \sum_{i=1}^{n} l_i \tag{5-1}$$

对于复合线状地物对象,则需要在对诸分支曲线求长度后,再求其长度总和。

通过离散坐标点对串来表达线对象,选择反映曲线形状的选点方案非常重要,往往由于选点方案不同,会带来长度计算的不同精度问题。为提高计算精度,增加点的数目,会对数据获取、管理与分析带来额外的负担,折中的选点方案是在曲线的拐弯处加大点的数目,在平直段减少点数,以达到计算允许精度要求。

在栅格数据结构里,线状地物的长度就是累加地物骨架线通过的格网数目,骨架线通常采用 8 方向连接,当连接方向为对角线方向时,还要乘以$\sqrt{2}$。

2）面状地物的面积

面积是面状地物最基本的参数。在矢量结构下，面状地物以其轮廓边界弧段构成的多边形表示的。对于没有空洞的简单多边形，假设有 n 个顶点，其面积计算公式为：

$$S = \left| \frac{1}{2} \left(\sum_{i=1}^{n-2} (x_i y_{i+1} - x_{i+1} y_i) + (x_n y_1 - x_1 y_n) \right) \right| \quad (5\text{-}2)$$

所采用的是几何交叉处理方法，即沿多边形的每个顶点作垂直与 X 轴的垂线，然后计算每条边、它的两条垂线及这两条垂线所截得 X 轴部分所包围的面积，所求出的面积的代数和，即为多边形面积。对于有孔或内岛的多边形，可分别计算外多边形与内岛面积，其差值为原多边形面积。此方法亦适合于体积的计算。

对于栅格结构，多边形面积计算就是统计具有相同属性值的格网数目。但对计算破碎多边形的面积有些特殊，可能需要计算某一个特定多边形的面积，必须进行再分类，将每个多边形进行分割赋给单独的属性值，之后再进行统计。

2. 质心量算

质心是描述地理对象空间分布的一个重要指标。例如要得到一个全国的人口分布等值线图，而人口数据只能到县级，所以必须在每个县域里定义一个点作为质心，代表该县的数值，然后进行插值计算全国人口等值线。质心通常定义为一个多边形或面的几何中心，当多边形比较简单时，比如矩形，计算很容易。但当多边形形状复杂时，计算也更加复杂。

在某些情况下，质心描述的是分布中心，而不是绝对几何中心。同样以全国人口为例，当某个县绝大部分人口明显集中于一侧时，可以把质心放在分布中心上，这种质心称为平均中心或重心。如果考虑其他一些因素，可以赋予权重系数，称为加权平均中心。计算公式是：

$$X_G = \frac{\sum_i W_i X_i}{\sum_i W_i} \quad (5\text{-}3)$$

$$Y_G = \frac{\sum_i W_i Y_i}{\sum_i W_i} \quad (5\text{-}4)$$

式中：W_i——第 i 个离散目标物权重；

X_i，Y_i——第 i 个离散目标物的坐标。

质心量测经常用于宏观经济分析和市场区位选择，还可以跟踪某些地理分布的变化，如人口变迁，土地类型变化等。

3. 距离量算

"距离"是人们日常生活中经常涉及的概念，它描述了两个事物或实体之间的远近程度。最常用的距离概念是欧氏距离，无论是矢量结构，还是栅格结构都很容易实现。在 GIS 中，距离通常是两个地点之间的计算，但有时人们想知道一个地点到所有其他地点的距离，这时得到的距离是一个距离表面。如果一区域中所有的性质与方向无关，则称为各向同性区域。以旅行时间为例，如果从某一点出发，到另一点所耗费的时间只与两点之间的欧氏距离成正比，则从一固定点出发，旅行特定时间后所能达到的点必然组成一个等时圆。而现实生活中，旅行所耗费的时间不只与欧氏距离成正比，还与路况、运输工具性能等有关，从固定点出发，旅行特定时间后所能到达的点则在各个方向上是不同距离的，形成各向异性距离表面。

考虑到阻力影响，计算的距离称为耗费距离。物质在空间中移动总要花费一些代价，如资金、时间等。阻力越大耗费也越大。相应的通过耗费距离得到的距离表面称为阻力表面或耗费表面,其属性值代表耗费或阻力大小。可以根据阻力表面计算最小耗费距离。

对于描述点、线、面坐标的矢量结构,也有一系列的不同于欧氏距离的概念。欧氏距离通常用于计算两点的直线距离:

$$d = \sqrt{(X_i - X_j)^2 + (Y_i - Y_j)^2} \tag{5-5}$$

当有障碍或阻力存在时,两点之间的距离就不能用直线距离,计算非标准欧氏距离的一般公式为:

$$d = [(X_i - X_j)^k + (Y_i - Y_j)^k]^{1/k} \tag{5-6}$$

当 $k=2$ 时,就是欧氏距离计算公式。

第四节　常用空间分析

空间分析的方法很多且在不断发展中,这里仅对四类用得比较广泛的方法加以介绍:缓冲区分析、空间统计分析、叠加分析、网络分析。

一、缓冲区分析

邻近度(Proximity)描述了地理空间中两个地物距离相近的程度,其确定是空间分析的一个重要手段。交通沿线或河流沿线的地物有其独特的重要性。公共设施(商场,邮局,银行,医院,车站,学校等)的服务半径,大型水库建设引起的搬迁,铁路、公路以及航运河道对其所穿过区域经济发展的重要性等,均是一个邻近度问题。缓冲区分析是解决邻近度问题的空间分析工具之一。

所谓缓冲区就是地理空间目标的一种影响范围或服务范围。从数学的角度看,缓冲区分析的基本思想是给定一个空间对象或集合,确定它们的邻域,邻域的大小由邻域半径 R 决定。因此对象 O_i 的缓冲区定义为:

$$B_i = \{x: d(x, O_i) \leqslant R\}$$

即对象 O_i 的半径为 R 的缓冲区为距 O_i 的距离 d 小于 R 的全部点的集合。d 一般是最小欧氏距离,但也可是其他定义的距离。对于对象集合:

$$O = \{O_i: i = 1, 2, \cdots, n\}$$

其半径为 R 的缓冲区是各个对象缓冲区的并,即:

$$B = \bigcup_{i=1}^{n} B_i \tag{5-7}$$

缓冲区分析是对一组或一类地物按缓冲的距离条件,建立缓冲区多边形图,然后将这一个图层与需要进行缓冲区分析的图层进行叠置分析,得到所需要的结果。所以实际上缓冲区分析涉及两步操作,第一步是建立缓冲区图层,第二步是进行叠置分析(叠置分析在后面将讨论)。

1. 点缓冲区

选择一组点状地物,或一类点状地物或一层点状地物,根据给定的缓冲区距离,形成缓冲区多边形图层。

2. 线缓冲区

选择一类或一层的线状空间地物,按给定的缓冲距离,形成线缓冲区多边形。

3. 面缓冲区

选择一类或一层面状地物,按给定的缓冲区距离,形成缓冲区多边形,面缓冲区有外缓冲区和内缓冲区之分,外缓冲区仅在面状地物的外围形成缓冲区,内缓冲区则在面状地物的内侧形成缓冲区。当然也可以在面状地物的边界两侧均形成缓冲区。

4.缓冲区的建立

缓冲区的建立理论比较简单,建立点缓冲区仅是以点状地物为圆心,以缓冲区距离为半径绘圆即可,线状地物和面状地物的缓冲区的建立也是以线状地物或面状地物的边线为参考线,作它们的平行线,再考虑端点圆弧,即可建立缓冲区。但是在实际的处理中,要复杂得多。按照常规算法建立的缓冲区,缓冲区之间往往出现重叠,缓冲区可能彼此相交。

在建立缓冲区时,有时需要根据空间地物的特性不同,建立不同距离的缓冲区。例如,沿河流给出的环境敏感区的宽度应根据河流的类型而定,不同的工厂、飞机场和其他设施所产生的噪声污染,其影响的范围和在噪声源处的噪声级别并不一致;或者你可能只是想对选出的某些地物建立缓冲区,而不是对所有空间地物都建立缓冲区。这时可采用一个可变距离的缓冲区建立方法。

图 5-2a)和图 5-2b)为点对象、线对象、面对象及对象集合的缓冲区示例。

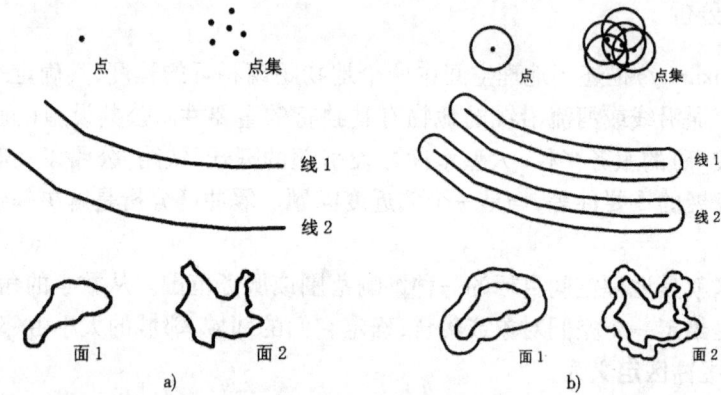

图 5-2 点对象、线对象、面对象及对象集合
a)缓冲前;b)缓冲后

另外还有一些特殊形态的缓冲区,如点对象有三角形,矩形和圈形等,对于线对象有双侧对称,双侧不对称或单侧缓冲区,对于面对象有内侧和外侧缓冲区。这些适合不同应用要求的缓冲区,尽管形态特殊,但基本原理是一致的。

缓冲区计算的基本问题是双线问题。双线问题有很多另外的名称,如图形加粗,加宽线,中心线扩张等,它们指的都是相同的操作。

二、空间统计分类分析

多变量统计分析主要用于数据分类和综合评价。数据分类方法是地理信息系统重要的组成部分。一般说地理信息系统存储的数据具有原始性质,用户可以根据不同的实用目的,进行提取和分析,特别是对于观测和取样数据,随着采用分类和内插方法的不同,得到的结果有很大的差异。因此,在大多数情况下,首先是将大量未经分类的数据输入信息系统数据库,然后要求用户建立具体的分类算法,以获得所需要的信息。

综合评价模型是区划和规划的基础。从人类认识的角度来看有精确的和模糊的两种类型,因为绝大多数地理现象难以用精确的定量关系划分和表示,因此模糊的模型更为实用,结果也往往更接近实际。综合评价一般经过四个过程：

(1)评价因子的选择与简化；

(2)多因子重要性指标(权重)的确定；

(3)因子内各类别对评价目标的隶属度确定；

(4)选用某种方法进行多因子综合。

分类和评价的问题通常涉及大量的相互关联的地理因素,主成分分析方法可以从统计意义上将各影响要素的信息压缩到若干合成因子上,从而使模型大大地简化；因子权重的确定是建立评价模型的重要步骤,权重正确与否极大地影响评价模型的正确性,而通常的因子权重确定依赖较多的主观判断,层次分析法是综合众人意见,科学地确定各影响因子权重的简单而有效的数学手段。隶属度反映因子内各类别对评价目标的不同影响,依据不同因子的变化情况确定,常采用分段线性函数或其他高次函数形式计算。常用的分类和综合的方法包括聚类分析和判别分析两大类。聚类分析可根据地理实体之间影响要素的相似程度,采用某种与权重和隶属度有关的距离指标,将评价区域划分若干类别；判别分析类似于遥感图像处理的分类方法,即根据各要素的权重和隶属度,采用一定的评价标准将各地理实体判归最可能的评价等级或以某个数据值所示的等级序列上；分类定级是评价的最后一步,将聚类的结果根据实际情况进行合并,并确定合并后每一类的评价等级,对于判别分析的结果序列采用等间距或不等间距的标准划分为最后的评价等级。

空间统计的方法很多,如统计图表分析、密度分析、主成分分析、层次分析、系统聚类分类和判别分析,有关内容的详细介绍可参阅统计分析方面的书。

1. 统计图表分析

对于非空间数据特别是属性数据,统计图是将这些信息很好地传递给用户的方法,采用统计图表示的这些信息能被用户直观地观察和理解。统计图的主要类型有柱状图、扇形图(饼图)、直方图、折线图和散点图等。

柱状图有用水平或垂直长方形表示不同种类间某一属性的差异,每个长方形表示一个种类,其长度表示这个种类的属性数值。扇形图将圆划分为若干个扇形,表示各种成分在总体中的比重,各种成分的比重可以用扇形的面积或者弧长来表示,当有很多种成分或成分比重差异悬殊时表示的效果不好。散点图以两个属性作为坐标系的轴,将与这两种属性相关的现象标在图上,表示出两种属性间的相互关系,在此基础上可以分析这两种属性是否相关和相关关系的种类。折线图反映某一属性随时间变化的过程,它以时间性为图形的一个坐标轴,以属性为另一坐标轴,将各个时间的属性值标到图上并将这些点按时间顺序连接起来,折线图反映了发展的动态过程和趋势。直方图表示单一属性在各种类中的分布情况,因而可以确定属性在不同区间的分布,如某种现象的分布是否是正态分布。

统计表格是详尽表示非空间数据的方法,它不直观,但可提供详细数据,可对数据再处理。统计表格分为表头和表体两部分,除直接数据外有时还有汇总、比重等派生项。

2. 分布密度和均值

分布密度是指单位分布区域内的分布对象的数量,是两个比率尺度数据的比值,因此在分布密度的计算中有两个计量问题,一是分布对象即分子的计量,二是分布区域即分母的计量。由于分布类型的不同,分布密度的计算亦有差异。一般地说对分子的计算有以下几种可能。

(1)对分布对象发生频数的计算。

(2)对分布对象几何度量的计算,即：

· 对点状要素以频数计；

· 对线状要素以长度计；

· 对面状要素以面积计。

（3）对分布对象的某种属性的计算，例如对沿河流分布的城市计算其人口。

同样，对于分母的计算也有两种可能：

（1）对线状分布区域按长度计算；

（2）对面状分布区域按面积计算。

在有些情况下，确定分布区域的范围并不是一件简单的事情。无论何种计算方法，计算的对象必须是比率尺度数据。由以上分析可知，分布密度一般是针对离散分布现象的分布概率而言，即单位区域内的发生频数。下面对几种可能的分布密度的计算举例如下：

（1）某地区汽车加油站的密度＝加油站数/总公路里程；

（2）某地区森林覆盖率＝森林面积/地区总面积；

（3）某省人口密度＝人口数/该省总面积；

（4）某地区交通网密度＝交通网总长度/区域总面积；

（5）城市商业网点密度＝商业网点数/城区总面积；

（6）某河流沿岸防护堤修筑比率＝防护堤总长度/河岸总长度。

以上第（1）例是对应于第1类分布的分布密度，加油站的分布密度尽管可以按地区面积作为分母，但考虑到加油站是沿公路网分布的，所以以公路里程作为分母更合理。第（2）例是对应于第5类分布的，第（3）例对应于第1类分布，但更多的是对应于第6类分布，一般地说人口总是按行政区域统计的。

均值是针对分布现象或者其属性的，如人口平均密度、城市平均规模、平均气温、平均高程等。计算均值在空间数据分析与非空间数据分析中经常用到，在空间数据中，计算方法的选择是一个重要的问题，错误的选择会得出错误的结果，给空间分布以错误的描述。

3. 主成分分析（Principal Component Analysis，PCA）

地理问题往往涉及大量相互关联的自然和社会要素，众多的要素常常给模型的构造带来很大困难，同时也增加了运算的复杂性。为使用户易于理解和解决现有存储容量不足的问题，有必要减少某些数据而保留最必要的信息。由于地理变量中许多变量通常都是相互关联的，就有可能按这些关联关系进行数学处理达到简化数据的目的。主成分分析是通过数理统计分析，求得各要素间线性关系的实质上有意义的表达式，将众多要素的信息压缩表达为若干具有代表性的合成变量，这就克服了变量选择时的冗余和相关，然后选择信息最丰富的少数因子进行各种聚类分析，构造应用模型。

设有 n 个样本，n 个变量。将原始数据转换成一组新的特征值——主成分，主成分是原变量的线性组合且具有正交特征。即将 $x_1, x_2, \cdots, x_p$ 综合成 $m(m < p)$ 个指标 $z_1, z_2, \cdots, z_m$，即：

$$z_1 = l_{11} \cdot x_1 + l_{12} \cdot x_2 + \cdots + l_{1p} \cdot x_p$$
$$z_2 = l_{21} \cdot x_1 + l_{22} \cdot x_2 + \cdots + l_{2p} \cdot x_p$$
$$\cdots \cdots$$
$$z_m = l_{m1} \cdot x_1 + l_{m2} \cdot x_2 + \cdots + l_{mp} \cdot x_p$$

这样决定的综合指标 $z_1, z_2, \cdots, z_m$ 分别称做原指标的第一，第二，$\cdots$，第 m 主成分。其中，z_1 在总方差中占的比例最大，其余主成分 $z_2, z_3, \cdots, z_m$ 的方差依次递减。在实际工作中常挑选前几个方差比例最大的主成分，这样既减少了指标的数目，又抓住了主要矛盾，简化了指标之间的关系。

从几何上看,确定主成分的问题,就是找 p 维空间中椭球体的主轴问题,就是得到将 x_1, x_2, $\cdots$, x_p 的相关矩阵中 m 个较大特征值所对应的特征向量,通常用雅可比(Jacobi)法计算特征值和特征向量。

很显然,主成分分析这一数据分析技术是把数据减少到易于管理的程度,也是将复杂数据变成简单类别便于存储和管理的有力工具。

4. 层次分析法

层次分析(Analytic Hierarchy Process,AHP)法是系统分析的数学工具之一,它把人的思维过程层次化、数量化,并用数学方法为分析、决策、预报或控制提供定量的依据。事实上这是一种定性和定量分析相结合的方法。在模型涉及大量相互关联、相互制约的复杂因素的情况下,各因素对问题的分析有着不同的重要性,决定它们对目标重要性的序列,对建立模型十分重要。

AHP 方法把相互关联的要素按隶属关系分为若干层次,请有经验的专家对各层次各因素的相对重要性给出定量指标,利用数学方法综合专家意见给出各层次各要素的相对重要性权值,作为综合分析的基础。

5. 系统聚类分析

系统聚类是根据多种地学要素对地理实体进行划分类别的方法,对不同的要素划分类别往往反映不同目标的等级序列,如土地分等定级、水土流失强度分级等。

系统聚类的步骤一般是根据实体间的相似程度,逐步合并若干类别,其相似程度由距离或者相似系数定义。进行类别合并的准则是使得类间差异最大,而类内差异最小。

6. 判别分析

判别分析与聚类分析同属分类问题,所不同的是,判别分析是预先根据理论与实践确定等级序列的因子标准,再将待分析的地理实体安排到序列的合理位置上的方法,对于诸如水土流失评价、土地适宜性评价等有一定理论根据的分类系统定级问题比较适用。

判别分析依其判别类型的多少与方法的不同,可分为两类判别、多类判别和逐步判别等。

通常在两类判别分析中,要求根据已知的地理特征值进行线性组合,构成一个线性判别函数 Y,即:

$$Y = c_1 \cdot x_1 + c_2 \cdot x_2 + \cdots + c_m \cdot x_p \tag{5-8}$$

式中,$c_k(k=1,2,\cdots,m)$ 为判别系数,它可反映各要素或特征值作用方向、分辨能力和贡献率的大小。只要确定了 c_k,判别函数 Y 也就确定了。在确定判别函数后,根据每个样本计算判别函数数值,可以将其归并到相应的类别中。常用的判别分析有距离判别法、Bayes 最小风险判别、费歇准则判别等。

三、叠加分析

大部分 GIS 软件是以分层的方式组织地理景观,将地理景观按主题分层提取,同一地区的整个数据层集表达了该地区地理景观的内容。每个主题层,可以叫做一个数据层面。数据层面既可以用矢量结构的点、线、面图层文件方式表达,也可以用栅格结构的图层文件格式进行表达。

叠加分析是地理信息系统最常用的提取空间隐含信息的手段之一。该方法源于传统的透明材料叠加,即将来自不同的数据源的图纸绘于透明纸上,在透光桌上将其叠放在一起,然后用笔勾出感兴趣的部分——提取出感兴趣的信息。地理信息系统的叠加分析是将有关主题层组成的数据层面，进行叠加产生一个新数据层面的操作，其结果综合了原来两层或多层要素所具有的属性。叠加分析不仅包含空间关系的比较，还包含属性关系的比较。地理信息系统叠加分析可以分为以下几类：视觉信息叠加、点与多边形叠加、线与多边形叠加、多边形叠加、栅格图层叠加。

1. 视觉信息叠加

视觉信息叠加是将不同侧面的信息内容叠加显示在结果图件或屏幕上，以便研究者判断其相互空间关系，获得更为丰富的空间信息。地理信息系统中视觉信息叠加包括以下几类。

· 点状图，线状图和面状图之间的叠加显示。

· 面状图区域边界之间或一个面状图与其他专题区域边界之间的叠加。

· 遥感影像与专题地图的叠加。

· 专题地图与数字高程模型(DEM)叠加显示立体专题图。

视觉信息叠加不产生新的数据层面，只是将多层信息复合显示，便于分析。

2. 点与多边形叠加

点与多边形叠加，实际上是计算多边形对点的包含关系。矢量结构的 GIS 能够通过计算每个点相对于多边形线段的位置，进行点是否在一个多边形中的空间关系判断。

在完成点与多边形的几何关系计算后，还要进行属性信息处理。最简单的方式是将多边形属性信息叠加到其中的点上。当然也可以将点的属性叠加到多边形上，用于标识该多边形，如果有多个点分布在一个多边形内的情形时，则要采用一些特殊规则，如将点的数目或各点属性的总和等信息叠加到多边形上。

通过点与多边形叠加，可以计算出每个多边形类型里有多少个点，不但要区分点是否在多边形内，还要描述在多边形内部的点的属性信息。通常不直接产生新数据层面，只是把属性信息叠加到原图层中，然后通过属性查询间接获得点与多边形叠加的需要信息。例如一个中国政区图(多边形)和一个全国矿产分布图(点)，二者经叠加分析后，并且将政区图多边形有关的属性信息加到矿产的属性数据表中，然后通过属性查询，可以查询指定省有多少种矿产，产量有多少，而且可以查询，指定类型的矿产在哪些省里有分布等信息。

3. 线与多边形叠加

线与多边形的叠加，是比较线上坐标与多边形坐标的关系，判断线是否落在多边形内。计算过程通常是计算线与多边形的交点，只要相交，就产生一个节点，将原线打断成一条条弧段，并将原线和多边形的属性信息一起赋给新弧段。叠加的结果产生了一个新的数据层面，每条线被它穿过的多边形打断成新弧段图层，同时产生一个相应的属性数据表记录原线和多边形的属性信息。根据叠加的结果可以确定每条弧段落在哪个多边形内，可以查询指定多边形内指定线穿过的长度。如果线状图层为河流，叠加的结果是多边形将穿过它的所有河流打断成弧段，可以查询任意多边形内的河流长度，进而计算它的河流密度等；如果线状图层为道路网，叠加的结果可以得到每个多边形内的道路网密度，内部的交通流量，进入、离开各个多边形的交通量，相邻多边形之间的相互交通量。

4. 多边形叠加

多边形叠加是 GIS 最常用的功能之一。多边形叠加将两个或多个多边形图层进行叠加产生一个新多边形图层的操作，其结果将原来多边形要素分割成新要素，新要素综合了原来两层或多层的属性，如图 5-3 所示。

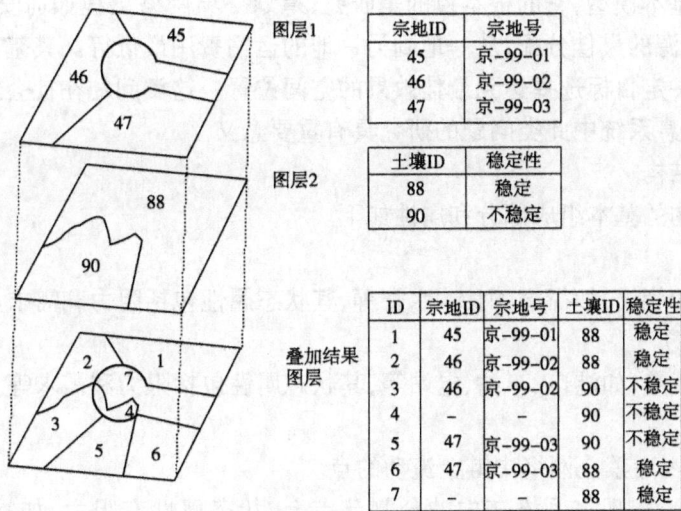

图层1

宗地ID	宗地号
45	京-99-01
46	京-99-02
47	京-99-03

图层2

土壤ID	稳定性
88	稳定
90	不稳定

叠加结果图层

ID	宗地ID	宗地号	土壤ID	稳定性
1	45	京-99-01	88	稳定
2	46	京-99-02	88	稳定
3	46	京-99-02	90	不稳定
4	–	–	90	不稳定
5	47	京-99-03	90	不稳定
6	47	京-99-03	88	稳定
7	–	–	88	稳定

图 5-3　多边形叠加分析

　　进行多个多边形的叠加运算,在参与运算多边形所构成的属性空间内,每个结果多边形内部的属性值是一致的,可以称为最小公共地理单元(Least Common Geographic Unit,LCGU)。

　　叠加过程可分为几何求交过程和属性分配过程两步。几何求交过程首先求出所有多边形边界线的交点,再根据这些交点重新进行多边形拓扑运算,对新生成的拓扑多边形图层的每个对象赋一多边形唯一标识码,同时生成一个与新多边形对象一一对应的属性表。由于矢量结构的有限精度原因,几何对象不可能完全匹配,叠加结果可能会出现一些碎屑多边形(Silver Polygon),如图 5-4 所示。通常可以设定一模糊容限以消除它。

T1　时刻多边形　　　　　T2　时刻多边形　　　　　多边形叠加结果

图 5-4　多边形叠加产生碎屑多边形

　　多边形叠加结果通常把一个多边形分割成多个多边形,属性分配过程最典型的方法是将输入图层对象的属性拷贝到新对象的属性表中,或把输入图层对象的标识作为外键,直接关联到输入图层的属性表。这种属性分配方法的理论假设是多边形对象内属性是均质的,将它们分割后,属性不变。也可以结合多种统计方法为新多边形赋属性值。

　　多边形叠加完成后,根据新图层的属性表可以查询原图层的属性信息,新生成的图层和其他图层一样可以进行各种空间分析和查询操作。

四、网络分析

　　对地理网络(如交通网络)、城市基础设施网络(如各种网线、电力线、电话线、供排水管线等)进行地理分析和模型化,是地理信息系统中网络分析功能的主要目的。网络分析是运筹学模型中的一个基本模型,它的根本目的是研究、筹划一项网络工程如何安排,并使其运行效果最好,如一定资源的最佳分配,从一地到另一地的运输费用最低等。其基本思想则在于人类活动总是趋于按一定目标选择达到最佳效果的空间位置。这类问题在社会经济活动中不胜枚举,因此在地理信息系统中此类问题的研究具有重要意义。

1. 网络数据结构

网络数据结构的基本组成部分和属性如下。

1)链(Link)

网络中流动的管线,如街道、河流、水管等,其状态属性包括阻力和需求。

2)节点(Node)

网络中链的节点,如港口、车站、电站等,其状态属性包括阻力和需求等。节点中又有下面几种特殊的类型。

· 障碍(Barrier):禁止网络中链上流动的点。

· 拐点(Turn):出现在网络链中的分割节点上,状态属性有阻力,如拐弯的时间和限制(如在 8:00 到 18:00 不允许左拐)。

· 中心(Center):是接受或分配资源的位置,如水库、商业中心、电站等,其状态属性包括资源容量(如总量),阻力限额(中心到链的最大距离或时间限制)。

· 站点(Stop):在路径选择中资源增减的节点,如库房、车站等,其状态属性有资源需求,如产品数量。

除了基本的组成部分外,有时还要增加一些特殊结构,如邻接点链表用来辅助进行路径分析。

2. 主要网络分析功能

1)路径分析

(1)静态求最佳路径:在给定每条链上的属性后,求最佳路径。

(2)n 条最佳路径分析:确定起点或终点,求代价最小的 n 条路径,因为在实践中最佳路径的选择只是理想情况,由于种种因素而要选择近似最优路径。

(3)最短路径或最低耗费路径:确定起点、终点和要经过的中间点、中间连线,求最短路径或最小耗费路径。

(4)动态最佳路径分析:实际网络中权值是随权值关系式变化的,可能还会临时出现一些障碍点,需要动态的计算最佳路径。

2)计算最短路径的 Dijkstra 算法

为了进行网络最短路径分析,需要将网络转换成有向图。无论是计算最短路径还是最佳路径,其算法都是一致的,不同之处在于有向图中每条弧的权值设置。如果要计算最短路径,则权重设置为两个节点的实际距离;而要计算最佳路径,则可以将权值设置为从起点到终点的时间或费用。Dijkstra 算法可以用于计算从有向图中任意一个节点到其他节点的最短路径。下面是该算法的描述。

(1)用带权的邻接矩阵 Cost 来表示带权的 n 个节点的有向图,$Cost[i,j]$ 表示弧 $<v_i,v_j>$ 的权值,如果从 v_i 到 v_j 不连通,则 $Cost[i,j]=\infty$。图 5-5 表示了一个带权有向图以及其邻接矩阵。

然后,引进一个辅助向量 Dist,每个分量 $Dist[i]$ 表示从起始点到每个终点 v_i 的最短路径长度。假定起始点在有向图中的序号为 i_0,并设定该向量的初始值为:

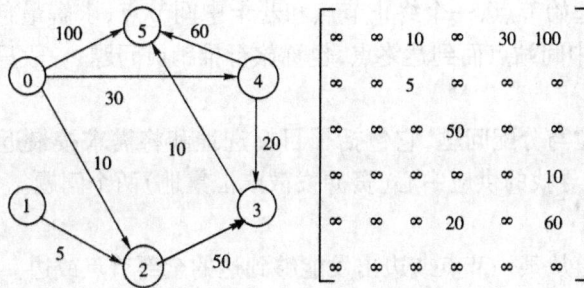

图 5-5　带权的有向图和邻接矩阵

$$\text{Dist}[i] = \text{Cost}[i_0, i] \qquad\qquad v_i \in V$$

令 S 为已经找到的从起点出发的最短路径的终点的集合。

（2）选择 V_j，使得

$$\text{Dist}[j] = \text{Min}\{\text{Dist}[i]/V_i \in V - S\} \qquad v_i \in V$$

v_j 就是当前求得的一条从 v_{i0} 出发的最短路径的终点，令：

$$S = S \cup \{v_j\}$$

（3）修改从 v_{i0} 出发到集合 $V - S$ 中任意一顶点 v_k 的最短路径长度。如果：

$$\text{Dist}[j] + \text{Cost}[j, k] < \text{Dist}[k]$$

则修改 $\text{Dist}[k]$ 为：

$$\text{Dist}[k] = \text{Dist}[j] + \text{Cost}[j, k]$$

（4）重复第（2）、（3）步操作共 $n - 1$ 次，由此求得从 v_{i0} 出发的到图上各个顶点的最短路径是依路径长度递增的序列。表 5-6 是图 5-5 根据 Dijkstra 计算的结果。

用 Dijkstra 计算的结果　　　　　　　　　　　　　　　表 5-6

终　点	从 v_0 到其他各个节点的最短路径				
v_1	∞	∞	∞	∞	∞ 无
v_2	10 (v_0, v_2)				
v_3	∞	60 (v_0, v_2, v_3)	50 (v_0, v_4, v_3)		
v_4	30 (v_0, v_4)	30 (v_0, v_4)			
v_5	100 (v_0, v_5)	100 (v_0, v_5)	90 (v_0, v_4, v_5)	60 (v_0, v_4, v_3, v_5)	
v_j	v_2	v_4	v_3	v_5	

在实际应用中，采用 Dijkstra 算法计算两点之间的最短路径和求从一点到其他所有点的最短路径所需要的时间是一样的，算法时间复杂度为 $O(n^2)$。

另一种路径分析功能是最佳游历方案的求解。弧段最佳游历方案求解是给定一个边的集合和一个节点，使之由指定节点出发至少经过每条边一次而回到起始节点。节点最佳游历方

137

案求解则是给定一个起始节点、一个终止节点和若干中间节点,求解最佳路径,使之由起点出发遍历(不重复)全部中间站点而到达终点,也称旅行推销员问题,一般只能求得近似最优解。

3)资源分配

资源分配也称定位与分配问题,它包括了目标选址和将需求按最近(这里的远近是按加权距离来确定的)原则寻找的供应中心(资源发散或汇集地)两个问题。

4)连通分析

人们常常需要知道从某一节点或边出发能够到达的全部节点或边。这一类问题称为连通分量求解。另一类连通分析问题是最少费用连通方案的求解,即在耗费最小的情况下使得全部节点相互连通。连通分析对应图的生成树求解,通常采用深度优先遍历或广度优先遍历生成相应的树。最少费用求解过程则是生成最优生成树的过程。

5)流分析

所谓流,就是资源在节点间的传输。流分析的问题主要是按照某种优化标准(时间最少、费用最低、路程最短或运送量最大等)设计资源的运送方案。为了实施流分析,就要根据最优化标准的不同扩充网络模型,例如:把节点分为发货中心和收货中心,分别代表资源运送的起始点和目标点。这时发货中心的容量就代表待运送资源量,收货中心的容量就代表它所需要的资源量。弧段的相关数据也要扩充,如果最优化标准是运送量最大,就要设定边的传输能力;如果目标是使费用最低,则要为边设定传输费用等。网络流理论是它的计算基础。

网络分析的具体门类、对象、要求变化非常多,一般的 GIS 软件往往只能提供一些常用的分析方法或提供描述网络的数据模型和存储信息的数据库。其中最常用的方法是线性阻抗法,即资源在网络上的运输与所受的阻力和距离(或时间)成线性正比关系,在这基础上选择路径,估计负荷,分配资源,计算时间和距离等。对于特殊的、精度要求极高的、非线性阻抗的网络,则需要特殊的算法分析。

第五节　空间分析的一般步骤

空间分析的目的是解决某类与地理空间有关的问题,通常涉及多种空间分析操作的组合。好的空间分析过程设计将十分有利于问题的解决,一般步骤是:

(1)明确分析的目的和评价准则;

(2)准备分析数据;

(3)进行空间分析操作;

(4)进行结果分析;

(5)解释、评价结果(如有必要,返回步骤1);

(6)结果输出(地图、表格和文档)。

这里将举例说明如何利用建立缓冲区、拓扑叠加和特征提取,计算一条道路拓宽改建过程中的拆迁指标。

1.明确分析的目的和标准

本例的目的是计算由于道路拓宽而需拆迁的建筑物的建筑面积和房产价值,道路拓宽改建的标准是:

·道路从原有的 20m 拓宽至 60m;

·拓宽道路应尽量保持直线;

· 部分位于拆迁区内的 10 层以上的建筑不拆除。

2. 准备进行分析的数据

本例需要涉及两类信息,一类是现状道路图;另一类为分析区域内建筑物分布图及相关信息。

3. 进行空间操作

首先选择拟拓宽的道路,根据拓宽半径,建立道路的缓冲区。

然后将此缓冲区与建筑物层数据进行拓扑叠加,产生一幅新图,此图包括所有部分或全部位于拓宽区内的建筑物信息。

4. 进行统计分析

首先,对全部或部分位于拆迁区内的建筑物进行选择,凡部分落入拆迁区且楼层高于 10 层以上的建筑物,将其从选择组中去掉,并对道路的拓宽边界进行局部调整。

然后对所有需拆迁的建筑物进行拆迁指标计算。

5. 将分析结果以地图和表格的形式打印输出。

第六节　数字地面模型

一、数字地面模型的基本概念

1. 概述

根据 Meyer(1985)的定义,模型(model)是指用来表现其他事物的一个对象或概念,是按比例缩减并转变到我们能够理解的形式的事物本体。建立模型可以有许多特定的目的,如预测、控制等。在这种情况下,模型只需要具备足够重要的细节来满足需要即可。同时,模型也可以被用来表现系统或现象的最初状态,或者用来表现某些假定或预测的情形等。一般说来,模型可以分为三种不同的层次,即概念模型、物质模型和数学模型。概念模型是基于个人的经验与知识在大脑中形成的关于状况或对象的模型,概念模型往往也形成了模拟的初级阶段。然而,如果事物非常复杂难于描述,则模拟也许只能停留在概念的形式上。物质模型通常是一个模拟的模型,如用橡胶、塑料或泥土制成的地形模型等。在摄影测量中广泛使用的基于光学或机械投影原理的三维立体模型也属于这类。物质模型的大小通常要比实际的小一些。数学模型一般是基于数字系统的定量模型。根据问题的确定性和随机性数学模型又有函数模型和随机模型之分。采用数学模型具有以下明显的优点。

(1)它是理解现实世界和发现自然规律的工具。

(2)它提供了考虑所有可能性、评价选择性和排除不可能性的机会。

(3)它帮助在其他领域推广或应用解决问题的结果。

(4)它帮助明确思路,集中精力关注问题重要的方面。

(5)它使得问题的主要成分能够被更好地观察,同时确保交流,减少模糊,并提供关于问题一致性看法的机会。

既然采用数学模型具有上述优点,那么什么样的数学模型才是应该采用的呢? 这与如何评价模型有关。Meyer 提出了如下的评价标准。

(1)精确性:模型的输出是正确的或非常接近正确。

(2)描述的现实性:基于正确的假设。

（3）准确性：模型的预测是确定的数字、函数或几何图表等。

（4）可靠性：对输入数据中的错误具有相对免疫力。

（5）一般性：适用于大多数情况。

（6）成效性：结论有用，并可以启发或指导其他好的模型。

地形模型是军事人员、规划人员、景观建筑师、土木工程师和地球科学的许多学科专家所要求的。过去，地形模型都是物质的，如在二战中美国海军制作的许多模型都是用橡皮复制的。数学的和数字的技术被引入到地形模拟中，主要应归功于土木工程领域的摄影测量专家。1955～1960 年期间。美国麻省理工学院摄影测量实验室主任 Chaires. L. Miller 教授在美国麻省土木工程部门和美国交通部门研究工作期间，首次将计算机与摄影测量技术结合在一起，比较成功地解决了道路工程的计算机辅助设计问题。他在用立体测图仪建立的光学立体模型上，量取沿待选公路两侧规则分布的大量样点的三维空间直角坐标，输入到计算机中，由计算机取代人工执行土方估算、分析比较和选线等繁重的手工作业，大量缩减了工时和费用，取得了明显的经济效益。由于计算机只认识数字，唯有将直观描述地表形态的光学立体模型或地形图实现数字化，才能借助计算机解决道路工程的设计问题。Miller 和 LaFlamme 的重要贡献在于解决道路计算机辅助设计这一特殊工程课题的同时，提出了一个一般性的概念：数字地面模型（DTM：Digital Terrain Model），即用地面的横断面数据来定义地形表面。40 多年来，数字地面模型在测绘、遥感、农林规划、土木与水利工程、军事领域、地学分析以及地理信息系统等各个领域得到了广泛深入的研究和普遍应用。

测绘学从地形测绘的角度来研究数字地面模型，一般仅把基本地形图中的地形要素，特别是高程信息，作为数字地面模型的内容。测绘学家心目中的数字地面模型是新一代的地形图，地貌和地物不再用直观的等高线和图例符号在纸上表达，而是通过储存在磁性介质中的大量密集的（一般是规则的）地面点的空间坐标和地形属性编码，以数字的形式描述。正因为如此，很多测绘学家把"Terrain"一词理解为地形，称 DTM 为数字地形模型。

其他应用的课题，通常都根据各自的具体需要，将某些非地形的特性信息与地形信息结合在一起，构成数字地面模型。例如，Miller 一开始便打算在他的为公路辅助设计而研制的数字地面模型中，纳入公路条形地带内各个规则格网点的土壤力学特性信息。20 世纪 60 年代开始出现的地理信息系统，由于具有为众多用户共享的特点，它的数字地面模型中所包含的地面特性信息类型就更加丰富了，它们一般可分为下列四组：

（1）地貌信息，如高程、坡度、坡向、坡面形态以及其他描述地表起伏情况的更为复杂的地貌因子；

（2）基本地物信息，如水系、交通网、居民点和工矿企业以及境界线等；

（3）主要的自然资源和环境信息，如土壤、植被、地质、气候等；

（4）主要的社会经济信息，如一个地区的人口分布、工农业产值、国民收入等。

如果需要该数字表面上其他位置处的属性，则应用一种内插方法来处理该组观测数据。在内插过程中，数学模型被用来建立基于数字观测数据的地形表面模型即 DTM，从 DTM 便可以得到任何位置处的属性值。

2. 数字高程模型的含义

根据前面的叙述可知，从最一般的形式上看，数字地面模型包括平面和地形起伏两种数据，并且从其本身导出的数据如坡度、坡向、可视性等也包含在其中。Miller 和 Laflamme 在 1958 年给出 DTM 如下的定义：数字地面模型是利用一个任意坐标场中大量选择的已知 X、Y、

Z的坐标点对连续地面的一个简单的统计表示,或者说,DTM 就是地形表面简单的数字表示。

自从提出 DTM 的概念以后,相继又出现了许多其他相近的术语。如在德国使用的 DHM (Digital Height Model)、英国使用的 DGM (Digital Ground Model)、美国地质测量局 USGS 使用的 DTEM (Digital Terrain Elevation Model)、DEM (Digital Elevation Model)等。这些术语在使用上可能有些限制,但实质上差别很小。比如 height 和 elevation 本来就是同义词。当然,DTM 趋向于表达比 DEM 和 DHM 更广意义上的内容,如河流、山脊线、断裂线等也可以包括在内。

数字地面模型更通用的定义是描述地球表面形态多种信息空间分布的有序数值阵列,从数学的角度,可以用下述二维函数系列取值的有序集合来概括地表示数字地面模型的丰富内容和多样形式:

$$K_p = f_k(u_p, v_p)(k = 1, 2, \cdots, m; p = 1, 2, \cdots, n) \tag{5-9}$$

式中:K_p——第 p 号地面点(可以是单一的点,但一般是某点及其微小邻域所划定的一个地表面元)上的第 k 类地面特性信息的取值;

u_p, v_p——第 p 号地面点的二维坐标,可以是采用任一地图投影的平面坐标,或者是经纬度和矩阵的行列号等;

m——地面特性信息类型的数目(m 大于等于 1);

n——地面点的个数。

当上述函数的定义域为二维地理空间上的面域、线段或网络时,n 趋于正无穷大;当定义域为离散点集时,n 一般为有限正整数。例如,假定将土壤类型编作第 i 类地面特性信息,则数字地面模型的第 i 个组成部分为:

$$I_p = f_i(u_p, v_p)(p = 1, 2, 3, \cdots, n) \tag{5-10}$$

地理空间实质是三维的,但人们往往在二维地理空间上描述并分析地面特性的空间分布,如专题图大多是平面地图。数字地面模型是对某一种或多种地面特性空间分布的数字描述,是叠加在二维地理空间上的一维或多维地面特性向量空间,是地理信息系统(GIS)空间数据库的某类实体或所有这些实体的总和。数字地面模型的本质共性是二维地理空间定位和数字描述。

在式(5-9)中,当 $m = 1$ 且 f_1 为对地面高程的映射,(u_p, v_p) 为矩阵行列号时,式(5-9)表达的数字地面模型即所谓的数字高程模型(Digital Elevation Model,简称 DEM)。显然,DEM 是 DTM 的一个子集。实际上,DEM 是 DTM 中最基本的部分,它是对地球表面地形地貌的一种离散的数字表达。

总之,数字高程模型 DEM 是表示区域 D 上的三维向量有限序列,用函数的形式描述为:

$$V_i = (X_i, Y_i, Z_i)(i = 1, 2, \cdots, n) \tag{5-11}$$

式中:X_i, Y_i——平面坐标;

Z_i——(X_i, Y_i) 对应的高程。

当该序列中各平面向量的平面位置呈规则格网排列时,其平面坐标可省略,此时 DEM 就简化为一维向量序列$\{Z_i, i = 1, 2, \cdots, n\}$。

随着各种相关技术的发展,数字高程模型也经历了一个循序渐进的发展过程。20 世纪 50 年代中期到 60 年代初,数字高程模型多局限于土木水利工程和地图测绘中的应用。DEM 的建立都只是为了某种特定的应用,如高速公路设计中的体积计算。遥感影像的几何纠正和正射影像生产等,这些 DEM 只能满足特定的行业和专业部门的应用需求,未成为一种像地图那样的标准产品。从 20 世纪 60 年代中期开始,随着数据库和环境遥感技术的迅速发展,一些发达国家在机助制图的基础上,逐步建立起国家范围和区域范围的地理信息系统,DEM 作为标准的基础地理信息产品也开始大规模的生产。如加拿大环境部的"加拿大地理信息系统(CGIS)",美国地质调查局的"地理信息检索和分析系统"。数字高程模型开始作为数据库的实体,为地理信息系统进行空间分析和辅助决策提供充实而便于操作的数据基础。同时与地理信息系统的结合也愈来愈紧密。近年来,随着空间数据基础设施的建设和"数字地球(Digital Earth)"战略的实施,更加快了 DEM 与地理信息系统、遥感等的一体化进程,为 DEM 的应用开辟了更广阔的天地。

二、数字地面模型的应用

自 20 世纪 50 年代末期数字地面模型被提出以后,数字高程模型(DEM)便得到了越来越多的重视,发展非常迅速。当然,DEM 的发展是与其应用分不开的。DEM 的主要应用领域在地球科学及其相关学科方面,如摄影测量、遥感、制图、土木工程、地质、矿业工程、地理形态、军事工程、土地规划、交通及地理信息系统等。总之,DEM 完全可以代替传统使用等高线对地形表面的描述,进而满足对等高线数据相同的各种需求。从 20 世纪 60 年代中期开始,随着数据库和环境遥感技术的迅速发展,数字高程模型开始作为空间数据库的实体,为地理信息系统进行空间分析和辅助决策提供充实而便于操作的数据基础,同时与地理信息系统的结合也愈来愈紧密。近年来,空间数据基础设施的建设和"数字地球(Digital Earth)"战略的实施,更加快了 DEM 与地理信息系统、遥感等的一体化进程,为 DEM 的应用开辟了更广阔的天地。

1. 在土木工程中的应用

土木工程是 DEM 应用得最早的一个领域。1957 年,Robert 建议使用数字高程数据来进行高速公路的设计,一年以后,Miller 和 Laflatrane 使用这种数据建立了道路的横断剖面模型,并首次提出数字地面模型的概念,随后 Robert 和他的同事们开发了第一个 DEM 系统。这个系统不仅能进行沿剖面的内插,还能进行剖面之间填挖土方的计算,并提供一些在土木工程中使用的有用数据。到 1966 年,麻省理工大学(MIT)已能提供利用 DEM 进行道路设计的各种程序,这些程序中的大部分都建立在填挖土方计算的基础之上。

为道路工程设计而开发的很多技术已逐渐应用到其他线状工程的设计中。DEM 在土木工程中的其他一些应用包括水库与大坝的设计等。

2. 工程项目中的挖填方计算

对于大型工程设计,首先要估算施工的土方量。常规方法是在地面设置适当点距的规则格网,实测每个格网点的高程。设计高程与格网点实测高程的较差,就是这个格点的挖、填方高度。然后通过线性内插,在格网上划定挖、填方分界的施工零线,计算每个格网的挖、填方量。分别累加所有格网的挖方和填方,若两者不平衡,就要调整地面设计高程,再次计算,直到该地块挖、填方总量的较差不超过预定阈值为止。应用格网点数字高程模型,可提高作业效率。

估算道路、沟渠、管道、输配电线等工程土方量的常规方法,是实测沿线路条形地带的纵、横断面,按照设计坡度和横断面的尺寸,计算相邻两横断面的挖、填方量。分别累加各段的挖方和填方,若挖、填方总量不平衡,一般须调整各段的纵断面设计坡度,重新计算,直到全线挖方和填方平衡为止。线路土方估算中应用格网点数字高程模型,可大量节省内、外业工作量,所有数值计算和逻辑判断都由计算机自动完成,能使估算过程达到自动化和规范化水平。

3. 线路勘测设计中的应用

传统的铁路、公路和输电线路等线路设计方法不仅需要大量费时费力的野外勘测工作,而且所设计出的线路还不可避免地具有以下几个方面的缺陷：

（1）所形成的方案不一定是经济、技术上的最优方案；

（2）方案受人的主观影响大；

（3）工作强度大，设计工作烦琐。

线路设计主要涉及平面、纵横断面、土方量、透视图等几个方面。在平面线形大体位置已定的情况下，DEM 用于公路设计主要表现在不必进行进一步的野外测量，而由所建立的带状 DEM 内插出道路纵横断面地面线数据，从而进行公路路线设计。

为线路工程而建立的 DEM 是为了求得线路纵、横断面上的地形信息。对于线形工程（公路、铁路和输电线等工程），一般采用带状 DEM。为提高 DEM 的高程内插精度，还需要考虑地形特征线，因此，能够方便顾及地形特征的带状不规则三角网数字地面模型（TIN）在公路、铁路的勘测设计中得到广泛的应用。

4. 水利建设工程中的应用

一个水利枢纽要经过勘测、规划、设计等阶段，最后才能施工建成。传统的水利枢纽设计中的方案比选，因为涉及大量的重复计算，很难提出较多的方案进行组合选择，而且设计周期较长，结果很可能遗漏了更好的设计方案，致使工程费用增加。采用计算机辅助设计（CAD）技术，可以实现水利枢纽设计半自动化，提高工作效率，在较短时间内可以对多种方案进行比较分析，从而选出最佳的布置方案。

1）库区等高线地形图的绘制

在水利枢纽规划设计阶段，地形图的主要作用是进行枢纽的布置，利用库区数字高程模型自动绘制库区等高线地形图是 DEM 在水利工程建设方面的应用之一。

2）利用 DEM 做库区规划与坝线选择

水库工程规模的选择是库区规划的主要内容之一。为了确定水库的工程规模，需要计算水库的库容，选择水库的各种特征水位，确定输水位和泄水建筑物及其断面尺寸。水库容积和面积是水库的两项重要的特征资料。

传统的库容量算方法通常有图上量算和实地量测两种，这两种方法不仅工作量大，而且不易实现自动化。在多方案的比较中，设计人员要进行很多重复性量测工作。采用计算机辅助设计技术，只需一次性将库区地形图进行数字化，建立库区 DEM。针对不同的坝线，就可以快速、精确地计算出各种库容，并自动绘出水位—库容、水位—面积关系曲线。这不仅避免了繁杂的重复性工作，而且可加快设计速度，提高工作效率。

3）坝轴线处河谷断面图绘制

坝址、坝线与坝型选择，是水利枢纽设计的重要内容。其中，坝轴线处河谷断面图是选择的决定因素之一。在坝型选择与枢纽布置的方案选择时，为了进行多方案优化设计，利用 DEM 快速提供坝轴线处河谷断面图，可使设计人员及时了解该坝轴线处河谷断面图，而且可以在短时间内对多种坝型选择与枢纽布置方案进行分析比较，从而使设计达到既安全又经济的目标。

绘制坝线处河谷断面图是在库区 DEM 上实现的；首先由设计人员提供坝线两端点的坐标，然后建立坝线方程，进而计算该直线与格网的交点坐标，再内插这些点的高程，最后根据交点坐标与相应的高程来绘制断面图。

5. 在环境影响评估中的应用

由于地理数据特有的空间性质和人类对自身生存环境已有的认识，地理数据处理是可视化技术应用的一个重要领域。特别是三维地形的立体显示对于辅助空间决策有着十分重要的作用。今天,许多国家都已颁布明确的法令,要求必须对一切大型项目和许多敏感的小项目进行全面的环境影响评估(Environmental Impact Assessment),包括对环境景观的视觉影响分析(Visual Impact Analysis)。特别是那些对于环境有不良影响的工程项目,如水坝的建设、发电站的建设、露天采矿等,必须使用多种手段、从不同的角度进行评估。很显然,三维地形显示是评价各种影响的基础。同样,地形的立体显示可以充分显示出概念上和客观实体间的关系,并可进行立体量测,这对于充分评价勘测成果质量、进行 CAD 优化决策等的影响也是越来越明显、越来越重要。

6. 在 GIS 中的应用

1)GIS 中三维动态交互式可视化模型

所谓可视化,就是将科学计算的中间数据或结果数据,转换为人们容易理解的图形图像形式。随着计算机、图形图像技术的发展,人们现在已经可以用丰富的色彩、动画技术、三维立体显示等手段,形象地显示各种地形特征和植被特征模型。而早期由于计算机处理能力的限制,人们只能用平面上的"等值线图"、"剖面图"、"直方图"及各种图表来综合这些特征数据。

在机助地图制图和机助设计等领域,数字地形建模技术已被广泛用来代替传统的等高线图形实现对地形表面的数字描述,以便计算机自动处理。对于二维 GIS 来说,主要基于数字高程模型(DEM)来实现各种表面分析、乃至三维表示。换句话说,数字高程建模是后续各项三维数字分析与表示的基础。

基于 DEM 的三维可视化有助于用户对空间数据相互关系的直观理解,但只把三维可视化模型作为信息表示的一种输出媒体是远远不够的。对于各种各样的 GIS 用户来说,往往需要直接将其作为可交互查询的媒体,也就是说 GIS 中的三维模型不仅能可视化,还能交互操作。基于这样的三维模型,便能提供一个动态的环境用以在相应空间氛围里逼真创建和显示复杂物体,并为进一步的空间查询与分析服务。特别是诸如环境仿真、设施管理、洪水淹没与火灾蔓延等复杂的模型分析和辅助决策需要三维可交互动态模型的支持。

2)基于 DEM 的水文分析与 GIS 结合的应用

在水文分析的实际应用中,很多时候需要考虑水流网络中的水流运动,以及这种运动对整个地区的影响,比如在分析集水流域内降水的流动情况,或者某污染源通过水流对这个地区的影响时,都必须对网络中的水流特性进行分析。这里的"网络"可以是由地表形状所决定的自然流水网络,也可以是人工开凿的沟渠和埋设的水管,或者是二者的结合。但是网络分析有时并不是很容易的事情。考虑到 GIS 的强大网络分析功能,如果将水文分析与 GIS 的网络分析结合起来的话,应该可以得到所需的结果。而水文分析是以 DEM 为基础进行的各种处理。可将设计的水文分析系统从 GIS 数据库中获取各种数据,如集水流域参数、网络拓扑结构、地形数据、水渠几何数据、土壤数据、土地利用数据及水质数据等。GIS 则从此系统的计算结果中得到有关排水量、水流流动时间以及水流中污染物数量等,得出下面三种结果数据:

(1)管线及水渠缺乏的位置分布图;

(2)水流流向及水流域出口的等值时间图;

(3)污染物累积示意图。

将水文分析和 GIS 网络分析结合起来,可以进行农业水资源管理和污染物扩散的动态实时模拟。特别是在那些水流主要由自然或人工排水网络决定的平坦地区,这种结合能得到比较理想的结果,因而也显示了以这种方式进行水文分析的潜力和方向。

3）DEM 库、矢量库、影像库的三库一体化

（1）DEM 库的浏览与数据分发

一个较大的区域如一个省、一个市或者一个流域，往往涉及若干标准图幅范围的数据。如果不进行专门的处理，只是简单地将每一图幅范围的 DEM 保管起来，则有关应用的灵活性和效率将受到图幅分割的严格限制，而没有全局的和整体的概念，尽管实际地形是连续的、无缝的。DEM 建库的目的就是要将所有相关的数据有效地组织起来，并根据其地理分布建立统一的空间索引，进而可以快速调度数据库中任意范围的数据，达到对整个地形的无缝漫游。

由于 DEM 不同于传统的等高线图形，它只是一个数值阵列存放于计算机当中。因此，必须有专门的程序来显示和操作这些数据。我们把有关的二维和三维图形显示称为对 DEM 数据的浏览。DEM 数据库的基本功能就是要为各种用户提供准确、方便的数据提取和浏览手段。既然 DEM 数据已经完整地表示了实际地形表面的地貌特征，数据浏览程序则要根据这些数据力图逼真地重建地形表面。在不少 DEM 软件中，主要有两种不同的表面模型用以表达地形起伏，即灰度浓淡模型和纹理景观模型。前者只是根据 DEM 和特定的光源和视点位置，模拟光照效果，产生灰度晕渲的透视模型。而后者则直接将航空影像或卫星图像数据叠加到 DEM 表面，产生逼真的地形景观模型。

（2）DEM 库与影像库、矢量库的集成

DEM 数据可以以单幅图为文件单位，与 GIS 软件主系统进行集成。影像和 DEM 可以作为一个背景层，用户可以对它进行查询、分析与制图。但这样显然割裂了各类数据间的有机联系，影响了工作效率。将影像和 DEM 建成逻辑上无缝的数据库联合使用，虽然它也是以一个工作区为一个文件单位，但是在此基础上建立了库连接机制。它们通过内部连接，可以相互调用与集成。用户可以在全库里面进行放大、缩小、漫游，复合显示其他数据。特别是采用金字塔数据结构，根据显示范围的大小，可以灵活方便地自动调入不同层次的数据，比如，既可以一览全貌，也可以看到局部地方的微小细节。

三维数据和以影像为基础的系统之间的结合将产生更逼真的环境表示。比如在山区，地形起伏因素对景观的影响处于主导地位，而影像纹理则可以直观表示不同植被覆盖的分布情况。所以，可以创建一虚拟陆地景观模型直接将实地的影像数据如航空影像或卫星图像等映射到 DEM 透视表面。当然，在景观模型表面还可以叠加各种人文的、自然的特征信息如植被覆盖和行政区划边界等空间数据。这类可视化的难点在于解决大范围多尺度 DEM 数据库和影像数据库的管理与无缝漫游问题。而关于纹理映射和一般图形显示与交互技术可以借助于诸如 OpenGL 之类的三维图形软件接口实现。

对于建筑物等如果具有高度信息，系统还可以重建简单的三维模型并关联相应的侧面纹理影像，从而基于二维 GIS 数据就可以创建一个初步的虚拟场景。对二维的 GIS，所有的建筑物仅仅拥有地面上的二维边界和高程属性，因此需要建立基于 DEM 的三维建筑物模型。建筑物的屋顶、墙的材质和颜色可以用相应于建筑物的影像纹理来表示。如果做进一步的工作，则可得到各种动画效果，比如沿任意路径（可以选择地面上的任意路线作为路径）的地面穿行和空中飞行，在行进过程中，人们可得到"身临其境"的感觉。

美国从 1994 年起推行"地球空间数据框架（Digital GeoSpatial Data Framework）"的建库方案。该框架以数字正射影像为主，在生产数字正射影像的同时，生产数字高程模型，另外再叠加大地控制点、交通、水系、行政边界和公用地籍等矢量数据。这种框架使地理空间数据更新迅速，现势性强，内容直观，可加工性好。从我们的观点看，空间数据框架以影像为基础，将航

空相片或卫星图像作为地理参考基础信息,地图仅作为次级的表现内容。DEM、数字正射影像和GIS的集成实际上是空间数据框架的核心。通过这种集成,DEM不仅可以从正射影像或GIS中获取数据,而且可以用来辅助影像理解及增强GIS的空间分析和可视化能力。

7. DEM与数字地球

数字地球是美国前副总统戈尔于1998年1月31日在"数字地球:对21世纪我们这个星球的认识"的讲演中提出的。他指出:"我们需要一个数字地球,即一种可以嵌入海量地理数据的、多分辨率的和三维的地球的表示。可以在其上添加许多与我们所处星球有关的地学数据。"数字地球虽然是个新概念,但它涉及的理论、技术、数据和应用都与现有的直接相关。数字地球是从高层次、系统论和一体化的角度来综合、利用已有的或者正在发展的理论、技术、数据和能力,从而更广泛、更深入、更有效、更经济地为社会提供服务。它实质上是一个信息系统,包括了超巨大的信息容量,并提供了管理查询和分析这些信息的机制。而DEM则是构成数字地球的海量数据库的最重要的组成部分之一,是各种信息的载体,是三维虚拟地球的基本框架,是数字地球的数学基础。DEM也将通过数字地球广泛应用于社会各行业、各部门,如城市规划、交通、航空航天等。随着科学和社会的发展,人们将越来越认识到数字高程模型对于社会经济发展的重要性。

8. 在摄影测量与遥感中的应用

1)简介

在摄影测量中,DEM可用于正射影像的制作、单片修测以及航测飞行路线的规划等方面。

对任何航测项目来说,首要的事情就是获取符合特定重叠度要求的航空像片。航空像片重叠度受很多因素的影响,地形的起伏是其中一个因素。为了确定在任意位置地形对重叠度的影响,可以使用数字高程模型对飞行路线进行模拟。

正射影像图是通过微分纠正技术从透视像片上获取的。微分纠正可消除由于像片压平误差和地形起伏造成的影像位移。通过使用DEM,像片上任意一点由地形起伏造成的影像位移都可被纠正过来。在正射影像图的制作中,使用DEM被证明是一种十分有前途的方法。另外,可将DEM与航空相机的外方位元素结合起来,使用单张像片进行地面地物的绘制。这种技术称作单片制图,已被用于地图的修测。

DEM在遥感中主要用于卫星影像的处理与分析。卫星影像处理的一个方面是卫星影像的排列。这是一种在两个或多个影像的元素中确定对应值,同时变换其中一幅影像以使其与另一幅影像对应排列的技术。影像排列过程可通过自动选择地面控制点而自动完成。在这种情况下,数字地面模型可用于产生对应影像获取时光照环境的地形表面的合成影像,此后使用边界提取技术检测线性地物,用于合成影像与卫星影像之间的变换。

2)数字高程模型在制作正射影像图中的应用

正射影像图是由正射影像片镶嵌制成的、具有规定图幅尺寸的正射投影影像地图。它是航空遥感图像的一个主要产品,广泛用在资源调查、生态环境监测和城市规划等重要领域。制作正射像片的作业称做微分纠正,大多采用"缝隙扫描"的方式进行。"缝隙"宽度通常为1mm,长度从2mm到16mm分成几个等级。地面起伏复杂的摄区应选用长度较短的"缝隙"。

3)数字高程模型在航天遥感数字图像定量解译中的应用

航天遥感数字图像的定量解译,是指从航天遥感数字图像的灰度像元组合中,提取具有地理位置、长度、方向、面积和体积等准确量度的各种地面特性或地学信息。数字高程模型在航天遥感数字图像的定量解译中的应用包括以下两方面的内容。

（1）用具有准确地理空间定位的数字高程：模型对航天遥感数字图像进行几何校正。

（2）借助数字高程模型提高航天遥感数字图像专题解译的准确度。

①几何校正

由于航天遥感探测器自身结构性能未能达到理想水平或偏离设计指标，卫星运行时姿态的随机变化以及地球环境的影响，使遥感图像发生几何畸变。影响图像几何畸变的主要环境因素是地表曲率、地球旋转、大气折光和地面起伏等，遥感图像几何纠正所采用的数学模型可分为参数法和非参数法两大类。参数法的数学模型通常采用多项式或共线方程。两种方法都需要量取足够数量的控制点，建立用于几何纠正的数字高程模型。

②借助数字高程模型提高遥感图像的解译和分类精度

早期的航天遥感图像解译，一般仅利用像元灰度数据。有按训练样本进行监督分类的，也有进行纯客观非监督分类的；有用统计模式识别的，也有用语法结构模式识别的；有结合纹理的，也有不结合纹理的。所有这些解译和分类方法都不容易获得与实际情况有较高符合率的结果。这是因为地物光谱响应深受环境条件干扰，往往会出现同物异谱和同谱异物等复杂现象，难以按地物光谱特性进行可靠的解译和分类。在经过几何纠正的遥感数字图像上，叠加描述地面起伏的数字高程模型，可提高图像解译和分类的准确度，起到相互校核和修正的作用。对于绝大部分有待解译和分类的地面特性，不论属于自然资源环境的，还是社会经济范围的，都与地面起伏形态有关，而且叠加数字高程模型，可减弱"本阴"和"遮荫"效应对图像解译的影响。一些发达国家，已经有全国范围或区域范围的不同点距的格网数字高程模型产品供提高遥感图像的解译和分类精度用。

9. 作为背景叠加各种专题信息

非测绘应用的课题，通常都根据各自的具体需要，将某些专题信息如该专题的专业数据结合在一起，叠加在数字高程模型上，构成综合的数字地面模型，直接提供辅助决策。

第六章 基于网络的地理信息系统

计算机网络和地理信息系统技术彻底改变了数据信息的获取、共享、传输和分析方式。网络技术能方便地获取和传输包括交通信息在内的各种类型的数据,无论是政府还是企业、个人,都可以容易地在互联网上建立网页和发布交通信息。通过互联网,人们可以进行实时登录、查询和下载,大大提高了信息获取的能力。GIS 与 Internet 技术的结合,极大地增强了 GIS 处理空间信息的能力,基于网络的地理信息系统 Web GIS 是 GIS 技术的新发展。

第一节 网络与因特网技术的基本概念

一、计算机网络的基本概念

计算机网络是计算机技术和通信技术高度密切结合而形成的新的技术领域,所谓计算机网络是指将分散的计算机通过通信线路有机地结合在一起,达到互相通信、软硬件资源共享的综合系统。计算机网络的主要功能是文件共享、文件传输、信息访问、应用程序共享、打印机共享等硬件资源和使用电子邮件等。

计算机网络的基本特征主要表现在:

(1)计算机资源共享。计算机资源主要指计算机硬件、软件与数据。网络用户既可以使用本地计算机资源,也可以通过网络访问联网的远程计算机资源,还可以调用网中几台不同的计算机共同完成某项任务。比如,利用计算机网络可以在全网范围提供对处理器资源、存储资源、输入输出资源等的共享,特别是对于巨型计算机、高速激光打印机、大型绘图仪和大容量外部存储器等高级或昂贵设备的共享,可以使用户节省投资,也便于集中管理和均衡负荷。

(2)互联的计算机是分布在不同地理位置的多台独立的计算机,互联的计算机之间可以没有明确的主从关系。每台计算机既可以联网工作,也可以脱网独立工作;联网计算机可以为本地用户服务,也可以为远程网络用户服务。计算机网络为分布在不同地理位置的用户提供了强有力的通信手段,可以通过计算机网络来传送电子邮件,发布新闻消息和进行电子数据交换,极大地方便了用户,提高了工作效率。

(3)联网计算机之间的通信必须遵循共同的网络协议。计算机网络由多台计算机互联而成,网络中的计算机需要不断地交换数据。为保证网络中计算机能有条不紊地交换数据,要求网络中的每台计算机在交换数据的过程中遵守事先约定好的通信规则。随着半导体技术和数字通信技术的发展,计算机网络呈现出综合化和高速化的特点。

1. 计算机网络的基本结构

计算机网络从逻辑功能上可以分成两个部分:资源子网与通信子网(图 6-1)。资源子网由主机系统、终端、终端控制器、联网外设、各种软件资源与信息资源组成,负责全网的数据处理业务和向网络用户提供各种网络资源与网络服务。通信子网由通信控制处理机、通信线路与其他通信设备组成,负责完成网络数据传输、转发等通信处理业务。

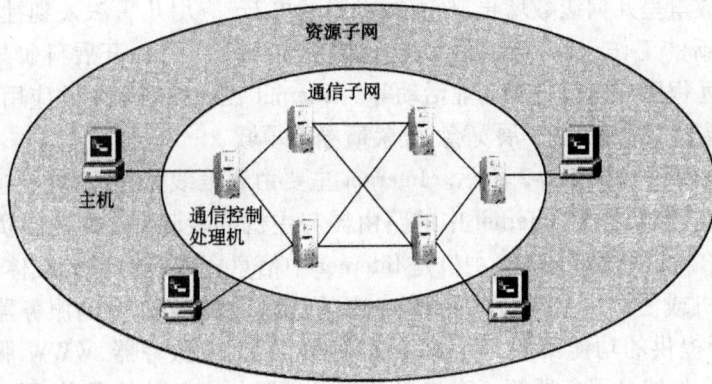

图 6-1　计算机网络的基本结构

2. 计算机网络分类

1）按网络的覆盖范围分类

按覆盖的地理范围不同，计算机网络分为局域网（LAN，Local Area Network）、城域网（MAN，Metropolitan Area Network）和广域网（WAN，Wide Area Network）三类。局域网用于将有限范围（如一个实验室、一幢大楼、一个校园）的各种计算机、终端与外部设备互联成网。城域网是介于局域网和广域网范围之间的一种网络，其物理连接的地理范围一般为一座城市，约 5 ~50km。广域网也称为远程网，它所覆盖的地理范围从几十公里到几千公里，是一种可跨越国家和地区的遍及全球的计算机网络，Internet 是目前世界上最大的广域网。

2）按计算机网络的传输媒体分类

分为有线网和无线网两种。

3）按拓扑结构分类

分为总线网、环形网、星形网、网状网等。

4）按传输技术分类

分为基带网和宽带网两种。

5）按交换技术分类

分为线路交换网、报文交换网、分组交换网和异步传输模式。

6）按通信信道分类

分为广播式网络和点—点式网络。

二、因特网（Internet）的基本概念

Internet 是全球性的、最具影响力的计算机互联网络，也是世界范围的信息资源宝库。Internet 使分布在世界各地的计算机都成为整体中的一部分。

Internet 诞生的时间不长，其前身是 1969 年由美国国防部为冷战目的而研制的 ARPA-NET。1983 年，TCP/IP 协议正式成为 ARPANET 的协议标准。随着一些地区性网络的连入，Internet 逐步扩展到其他国家和地区。TCP/IP 协议为任何一台计算机连入 Internet 提供了技术上的保障，任何人、任何团体都可以加入到 Internet 中以共享它的资源。Internet 虽然规模宏大，但并没有指定的机构来管理它，Internet 的运行依赖于所有互联的各网络之间的协调工作。Internet 正逐渐成为全球性的互联计算机网络的大集合。

Internet 上的信息资源组成了世界上最大的信息资源库，经过多年的发展，Internet 的规模

149

越来越大,用户数量呈几何级数增长,随着技术不断更新,应用几乎深入到社会生活的每个角落,成为一种全新的工作、学习与生活方式。如在 Internet 上可以开展科研与远程教育,发布电子新闻,进行远程医疗以及各种商业活动等。Internet 在商业活动中的应用还延伸到电子数据互换 EDI、产品售后服务、电子展览会、股票债券等领域。

Internet 的逻辑结构如图 6-2 所示。Internet 主要由通信线路、路由器、主机与信息资源等部分组成。通信线路负责将 Internet 中的路由器与主机连接起来。路由器负责将 Internet 中的各个局域网或广域网连接起来。主机是 Internet 中信息资源与服务的载体。可以是大型计算机、普通的微机或便携机。按照在 Internet 中的用途,主机可以分为服务器与客户机两类。服务器根据它所提供的功能不同,分为文件服务器、数据块服务器、WWW 服务器、FTP 服务器、E-mail 服务器与域名服务器等。客户机是信息资源与服务的使用者,用户使用各类 Internet 客户端软件来访问信息资源或服务。信息资源关系到 Internet 的发展,Internet 的发展方向是如何更好地组织信息资源,并使用户快捷地获得信息。Internet 中存在各种类型的信息资源,如文本、图像、声音与视频等信息类型,涉及到生活的各个方面。WWW 服务的出现使信息资源的组织方式更加合理,而搜索引擎的出现使信息的检索更加快捷。

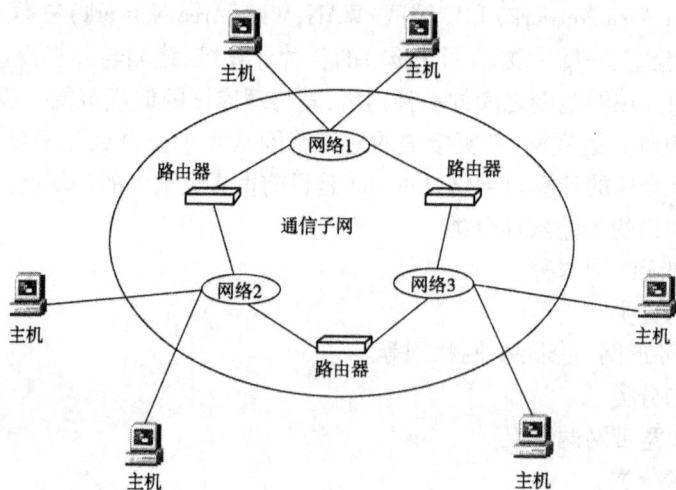

图 6-2　Internet 的逻辑结构

三、万维网(WWW)的基本概念

万维网,通常称之为 World Wide Web 网,缩写为 WWW 或 Web,有时也称为"环球网",它的出现是 Internet 发展中的一个里程碑。WWW 服务是 Internet 上最方便与最受用户欢迎的信息服务类型,也是最流行的信息浏览方式。基于超文本标注语言(HTML, Hypertext Markup Language)与超文本传输协议(HTTP, Hypertext Transfer Protocol)技术,万维网提供了一种面向 Internet 服务的、一致的、友好的信息查询接口,它以图文并茂的形式把包罗万象的信息展现在人们面前,通过使用 Web 浏览器,一个不熟悉网络知识的用户也可以很方便地通过 Internet 进行信息查询,用户只要操纵计算机的鼠标器,便可以通过 Internet 从分布于世界各地的网络服务器或称网站获取所希望的信息。由于 WWW 的优秀特性和易于掌握的操作方法,因而受到了 Internet 用户的极大欢迎,并成为推动 Internet 发展的强劲动力,世界上很多组织和个人纷纷建立起自己的主页 Homepage,极大的丰富了 WWW 的知识资源,使它成为了 Internet 上最大的信息宝库。目前,使用 WWW 除了可以查找各种资料外,还包括信息发布、实况转播、电子商务、远程教学、远程医疗、在线游戏娱乐等诸多的应用,已经涉及社会生活的各个领域,尤其是 WWW 与 GIS 的结合,使得人们可以获得通过一般互联网技术而不能实现的功能,成为万维网应用中最有前途和精彩的部分。万维网工作方式如图 6-3 所示。

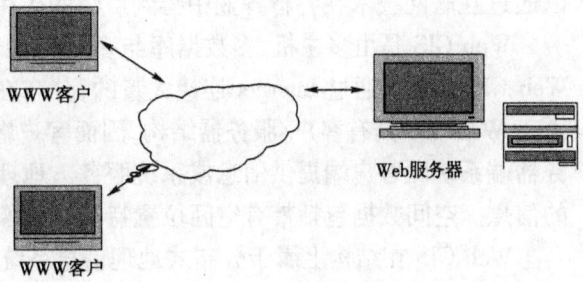

图 6-3 WWW 的工作方式

第二节 网络地理信息系统的设计

一、因特网技术在地理信息系统中的应用——Web GIS

20 世纪 90 年代以来,伴随着计算机技术、通信技术的快速发展,互联网 Internet 技术也得到了迅速发展,对人类社会生活产生了极为深远的影响,大大促进了人类社会文明的进步和经济的发展,Internet 技术正在改变着整个世界。互联网已经成为当今世界最大的信息网络。进入 21 世纪后,信息技术更加迅猛发展,随着通信、视频、宽带等信息网络与 Internet 相融合步伐的加快,以及下一代互联网 Internet 2 技术的日趋成熟,一些影响互联网普及和进一步应用的技术制约因素将得到解决,互联网日益成为信息化社会信息交流、信息获取的重要工具。基于 Internet 的 Browser/Server 体系结构的应用模式已经成为一种新的工业标准,广泛用于信息的发布、浏览和检索。

GIS 技术是 20 世纪发展最快的技术之一,随着多学科、多技术的发展和密切结合,尤其是空间分析理论和计算机技术的飞速发展,GIS 的含义与应用正在不断扩大。但传统 GIS 地理信息只限于局域网络内部使用,不能满足社会对地理信息的巨大需求,Internet 技术的迅速发展为 GIS 提供了一种崭新而又非常有效的地理信息载体。GIS 技术也是"数字地球"、"信息高速公路"和"智能交通系统 ITS"等系统的关键技术之一,受到整个信息领域的高度重视。当前,有关把计算机技术、虚拟现实技术 VR、遥感技术 RS、地理信息系统 GIS、全球定位系统 GPS、网络技术、通信技术等融为一体的集成技术的研究已经成为新的研究热点。而 GIS 的网络化应用趋势已成必然,以单机或局域网络为操作平台的工作模式终将被 Internet 操作平台所取代。万维网地理信息系统(Web GIS)就是基于 Internet 发展起来的一项新技术。Internet 开放的网络标准与良好的浏览器用户界面为 Web GIS 提供了广阔的社会应用前景。目前,Web GIS 是 GIS 领域一个非常重要的新兴的前沿研究方向,正在以惊人的速度发展。

1. 万维网地理信息系统(Web GIS)基本概念

万维网地理信息系统(Web GIS)是指基于 Internet 或 Intranet 平台、客户端应用软件采用 WWW 协议运行在万维网上的地理信息系统。国际学术界将这一技术通称为互联网地理信息系统,即:互联网 GIS,因特网 GIS,Internet GIS。它是利用互联网技术来扩展和完善地理信息系统的一项新技术,其核心是在地理信息系统中嵌入 HTTP 和 TCP/IP 标准的应用体系,实现互联网环境下的空间信息管理等地理信息系统功能,使基于地图(图形、图像)的应用系统得以通过互联网技术在各行各业中得到广泛的应用。

Web GIS 是由多主机、多数据库与多台终端通过 Internet/Intranet 连接而组成的。实际上 Web GIS 常常是通过 Internet 连接大量的,分布在不同地点、不同部门、独立的 GIS 系统组成。由于 Web GIS 具有客户/服务器结构,因而客户端具有获得各种空间信息和应用的功能,在服务器端系统向客户端提供信息或系统服务。地理信息是描述地球表面的空间位置和空间关系的信息。空间数据包括带有空间位置特征的图像、图形数据和与此相关的文本数据。

Web GIS 在结构上属于分布式地理信息系统模型,通过 Internet/WWW 机制可有效地实现分布式发布和处理地理信息。Web GIS 一般由四部分组成:Web GIS 浏览器(Browser),可以通过 Web 服务器连通到任何地点的另一个数据服务器上,读取各种地理信息;Web GIS 信息代理(Information Agent),是空间信息网络化的关键部门,主体(Agent)是信息代理机制和信息代理协议,提供直接访问数据库的功能;Web GIS 服务器,能解释中间代理请求及操作数据库服务器和实现浏览器和服务器的动态交互;Web GIS 编辑器(Editor),具有可视化、交互式、多窗口的功能,能建立 GIS 对象、模型和进行空间数据的编辑及显示。

Web GIS 开拓了地理信息资源利用的新领域,为 GIS 信息的高度社会化共享提供了可能,为 GIS 信息的提供者和使用者提供了有效途径,为传统地理信息系统的发展提供了新的机遇。它改变了 GIS 数据信息的获取、传输、发布、共享、应用和可视化等过程和方式。互联网为 GIS 数据提供者在 WWW(World Wide Web)上提供了方便的 GIS 数据信息发布与共享方式,GIS 信息在互联网(Internet)上以 WWW 形式发布。在线的空间数据仓库、库目录为 WWW 用户提供在线数据服务,使任何地方的任何 Internet 用户都可获得他们所感兴趣的地理信息,使地理信息真正成为整个社会的共同财富。用户不必购买昂贵的 GIS 软件,就可直接通过 Internet 获取 GIS 数据和使用 GIS 分析功能,并与其他的 GIS 用户实现实时通信,满足了不同层次用户对 GIS 数据的使用需求。Web GIS 是 GIS 技术发展的必然趋势,万维网已经成为地理信息系统新的操作平台。

2. 万维网地理信息系统(Web GIS)主要特点

1)基于 Internet/Intranet 标准

Web GIS 支持 Internet 网络通信和 TCP/IP 和 HTTP(超文本传输协议),采用标准的 HTML 浏览器作为应用外壳。支持 TCP/IP 和 HTTP 意味着 Web GIS 能与任何地方的数据相连,无论是单位内部或外部。实现这一层次的网络协议标准化是实现其他所有功能需求的基础和前提,也是 Web GIS 结构优越性的前提。无论客户机是何种操作系统,只要支持通用的 Web 浏览器,用户就可以访问 Web GIS 数据。

2)采用分布式服务体系结构

传统的 GIS 大都使用文件服务器结构的处理方式,其处理能力完全依赖于客户端,效率较低。而 Web GIS 采用分布式服务体系结构,这种计算模式能灵活地在服务器端和客户端之间合理分配处理任务,从而提高网络计算机资源的利用效率。分布式服务体系结构是在客户端和服务器端都能提供活跃的、可执行进程的体系结构,它能有效地平衡两者之间的处理负载,诸如动态提取数据子集并进行分析的进程任务,一般应当在服务器端执行,而不是在客户端;空间信息查询集的选定和按比例缩放地图则适合在客户端执行。把数据量集中的任务放在服务器上,使得应用程序能支持其他的网络请求,分布式处理显著地降低了带宽要求并提高了系统的性能。它允许用户嵌入自己定制的 GIS 服务,使用的数据既可以是本地的也可以是分布的数据集,从而使传统 GIS 向分布式 GIS 转变。

3) 发布信息速度快, 范围广

基于 Internet 技术, 客户可以同时访问多个位于不同地方的服务器上的最新数据, 而 Internet/Intranet 所特有的优势大大扩展了 GIS 的数据管理能力, 增强了对空间数据管理的时效性, 实现数据信息的实时发布、实时更新。Web GIS 的体系结构包括许多应用服务, 如制图、查询、地理编码等。传统的地理信息系统, 当用户规模有所扩大, 数据有所变更之后, 都需对原有系统做大量的改动。而在 Web GIS 中, 则只需维护服务器端的一套数据, 用户端就能及时看到更新的数据。

4) 数据来源丰富, 分布存储

Web GIS 能充分利用已有的 GIS 数据资源和属性数据库数据, 将常用的多种 GIS 数据转换成自己的空间数据格式和相应的关系数据库, 保护用户的先期投资。服务器端的 GIS 数据(包括图形和属性数据)不需要全部集中在一台机器上, 可以分散安装在不同的多台机器上, 这些机器可分布在空间距离很远的地方, 只要通过 Internet/Intranet 相连就可以。这种分散存储数据的方式可以大大降低系统负载, 加快访问速度和降低成本。这是 Web GIS 一个极其重要的优势。

5) 界面友好

Web GIS 使用标准的 Internet 浏览器作为用户使用界面和工具, 通过与用户交互可定制网页。开发工具丰富, 功能强大; 操作简单, 形象直观, 用户不需具备专业知识就可使用。

6) 投资少

利用 Internet 的基础设施, 以较少的投资就可以建立一套覆盖整个企业或全行业甚至世界范围的空间信息发布体系。终端用户不需要购买任何专门的 GIS 软件, 就可以享受到真正的、实时的 GIS 信息服务。

7) 安全性高

部分 Web GIS 软件具有对数据访问的安全控制。通过口令密码可以限制访问的范围和内容。对于面向全社会的专业信息系统, 在实际应用中, 往往要求根据不同的用户提供相应的信息。

8) 系统协同性好

遍布全球的代理商可以直接为用户发布数据并提供服务。用户可以将广泛分布的数据和本地数据结合在一起, 使不同地区的计算机主机协同工作。这种技术使得全球的存储在 GIS 数据库中的现有的空间信息发挥出巨大的效力。Web GIS 的用户可以在任何时间、地点共享和使用彼此的数据。任何人通过一个简单的浏览器界面就可以访问经过复杂的专业的 GIS 分析产生的数据。从而使全社会和各种组织作为一个整体将更有效的共享和利用现有的空间数据资源。

Web GIS 涉及在网络环境下, 地理信息的模型、传输、管理、分析、应用的理论与技术。作为地理信息系统的一种新形式, Web GIS 无论是在理论研究, 还是在应用技术方面都还处于发展阶段。无论怎样, 开放的 Internet 为 Web GIS 提供了广阔的社会应用发展前景, 万维网地理信息技术将是一个重要的、新兴的前沿研究方向。

3. 万维网地理信息系统(Web GIS)主要系统平台

Web GIS 是当今 GIS 研究的热点, 已成为国内外地理信息系统软件商激烈竞争的焦点, 各厂家不断推出新的 Web GIS 产品, 而且功能越来越完善。国外比较有代表性的 Web GIS 系统平台有: MapInfo 公司的 MapXtreme; Intergraph 公司的 GeoMedia Web Map; ESRI 公司的 ArcIMS;Autodesk 公司的 MapGuide;Bently 公司的 Model Server/Discovery 等。国内 Web GIS 主要产品有国家遥感应用工程技术研究中心开发的地网 GeoBeans;武汉吉奥信息工程技术有限公司的 GeoSurf 等。这些系统各有特色,简要介绍如下。

1)MapInfo 公司的 MapXtreme 平台

MapXtreme 是基于 Internet/Intranet 的地图应用服务器。它采用标准的 TCP/IP 协议,通过 HTTP 进行文档和文件传输,在浏览器端为标准的 HTML 语言,从而保证了与客户端浏览器的无关性。MapXtreme 系统平台分 MapXtreme for NT 和 MapXtreme for Java 两种平台。MapXtreme for NT 版以 MapX 为图形内核,将矢量地图转化成 GIF 或 JPG 格式的栅格图像,使用户可以通过 WWW 浏览器访问地图,同时实现了多平台上的地图缩放、平移等操作。使用 MapXtreme for NT 版,开发人员能集中地控制和维护地图和数据库数据,集中实现应用程序功能,避免了以往系统的维护、同步困难的问题,特别适合信息量大,用户多的单位应用。另外,由于使用 Web 浏览器作为客户端,更使开发人员可以将地图信息系统紧密地与其他系统结合,给用户提供统一、完整的综合信息系统。MapXtreme for Java 版基于简单、完备的对象模型层次结构,采用完全面向对象技术,为地图显示、地图查询、地图处理提供了广泛的途径和手段,是一个强劲、高伸缩、多线程的应用服务器。MapXtreme for Java 采用被称作 MAPJ 的组件为图形内核,扩展的 JavaBean 组件模型为应用程序接口,为开发商和用户应用提供了丰富的面向对象环境。

MapXtreme 与任何 Web 服务器和浏览器兼容,结构开放,能充分利用 ISAPI、NSAPI 或 CGI 的优越性,在任何 Web 服务器上运行。不需要专门的 Plug-In,可在任何基于 PC 或 UNIX 的 Web 浏览器上传送地图。MapXtreme 为创建专题地图提供了强有力的支持,可运用专题地图表现和分析数据,用户可以是使用范围值、等级符号、点密度、独立值、直方图和饼图等方式创建的各种专题地图。

2)Intergraph 公司的 GeoMedia Web Map 平台

GeoMedia Web Map 采用分布式体系结构,以 HTML 为应用层协议标准,以通用的浏览器为客户端软件,采用微软 Active Sever Pages(ASP)技术,客户端向服务器提出申请,所有程序都在服务器端执行,程序执行完毕,服务器仅将执行的结果返回给客户浏览器。GeoMedia Web Map 运用了超图空间数据仓库技术,可以直接访问商业关系数据库中的地理空间信息,发布动态的 GIS 页面,提供矢量地图的发布、检索、放大、缩小、漫游、动态视窗等功能。

使用 GeoMedia Web Map,地理数据需要转换成 CGM(Computer Graphics Meatfile)格式并保存于服务器上,可从工程中和复制的数据库中自动生成 ActiveCGM 超图数据。GeoMedia 可与办公自动化迅速集成,例如 Microsoft Word 或 Excel、多媒体和 GIS 的集成,可将视像、声音、图像与地理数据特征相连接。

3)ESRI 公司的 ArcIMS 平台

ArcIMS 是 ESRI 与 2001 年推出的基于 Internet 和 Intranet 环境的新一代 GIS 应用和地图数据服务产品,它包括了早期 MapObjects Internet Map Server(MapObjects IMS)和 ArcView Internet Map Sever(ArcView IMS)两种产品的所有功能。ArcIMS 具备了成熟的客户/服务器体系结构,允许对各层进行直接定制。客户端用户通过定制 HTML、JavaScript 或调用开放的对象模型,可以建立特定的 Internet 应用程序。在服务器端,ArcIMS 提供了投影和要素专题化等功能。中间件与其他流行的 Internet 技术兼容,可以使用 ASP、Microsoft Transaction Server、Cold Fusion、Active Server Pages 等技术进行定制,扩展了 WebGIS 网站的功能。ArcIMS 的主要特点

154

表现在:简单的基于向导的界面,强大的智能化的客户端,方便的定制功能,地图编辑和地图注释功能,高质量的制图显示功能和开放的、可伸缩的结构等方面。

ArcView IMS 提供包括 Java 和 ActiveX 在内的 MapCafe 工具。MapCafe 或开发者自己编制的 Java 小程序可用于创建客户端地图显示界面。基于 IMS 的 Web GIS 系统客户端仅用于地图显示,IMS 返回到客户端的也是以 GIS 或 JPEG 图像格式的形式表现的数据。GIS 操作如放大、缩小、漫游等皆由服务器的 ArcView 来完成。所得的结果以 GIF 或 JPEG 图像送到客户机浏览器显示。

IMS 能为开发者提供现成的 HTML 页面,也可按要求生成网页片段,嵌入用户的网页中。

4)Autodesk 公司的 Autodesk MapGuide 平台

Autodesk 公司发布的面向 Internet 和 Intranet 的 Web GIS 平台具有较强的开发环境,为开发人员提供了大量的 API 函数和灵活的地图制图工具。可以使用 Java、Visual Basic、Cold Fusion 及其他一些符合 Web 标准的数据库和报表软件与 Autodesk MapGuide 集成。还提供了服务器管理工具,可方便地对应用系统进行维护和管理。Autodesk MapGuide 包括四个软件产品,即 Autodesk MapGuide Server 空间数据(地图)、用于提供快速 Web 应用开发及向浏览者发布空间数据(地图)的 Cold Fusion、用于制作空间数据(地图)的 Autodesk MapGuide Author、安装在客户端(浏览器)以访问集成的 Web 站点的设计工具 Autodesk MapGuide Viswer。Autodesk MapGuide 以易于操作、应用简便和地图交互能力强等优点得到了广泛采用。

MapGuide 允许用户创建点、线和多边形的动态缓冲区,增强了 GIS 的分析功能。MapGuide 支持栅格图像目录(RIC)文件,可以把一系列的图像引用在某一个图层上。MapGuide 的 MWF 文件支持嵌入 URL,可方便地从地图上启动其他文档或对象。通过 Web 的统一资源定位器(URL),地图上的每个对象都可以连接到一个文档上,显示的文档,可以是 HTML 的 Web 页面、GIF 图像、录像片段、被 Server 端的 CGI 程序动态生成的复杂的报告表单或者其他的矢量地图。当 MapGuide 启动文档的时候,也可以安排附加的传送信息,附加信息可以是地点或是从地图上选中目标的列表,从而可以制作其他可能有用的更加丰富和详细的报告。

5)国家遥感应用工程技术研究中心的地网 GeoBeans 平台

GeoBeans 是基于 Internet/Intranet 环境的分布式网络 GIS 平台,采用 Browser/Server 结构和与平台无关的 Java 语言 GeoBeans 构件模型,可在多种系统平台上运行(Windows 或 Unix),支持栅格和矢量数据处理,提供网络化解决方案。GeoBeans 包括服务器端图形转换、图形编辑、图形管理、符号编辑、空间分析、三维可视化、智能发布向导、发布服务器八个模块及客户端 CMExpress 模块。GeoBeans 的主要功能是:空间矢量图形的分层显示和管理,栅格图形与矢量图形的放大、缩小和平移等操作;兼容多种空间数据格式,可以读取多种数据格式(GBD、DXF、MapInfo、Map GIS、ArcView、ArcInfo 等);采用 JDBC 技术,可以连接多种大型数据库(Oracle、sybase、SQL Server);空间、属性数据双向可视化查询、统计数据图形化分析;路径分析、用户动态制图及个性化地图输出;兼容 MIS 系统、智能二次开发向导、并发处理多用户。

GeoBeans 具有使用简单、维护方便,支持二次开发和可以跨平台运行等特点,用户不需具备专业知识,短时间内就可安装和配置软件,构建 GIS 系统。GeoBeans 能针对网络的不同状况,将应用分布在不同的机器上。采用 Java 的 RMI 技术,实现了对象级的分布式计算的互操作。

6)武汉吉奥信息工程技术有限公司的 GeoSurf 平台

GeoSurf 基于 Internet/Intranet 的分布式计算环境,系统模块采用组件化构造和分布式处理方式,同时以 Java/JDBC 构造多数据源地理信息互操作中间件。GeoSurf 将矢量图形与数据库无缝连接,与硬件环境无关,实现了异质数据的透明获取、操作。GeoSurf 还包括一个后台运行模块 GeoAdmin。GeoSurf 用于客户端矢量图形的放大、缩小、漫游、查询以及专题图制作、图形输出等一系列 GIS 信息的远程访问。GeoAdmin 通过为 GIS 数据的在线发布提供可视、自动、持久、安全的管理机制,实现空间数据多源集成、图幅自动定制、系统安全性管理、地名索引表创建、多媒体数据结合以及 GIS 的数据编辑等功能。

GeoSurf 的主要功能和技术特点是:适合于客户端不同操作系统平台,通过目录服务实现分布式数据源的组织、管理、图形分层调用和显示,使用地名数据库直接查询地名信息并浏览对应的矢量图形,实时生成基于矢量的点线符号和智能化显示;常用地图及专题图制作、多层叠加、图符拖动、风格修改、图例、统计图等图形生成功能;可视化方式下图形与属性互查、最佳路径选取、多种比例尺图形调用和生成、地理数据属性报表生成打印;基于超图模型的声音、文本、图像、视频、虚拟现实与空间信息的交互、直接读取多种数据源数据(GeoStar、AutoCAD、MapInfo、MGE、ArcInfo 等);大型关系数据库管理海量属性数据、多种语言实时转换等。

4. 万维网地理信息系统(Web GIS)应用系统

随着计算机技术、信息技术、通信技术和 3S 技术的快速发展,互联网上已经出现了许多 Web GIS 应用实例,如提供万维网地理信息系统在数字城市中的应用的数字地球网站(http://www.digitalearth. net. cn)。万维网地理信息系统技术应用范围非常广泛,几乎涉及人类生活的各个方面,不仅可以应用于农业、林业、水利、海洋、地质、交通、通信、航空、新闻媒体、城市建设、教育、科技、医学、环境、人口以及军事等领域,还可应用于旅游、智能交通、统计分析、房地产、油气管理、土地和地籍管理、水资源管理、环境监测、资源合理利用、跟踪污染和疾病的传播区域、商业选址、市场调查、移动通信、民用工程、城市管道管理、在线政府公共信息服务等与人们生活密切相关的方方面面。可以相信,随着万维网地理信息系统技术的不断发展和完善,人类社会将会进入一个真正的信息社会。

二、计算机网络系统的连接方式

随着全球信息化的发展,社会对网络技术的需求不断增长,网络互联技术也日益受到人们的重视,网络内计算机与计算机之间、网络与网络之间的互联技术都得到了飞速发展。下面分别介绍局域网中计算机的连接方式和网络与网络之间的互联技术。

1. 局域网中计算机的连接方式

局域网通常是属于一个单位所有,如公司、机关、学校等有限范围内的计算机、终端与各类信息处理设备连接在一起形成的计算机网络,局域网能提供传输速率高、误码率低的高质量数据传输环境,而且易于建立、维护和扩展。局域网在网络拓扑结构上主要分为 3 种:星状、环状、总线。

1)星状

图 6-4 是典型的星状局域网的拓扑结构。星状网络由一个中央节点和与其相连接的许多分支节点组成,它使得分布在各个节点之上的用户所使用的数据以及它们在网络上所从事的各种应用,具有一定程度的集中控制性。

在星状局域网中,每个计算机都以单独的网线通过中继器与其他计算机相连,如果某个计算机的网络段出现故障,不会影响整个网络的运行,并且故障也容易排除,这是星状局域网的

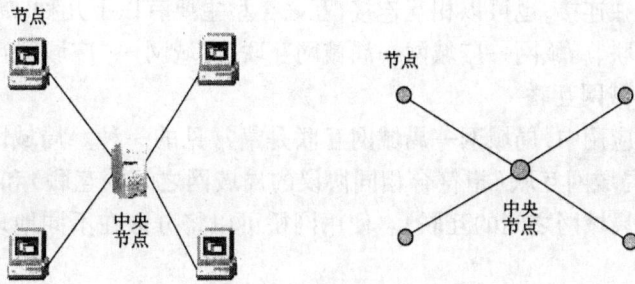

图 6-4　星状局域网的拓扑结构

优点之一;缺点是网络的扩大受中继器的限制,而且中继器的故障会导致整个网络停止运行。

2)环状

图 6-5 是环状局域网的拓扑结构。在环状网络中,所有节点通过相应的网卡,使用点—点线路连接而形成一个封闭环路。环中数据沿着一个方向绕环逐站传输。环状网络的优点是接口功能简单,节点增减容易,信息单向传输,易实现信息的广播式发送;缺点是可靠性差。

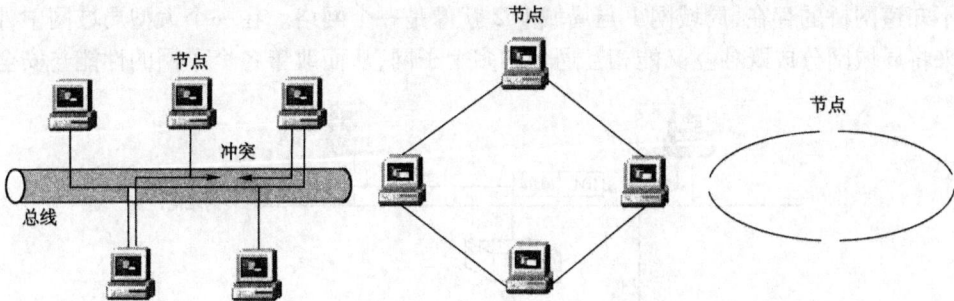

图 6-5　环状局域网的拓扑结构

3)总线

图 6-6 是总线局域网的拓扑结构。总线网络具有一条中央线,各种设备通过网卡直接连接其上。总线网络是局域网中常见的一种网络。它具有结构简单、费用低、易扩大、可靠性较好的优点,缺点是不易维护,一旦网络中有一段发生故障都会导致整个网络的运行终止,而且在联机较多的情况下故障网段不易查找,同时在传输数据时易出现"冲突"而导致传输失败。

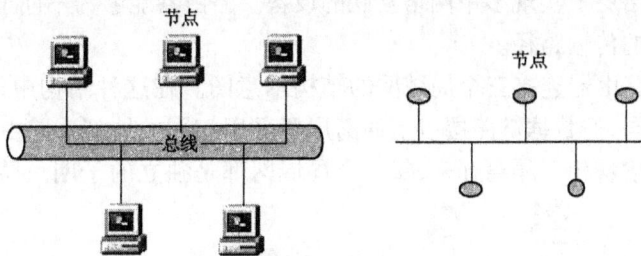

图 6-6　总线局域网的拓扑结构

2. 网络与网络的互联

网络互联是指将分布在不同地理位置的网络、设备相连接,以构成更大规模的互联网络系统,实现在更大范围内对互联网络资源的共享。

计算机网络按网络覆盖的地理范围不同,可以分为局域网、城域网和广域网三类。这三种

157

网络之间既可以单独连接,也可以相互连接,互联类型主要有以下几种:局域网—局域网互联、局域网—广域网互联、局域网—广域网—局域网互联、广域网 — 广域网互联。

1)局域网—局域网互联

在实际的网络应用中,局域网—局域网互联是最常见的一种。局域网—局域网互联进一步可以分为:同种局域网互联(指符合相同协议的局域网之间的互联)和异型局域网互联(指不符合相同协议的局域网之间的互联)。使用网桥可以将分散在不同地理位置的多个局域网互联起来。

网桥是在数据链路层上实现网络互联的设备,它能够互联两个采用不同数据链路层协议、不同传输介质与不同传输速率的网络。

图 6-7 是两个局域网通过网桥实现互联示意图。如果局域网 1 中地址为 201 的节点想与同一局域网中地址为 202 的节点通信,网桥就可以接收到发送帧,但网桥在进行地址过滤后认为不需要转发,因而会将该帧丢弃;如果节点 201 要与中节点 104 通信,节点 201 发送的帧就可以被网桥接收到,网桥进行地址过滤后识别出该帧应发送到局域网 2,网桥将通过与局域网 2 的网络接口转发该帧,这时局域网 2 中的 104 节点将能接收到这个帧。从用户的角度看,用户并不知道网桥的存在,局域网 1 与局域网 2 就像是一个网络。在一个大型局域网中,网桥常被用来将局域网分成既独立又能相互通信的多个子网,从而改善各个子网的性能与安全性。

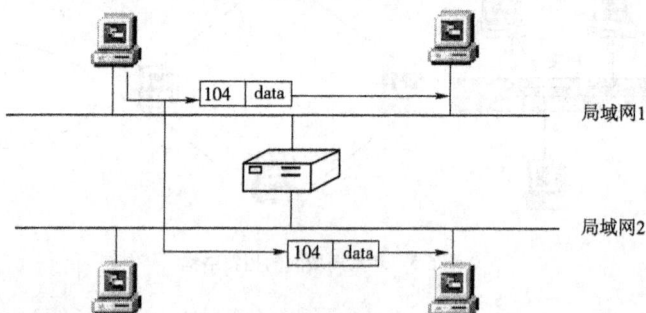

图 6-7　网桥的工作原理

2)局域网—广域网互联

通过路由器或网关可以实现局域网—广域网的互联。

路由器是在网络层上实现多个网络互联的设备。路由器能够为不同子网的计算机之间的数据交换选择适当的传输路径。

图 6-8 是使用路由器连接三个局域网的结构示意图。在这种结构中,局域网的数据链路层与物理层可以不同,但数据链路层以上的高层要采用相同的协议。路由器可以有效地将多个局域网的广播通信量相互隔离开来,每一个局域网都是独立的子网。局域网 1 中的源节点

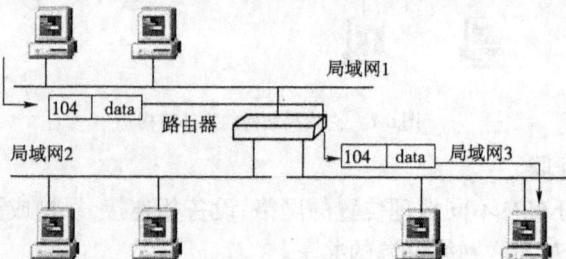

图 6-8　路由器的工作原理

158

101 生成了一个或多个分组,这些分组带有源 IP 地址与目的 IP 地址。如果局域网 1 中的 101 节点要向局域网 3 中的目的节点 104 发送数据,那么它只需按正常工作方式将带有源 IP 地址与目的 IP 地址分组装配成帧发送出去。连接在局域网 1 的路由器接收到来自节点 101 的帧后,由路由器的网络层检查分组头,根据分组的目的 IP 地址去查路由表,确定该分组输出路径。路由器确定该分组的目的节点在局域网 3,它会将该分组发送到目的地节点所在的局域网。

由路由器互联的局域网中,每个局域网只要求网络层及以上高层的协议相同,数据链路层与物理层协议可以是不同的。例如,路由器可以分别连接以太网与令牌环网。路由器与以太网连接使用以太网卡,而与令牌环网连接就需要用令牌环网卡。虽然以太网与令牌环网的帧格式与 MAC 方式不相同,但路由器可以通过不同的网卡处理不同类型局域网的帧。

在一个大型互联网中,经常用多个路由器将多个局域网或局域网与广域网互联起来,路由器之间也可以用点到点线路连接。路由器应该能够根据互联网结构的变化来更新与维护路由表,还应该允许节点增加、减少与移动位置。

如果互联的局域网高层采用了不同的协议,为了解决不同类型主机之间的通信问题,就需要用多协议路由器(图 6-9)。多协议路由器具有处理多种不同协议分组的能力,它可以处理不同的分组的路由选择与分组转发问题。

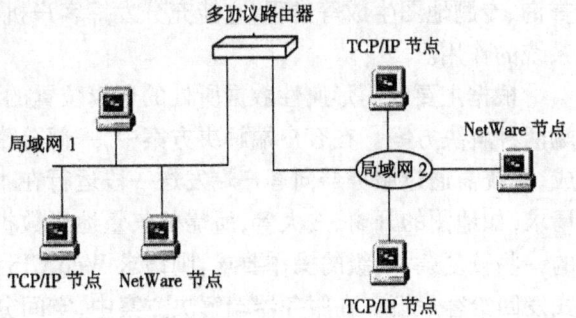

图 6-9 多协议路由器实现网络互联

3)局域网—广域网—局域网互联

通过广域网实现两个分布在不同地理位置的局域网互联,是常见的互联类型之一,此种互联结构正在改变主机通过广域网中的通信控制处理机(CCP)的传统接入模式。多台主机通过局域网接入广域网是今后接入广域网的主要方法。实现局域网—广域网—局域网互联的网络设备是路由器或网关。

网关是在传输层及以上高层上实现多个网络互联的设备,它可以实现不同网络协议之间的转换功能。

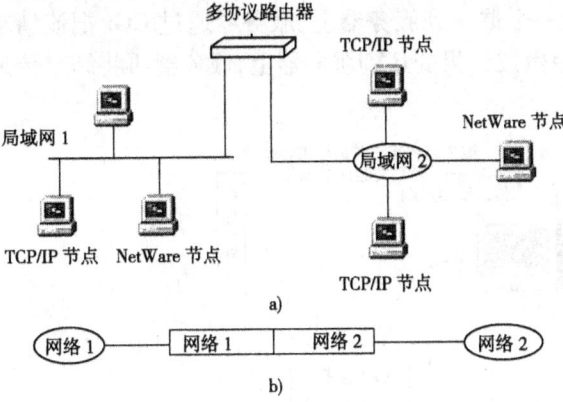

图 6-10 网关的工作原理与基本结构
a)工作原理;b)基本结构

网关的工作原理如图 6-10 所示。假设一个 NetWare 节点要与 SNA 网中的一台主机通信,在这种情况下,因为 NetWare 与 SNA 的高层网络协议不同,所以局域网中的 NetWare 节点不能直接访问 SNA 网中的主机,它们之间的通信必须通过网关来完成,网关通过使用适当的硬件与软件可以完成不同网络协议之间的转换。网关的作用是为 NetWare 节点产生的报文加上必要的控制信息,将它转换成 SNA 主机支持的报文格式。当 SNA 主机要向 NetWare 节点发送信息时,网关同样要完成 SNA 报文格

159

式到 NetWare 报文格式的转换。

4)广域网—广域网互联

广域网—广域网互联也是目前常见的方法之一,连入各个广域网的主机资源可以实现共享。广域网与广域网之间的互联通过路由器或网关来实现。

三、基于网络地理信息系统 Web GIS 的构建

基于网络地理信息系统 Web GIS 支持 Internet/Intranet 通信技术标准,采用分布式体系结构 Client/Server。分布式应用体系结构是客户端与服务器端都具备提供功能强大、可执行进程的体系结构,它能有效地平衡客户端与服务器端之间的处理负荷,实现计算分布和数据分布的目标,使系统具有可互操作性,服务器端执行数据量集中的处理任务,客户端完成诸如空间查询、专题地图生成等进程,它能充分发挥客户机与服务器各自的优势,最大限度地发挥应用系统的作用。

根据主要的图形属性数据所处的逻辑位置的不同,一般将 Web GIS 分为服务器端和客户端两种解决方案。在客户端解决方案中,一部分常见的 GIS 分析和数据处理工作在客户端完成,系统需通过服务器向客户端发送一段运行在本地机上的客户程序。用户发出的一些简单请求,如地图的开窗、放大等,所需的矢量地形数据直接向服务器申请。对客户程序不能处理的一些较复杂、高级的操作要求,则请求 Web GIS 服务器处理,处理的结果也以矢量数据的形式发回给客户端。在服务器端解决方案中,空间分析和输出全由服务器完成,客户端仅负责用户请求和数据输入,通用网关接口 CGI 负责实现与 Web GIS 服务器的连接,最后客户端将结果显示出来。客户端解决方案与服务器端解决方案相比,客户端解决方案具有用户操作灵活方便的特征,能有效地减少网络传输和服务器的负担,而服务器端解决方案则具有处理大型数据库和完成复杂的 GIS 空间操作的能力。

下面简要介绍目前构建 Web GIS 系统的几种常用技术方法。

1. 利用 CGI 技术方法构建 Web GIS 系统

通过网关接口 CGI(Common Gateway Interface)的方法,就是互联网络服务器(Web Server)通过调用外部应用程序的接口扩展网络服务器的功能。客户端通过网络服务器激发 CGI 程序的响应实现具体的操作,读取超文本标识语言(HTML)文件,并将读取的数据信息或文件,通过服务器送往客户端。在服务器端,GIS 软件通过 CGI 与 Web 服务器相连;在客户端,Web 浏览器以 HTML 建立用户界面。当用户发送一个请求到服务器上,服务器通过 CGI 把该请求转发给后端运行的 GIS 应用程序,由应用程序生成结果交还到服务器上,服务器再将结果传递到用户端,其工作方式如图 6-11 所示。

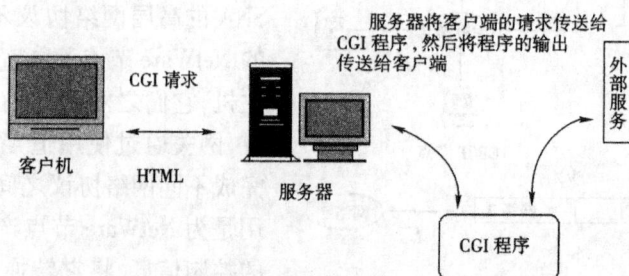

图 6-11　CGI 工作原理

CGI 技术在任何平台上都可以应用,可以用任何语言编写,其应用非常广泛。许多商业化系统如美国 ESRI 公司的 Internet Map Server for ArcView 和 Mapinfo 公司的 Mapinfo MapXtreme 等 Web GIS 系统软件采用的就是 CGI 技术。利用 CGI 技术方法构造 Web GIS 具有简单易行的特点,缺点是效率低,适用于对原有 GIS 系统的网络化改造。

2. 利用服务器端应用程序接口建立 Web GIS 系统

服务器应用程序接口技术的基本原理与 CGI 类似,区别在于 CGI 程序是可以单独运行的程序,而基于服务器应用程序接口的程序必须在特定的服务器上运行。这种方法的特点是速度要比 CGI 方法快得多,因为基于服务器 API 的动态连接模块启动后会一直处于运动状态,而不像 CGI 每次都要重新启动。缺陷在于它依附于特定的服务器和计算机平台。例如,微软公司的 ISAPI 只能在视窗(Windows)平台上运行。

CGI 技术和服务器应用程序接口技术两种方法,虽然增强了用户端交互性,使用户可以获取各种地理空间数据和地图,但传给用户的是静态的信息。用户不能操作单个地理实体以及快速放大和缩小地图,因为在用户端整个地图图像是一个实体,任何用户的 GIS 操作,如放大、缩小等都需要服务器来完成。当互联网流量较高时,系统反应会很慢。解决这一问题的方法之一是把一部分服务器的功能移到用户端。这样就可以大大提高用户操作的反应速度,减少互联网上流量和服务器的负载。

3. 利用 Piug-in 插件技术方法建立 Web GIS 系统

美国网景公司(Netscape)开发的增加网络浏览器功能的插件法(Plug-in),提供了一套应用程序接口,可用于研制和网络浏览器直接交换信息的专门的 Web GIS 软件包。插件使 Web 页面提供者在现有标准支持下,可以随时加进新内容,音频、视频、图形、多媒体和商业客户应用程序等全部是 HTML 页上的有效内容。目前流行的 Internet/Intranet 网络浏览器,如网景公司的 Netscape 和微软公司的 Internet Explorer(IE)等均具有应用程序接口(API),其目的就是方便网络开发商和用户扩展满足用户需求与网络相关的特定应用。Plug-in 技术方法在客户端的浏览器上增加一个能识别矢量图形数据的插件。通过该插件,服务器端的矢量图形数据无须转换,就能直接通过 Web 浏览器实现图形浏览、查询和分析等操作功能,大大减少了网络的数据传输量,较好地解决了网络上图形数据信息的传输“瓶颈”。同时,矢量图形与其属性数据已建立的对应、关联关系也易于保存。美国 Inergraph 公司的 Web Map Server for GeoMedia(插入件为 ActiveCGM)就是采用 Plug-in 插件技术方法实现的 Web GIS 系统软件,以此方式建立的系统的主要特点是速度快,客户端操作的是矢量地图数据。缺点是需要先从互联网上获取特定的插件,安装后再使用。美国 Autodesk 公司的 Web GIS 系统平台 MapGuide 利用位于客户端的 MapGuide Plug-in 插件(插入件为 Viewer)和服务器端的 MapGuide Server,通过其特有的“地图窗口文件”实现基于矢量图形数据的各种操作和管理,如动态发布与图层管理等。地图窗口文件 MWF 包含地图属性、安全信息、地图图层属性、原始地图数据和用户接口标准等信息。这种技术方法的特点是以通用的浏览器为载体或平台,易于操作使用。同时它是嵌入式的插件,它自身所提供的强大的图形及数据库操作功能与浏览器功能相结合,较好地解决了图形与属性数据的双向浏览、检索、查询,以及统计分析等操作功能。

4. 利用 Java 编程语言建立 Web GIS 系统

Java 编程语言是基于网络应用开发的面向对象的新一代计算机编程语言。它具有对象封装、多态性和继承性等面向对象语言的基本特征,且绝大部分数据类型都是以对象形式出现。Java 语言无全程和主函数,采用虚拟机(Java Virtual Machine)技术,具有封装性强、实现目标代码与平台无关、支持 Internet/Intranet 网络模式下的数据分析与计算分布的特性。为保证这些特性的实现,Java 语言通过提供 URL 对象方式,访问具有 URL 的数据对象,实现数据分布管理;通过将 Java Applet 小程序传送到客户端并下载,实现计算分布管理。Java 语言既可以将计算和其他操作全部在服务器上实现,也可以将部分计算和操作在服务器上完成,其他功能在客户机上运行。Java 语言是实现 Web GIS 的分布式应用体系结构理想的开发语言。

目前利用 Java 编程语言开发 Web GIS 系统有两种方式:一种是仅利用 Java 语言开发客户端的 GIS 功能,服务器后台仍以传统的开发方式进行或直接对原有的系统进行适当的改造。这种方法的特点是系统开发简单易行,能充分利用原有基础,可以大大缩短系统的开发周期,同时又能保证开发的 Web GIS 系统具有较强的制图和地理空间分析能力。另一种方式是在客户端和服务器端都采用 Java 编程语言从系统的底层开发,即简单的 GIS 功能在客户端解决,较复杂的 GIS 功能在服务器端完成。这是一种较理想的开发方式,采用这种方法构建的 Web GIS 具有真正意义上的 Browser/Server 结构体系。但由于这种开发方式一切都得从底层做起,系统开发的工作量很大、周期长,对一般开发单位具有相当的难度。

5. 利用 ActiveX 控件和 DCOM 组件对象模型技术建立 Web GIS 系统

ActiveX 是一种对象链接与嵌入技术(OLE),可应用于 Internet 的开发。ActiveX 的基础是 DCOM(Distributed Common Object Model)分布式组件对象模型。组件对象模型 DCOM 和 ActiveX 控件技术方法具备构造各种 GIS 系统功能模块的能力,结合相应的 OLE(对象链接与嵌入)、SDE(空间数据引擎)技术,可以开发出功能强大的 Web GIS 系统。采用这种技术构建的 Web GIS 系统,不仅灵活性高,使 Web 页面成为一种动态的、跳跃的页面,而且扩展能力强,可充分利用客户机/服务器体系结构优势,是目前较为流行的一种实现方法。美国 ESRI 公司的 Web GIS 软件系统 Internet Map Server for MapObjects 就是采用这种技术建立的。MapObjects 包含大量的可编程组件,具有很强的 GIS 功能和制图功能,通过调用这些构件,用户可以建立自己的 Web GIS 应用系统。

表 6-1 是目前流行的 Web GIS 的工作模式及主要运行环境比较。

万维网地理信息系统实现方法比较   表 6-1

类　型	工作模式	运行环境	优　点	缺　陷
基于 CGI 的 Web GIS	CGI	服务器	客户端很小;充分利用服务器的资源	JPEG 和 GIF 是客户端操作的唯一形式;互联网的服务器的负担重
基于服务器 API 的 Web GIS	服务器 API	服务器	客户端很小;充分利用服务器的资源;速度较快	PEG 和 GIF 是客户端操作的唯一形式;依附于特定的服务器和计算机平台
基于 Plug-in 的 Web GIS	Plug-in	客户机	具有动态代码的模块,比 HTML 更灵活,可直接操作 GIS 数据	与平台和操作系统相关,不同的 GIS 数据需要不同的 Plug-in 支持,Plug-in 必须安装在客户机的硬盘上
基于 Java Applet 的 Web GIS	Java Applet	服务器 客户机	在支持 Java 的互联网浏览器上运行,与平台和操作系统无关;分布式处理数据对象	对于处理较大的 GIS 分析任务的能力有限;GIS 数据的保存,分析结果的存储和网络资源的使用能力有限
基于 ActiveX 的 Web GIS	ActiveX 控件	客户机	具有动态代码的模块;通过 OLE 与其他程序、模块和互联网通信;是一种通用的部件	ActiveX 需要下载和安装,占用硬盘空间;与平台和操作系统相关;不同的 GIS 数据需要不同的 ActiveX 控件支持

四、基于 Web GIS 软件平台的应用开发实例介绍

Web GIS 系统从开始研究和应用至今已近 10 年,其系统功能不断完善,应用也逐渐普及。如基于 Autodesk MapGuide 的土地信息系统、基于 MapInfo MapXtreme 的水利系统、基于 Intergraph GeoMedia Web Map 的环境监测系统和基于 ESRI ArcView IMS 的病虫害防治系统等。本节简要介绍基于 Autodesk MapGuide 的互联网土地查询信息系统,以帮助读者初步了解和把握 Web GIS 的基本概念、体系结构、设计原理、功能特点、环境要求和开发方法等。

1. 基于 Autodesk MapGuide 的互联网土地查询信息系统功能简介

基于 Autodesk MapGuide 的互联网土地查询信息系统是集 Internet/intranet 技术、大型网络级数据库 Microsoft SQL Server 7.0/2000、微软邮件服务器 Microsoft Exchange Server 5.5、Internet/intranet 地图服务器 Autodesk MapGuide4.0 于一体的基于 Browser/Server 模式的互联网土地管理应用系统。系统具有地籍信息动态查询、矢量地图显示、地图缩放、漫游、图元信息查询、网上土地登记业务申请、土地管理在线论坛、土地管理邮件服务等诸多功能。本系统适应性强,安装、使用简单,维护方便,网络用户只需在安装有 Microsoft SQL Server 7.0/2000、Microsoft Exchange Server 5.5、Microsoft Internet Information Server 4.0 和 Autodesk MapGuide 4.0 的服务器端(以上这些服务既可位于同一服务器上,也可位于地理位置相隔较远的服务器上)安装一套本系统应用程序,就可以通过网络浏览器(IE4.0 或更高版本)经互联网访问本系统。网络管理员只需维护服务器端的一套数据,就可轻松实现网上地籍信息的发布功能。系统主要包括地籍信息查询、整体查询、局长信箱、业务申请和实时讨论几个功能模块。本系统可为社会各界和投资者提供方便、快捷的信息服务,而且透明度高,适用于土地管理部门及相关单位。

2. 系统环境和体系结构

1)系统运行环境

服务器端运行环境:

中文 Windows NT Server 4.0(Service Pack4 或以上版本);

Microsoft Internet Information Server 4.0;

Autodesk MapGuide 3.0(MapGuide Server、MapGuide Author、MapGuide Viewer);

Microsoft SQL Server 7.0;

ODBC 3.0。

客户机端运行环境:

中文 Windows95/98 或中文 Windows NT 4.0 Server/Workstation;

Microsoft Internet Explore 3.0 或更高版本。

2)系统开发环境

Microsoft Visual InterDev6.0、Microsoft FrontPage98;

Microsoft Internet Information Server 4.0;

Autodesk MapGuide 4.0(MapGuide Server、MapGuide Author、MapGuide Viewer、MapGuide SDE Loder);

Microsoft SQL Server 7.0。

3)系统体系结构

互联网土地查询信息系统采用 HTML 语言与脚本语言编写用户界面,并在某些功能模块

中进行一些必要的用户身份认证,以 Microsoft Internet Information Server 4.0 为基础,采用 Active Server Pages 技术构建服务器应用程序,向 Microsoft SQL Server 数据库请求和输入数据并及时反馈给用户、利用协作数据对象(CDO)向 Microsoft Exchange Server 发送信息以及利用 Autodesk MapGuide Server 地图服务器向客户端提供地图数据,并通过 Autodesk MapGuide Viewer 将地图数据显示给用户。图 6-12 是系统体系结构。

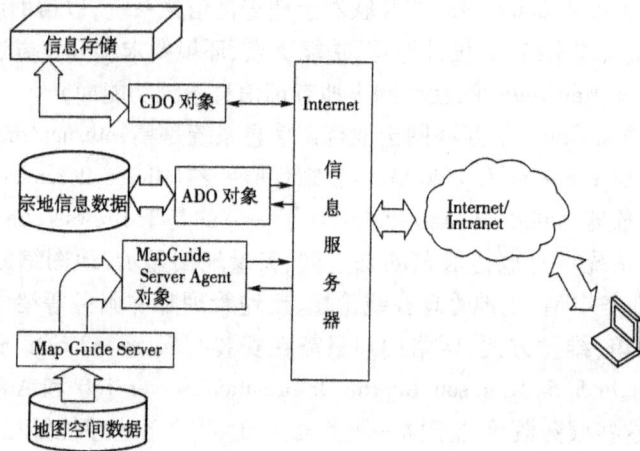

图 6-12 基于 MapGuide 的土地信息系统体系结构

3.互联网土地查询信息系统设计

系统设计分为以下几个步骤。

1)地图数据格式的转换和 MapGuide 地图窗口文件的生成

因为 Autodesk MapGuide 无法处理和生成地图数据,所以在所有工作开始以前,必须要用 Autodesk MapGuide 的一个生成 MapGuide 专用格式 SDF 文件的一个工具将其他格式的地图数据转换成可以被 MapGuide 使用的 SDF 格式的地图数据。

在本系统中,所用的地图数据是由 MapInfo 系统生成,以方便在用 VC + +、VB 等高级语言编写 C/S 结构的应用程序时调用 MapInfo 的地图数据。同时,在编写 WeB 应用程序时,需要使用 SDFLoader32.exe 程序进行数据格式的转换。

在生成可以被 MapGuide 使用的 SDF 文件以后,还需要用 Autodesk MapGuide Author 生成一个地图窗口文件(MWF),MapGuide Viewer 将通过该 MWF 在浏览器中显示地图。

2)地图的显示

系统程序代码用 HTML 语言编写,它将 MapGuide Viewer 控件插入到客户浏览器中,并控制控件在浏览器中的显示位置和显示属性等。

3)空间信息查询功能的实现

土地查询信息系统为用户提供了两种查询方法,一种是利用控件向服务器端发送查询请求;另一种查询方法需要用户提供所查询土地的必要信息,如土地编号、土地证号等信息。这两种查询方法最终都是由页面向服务器端发送请求,由相关 ASP 页面响应。

第七章　交通地理信息系统实现的关键技术

第一节　交通信息特点

一、信息与交通信息

在信息科学领域中,信息与数据不可分离,信息来自数据,数据是未加工的原始资料,数字、文字、符号、图形、影像、语言和声音都是数据。信息用记录在各种物理介质上的数据来表达,数据中所包含的意义就是信息。数据是对客观对象的抽象表示,信息则是数据内涵的意义,是数据的内容和解释。数据只是信息的载体,并不等于信息。只有理解了数据的含义,对数据作出解释,才能得到数据中所包含的信息。通常在不会引起混乱的情况下,人们往往对"信息"和"数据"这两个术语的使用不加以严格区分。

关于交通的解释是各种运输和邮电通信的总称。即:人和物的运转与输送;语言、文字、符号、图像等的传递播送。人和物的移动,随不同的运输方式又可区分为:航空交通、铁路交通(或叫做轨道交通,包括城市间的铁路和城市内的地铁以及其他的轨道交通)、道路交通(城市道路和城市间道路)、船舶交通、管道交通等。这里不难发现,交通与信息具有同源的关系。交通系统考虑与研究的对象,一是线路,公路、航道、航线及在线路上的各类设施,如站点、码头、机场及其监管设施等;二是交通工具,如汽车、轮船、飞机等;三是交通工具在线路上的运行状况,如流量、运量、堵塞、事故。交通信息的定义应包括上述交通系统各要素所关联的一切信息。

二、交通信息特点

交通信息除了具有量大、复杂、面广、线长、动态等特点外,还具有以下特点。

1. 交通信息的空间特征

交通信息,特别是第一与第三方面的信息具有鲜明的地理特征,人们对这些信息的描述或分析总是离不开它在地球上的位置,这是交通信息一个突出的特征。

交通信息的固有特征也就决定了人们在研讨交通信息、利用交通信息时的特殊需要,即地理图。同时,人们不仅需要文字与数字描述的信息及对信息的文字与数字的分析,而且需要图形描述的信息及对信息的图形化处理,比如:我们在研讨一条公路的情况时,不仅要观察各种各样的数据,而且我们总希望看到沿着这条由地理坐标描述的公路各种信息的分布图,同样我们在研讨一条公路的运输状况时,总希望看到沿着这条公路的各段的交通流量,更希望看到车流的动态图像。人们的这种需求不仅仅在于交通信息的地理特征,而且在于人们观察事物、认识事物对"形"的需要。

2. 交通信息的线性多层分布特征

所谓线性,即指信息是沿地理路径呈线状分布的,且与里程相关,这是与其他和地理相关的信息系统的一个显著区别(如矿产、森林业系统,其信息按区域分布,与里程无关);所谓多层,即指沿着同一路线有着多层的信息、每层信息有着不同的里程分段表现,根据公路的管理特性,公路的技术等级、路面等级等一系列技术指标是以路段来描述的,路段用里程桩号表示。如一条路有土基、下基层、上基层、连接层、面层等结构类,又有平整、抗滑、强度、破损等使用类及宽度、纵坡、横坡等几何类信息,由于同一条路的不同路段其技术指标(信息)不同,每一种信息都有着不同的长度分段表现,即公路按拓扑关系离散的路段不是等长的。

3. 交通网络的多重性

多条线路组成交通网络。交通网络与一般网络不同的是它具有多重性,既有由不同技术等级道路组成的物理网络的存在,同时又对应于根据行政等级划分的逻辑网络,同一弧段是多个网络的组成部分,具有一对多的关系,这就要求对应交通网络的地理信息系统数据模型能够描述这种一对多的多重网络关系。

4. 时变

交通信息变化是非常快的,针对交通信息的这种随空间和时间而动态变化的特征,一方面要求交通信息的获取要及时,并长期更新。另一方面要从其变化过程中研究其变化规律,从而作出交通事件的预测和预报,为科学地规划、建设、管理和决策提供依据。

在现代计算机技术中,GIS 的诞生为处理具有地理特征的交通信息提供了新的手段,同时交通信息的线性多层分布、交通网络的多重性和时变等特征给 GIS 的应用提出了新的问题。

第二节　线性参照系统

交通设施具有空间属性,GIS 可对交通设施的地理空间信息、属性信息、图形图像信息进行综合管理,从而为管理人员进行运输规划、建设、管理等工作提供了一种更为直接、形象的辅助工具。由于交通信息的空间分布特殊性,交通信息(交通设施或交通事件)或与交通有关的信息(如沿交通线路的设施与事件)都存在或发生在交通网络系统中的某一路段或某一点,也就是说,这些现象可视为一维线性分布而不是常规的二维空间分布。作为一个单一的系统,数据量并不很大的情况下,如自动车辆定位系统,平面坐标参考系统也是可行的。但 GIS-T 所考虑的是企业化交通信息系统(Enterprise Transportation Information System),不仅数据量庞大,数据来源也是多样化的。从长远的利益来看,一个智能化的 GIS-T 应该考虑融合不同类型的交通数据;从市场的角度来看,具有查询各类基础交通数据功能的智能 GIS-T 具有广泛的市场前景,且绝大多数基础交通数据具有一维线性分布的特点,这使得常规的坐标参考系统不适合于建立企业化的 GIS-T 系统。

同时,运输管理的不同部门间采用了多种不同的线性定位参照方法(Linear Referencing Methods,简称 LRM),参照方法间缺乏相互转换的基准,使得相互之间的数据共享困难。例如:道路养护部门采用里程桩法进行设施定位,而交通事故管理部门则采用参照点法。对同一道路,前者可能将其标识为 G301,而后者可能将其标识为 S201。假如有一交通事故发生,同时损坏了该处的道路设施,交通事故管理部门以自己的定位方法将事故位置:S201,R2 + 25.000 报给养护部门,由于 2 个部门使用的线性参照方法不同,又缺乏统一的定位基准,使得养护部门难以对上述交通事故地点进行定位,从而影响了道路的及时养护。

产生上述问题的根本原因在于是在基础地图之上直接构筑交通管理系统,由于受传统 GIS 空间数据结构的限制,使得信息的显示、查询、统计、分析和定位都依赖于特定比例尺的地图和 GIS 软件。如何集成多种定位参照方法和不同比例尺的地图,以实现不同运输系统间的数据共享,是 GIS 在交通中应用时需要解决的关键问题之一。线性参照系统可解决上述问题。

一、线性参照系统

1994 年,Vonderohe 等提出了一种"通用的线性参照系统模型",比较系统地提出了线性参照系统的概念。所谓线性参照系统(Linear Referencing System,LRS)是指各种公路信息按照起讫点里程进行空间定位的方法。

线性参照系统的概念模型如图 7-1 所示,线性参照系统由基线网、拓扑网和线性参照方法组成。从该概念模型中可以看出,基准在线性参照系统中的重要性,它是建立模型世界和现实世界之间关联的关键。根据不同事件的特征,可以在同一拓扑网络上采用不同的线性参照方法。根据实际工作需要建立事件与 LRM 的联系,这种数据模型实际上是面向事件(Event-Oriented)的数据模型。线性数据模型(Linear Data Model)的主要思想是在线性参照基准支持下对不同应用领域的多重网络模型和多重制图要素(任意尺度)进行表达。地图仅用作绘图显示,一个基线网可以采用多种不同来源的地图进行表示。在各个拓扑网络之上可以构建多种不同的线性参照方法,运输信息以事件的形式按照一定的参照方法定位到基线网上。模型提出了线性参照系统两个重要思想。

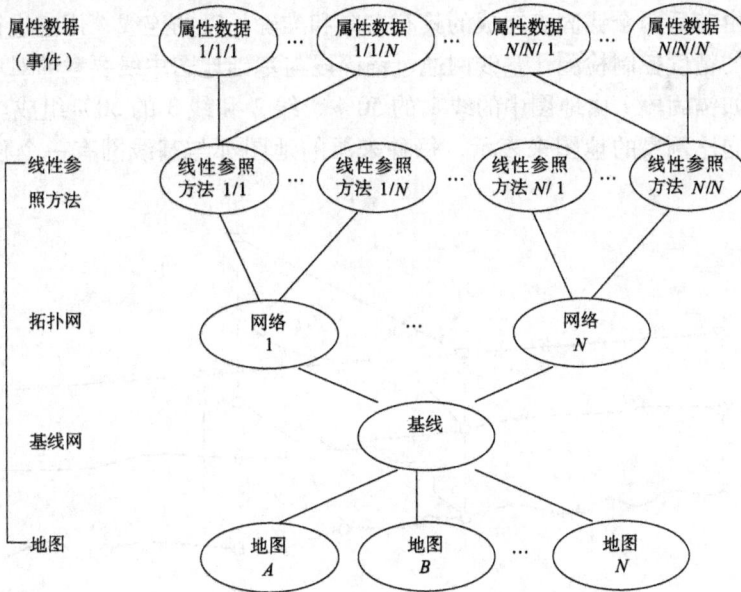

图 7-1　线性参照系统的概念模型

1)空间数据库与地图分离

在线性参照系统中,运输系统中的设施、现象、事故等信息采用线性定位方法,以事件的形式建立在拓扑层上,使得空间数据库的建立不再依赖于基础地图,脱离了与地图中的空间要素(点、线和面)的直接联系。

2)拓扑网与地图分离

在线性参照系统中,拓扑网直接建立在基线网上,而不像传统的 GIS 那样建立在地图上,突破了传统平面拓扑数据结构的限制,解决了运输网络的上跨下穿等空间问题,使得拓扑网的应用更加灵活和符合实际。

1. 基线网

基线网是运输设施(如道路网)的一个抽象层,提供了不同线性参照方法间的定位参照及相互转换基准。基线网类似于测量中的控制网,由锚固点和锚固段组成(如图7-2所示)。

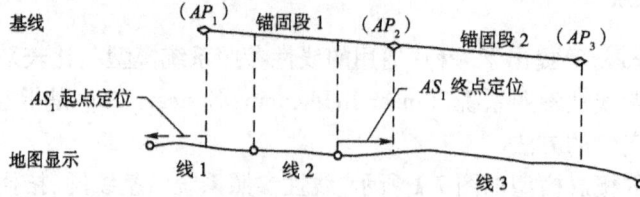

图7-2　基线网及其地图表示

其中,锚固点是在道路上实地选取的控制点,它具有准确无误定位描述信息的特点,它是同时定位于平面直角坐标系与里程桩线性参照系的一系列公路中心线特征点。一方面它是公路沿线设施进行里程桩线性定位的已知里程桩参考点;另一方面它是平面直角坐标与里程桩系统之间的联系点,通过它进行两个参照系统的转换。锚固点一般是公路中心线特征点,如路起讫点、交汇点、与行政边界交点等,里程桩号已知。为了保证它的平面直角坐标的精度,可通过 GPS 定位来获取它的平面坐标。如 310 国道与 201 国道中线的交点,用于现场点位的放样和恢复,可以不具有点位平面坐标信息。

锚固段是由前后两个锚固点组成的具有方向和准确长度的连线,用它进行线性定位参照系统长度量测的精度控制检测。基线网通过锚固段与基础地图中线要素的对应关系在地图上予以表示。例如锚固段 1 由地图中的线 1 的 50%、线 2 和线 3 的 30% 组成。一个基线网可以采用多种不同比例尺的地图来表示,每种来源的地图都与基线网有一个独立的对应关系(图7-3)。

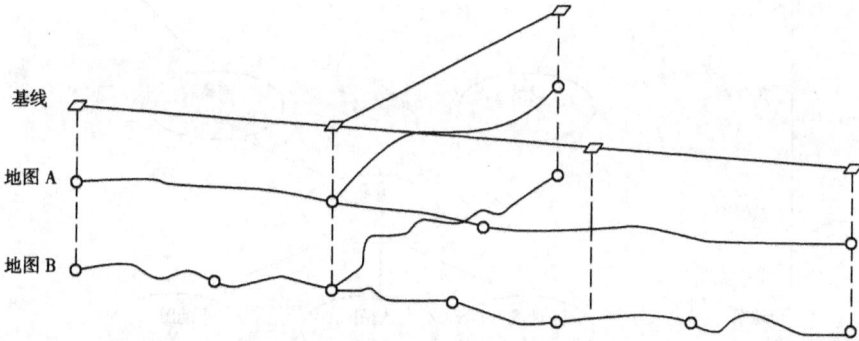

图7-3　基线网的不同比例尺地图表示

2. 拓扑网

在线性参照系统中,拓扑网的概念与 GIS 中拓扑网的概念基本相同,但在线性参照系统中,拓扑网建立在基线网上,而不是像 GIS 中那样建立在基础地图上,从而摆脱了基础地图分段对拓扑网的影响。它由节点和连线组成,用以描述交通管理中常用的网络。连线具有"权重"信息,权重一般为距离,也可为旅行时间、运行费用等数值型属性(图7-4a)。图7-4b)给出了拓扑网在基线网上的定位方法。

拓扑网为应用层,管理部门可根据其需要在同一基线网之上建立多种不同的拓扑网(如公路网、公交网等,图7-5)。运输信息以事件的形式,通过线性参照方法建立在拓扑网上,同时拓扑网可用于网络分析,如最短路径分析、交通量分配等。

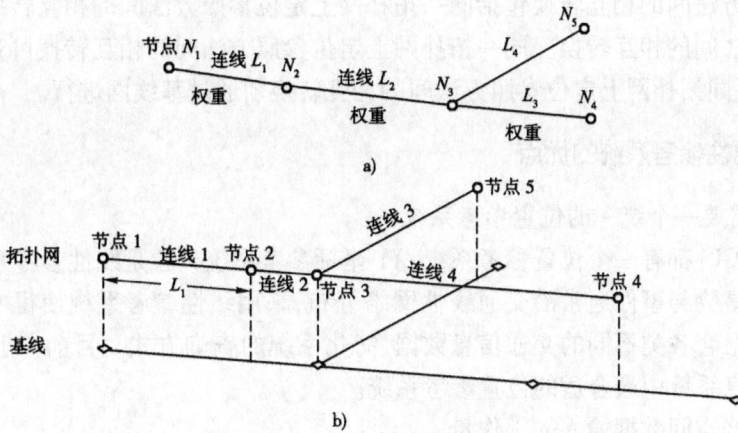

图7-4 拓扑网的权重与定位
a)权重;b)定位

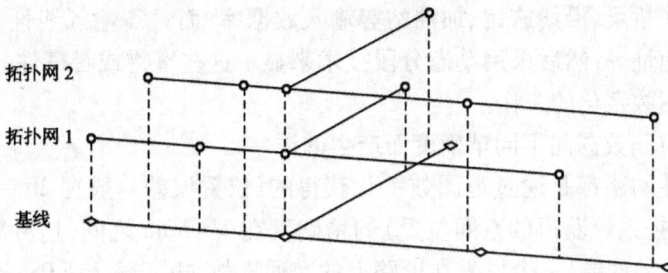

图7-5 多种拓扑网的建立及定位

二、线性参照方法

线性参照方法(Linear Reference Method, LRM)是根据已知点确定公路上任意未知点点位的方法。在线性要素上任意未知点的点位可以通过它离开已知点的距离和方向确定。交通部门为方便其应用,采用了多种线性参照方法来组织和管理信息,如参照点法、连线—节点(Link-Node)法、里程桩法、分段法(包括固定分段、可变分段及动态分段)等。在线性参照系统中,每一种运输事件都通过特定的线性参照方法与拓扑网建立联系;多种定位参照方法间可通过基线网进行相互转换。

三、线性参照系统的功能

1)实际位置的确定(Locate)

通过与真实世界中其他对象的关联,建立起一个未知点的位置。

2)实际位置在数据库中的映射(Position)

将真实世界的位置在数据库中定义。

3)定位(Place)

将数据库中的描述转换成实地位置。

4)线性参照方法的转换(Transform)

交通管理的不同部门采用了共同的基线网后,各种定位参照方法就有了共同的定位参照基准,可进行相互转换。

定位参照方法间的相互转换包括同一拓扑网上定位参照方法间的相互转换和不同拓扑网间定位参照方法间的相互转换。同一拓扑网上定位参照方法间的相互转换可直接在拓扑网的层次上进行;不同拓扑网上定位参照方法间的相互转换须通过基线网进行。

四、使用线性参考系统的优点

1)GIS-T 需要一个统一的位置参考系统

任何一个 GIS 都有一个位置参考系统:XY 坐标参考系统或者是线性参考系统。由于交通信息系统中的事物与事件通常沿交通线性网络分布,采用线性参考系统使得 GIS-T 能够采用一个统一界面融合各类不同的交通信息数据,简化系统的查询方式。目前一般认为线性参考系统是交通信息系统中最合适的位置参考系统。

2)LRS 减轻空间数据输入的工作量

线性参考系统的最大优点是:交通网络中的空间事物、事件点或线段不需要用几何形式(即图形化)存储在数据库中,而是以属性形式存在。也就是说,不需要用地图数字化的方式将所有空间信息如桥梁、沿线旅馆、加油站等输入数据库,而只需输入线性参考方法所需的数据项如距离或者地址等,然后采用动态分段技术来显示这些事物或者事件的空间位置,这样就减少了大量的地图数字化的工作。

3)避免由于空间数据间不同精确度而产生的误差

一般交通线性网络都是通过地图数字化获得的,位置误差一般在 20～100m;而许多 GPS坐标(多数汽车监控系统获得的空间位置)的精确度在 1～50m 之间,这种精确度的差异可能造成空间位置显示的误差,一个发生在道路上的交通事故,由于输入 GPS 坐标,在坐标参考系统下却有可能显示在居民区内。

4)LRS 的查询比较灵活

LRS 既可直接通过数据库查询,也可通过空间叠加分析进行查询;一般基于 LRS 查询的过程是:如果输入一个 XY 坐标查询 5km 范围内的旅馆,只作一次叠加分析,即叠加 XY 坐标为中心的圆周与交通网络,然后查询位于网络中的旅馆,再通过动态分段方法显示在交通网络中。

第三节　大地坐标与里程的相互转换

GIS 在交通运输领域的应用(GIS-T)是一门正在形成之中的边缘学科。它涉及应用计算机技术、GIS 的概念和技术解决交通运输领域中存在的问题,以提高交通运输的效率。数据采集以及快速的数据更新是 GIS-T 的主要工作内容和投资重点。在 GIS-T 数据库中所管理的实体是在地理空间呈线状分布并形成网络的道路网系统,传统的基于面状要素(Polygon)的数据模型已无法满足实际应用的需要。高效的数据采集、更新方法和适当的空间数据建模是 GIS-T 研究的重点。世界各国的交通运输部门开展了大量的 GPS 道路几何线形数据采集试验并制定了相应的规范与标准。值得指出的是:GPS 观测值是 WGS-84 坐标系中的三维坐标向量,地图数字化数据是平面坐标系的二维坐标。对 GPS 观测值通过坐标转换可以获得国家大地坐标系或地方独立坐标系中平面坐标(X,Y)。在采用 GPS 或地图数字化进行道路数据采集时,通过数据处理得到一系列用平面坐标表示的道路几何线形。

一、大地坐标—里程转换

线性参照系是对各种道路信息按照点里程进行空间定位的方法,亦即根据已知点确定道路上任意未知点的实用方法。在线状要素——道路上的任意未知点的点位可以通过它离开已知点的距离和方向确定,在长期的道路建设与实践中,交通运输部门开发了各种形式的线性参照系用于描述在地理空间呈网络分布的道路网。确定高精度的线性参照系是在 GIS 环境下利用动态分段技术进行快速、准确的道路交通信息查询、分析与表达的基础,利用 GPS 测量或其他数据采集手段,并借助于数据质量控制方法,为建立高精度的线性参照系提供了基本前提条件。由此可见,建立三维或二维坐标与一维里程之间的数据转换模型是 GIS-T 中十分重要的研究内容。

二、基本原理

图 7-6 中的 1、2、3、... 是 GPS 观测点或数字化采样点,A 是直线与缓和曲线的交接点(或直缓点),B 是缓和曲线与圆曲线的交接点(或缓圆点),在线性参照系统中 A 与 B 是决定道路集合线形要素的特征点。特征点的位置是确定坐标与里程之间转换模型的关键。设圆曲线半径为 R,任意点曲率为 ρ,则在直缓点的 $\rho = 0$(曲率半径 R 为 ∞),在缓和曲线上任意点 i 的曲率半径 R_i 与该点的缓和曲线长度 L_i 存在如下关系:

$$\rho_i = \frac{1}{R_i} = C_0 L_i \tag{7-1}$$

其中:$C_0 = \frac{1}{A^2}$,A 是缓和曲线的参数,为一常数。因此,对于缓和曲线上任意点的曲率变化率为:

$$\frac{\partial \rho_i}{\partial L_i} = C_0 = 常数 \tag{7-2}$$

圆曲线上所有点的曲率半径均为 R,曲率为 $\frac{1}{R}$。直线上的任意点的曲率为 0。利用上述曲线特性可以将直线、圆曲线和缓和曲线区分出来。

利用地图数字化或 GPS 坐标观测值 (X, Y),可以计算道路曲线上相邻点间连线的斜率,当数字化或 GPS 采样点比较均匀时,相邻两线段的斜率的变化可以反映曲线上的曲率变化,当两相邻线段的斜率大致相等时说明线段为直线,相应的点位于直线上。在相邻段斜率发生变化时,说明曲线的斜率发生了变化,在曲率变化处可能存在道路特征点,此时应计算斜率差。当斜率差 $\Delta K_{i,i+1}$ 与 $\Delta K_{i+1,i+2}$ 大致相等时,说明点位于圆曲线上,当相邻线段斜率差发生变化,但斜率差的变化率基本上等于常数时,即 $\Delta K_{i+1,i+2} - \Delta K_{i,i+1} \approx \Delta K_{i+2,i+3} - \Delta K_{i+1,i+2}$,则说明点位于缓和曲线上(见图 7-7)。且仅当曲率发生变化时,对应的线形要素的性质或特征才会发生变化,而在曲率突变处可能存在特征点。

数据转换模型主要包括以下 3 方面的内容:

(1)数据预处理,包括采用平差技术对道路曲线进行几何纠正;

(2)根据平差处理后所得到的 GIS 测量或地图数字化坐标,识别几何线形特征和特征点的位置,进行道路几何线形建模;

(3)根据道路几何线形的数学模型建立沿道路中心线上坐标和里程之间的一一对应

关系。

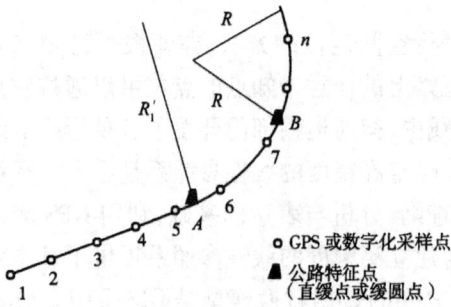

图 7-6 典型的道路组合形式示例

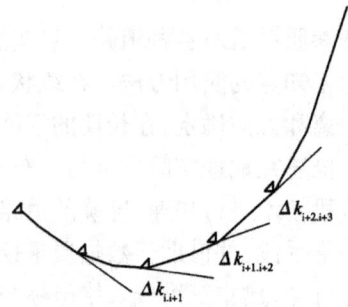

图 7-7 曲率变化与斜率变化之间的关系

三、道路几何线形特征的识别技术及其参数计算

1) 道路几何线形识别步骤

(1) 计算由相邻点所组成线段的斜率 K_i(见图 7-7),由此计算斜率差 $\Delta K_{i,i+1}$,$\Delta K_{i+1,i+2}$ 以及根据斜率所计算的斜率差变化 $\Delta K_{i+1,i+2} - \Delta K_{i,i+1}$,$\Delta K_{i+2,i+3} - \Delta K_{i+1,i+2}$。

(2) 判断 $\Delta K_{i+1,i+2} - \Delta K_{i,i+1} \approx \Delta K_{i+2,i+3} - \Delta K_{i+1,i+2}$ 是否成立,据此查找位于缓和曲线上采样点数以及缓和曲线的起点编号,根据起点编号以及采样点数将位于缓和曲线上点的坐标转存到另一数组中。

(3) 根据 $\Delta K_{i,i+1} \approx \Delta K_{i+1,i+2}$ 是否成立,判断属于圆曲线上的采样点个数以及圆曲线的起点编号,根据起点编号以及采样点数将位于圆曲线上点的坐标转存到另一数组中。

(4) 剩余点为直线上的点,将这些位于直线上点的坐标转存到另一数组中。

根据以上道路几何线形的识别结果,即可以建立直线方程、圆曲线方程和曲线拟合方程。

2) 具体步骤如下

(1) 计算直线方程参数(直线斜率和截距)。

设直线方程为:

$$y = kx + b \tag{7-3}$$

其中:$k = \dfrac{y_n - y_1}{x_n - x_1}$,$b = y_n - kx_n$

式中:x_n、y_n、x_1、y_1——所识别的直线的起点和终点坐标。

(2) 根据位于圆曲线上 3 个点的坐标,计算圆曲线参数(圆曲线半径和圆心坐标)。取圆曲线上的起点、中点和终点的数字化坐标分别为 (x_1,y_1),$(x_{[\frac{n+1}{2}]},y_{[\frac{n+1}{2}]})$,$(x_n,y_n)$。其中 $(x_{[\frac{n+1}{2}]},y_{[\frac{n+1}{2}]})$ 的下标 [ ] 表示取整。

计算的圆心坐标 (x_0,y_0) 和半径为:

$$\begin{bmatrix} x_0 \\ y_0 \end{bmatrix} = \begin{bmatrix} a_1 & b_1 \\ a_2 & b_2 \end{bmatrix}^{-1} \begin{bmatrix} c_1 \\ c_2 \end{bmatrix} \tag{7-4}$$

其中:$a_1 = (x_{[\frac{n+1}{2}]} - x_1)$,$b_1 = (y_{[\frac{n+1}{2}]} - y_1)$,$a_2 = (x_n - x_1)$,$b_2 = (y_n - y_1)$,$c_1 = \dfrac{1}{2}(x^2_{[\frac{n+1}{2}]} + y^2_{[\frac{n+1}{2}]} - x_1^2 - y_1^2)$,$c_2 = \dfrac{1}{2}(x_n^2 + y_n^2 - x_1^2 - y_1^2)$

$$R = \sqrt{(x_1 - x_0)^2 + (y_1 - y_0)^2}$$

(3)采用曲线拟合方法计算缓和曲线多项式拟合系数。

设拟合方程为：

$$y = a_0 + a_1x + a_2x^2 + a_3x^3 + \cdots + a_mx^m \qquad (7\text{-}5)$$

利用坐标$(x_i, y_i, i = 1, 2, 3, \cdots, n)$求解上述方程的系数时，需要求解如下的方程：

$$BZ = Y \qquad (7\text{-}6)$$

式中：

$$B = \begin{bmatrix} 1 & x_1 & x_1^2 & x_1^3 & \cdots & x_1^m \\ 1 & x_2 & x_2^2 & x_2^3 & \cdots & x_2^m \\ \cdots & \cdots & \cdots & \cdots & \cdots & \cdots \\ 1 & x_{n-1} & x_{n-1}^2 & x_{n-1}^3 & \cdots & x_{n-1}^m \\ 1 & x_n & x_n^2 & x_n^3 & \cdots & x_n^m \end{bmatrix}; Y = \begin{bmatrix} y_1 \\ y_2 \\ \cdots \\ y_{n-1} \\ y_n \end{bmatrix}; Z = \begin{bmatrix} a_0 \\ a_1 \\ a_2 \\ \cdots \\ a_n \end{bmatrix} \quad (m < n)$$

四、交接点(特征点)坐标计算方法

交接点(直缓点和缓圆点)的位置主要用于划分空间数据库中道路几何要素的分段特征，同时也是准确计算道路里程的依据。交接点位置的变化将直接影响道路里程的变化。

(1)采用非线性方程组求解方法计算直线和缓和曲线的交接点(ZH)。

在计算直线和缓和曲线的交接点所采用的方程为：

$$\begin{cases} y = kx + b \\ y = a_0 + a_1x + a_2x^2 + a_3x^3 + \cdots \end{cases} \qquad (7\text{-}7)$$

(2)求解非线性方程组求解缓和曲线与圆曲线的交接点(HY)。

$$\begin{cases} y = a_0 + a_1x + a_2x^2 + a_3x^3 + \cdots \\ (x - x_0)^2 + (y - y_0)^2 = R^2 \end{cases} \qquad (7\text{-}8)$$

五、曲线积分求缓和曲线的长度

直线长度可以通过位于直线上两端点坐标求得。利用缓圆点和圆曲线终点坐标以及圆曲线半径求得圆曲线长度。由此，计算缓和曲线长度是计算道路里程的重点内容。根据所拟合的缓和曲线多项式采用弧长积分可以求得缓和曲线长度。

设弧长积分的参数方程为：

$$\begin{cases} x = t \\ y = a_0 + a_1t + a_2t^2 + a_3t^3 + \cdots \end{cases} \qquad x_0 \leqslant t \leqslant x_1 \qquad (7\text{-}9)$$

缓和曲线的弧长S_1为：

$$S_1 = \int_{x_0}^{x_s} \sqrt{1 + (a_1 + 2a_2x + 3a_3x^2 + \cdots)^2} \, dt \qquad (7\text{-}10)$$

在对上式积分时，采用变步长 Simpson 数值积分算法，根据需要取不同的积分步长以保证里程计算精度。

第四节　动态分段技术

动态分段(Dynamic Segmentation)的思想是由美国威斯康星交通厅戴维·弗莱特先生于

1987年首先提出的。该思想解决了传统的 GIS 在处理线性特征时所遇到的问题,是一种新的线性特征的动态分析、显示和绘图技术,可以极大地增强线性特征的处理功能。动态分段技术的出现为 GIS 在公路、铁路、河流和管道等领域中的应用开辟了广阔的前景。

一、问题的提出

在传统 GIS 中,线状特征是以弧段为基本单位进行存储和管理的。在建立、描述所有弧段的空间位置的空间数据库的同时,建立了描述这些弧段非空间信息的属性数据库。对于空间数据库中的每条弧段,属性数据库中至多存在一条记录与它对应,也就是说弧段是建立线性特征的属性数据库的基本单位,同一弧段上的所有位置都具有相同的属性特征。传统 GIS 处理线状特征的这种模式在公路信息的管理应用中遇到了强烈挑战。

公路是空间地理分布的线性特征,有关公路的非空间信息(或属性数据)是以里程桩(线性参照系统)为参照系统来采集的。而且公路属性数据具有多重性,即所有有关公路的属性特征被按一定的标准分为多个属性集分别建库,每个属性集中都包含了公路的多项特征,各个属性数据库对应的路段变化点里程是不同的,是随着属性数据的变化而变化的。

传统 GIS 有一个缺陷是它只能处理一个属性数据集,对多个属性集的处理只能通过一定途径,将多个属性集合并为一个大的属性集。

对具有公路数据这种特征的数据传统,GIS 处理有两种方法,即等长分段法和变长分段法。

1. 等长分段法

等长分段法是交通设施(公路、城市道路等)预先分成若干个等长的小段分别数字化,设施属性数据的采集均按这些小段进行。小路段的特征必须取的足够小(通常为 10~100m),使每个小路段都只对应一个描述其所有相关属性的数据记录,以便能反映所有属性数据的真实分布情况,属性数据可根据用户标识码与相应的图形数据建立一一对应的关系,并在地图上予以标识。采用等长分段法的一个简例如图 7-8 所示。这种方法有以下几个缺点:

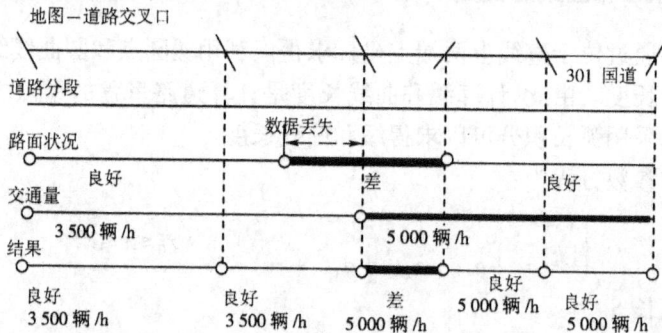

图 7-8　等长分段法

(1)由于等长小路段在基础底图上没有明确标记,难以确定小路段的起止点,难以保证数字化的精度。

(2)数据冗余量大,维护困难。采用等长分段法后,其属性数据的分辨率(详细程度)不会超过所划分的小段。为了保证每个小路段都只对应一个描述其所有相关属性的记录,小路段必须足够小,这样总的弧段数会非常大。

(3)应用困难。由于不同的属性数据集有不同的采集周期,且数据集的数目也是不固定

174

的,采用这种方法,必须等所有属性库都准备好后,才能对公路进行分段数字化,而且系统已经建立,很难再加进新的属性集。

2. 变长分段法

变长分段法就是根据交通设施(如公路)属性的不同,将交通设施按每一属性进行分段。如根据道路的路面状况、交通量将道路相应地划分为路面状况分段、交通量分段。采用可变分段法建立的一个交通设施管理的简例如图 7-9 所示。这种方法可获得较高的属性数据分辨率,但有如下几个缺点:

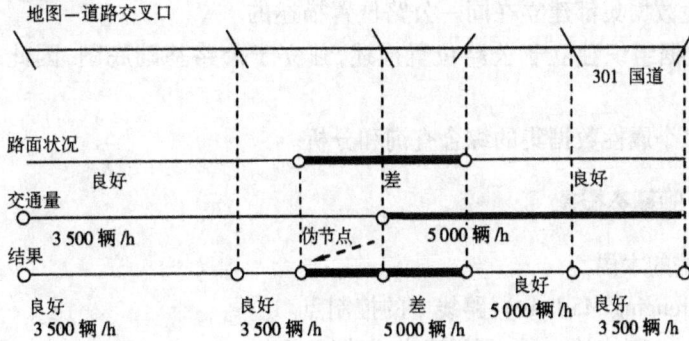

图 7-9　变长分段

(1)不同属性数据集划分的路段在基础地图上没有明确的标记,难以保证数字化精度。

(2)必须对不同的属性数据集重复数字化。

(3)当某一属性发生变化时,必须相应更新路段的划分,继而重新数字化。

(4)不能进行各种数据集的综合空间分析和显示。

以上两种传统的处理方法均存在明显的缺陷,难以在实际中得到应用,必须另外寻找解决这一问题的途径,这就是动态分段思想产生的根源。

二、动态分段的思想和特点

通过以上的分析可以看出阻碍传统 GIS 在公路信息管理领域得到很好应用的两个基本障碍是:

(1)传统 GIS 的弧段及其属性数据记录是一一对应的。

(2)传统的 GIS 只能处理一个固定的属性集。

其中后者也是由前者引起的,因此只要能解决了(1)中的缺陷,问题将迎刃而解。这就要求突破传统 GIS 由弧段与其属性记录的一一对应关系,使其成为一对多个的关系,即同一条弧段可以对应多个属性,每个属性记录相应弧上某一小段的属性,至于每小段在弧段上的位置是通过引入线性参照系,并在属性记录中定义特殊字段,记录它在线性参照系中的起止值来确定的。

由于这些小段并没有被单独作为弧段数字化,因而不是传统意义上的弧段,人们称它为动态段,这种方法被称为动态分段。

动态分段是一种新的线性特征的动态分析、显示和绘图技术,它是在传统 GIS 数据模型的基础上利用线性参照系统和相应算法,在需要分析、显示、查询及输出时,动态地计算出属性数据的空间位置,即动态地完成各种属性数据集的显示、分析及绘图的一种方法。动态分段示意图如图 7-10 所示。

动态分段具有如下特点：

（1）无须重复数字化就可进行多个属性集的动态显示和分析，减少了数据冗余。

（2）并没有按属性数据集对公路进行真正的分段，只是在需要分析查询时，动态地完成各种属性数据集的分段显示。

（3）所有属性数据集都建立在同一公路位置描述的基础上，即属性数据组织独立于公路位置描述，独立于公路基础底图，因此易于数据更新和维护。

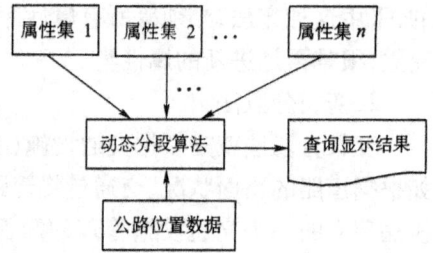

图 7-10 动态分段示意图

（4）可进行多个属性数据集的综合查询和分析。

三、动态分段的基本概念

1. 动态分段法的术语

参照点（Referencing Markers）：路线中的控制点。

路段（Sections）：路线的一段，可用于生成路线（Routes）。

路线（Routes）：具有方向性的路段的集合，同一路段可以属于不同的路线。

控制段（Control Sections）：路线基准线。

链（Chains）：网络中具有拓扑关系的弧（Arcs）或连线（Links），链与路段具有连接关系。

事件（Events）：指交通对象的属性、其上发生的事件或其物理组成部分，属性描述了一个实在元素如道路等的信息，包括功能等级、行驶速度、路面类型和道路编号等。发生的事件包括交通事故和工程项目。物理组成部分包括护栏、标志、桥梁、交叉口和其他可识别的实实在在的元素。有三种类型的事件，即点事件、线事件和面事件。

2. 动态分段的基本概念

动态分段法是按网络重叠的概念发展出来的，其做法是在拓扑图形上建立路线系统，路线是建立在拓扑图形上的一种逻辑组合，并不是真正的"实体（Entity）"。不同属性对路线所要求的分段也是逻辑上的概念，存储在相应的事件表中，事件表中记录了每种属性信息的起终点偏距，根据偏距可完成对路线的分割及图形显示，但并没有真正地对图形进行分段。动态分段法可将设施所有的属性信息表示于同一路线（Route）上，并且属性信息可以存储在传统的关系数据库（RDBMS）中，由关系数据库进行维护，减少了数据冗余。同时，空间数据与属性数据可以分开维护，方便了管理工作。

动态分段涉及了 GIS 三方面的数据处理方法：联结（Linkage）、分段（Segmentation）以及显示和空间分析（Display and Spatial Analysis）。

（1）联结指 GIS 可将线性对象与以距离为参照系统的属性信息建立关联；

（2）分段指 GIS 能根据属性信息的查询条件，自动分割线段生成新的点状或线性对象；

（3）显示和空间分析指 GIS 能根据联结及分段的结果，将线性对象在二维空间中精确表示，并能进行进一步的空间分析。

动态分段法可根据属性数据的线性定位参照方法及定位参照方法所提供的内插精度，对属性信息或空间信息进行查询（见表 7-1）；生成相应的查询报表；并能存储查询结果用于进一步的空间分析。

空间及属性查询

表 7-1

查询方式		按属性信息查询	按空间信息查询
已知条件		MP(里程桩)	X、Y 坐标
查询结果	点状物体	X、Y 坐标	MP
	线状物体	起始 X、Y 终止 X、Y	起始里程 终止里程

四、动态分段的实现

动态分段思想的实现依赖于线性参照系的建立和以它为指导建立的空间数据库,以及基于同一个参照系的分段采集的属性数据。例如在公路管理中,以每条公路的里程桩为参照系统进行属性数据的采集。为了使公路信息以动态分段的思想来组织,必须实现以下几点。

(1)建立独立于属性数据组织的空间数据库。具体做法是将每条公路按精度参照点进行分段,将每段作为一条弧段数字化。这里的"精度参照点"是指公路底图上能精确标明其公路里程的参照点。这样分段的目的在于保证数字化精度。

(2)通过拓扑关系建立上述空间数据库一般意义下的属性表,它与空间数据库之间的关系是一一对应的关系。然后在这个属性表中添加5个字段即路线编码、起点里程、止点里程、起点百分比和止点百分比,并且分别对每条记录输入他们的内容。其中路线编码表示一条公路的编码,例如310国道可用"G310"表示;起点里程和止点里程分别为公路的起止点里程值,这里起点里程一定比止点里程小;而起点百分比和止点百分比表示弧段走向,如果起点百分比为0且止点百分比为1,那么弧段的起点及止点的里程就是公路的起止点里程;反之,如果起点百分比为1,止点百分比为0,那么弧段的起止点里程应与相应公路的起止点的里程相反。

由于空间数据库是基于参照点分段建立的,因而这一步建立的属性数据表可以称为参照点表。参照点分段表是实现动态分段所不可缺少的。参照点可选择公路路线的起止点,公路与行政界线的交点,公路交叉点,公路永久式大桥、特大桥的起点等。

(3)基于线性参照系组织属性数据。在每个这样的属性数据库中,除了应当包含有关公路的属性数据外,还应包括三个特殊字段即路线编码、起点里程和止点里程,它们分别表示一条属性记录所对应的公路路线编码以及在公路上的位置。通过这三个字段实现了属性数据记录与其所描述的公路段的联系,对于每条公路而言,建立属性数据库时所采用的线性参照系必须与建立参照点分段表示采用的线性参照系一致。

每个采用线性参照系分段建立的属性数据库,都可以看成是对公路的一种分段,这些段的总数量及每段的路线编码及起止点里程在库中都有明确的表示。多个这样的属性数据库又可同时构成对公路的一种更小的分段,称为基于多个属性数据库的分段。但这时段的总数量以及每段的起点里程、止点里程都没有明确的表示形式,只有通过运算才能得知。基于多个属性数据库的分段有利于各种属性数据的综合查询、分析等功能。

图7-11中显示通过参照点分段表实现线路与弧段的关联。线路分段通过参照点分段ID与弧段关联;通过起点百分比与止点百分比实现了在弧段任意位置上逻辑分段的功能;通过分段起点里程与止点里程建立起里程桩与地理坐标的对应关系,建立起线性参照系统;通过路线编码与线路连接。

有了基于动态分段思想建立的空间数据库和属性数据库,就可以以这两种库为基础发展各种查询、分析及输出等功能。

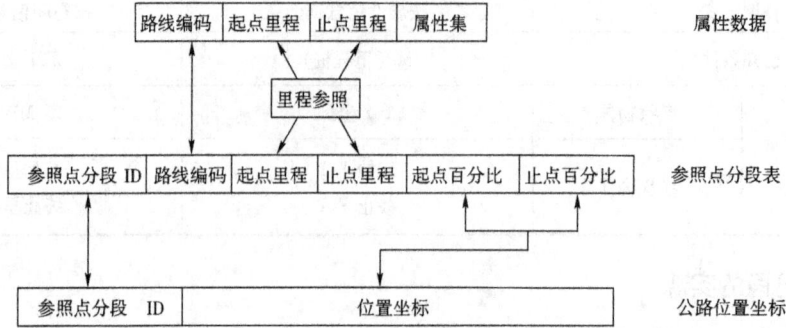

图 7-11　线路、弧段关系

随着动态分段思想的提出,各大 GIS 软件厂商相继支持动态分段。ARC/INFO、Microstation 等都具有动态分段功能。

五、事件分析

事件分析包括事件的空间分析(Spatial Analysis of Events)和事件的叠置分析(Events Overlay)。事件的叠置分析是指两个或两个以上的表叠加生成一个结果事件表。

1. 事件的空间分析

动态分段允许多个属性与线性目标的任意部分相连,这些属性不依赖线性目标的坐标就可以进行基于位置的存储、查询、分析和显示。动态分段将线性目标描述为路径和事件,使用里程来表达路径之间的距离,事件则为沿着路径分布的属性集。以图 7-12 为例,图中表示的路径在数据库中存储方式如图 7-13 所示,路径的表达方法不再是 x、y 坐标的集合,而是 x、y 坐标加里程 m 的集合,各顶点之间的里程值由插值实现。

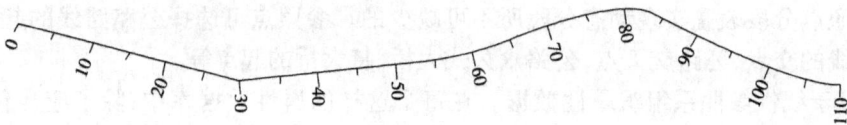

图 7-12　路径

在 GIS 系统中,地理数据在地图中表现为图层,基于路径事件表的图层与其他图层是一样的,可以根据对象的位置和属性进行查询。更进一步,可以实现新建立的空间关系在哪里,哪里最近,以及与哪条道路相交等内容的查询。

2. 事件的叠置分析

事件的叠置分析是事件分析的另外一种方法。这个过程把两个或两个以上的事件表进行叠加输出一个事件表。输出的事件表可能包含输入事件的交或并。输入事件的"并"把所有的线性事件在他们的交点处分开,并将他们写入新的事件表中。输入事件的"交"只将重叠部分的事件

Part		X	Y	M
0	0	1641629.0847	1565906.2103	0.0000
	1	1642037.2219	1565803.6234	26.8947
	2	1642078.9505	1565798.3981	29.5824
	3	1642477.9464	1565836.7140	55.1989
	4	1642590.9151	1565961.8330	61.9724
	5	1642789.3260	1565932.9488	76.0457
	6	1642874.7088	1565940.6210	81.5243
	7	1642954.3863	1565912.6207	86.9217
	8	1643034.3983	1565871.2771	92.6774
	9	1643207.3350	1565799.5257	104.6430
	10	1643290.1653	1565786.6647	110.0000

图 7-13　存储方式

178

写入结果事件表。

1)线—线叠置(Line-on-Line Overlay)

线—线叠置涉及两个或两个以上的线性事件表,结果为一个线性事件表,同时结果可以是长度为0的事件。图7-14说明了不同的线—线事件叠置的情况。

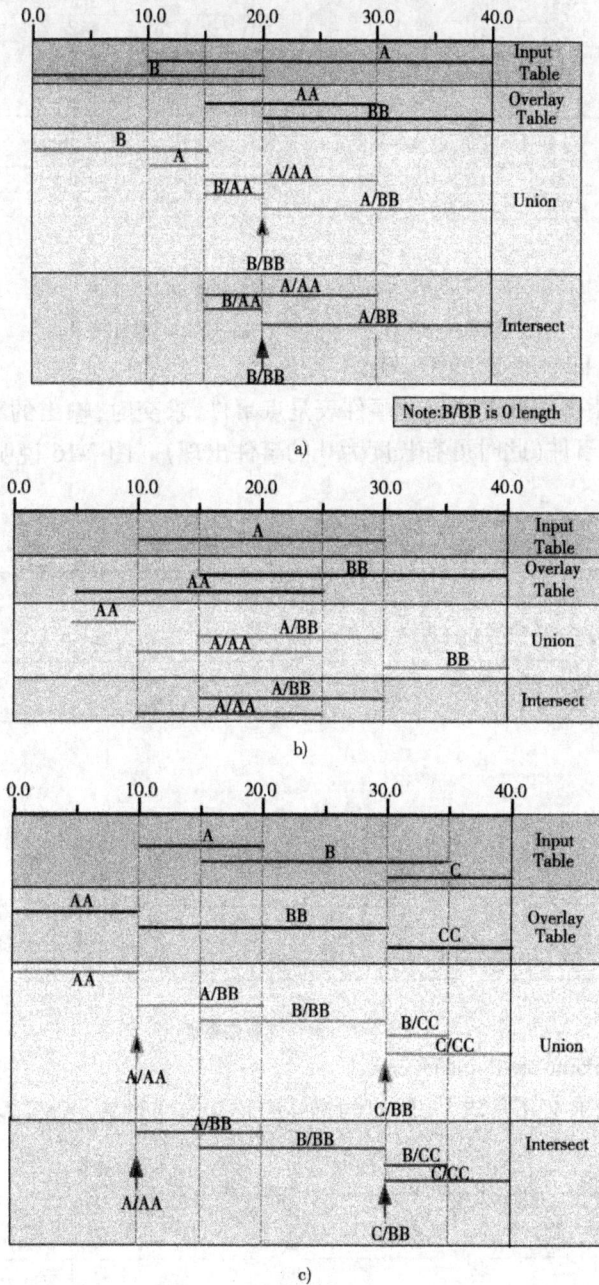

图7-14 不同的线—线事件叠置

下面用一个线—线叠置求并的例子加以详细说明。假设两个事件表,图7-15a)是路面裂缝表,字段含义如下:RKEY为道路编号,FMP和TMP分别是起点和终点桩号,Perc_Crack代表裂缝数量。图7-15b)是路面维修时间记录表,记录了维修的时间。图7-15c)可以找到最老

179

的铺面路段。在本图中,道路 101 从 167.4 到 182.8 段是裂缝最多并且最老的路面。

RKEY	FMP	TMP	Perc_Crack
101	23.5	44.2	50
101	44.2	84.7	30
101	84.7	167.4	80
101	167.4	182.8	95
101	182.8	209.5	45

a)

RKEY	FMP	TMP	Resurfaced
101	3.2	21.1	2/5/85
101	21.1	95.5	9/3/87
101	95.5	190	4/28/61
101	190	209.5	1/21/74

b)

RKEY*	FMP	TMP	Perc_Crack	Resurfaced
101	3.2	21.1	0	2/5/85
101	23.5	44.2	50	9/3/87
101	44.2	84.7	30	9/3/87
101	84.7	95.5	80	9/3/87
101	21.1	23.5	0	9/3/87
101	95.5	167.4	80	4/28/61
101	167.4	182.8	95	4/28/61
101	182.8	190	45	4/28/61
101	190	209.5	45	1/21/74

c)

图 7-15　线—线叠置求并

a)路面裂缝表;b)路面维修时间记录表;c)叠加结果表

2)点—线叠置(Line-on-Point Overlay)

点—线叠置是指事件叠置中一个事件表是点事件,求交时,输出的事件表也是点事件,求并时,输出事件是线事件(此时可有长度为 0 的事件出现)。图 7-16 说明了点—线事件叠置的情况。

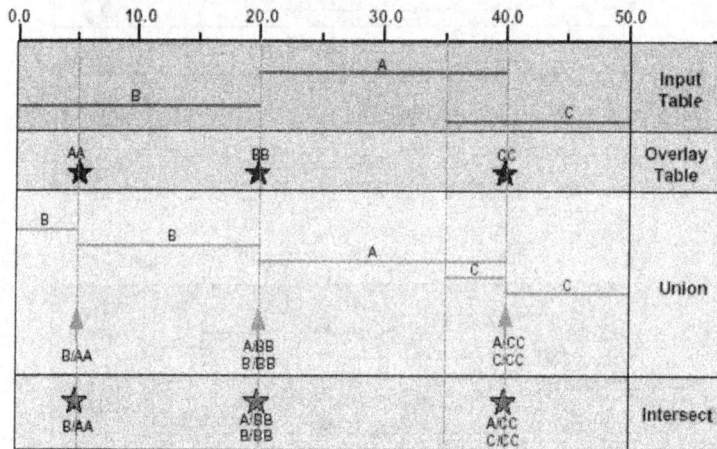

图 7-16　点—线事件叠置

3)点—点叠置(Point-on-Point Overlay)

点—点叠置无论求交还是求并,输出的事件表均为点事件表,见图 7-17。

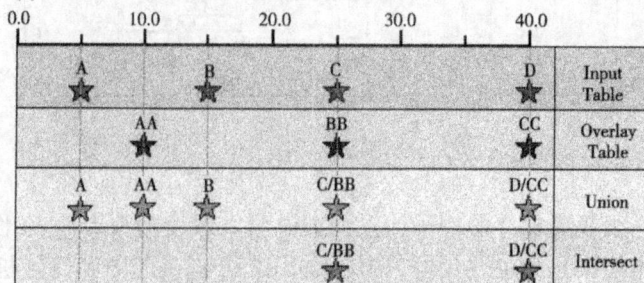

图 7-17　点—点事件叠置

第五节　交通地理信息系统 GIS—T 数据模型

数据是信息系统的核心。通过对数据的汇总分析,可以形成满足各种需求的图表和报告;通过对这些数据进行再组织和分析,可以提供辅助决策信息;通过良好的用户界面,可以实现对这些数据的各种信息查询。为实现这些功能,稳定的系统核心数据模型是系统开发建设的基础。

由于交通网络数据具有多模式、大多经过许多不同的行政区、对于不同的使用者对应不同的逻辑视图,而且在交通网络中还要对事件进行定位(如交通事故,路面质量)等各种特点,交通网络数据是非常复杂的。针对不同的地图比例尺,一个交通网络还要有不同的表达,通常还需要描述交通网络和其他非网络数据之间的关系。对于高级 GIS-T 的应用,还需要具有追踪状态或对象随时间的变化情况,以及解决导航问题等方面的功能。

许多 GIS 软件包只能识别预先定义的、简单几何实体,如点、线和面。大部分 GIS 软件不能方便地处理如 O—D 流、复杂路径和时间的变化等数据,并且对于处理上跨/下穿情况的能力非常有限。然而将交通对象分离到不同的 GIS 图层,也会导致实体的拓扑关系缺乏。因此 GIS-T 的数据模型一直是交通地理信息系统的关键问题和重要研究领域,国内外专家也提出了一些 GIS-T 数据模型,主要有:弧段—节点模型,基于定位参照体系和动态分段的数据模型和适用于 ITS 和相关应用的数据模型等。

一、传统的弧段—节点模型

最初的 GIS 弧段—节点数据模型把实际交通网络表达为弧段和节点的集合。该模型表达了基本的交通网络,同时支持最短路径算法和空间拓扑分析等功能。该模型的不足之处在于:

(1)如果要具体表达交叉口形式,需增加大量节点和弧段,加大了数据存储量;

(2)每增加一个节点,就要在专项数据表中增加 12 条记录,大大降低了模型效率;

(3)在弧段—节点数据模型中,在弧段交叉处都必须存在一个网络节点,这与实际交通网络不相符;

(4)弧段与属性记录是一一对应的,不支持一对多的关系。

二、基于定位参照体系和动态分段的 GIS-T 数据模型

基于线性参照体系和动态分段的数据模型的灵活性,这一模型被广泛应用于交通领域。不同的领域或同一领域的不同部门的线性定位参照体系和数据模型各具特色,极不利于数据共享,造成大量资源的浪费。一方面,需要提出对于复杂的交通定位系统的功能要求;另一方面,建立适用于多个部门的 LRS 数据模型势在必行,在这一方面所做的研究有 NCHRP 模型、Dueker-Buter 模型和 UNETRANS 模型等。

1. NCHRP 20-27

NCHRP 提出了 NCHRP 企业 LRS 模型(如图 7-18 所示),并于 1997 年就这种模型作了详细的报告。该模型引进了数据层,将空间数据库分成地图表达层、拓扑网络层和基本的数据层,除了支持诸如:定位、实际位置、数据模型的位置转换和不同参照体系之间的转换这些基本功能以外,还支持线的叠置、连通、邻接以及网络分析(寻找路径、设施定位以及网络资源的分配等)。

线性定位参照体系在应用中会出现体系本身难以克服的弊病:逻辑上的路径不连续;交通设施难以唯一定位;末端成圈状的道路不能进行唯一的线性表达;斜坡难以线性表示。

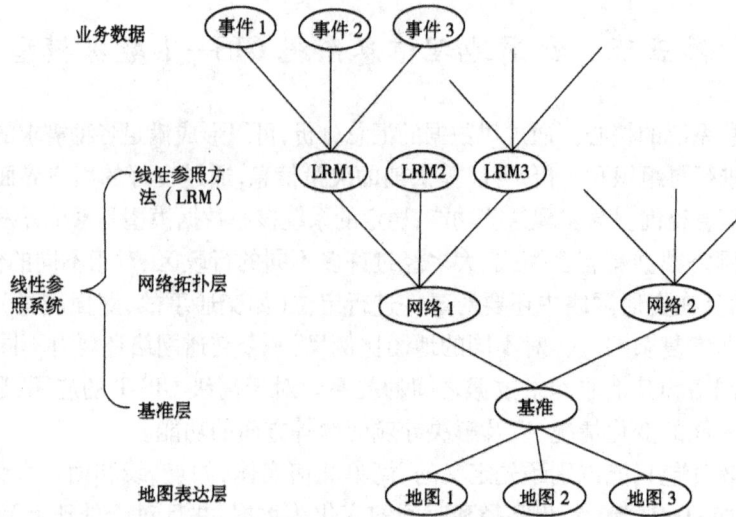

图 7-18　NCHRP 企业 LRS 概念模型

NCHRP 模型是 1994 年 8 月在密尔沃基举行的 NCHRP20-27 学术会议上提出的。模型引进基准层,分为地图表达层、网络拓扑层和基准层。基准层由锚固点和锚固段组成,可连接各种网络和多种地图表达,实现不同数据间的共享。每一个网络模型都有很多的 LRM,而商业数据库都是基于不同的 LRM 建立的,因此提供了一个数据集成的方法。NCHRP 模型因其稳固的理论而得到好评,尤其是模型对于适应多网络和多种地图表达的贡献。然而,NCHRP 模型应用困难、不灵活,尤其是线性基准层的维护困难。

2. Enterprise Data Model

Dueker 和 Butler(1997)提出了一个通用的企业级数据模型(图 7-19),模型表达了一个从

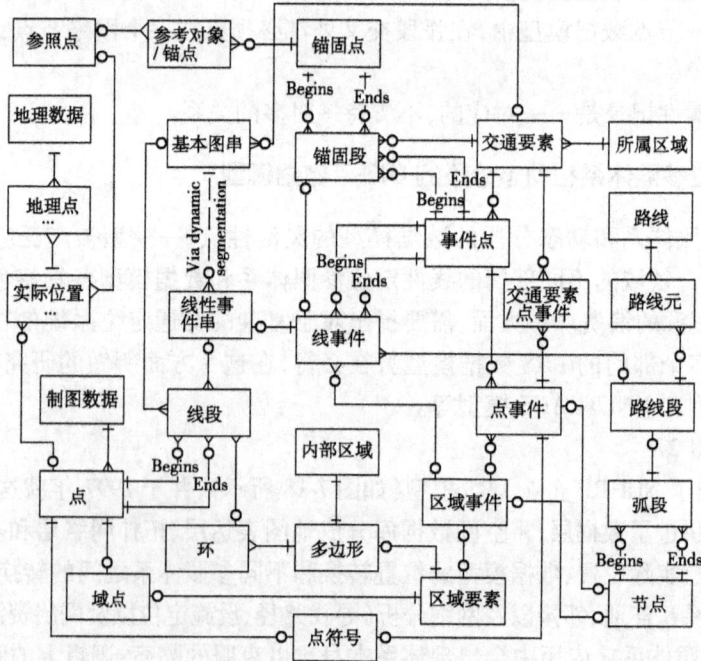

图 7-19　Dueker/Butler 企业 LRS 数据模型

182

简单到复杂模型的实体关系设计过程,包括事件数据、拓扑、地图几何数据和线性基准。与 NCHRP 模型不同的是 NCHRP 是以基准为中心的,而此模型以事件数据为中心,它包括了区域性要素以及区域性事件,基准是为了提高定位精度的,作为可选项。同时,事件可直接与网络模块、地图几何模块、线性基准模块连接,即事件可直接建立在基准模块上,将网络拓扑和基准完全分开,而 NCHRP 模型是通过网络拓扑与基准连接。地图大多与交通特征相关联,而不是与基准相关联。路线(Traversal)是用来进行路径规划的,不作为线性参照和动态分段的参照。可以允许交通特征不带拓扑,因而支持更广泛的非交通特征数据。

3. UNETRANS(Unified Network for Transportation)

UNETRANS 主要为实现高级交通运输规划和管理而提出的,它建立在 ESRI 地理数据库模型上,为基于交通实体的应用和开发提供模板。在 UNETRANS 中,交通实体细分为 7 个子对象或特征类,每个子对象或特征类除继承 ArcGIS 模型基础类的属性和方法外,均有自己独特的属性和方法。

三、适用于 ITS 和相关应用的数据模型

1. 导航数据模型

导航数据模型在一个高级层面上能支持车辆导航,对于 ITS,主要包括 4 个方面的功能:首先数据模型必须能将经纬度转换为街道地址,反之亦然,因为旅行者用街道地址来定位,而 ITS 一般是用车载 GPS 接收机来跟踪车辆位置;其次,数据模型应该支持地图匹配,即能校正汽车轨迹同公路图之间的误差;第三,数据模型必须支持最佳路径计算;最后,数据模型必须具有支持路径导航的功能。

传统的节点—弧段模型虽说有这方面的能力,但用传统的网络结构,会丢掉许多车载 GPS 和传感器提供的位置信息。而基于动态分段的网络,虽然可以支持沿着弧段的位置信息,但也不能完全捕捉复杂的道路对象如匝道和非平面特征(上跨和下穿)等。对于高级交通控制,需要提供基于车道的高精度的位置信息。现有的 ITS 数据模型都试图表达这些复杂的空间对象,以期获得高精确位置信息、精确的路径导航和 ITS 中的交通控制特征。

具有代表性的导航数据模型是 KIWI。KIWI 数据格式是将数据记录在 CD—ROM 和 DVD—ROM 上的一种物理存储格式,1997 年被提议为国际标准化组织(ISO)的一个国际标准。并于 2001 年 7 月,由多家公司联合成立了 KIWI—W 协会,意在促进 KIWI 标准的推广、应用和完善。KIWI 的特征有:

(1)对真实世界对象实现紧凑表示;

(2)数据格式支持未来扩展;

(3)允许互用性和个体区别。

目前,KIWI 被众多日本导航系统开发商采用,同时也完成了欧美数据格式向 KIWI 格式转化的评价。

2. 基于车道的数据模型

在车辆导航或网络分析中,要考虑的因素往往与车道密切相关。第一,同一条道路的不同方向、不同车道均具有不同的交通特征,如交通量的变化等;第二,同一街道不同方向,车道与

邻近车道往往有着不同的拓扑关系;第三,交通网络中存在的大量行车左右转向限制,绝大部分是针对车道的;此外,车道可在连续的线特征的任何点开始或结束。因此,在交通地理信息系统的应用中,应当把车道作为基本建模要素。归纳起来,对车道属性的描述大致有以下方法。

(1)传统的 GIS 的处理方法。当车道数量变化时,在原有的节点—弧段拓扑上增加一个节点把弧段分开。为了在传统的节点—弧段模型中保持一对多的关系,将导致节点和弧段数量的迅速增长,大大提高了数据冗余。这里,一旦车道数据变化,网络拓扑需重新构建。

(2)Fohl 等(1996)提出了基于车道的导航数据模型,车道表存储一条路段的车道信息,在动态分段的数据模式中,每个车道是一个单独的路径元素。用一个与道路中心线的偏移值来表达车道,存储一个路径对应于每个车道;或者,存储弧段的车道数,即将一个路段分为几个车道,在路径中以属性存储弧段的车道数,这样存储空间节省了,但没有存储车道之间的语义。

(3)将同向互通车道集成作为一个综合车道,把综合车道作为基本建模单位,它把车道与道路的语义关系作为车道的属性,既考虑同一道路不同方向车道交通特性的差异,又保留了利用动态分段技术生成车道几何数据及利用平面图弧段—节点拓扑生成各车道间拓扑连接关系的能力,但不在一般道路交叉处产生节点。可是,将同向互通车道作为建模的基本单位,并不能反映每个车道的属性和拓扑关系。在现实世界中,每条车道的属性是不同的,而且车道之间的语义关系也不一样,把它们同等对待,必然丢失车道的一些信息。

3. 三维数据模型

目前的模型大体是在二维的基础上发展起来的,虽然 MDLRS 模型强化了对线性参照、2D参照和 3D 参照之间的联系,提供多维数据之间的转换支持,但都没有提供对交通特征的三维数据模型(如立交桥模型等)、三维操作(考虑坡度的实际距离量算等)及可视化(如天桥或互通匝道的三维形状)的支持,是二维地理空间表达的基本缺陷。3DGIS 能够排除困扰 LRS 数据模型的应用问题。面向对象的 GIS-T 数据模型适合于 ITS。随着 ITS 的发展,很多应用,尤其是车辆导航、高速公路监控与管理等对三维的要求越来越强烈,因此发展对交通特征三维操作及可视化支持的 GIS-T 数据模型无疑是值得期待的。

四、模型对时态的支持

1998 年在华盛顿召开的 NCHRP 20-27(3)会议,提出了发展综合多维 LRS 数据模型必须满足的 10 项核心功能需求,意在发展综合的多维 LRS(MDL RS)模型,为 GIS-T 提供一个集成多维数据的框架。现将 5 种模型对时态支持的情况进行比较(见表 7-2)。从表中可以看出,NCHRP 20-27(2)、GIS-T Enterprise 和 KIWI 基本上没有考虑对时态的支持。以下分别简述各功能的支持情况:功能 1,UNETRANS 和 ISO-GDF 基本上是将时间作为属性来存储,可提供一些基本的时间查询;功能 2,UNETRANS 和 ISO-GDF 可提供对时间参照系统/时间基准的隐式支持;功能 3,UNETRANS 和 ISO-GDF 通过存储时间可以推出时间拓扑关系;功能 4,UNETRANS 模型允许存储一些对象的历史状态,ISO-GDF 支持按规定时间间隔更新数据库,并保留老数据库信息;功能 5,UNETRANS 支持有限的对象导航功能,支持移动对象,但不支持跟踪。ISO-GDF 不支持运输工具基于时间的定位,基本支持对象的导航功能。

模型对时态支持情况比较　　　　　　　　表 7-2

模型	功能需求及评估标准	ISO-GDF	NCHRP 20-27(2)	UNETRANS	GIS-T Enterprise	KIWI
时空参照方法	存储指定位置和时间的对象或事件的时空数据表达(四维)	√		√		
	存储参照对象的时空数据	√	√	√	√	√
	野外空间参照对象位置可以恢复	√	√	√	√	√
	能区分参照和非参照对象					
时间参照系统/时间基准	提供多种时间参照方法					
	提供多种时间参照方法之间的转换					
	存储时间基准,即为各时间参照方法之间的转换提供基础					
时空拓扑	支持一种时间参照方法	√		√		
	支持对象或事件之间显式或隐含的拓扑关系,包括分离、重叠(在期间或同时)	√				
	记录和区分事件实际与期望发生或持续时间					
	维护对象和事件入库时的记录					
历史数据库	维护对象和事件的历史状态					
动态(支持沿着交通网络上的路线,多种标准的准实时和偶然对象的导航)	支持运输工具基于时间的定位			√		
	支持一个时间推理的时间参照方法	√				
	支持基于多模式网络的路径搜索,支持在时间或空间不连续的对象和事件的邻近分析	√				
	支持依赖时间的十字路口转向和限制	√		√		
	支持基于时态变化的路段车道属性,如高占用率车道和反向车道	√		√		
	支持依赖时间的事件属性	√				

五、存在的问题及发展趋势

1. 存在的主要问题

(1)标准、术语不统一。虽然目前已经有一些标准,如 FGDC 的 NSDI、GDF 等,但还存在一些不确定或模糊的定义,甚至许多内容没有意义。由于种种原因,遵循这些标准的机构或组织也不多。目前同一个术语在不同模型中的意义不同,或者有些模型中没有定义这个术语,这给数据的共享和维护带来困难。

(2)缺少应用级的可执行的线性数据模型。GIS-T 线性数据模型有很多,由于太复杂而难以设计,或应用起来太模糊(Spear 等,1997),难以在大范围推广应用。

(3)缺少对时态数据的管理能力。对于交通运输领域,在时态环境下管理特征事件和道路网络是不可避免的。经典的动态分段技术并不支持此项功能,因此,基于经典动态分段模型发展起来的线性数据模型都有此局限。

(4)缺乏面向用户的线性定位参照方法。虽然有若干线性参照方法,但多是针对各部门的专业人员,如以 K1 + 120.89 表示某桥梁在公路上的位置,普通用户难以理解。传统的里程桩和里程点方法很难跟上道路网络的变化,并且需要对野外的桩进行维护,在里程桩稀疏的地区不能得到有效运用。

(5)对交通分析的支持不够。如路径规划的分析需要有 O – D 信息,GIS-T 模型需要表达交通 O – D 信息。但是大多 GIS 软件把交通流量作为网络上路段的属性存储,模型并不能直接存储 O – D 信息,有些用类似转向表的结构存储 O – D 信息,但是 GIS 软件没有提供处理、显示、连接和分析这些数据的功能。

(6)复杂路径的存储与处理。在节点—弧段模型中,通常是存储有序的节点或者弧段来表示路径。同样的方法可以用于非平面数据模型。然而,目前在 GIS 的基本模型中,没有提供存储和处理复杂路径的工具,尤其需要存储整个路径的属性,而不是每个弧段的属性。如存储某路公共车路线时,则需要有公共车编号、起止时间及乘车人数等属性。投递公司需要存储投递车每天的行走路线。对于精确交通行为分析,有时需要存储沿路线上的交通灯和各种交通设施信息。不能存储这些路线对象及其属性,阻碍了 GIS 在交通领域的应用。

2. 发展展望

从地图视图发展到导航视图,最终发展到行为视图,是 GIS-T 发展的总趋势,也是对 GIS-T 模型的基本要求。早期的 GIS 数据模型趋向于地图和图像的表达,并不关心时态的变化。前期研究提出了很多描述时态变化的方法(Langran,1992),在过去的四分之一世纪,基于时间数据库的论文达 2 000 多篇(Jensen 等,1999),但是很少被应用到当前的 GIS 中。目前 GIS 软件对时态变化的处理,大多是在对象属性表中直接存储属性数据,没有很好地提供处理这些数据的工具。例如,用户可以自由地采用各种设计方法来描述基于时间变化的转向限制表,但软件并不能有效利用这些正确的转向信息为系统提供帮助。NCHRP20-27(3)提出的 10 项核心功能需求和评估标准,有很多是关于时空数据方面的,为 GIS-T 发展和完善时空数据模型提供了一个参照标准。

第八章　交通地理信息系统的开发

第一节　交通地理信息系统开发模式

一、交通地理信息系统应用模式及分类

地理信息系统为各种涉及空间数据分析的学科提供了崭新的技术方法和研究手段,为涉及空间数据应用的各级管理部门及决策部门提供了办公自动化工具及辅助决策的手段,并为实际工作问题的解决提供了一种新的思维模式。根据地理信息系统的应用方式和作用,可将交通地理信息系统的应用模式分为两类,即科学研究工具和办公服务系统。地理信息系统作为科学研究工具的应用模式,强调针对空间数据集,通过运用地理信息系统的空间分析功能,能够获得什么样的科学分析结果。地理信息系统作为办公服务系统的应用模式,则需要将地理信息系统技术与具体业务工作结合起来,建立长期、稳定和高效运行的业务服务系统,因此,作为办公服务系统的地理信息系统强调的是具体业务工作过程的模拟。

1.科学研究工具的应用模式

把地理信息系统作为科学研究工具的应用模式,强调对于科学计算结果的获得和分析,把地理信息系统当成科学研究的辅助手段。它主要应用于有关地学领域的科研项目研究中。比较来说,科研项目的规模有大小和难易之分。对于规模相对较小、内容相对简单的研究项目,如公共服务设施的选址等,地理信息系统通用软件所具有的一般空间分析功能就能够满足研究的需要;而对于那些规模相对较大、内容相对复杂的项目,如全球变化研究或大型工程环境评价等项目,不仅需要用到地理信息系统通用软件所具有的一般功能,而且还要应用专业分析模型或专家系统等。

2.办公服务系统应用模式

办公服务系统按照其应用层次的高低,又可分为空间事务处理系统(STPS-Spatial Transaction Process System)、空间管理信息系统(SMIS-Spatial Management Information System)、空间决策支持系统(SDSS-Spatial Decision Support System)和专家系统(Expert System)。

空间事务处理系统的目标是迅速、及时、准确地处理大量空间信息,能够有效地进行日常事务的自动化处理。它所处理任务的结构性强,其处理任务的信息类型和时间过程可以事先描述。空间事务处理系统主要应用了地理信息系统的数据库技术,它取代了日常工作中繁忙的具有重复性的事务处理工作。

空间管理信息系统是在空间事务处理系统基础之上发展起来的、仍以信息处理的高效率为其追求的主要目标,但它对管理者所提供的辅助决策信息不仅表现为数据的查询和统计形式,还具有专业模型的分析功能。

决策问题可分成结构化决策、半结构化决策和非结构化决策问题。结构化决策问题相对比较简单、直接,对问题决策过程的环境和原则可以使用明确的数学语言加以描述。非结构化

问题是指那些决策过程复杂,制定决策前难以准确识别决策过程的各个方面,以及决策过程形式表现为各阶段的交错和循环反复的一类问题,它的描述需要运用有关专业领域经验知识的规则来加以描述。

空间管理信息系统通过运用专业模型的分析功能来解决结构化的决策问题,属于数据驱动型,它主要用以完成业务工作中的确定性问题的处理和管理,为中低层次的管理部门提供决策服务。它应用了地理信息系统的数据库技术、空间分析技术和模型分析技术,它在城市规划、土地利用、道路交通管理、管网规划管理等很多领域有着广泛的应用。

空间决策支持系统是在 SPTS 和 SMIS 的基础之上发展起来的更高一级的管理信息系统。它主要用以解决半结构化和非结构化的决策问题,它为决策者提供了一个模拟决策过程,并提供选择方案的决策支持环境。空间决策支持系统属于推理模型驱动性,它强调系统推理的有效性,用于辅助决策,服务于中高层决策人员。空间决策支持系统应用了地理信息系统所有技术:地理信息系统数据库技术 + 地理信息系统空间分析技术 + 地理信息系统模型库技术(包括模型库和模型库管理系统) + 地理信息系统知识库技术。这在宏观决策、区域可持续发展和行业发展规划等领域都有着广泛需求和应用。

专家系统是能够模仿人工决策处理过程的基于计算机的信息系统,它由知识库、推理机、解释系统、用户接口和知识获得系统组成。它扩大了计算机的应用范围,使其从传统的资料处理领域发展到智能推理上来。SMIS 能够提供信息,帮助制定决策,SDSS 帮助能够改善决策质量,只有专家系统能够应用智能推理制定决策并解释决策理由。

上述应用模式之间的界限并不是绝对的,一个决策支持系统可以使用与科研工具中一致的分析模型。并且从广义上讲,所有的地理信息系统应用的最终目标都是为了进行空间决策。

3. 交通地理信息系统模式及分类

交通地理信息系统科学研究工具应用模式和办公服务系统应用模式的区别是:前者的用户主要是科研领域的专家学者,用户通常能在地理信息系统通用软件基础之上自行开发一些专业研究分析所需要的模型软件包,专业分析模型软件包与地理信息系统通用软件之间的关系可以是松散的,对用户界面的要求也不高;后者的用户主要来自于行业单位部门的主管人员与工作职员,它需要地理信息系统专业人员在地理信息系统通用软件基础之上面向行业领域进行系统的二次开发,它使多种软件系统高度综合,并具有优良的用户界面/前端环境。本节主要对于交通地理信息系统办公服务系统的应用模式进行阐述。

交通地理信息系统的办公服务系统应用模式按照地理信息系统服务应用的范围与深度,又可进一步划分为:基于某一项目研究的项目地理信息系统、应用于某一部门的部门地理信息系统、服务于某一企业团体的企业化地理信息系统和作为公众基础信息系统的社会化地理信息系统。

1)项目地理信息系统

项目地理信息系统一开始就有待定的实现目标,大多针对实际工作中某个具体问题的解决,偏重于技术性的问题。它以项目目标的实现为工作周期,并不需要建立长期稳定的运行系统。它的最终目的是实现项目的预定目标,而与地理信息系统有关的各种操作只是实现目标的手段。一般来说,项目地理信息系统的开发者也是最终使用者。目前,大多数科研机构和大学里的研究人员都是在这一水平上开发和应用地理信息系统。项目地理信息系统的用户往往处于地理信息系统技术发展相应领域的前沿。

2)部门地理信息系统

部门地理信息系统应用于一个机构的某个部门,如公路管理局养护处使用的公路养护管理信息系统。部门地理信息系统的主要特征,是建立一个长期稳定运行的系统以处理日常事务。数据库、模型及应用程序在不断的积累和更新,系统开发人员与操作人员已明显区分开。系统已成为处理日常工作的重要工具,但处理的任务是结构化的。系统的类型属于事务处理系统和管理信息系统,系统处理的信息主要是行业部门内部的,所应用的地理信息系统技术主要是地理信息系统数据库技术及确定型模型。部门地理信息系统是地理信息系统应用初期阶段的产物,而地理信息系统应用发展的趋势是企业化地理信息系统和社会化地理信息系统。

3)企业化地理信息系统

企业化地理信息系统应用于一个机构的多个(各个)部门,以建立一个长期稳定运行的分布式系统、实现资源共享为目标。一个机构的各个部门共享数据库、软硬件和技术,但各部门又各具其功能,各负其责和相对独立。

系统具有多个应用层次:低层次的具体工作人员主要应用地理信息系统数据库技术处理各自的日常事务;较高层次的部门管理人员则主要应用部分地理信息系统数据库技术完成其日常事务,利用确定性模型解决结构化决策问题;最高层次的决策人员主要应用地理信息系统模型库和模型库管理系统、知识库及少量地理信息系统数据库技术(查询、检索)处理半结构化和非结构化的决策问题,高一层次向低一层次吸取数据,低一层次的信息流向高一层次。最高层次决策所用信息不仅是机构内部的,而且还有与决策有关的外部信息。为具体工作人员开发的信息系统可称之为空间事务处理系统,为部门管理人员开发的信息系统可称之为空间管理信息系统,为决策人员开发的信息系统可称之为空间决策支持系统。空间管理信息系统建立在空间事务处理系统上,决策支持系统建立在空间管理信息系统之上。空间决策支持系统是模型(数学模型和推理模型)驱动的,因为现实数据表示的是过去已经发生了的事实,因此数据必然是面向过去的,利用各种模型就可以把面向过去的数据变换成面向现在或将来的有意义的信息。空间决策支持系统与一般地理信息系统不同的是,系统处理工作与决策人员的思考是相互作用的,而且空间决策支持系统并不一定要给出一个最佳的方案或结论,往往是帮助用户暴露问题的实质,寻求可能的方案,对风格不同的决策人员,空间决策支持系统将产生不同的分析结果。

4)社会化地理信息系统

社会化地理信息系统,适合于全国性组织及任何希望向社会公众提供图形数据服务的单位。它拥有非常多的用户和海量的数据,并通过 Internet 提供服务,是现代社会信息基础设施的重要组成部分。

除了从应用模式上划分 GIS 应用外,还从规模上划分为小型、中型和大型应用。小型 GIS 使用数据量小,使用系统的用户少,主要针对一个部门或特定领域,注重于专业模型的开发和应用。中型 GIS 应用于多个部门,数据量大,运行于局域网或城域网环境,侧重于决策支持。大型的 GIS 应用则拥有非常多的用户和海量的数据,注重数据的管理,并通过网络实现分布式的计算和数据管理,并通过 Internet 发布空间信息。

二、交通地理信息系统应用的开发方式

一旦组织决定建立用于本单位的地理信息系统,可以采取 3 种方式,一是通过购买,在组织中实施;二是请软件开发商来开发;三是由组织内部的人员开发,可以是专业的地理信息系统人员,也可以是最终用户。

其中购买 GIS 又可以分为购买 GIS 平台软件进行二次开发、购买完整的软件产品、购买完整的 GIS 系统以及购买 GIS 服务。

请软件开发商进行开发以得到完整的软件产品或系统,也可以认为是系统购买的一种形式,但是从购买到系统运行时间比直接购买时间要长。在请开发商进行开发时,可以有两种具体方式,即承包开发和合作开发。前者由开发商独立开发完整的系统,又称为"交钥匙"系统;后者在开发过程中,可以由用户方的技术人员参与开发,双方合作完成整个系统,这种方式有利于开发系统时对问题域的准确把握。

上述的 GIS 应用建立方式各有利弊(表 8-1),各个组织可以根据具体情况确定采用何种方式进行开发。

GIS 应用开发方式及其特性

表 8-1

实施 方案	用户 开发	购买通用 平台	购买完整 软件	购买完整 系统	购买 服务	承包 开发	合作 开发
对提供者依赖性	低	低	高	很高	很高	很高	中
到系统运行时间	长	长—中长	短	很短	很短	长—中长	长—中长
初始费用	低	中等	中等	高	高	高	中等
人力费用	高	中等	低	低	很低	低	中等
风险和不确定性	高	较低	低	低	中等	高	中等
灵活性	完全可以	完全可以	中等	中等	不定	高	完全可以
对用户技术要求	很高	高	中等	中等	很低	中等	高
现有资源的利用	高	高	中等	低	很低	低	中等—高

第二节　交通地理信息系统开发策略

一般信息系统的开发方法很多,根据实践经验可将其归纳为可行的和不可行的两大类。这同样适合于交通地理信息系统。

一、不可行的开发策略

组织机构法:完全遵循现行组织机构,机械地直接将它转换为以计算机处理为基础的地理信息系统。主观认为现有组织机构很合理,没有根据计算机处理的要求和特点重新合理划分子系统和规划子系统的功能、相互关系、接口、输入和输出等,影响了计算机高效处理和资源共享等优越性的发挥。

数据库方法:从数据的角度而不是功能的角度去分析和设计一个新系统,以数据库为中心开展各项业务处理。出于事先没有考虑和规划系统的功能之间的关系,在围绕数据库开发一些应用功能后,会出现功能之间的不协调或矛盾,反过来再修改数据库,造成人力和物力的浪费。

想象系统法:违背了新系统"基于原系统而高于原系统"的原则,将新系统建立在想象和假设的基础上。开发出来的系统因脱离实际而根本无法投入实际运行,造成人力和物力的极大浪费。

由缺乏地理信息系统经验的人员规划设计地理信息系统时,往往容易采用数据库法或想象系统法,因为他们对地理信息系统认识不足、理解不深,他们要么把地理信息系统理解为仅仅是数据库,要么把地理信息系统理解为是万能的工具,如图 8-1 所示。其实,地理信息系统的规划设计需要"有地理信息系统经验的人组成的领导小组"来完成。

二、可行的开发策略

"自上而下"方法:从企业或组织机构的高层管理着手,考虑其目标、对象和战略,确定需要哪些功能来保证目标的完成,从而划分相应的子系统,并进行子系统的分析和设计。"自上而下"的优点是整体性、逻辑性强,缺点是对于大型系统的开发,因工作量太大而影响具体细节的考虑,致使周期拉长、开发费用增加、评价标准难以确定等。

"自下而上"方法:从一个企业或组织机构的各个基层业务子系统的日常业务处理开始进行分析和设计。当下层子系统分析完成后,再进行上一层系统的分析和设计。将不同的功能和数据综合起来考虑,这样逐层综

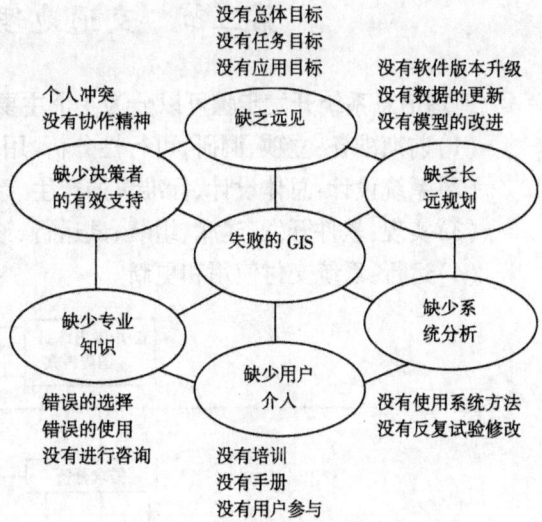

图 8-1　造成地理信息系统开发失败的因素

合和集中,直至总的地理信息系统的分析和设计。这种方法的优点是应用系统的设计容易被识别、开发和调整,并且可以边设计、边实施、边见效,根据资源情况逐步满足用户要求;缺点是因为在具体子系统的分析和设计中,不能很好地考虑到系统的总目标和总功能,所以在进行上层系统的分析和设计时,反过来又要对下层子系统的功能和数据作较大的修改和调整,整体性和逻辑性较弱,可能造成功能和数据的矛盾和冗余,造成返工。

综合方法:为了充分发挥"自上而下"和"自下而上"两种方法的优点,在实际应用中,往往将两种方法结合起来应用。在用"自上而下"方法进行一个应用地理信息系统的总体设计后,"自下而上"方法则在总体方案指导下,对一个个业务子系统进行具体功能和数据的剖析与分解,并逐层综合到决策层。

企业系统规划法:企业系统规划法(Business System Planning,BSP)认为开发一个信息系统应具备以下几点。

一个信息系统必须支持企业的战略目标。

一个信息系统应当表达企业的各个管理层次的需求。一般认为,任何一个企业内都存在着三个不同的管理层,即战略管理层、策略管理层和操作管理层,对不同的管理活动有着不同的信息,因此有必要建立一个合理的框架,并据此来定义信息系统。

一个信息系统应该向整个企业提供一致的信息。由于计算机在发展中的原因,系统的分模块开发,会形成信息的不一致性,包括形式上的不一致、定义上的不一致和时间上的不一致。因此,要制定关于信息一致性定义、技术实践等策略与规程。

一个信息系统应该经得起组织机构和管理体制变化。信息系统应具有可变更性或对环境变更的适应性。

一个信息系统应是先"自上而下"识别,再"自下而上"设计。BSP 对大型系统所采用的基本方法是"自上而下"地识别系统目标、识别企业过程、识别数据,"自下而上"地分步设计系

191

统。这样既可以解决大规模信息系统难以一次设计完成的困难,也可以避免"自下而上"分散设计可能出现的数据不一致问题、重新系统化问题和相互无关的设计问题。

第三节　交通地理信息系统开发步骤

地理信息系统开发步骤可以分为4个主要部分(见图8-2)。
(1)前期准备:立项、调研,可行性分析、用户需求分析;
(2)系统设计:总体设计、标准集的产生、系统详细设计、数据库设计;
(3)实现:软件开发、建库、组装、试运行、诊断;
(4)运行:系统交付使用和更新。

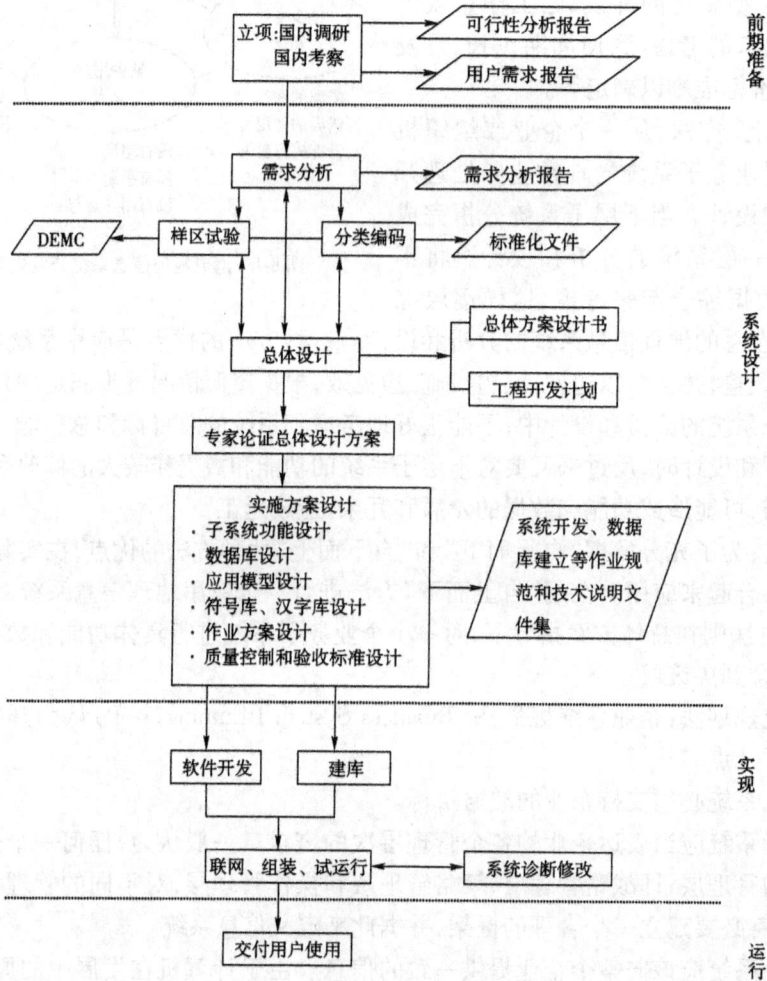

图8-2　地理信息系统开发步骤

一、交通地理信息系统系统分析

系统分析的基本思想是从系统观点出发,通过对事物进行分项和综合,找出各种可行的方案,为系统设计提供依据。它的任务是对系统用户进行调查研究,对选定的对象进行需求分析和可行性分析,在明确系统目标的基础上,开展对新系统的深入调查研究和分析,最后提出新系统的结构方案。系统分析是使设计达到合理、优化的重要步骤,这个阶段工作深入与否,直接影响到将来新系统的设计质量,因此必须给予高度重视。

1. 需求分析

系统需求分析是在对用户进行深入细致的调查基础上进行的,它是系统设计的基础,是通过与系统潜在用户进行书面或口头交流,将收集的信息根据系统软件设计的要求归纳整理后,得到对系统概略的描述和可行性分析的论证文件。全面深入地了解掌握用户需求是进行优良的系统设计的关键,也是系统生命力的保证。

需求分析的过程实际上是一个继承与发展的过程。"继承"首先要求全面调查、了解目前组织机构内的常规工作,理解其间的运作及关键性步骤。继承的过程是一个学习和认识的过程,它以对各类数据内容和行为进行调查的方式为主。"发展"则是基于对现有的数据和结构组织理解的基础上,用新的观点和 GIS 技术来更有效地完成同样的日常任务。有时这种发展的过程只是简单地提高工作效率,而有时可能是天翻地覆的变化,甚至会引起整个机构全面改革,所以发展是一个改革和创新过程,该过程以分析和创造为主。

常用的需求分析方法有面向数据流的结构化分析方法(简称 SA)和面向对象的分析方法(简称 OOA)。此外,还有以用户为中心的需求分析方法。这些方法都采用图文结合的方式,可以直观地描述软件的逻辑模型。

现状调查主要是调查各级、各方用户对系统的总体功能要求及对各子系统的具体要求,然后由此来确定系统的基本服务对象和内容,划定系统的边界,建立系统的概念模型,选择合适的软、硬件配置。在分析用户需求时,应当同时兼顾目前和将来,以便使系统结构趋向合理,易于扩充和转换,使系统功能保持最佳状态。根据国内外的经验与教训,用户调查工作一定要走在系统设计最前面。

现状调查一般包括用户情况调查,系统目的和任务调查,数据源调查和评价,以及软、硬件调查。

在花费大量时间收集到各种信息以后,接下来需要做的则是信息的组织和分析,然后将分析、组织的结果以某种方式表达出来。信息描述和表达的方式通常有:表、清单、数据流程图和数据字典等。

2. 可行性分析

可行性分析是在对用户需求分析的基础上,从社会因素、技术因素和经济因素方面对建立系统的必要性和实现系统目标的可能性进行分析,以确定用户实力、系统环境、原始数据、数据流量、存储空间、软件系统、经费预算以及时间分析和效益分析等。通常要考虑的因素有:

(1)效益分析;

(2)经费问题;

(3)进度预测;

(4)技术水平;

(5)有关部门和用户的支持程度。

实际工作中,这项工作是与用户需求调查工作同时进行的。在进行大量的现状调查基础上,论证应用型地理信息系统的自动化程度,涉及的技术范围、投资数量以及可能收到的效益等,然后确定 GIS 的基本起始点,从这个起始点出发就能逐步向未来的目标发展。此外,这项工作还与数据源的调查和评估有密切关系。

二、交通地理信息系统总体设计

在深入的需求分析和可行性研究后,需要进行系统的总体方案设计。系统的总体方案设计是系统建设中最重要的总控文件,在进行总体设计时,务必坚持系统工程的设计思想和方法,把握方向,在重大问题上给予定性考虑;着重确定原则,避免过早陷于细节问题而忽略总览全局。

系统总体设计的目的是回答"系统应如何实现"的问题。其主要任务是划分出组成的各物理元素的构成、联系及其定义描述,并且根据系统确定的应用目标,配置适当模型和适当数量的硬件、软件,确定计算机的运行环境。当系统的运行环境确定以后,根据应用模型和应用目的设计数据库的数据模型,然后根据系统的数据模型、应用和分析模型、数据处理模型等,对数据的标准和质量要求等,作出相应的定义和规定。

1. 系统目标的确定

系统目标要概括全局,决定全面,只有在充分掌握了各种有关的信息,并进行综合分析比较后,才能正确地确定系统的目标。当前,在确定系统目标时,通常都遵循如下原则。

针对性:系统设计应以提高信息管理的效率,提高信息质量,为决策者提供及时、准确、有效的信息,向社会提供所需信息为出发点。对具体的专业应用要有具体的设计目标。

实用性:根据我国现行地理信息系统发展状况,大多数单位(或城市、地区)都难以在短期内建立一个完善的系统,为充分发挥系统的经济效益和社会效益,应注重实用性。初期建设重点在数据建库、处理与查询等工作上。所谓实用性,不仅要考虑诸如算法设计、软件开发、模型建立等方面的方法和手段,而且还要考虑大量数据的存储、维护与更新的方法。系统的生命周期应该包括系统的运行与维护阶段,这是一个相当长的时期,而不是仅到系统建成之日为止的相对短的时期。

预见性:预见性是指要充分考虑国家对有关专业管理的政策、方针和立法以及当今信息技术的快速发展,在系统功能设置时应留有发展余地和良好的接口。系统的功能、系统管理的数据、系统的应用领域以及硬、软件均应可扩展,尽量建成一个可扩展的系统。

先进性:先进性要考虑计算机及外设、基础软件的新版本,新的操作系统等先进设备、先进技术的应用。

2. 系统总体设计基本原则

系统总体设计应当根据系统工程的设计思想,使系统满足科学化、合理化、经济化的总体要求,一般应遵循以下基本原则。

完备性:主要是指系统功能的齐全、完备。一般的系统都具有数据采集、管理、处理、查询、编辑、显示、绘图、转换、分析及输出等功能。

标准化:系统的标准化有两层含义,一是指系统设计应符合 GIS 的基本要求和标准;二是指数据类型、编码、图式应符合现有的国家标准和行业规范。

系统性:属性数据库管理子系统、图形数据库管理子系统及应用模型子系统必须有机地结合为一体,各种参数可以互相进行传输。

兼容性:数据具有可交换性,选择标准的数据格式和设计合适的数据格式变换软件,实现与不同的 GIS、CAD、各类数据库之间的数据共享。

通用性：系统必须能够在不同范围内推广使用，不受区域限制。

可靠性：系统的可靠性包括两个方面，一是系统运行的安全性；二是数据精度的可靠性和符号内容的完整性。

实用性：系统数据组织灵活，可以满足不同应用分析的需求。系统真正做到能够解决用户所关心的问题，为生产实践、科研教学服务。

可扩充性：系统设计时应采用模块化结构设计，模块的独立性强，模块增加、减少或修改均对整个系统影响很小，便于对系统改进、扩充，使系统处于不断完善过程中。

3. 模块或子系统设计

要使系统容易扩充，就要使它的结构清楚，为此，需要把系统分成若干个符合一定要求的大模块（子系统），子系统设计是独立进行的，设计中必须不断吸取用户调查提供的信息，并且将它们与目前生产实践的需要及将来发展的可能结合起来，不断地进行修改。子系统设计均采用由下而上的方法，先从实际调查出发，研究其可能涉及的资料，确定其实体的属性，然后逐级向上综合，子系统的划分给系统的逻辑设计和物理设计打下基础，为整个系统的运行提供保证。通常，子系统的划分应尽量遵循以下原则。

把系统划分为一些模块，其中每个模块的功能简单明确，内容简明易懂，任务清楚明确，以便易于修改。

每个模块要比较小，每一项任务限制在尽可能少的模块中完成，最好是一个模块来完成，这样就可以避免修改时遗漏应修改的地方。

系统分成模块的工作按层次进行。首先，把整个系统看成一个模块，按功能分解成若干个第一层模块，这些模块互相配合，共同完成整个系统的功能。然后按功能再分解第一层的各个模块。依次下去，直到每个模块都十分简单。

每一个模块应尽可能独立，模块之间的联系及互相影响尽可能地减少，尽可能减少模块间的调用关系和数据交换关系。当然，系统中模块不可能与其他模块没有联系，只是要求这种联系尽可能少。

模块间的关系要阐明，这样，在修改时可以追踪和控制。

模块所包含的各个过程之间内在联系应尽可能强。

模块的划分应便于总的系统设计阶段实现。

总之，一个易于修改的系统应该由一些相对独立、功能单一的模块按照层次结构组成。

4. 系统组网方案

目前在交通地理信息系统中，大多数采用简单的 Client/Server(C/S) 技术构架，这样的网络运行模式已经不能满足当前工作的需要，纯 C/S 的网络运行模式主要表现在系统维护要求高、操作复杂，这样对于一般的使用部门往往会出现因为管理人员的维护不当而使系统出错甚至使系统崩溃。C/S 方式对网络要求比较高，一般适用于局域网内部使用，对于分机构和下属单位，如果要进行信息化建设，则必须通过广域网与总部或上级机构的服务器连接。

随着 Web 技术的成熟，网络带宽的不断增加，采用 Browser/Server(B/S) 网络结构建立GIS 信息系统完全成为可能。采用这种胖服务器、瘦客户端的运行模式，主要的命令执行、数据计算都在服务器完成，应用程序在服务器安装，客户机不用安装应用程序，所以日常办公操作可通过免费的浏览器来完成。采用这种 B/S 结构，大大地减轻了系统管理员的工作量，而且这种方式对前端的用户数没有限制,交通部门可公开发布信息,普通市民也可通过浏览器进行查询。

当然,B/S 方式和 C/S 方式各有优缺点,例如,在交互性方面,C/S 方式与 B/S 方式相比对图形数据具有很强的编辑处理能力,对空间数据的存储效率较高。所以,采取以 Browser/Server 为主,Client/Server 为辅的网络结构模式是当前的最佳选择。

从经济实用性考虑,综合多种配置的性价比,建议 GIS 中心服务器采用单机备份的方式,可以逐步配置,也可以一步到位。服务器内存要求 1 024MB 以上,处理能力达到 9 000tpmC。为了保证数据的安全性,服务器应具有镜像、热备份、容错功能。为确保备份数据存储在单独的硬盘上,同一备份数据在两个硬盘上做镜像备份,服务器应配备 4 个以上硬盘。

5. 硬件配置

硬件包括计算机、存储设备、数字化仪、绘图仪、打印机及其他外部设备。总体设计中需要说明其硬件的型号、数量、内存等性能指标,画出硬件设备配置图。

硬件配置的选择取决于系统的任务性质和经费条件,硬件设备的投资在 GIS 总投资中往往占一定比重,除按预算金额提出设备清单外,还考虑投资使用的有限顺序,把工作开始就绝对需要的设备和一段时间以后绝对需要的设备,作为优先和次优先购置的项目,今后有用而暂时不用的设备留待以后购置。

硬件设备的选择还要根据软件的要求和软件的类型购置。一般情况下,软件的设计是按特定机型和外围设备设计的,只能支持一定型号的硬件设备。因此在选择硬件时要知道软件能否支持,会不会造成运行困难等。

交通地理信息系统的基本硬件配置如下。

服务器:双 CPU,硬盘 80GB 以上,内存 1 024MB 以上,磁盘阵列;

客户机:内存 256MB 以上,硬盘 40GB 以上,高分辨率彩色监视器及其相应的图形适配卡;

数字化仪(A0-A3):可配置 Calcomp、HP 等主流机型;

扫描仪(A0-A3);

绘图仪:可配置 Calcomp、HP、Epson、DMP 等主流机型;

打印机:可配置 EPSON、HP、NEC 等系列。

6. 软件设计

在系统的选型问题上,与硬件相比,系统软件的选择更具有重要意义。一般来说,适用于交通地理信息系统的 GIS 平台软件应具备以下特点:

具有全关系型数据库统一管理图形数据与属性数据能力,能解决海量数据的存储与管理问题;

具有支持分布式数据库操作、远程并发控制的能力,可实现省、市、县公路的三级管理;

具有支持客户/服务器(C/S)和浏览器/服务器(B/S)体系结构能力,可在 Intranet 和 Internet 上实现多用户对系统的共享;

具有线状要素动态分段和网络分析等空间分析功能,能形成公路地理信息系统的特色;

具有良好的专题制图与统计图表生成的能力,能实现公路数据的动态可视化表达;

具有 ComGIS 产品,能利用通用的开发环境方便、灵活地进行系统的开发。

目前 GIS 软件层出不穷,常用 GIS 平台特点的对比如表 8-2 所示。

GIS 平台	拓扑关系	非拓扑关系	动态分段	组件技术	Web GIS	全关系数据库管理	矢栅一体化	支持网络分析	国内用户群
ARC/INFO	√	√	√	√	√	√	√	√	多
MapInfo		√		√	√	√	√		多
IntegraphMGE-Geomedia	√	√	√	√	√	√	√		一般
Transcad	√		√					√	很少
SICAD	√		√	√		√	√		很少
MapGIS	√		√			√	√	√	较多
GeoStar	√		√			√	√		一般
SuperMap	√	√	√			√	√	√	一般

7. 代码设计

代码是给予被处理对象(事物、概念)的符号,是用来代表事物某种属性的一组有序的字母,具体地说,代码可用来代替某一个名词、术语,甚至某一个特殊的描述短语。它是人机的共同语言,是进行信息分类、校对、统计和检索的关键。由于当前计算机只能识别以二进制为基础的数字、英文、汉字及少数特殊符号,因此,代码设计就是如何合理地把被处理对象数字化、字符化的过程。代码设计是一项复杂的工作,需要多方面的知识和经验。设计面广的代码,一般要由几方面人员在标准化部门组织下进行,制定后要正式颁布,统一贯彻。

常用的代码分为顺序码、矩阵码、自检码、系列顺序码、层次码、助记码、特征组合码和混合码等。代码设计必须遵循以下基本原则。

唯一性:一个对象可能有多个名称,也可按不同的方式对它进行描述。但在一个编码体系中,一个对象只能赋予一个唯一的代码。反之,一个代码只能唯一地标识一个对象,不允许重码、乱码、错码。

合理性:代码结构应与相应的分类体系相对应。

可扩充性:代码设计应留有充分的余地,以备将来不断扩充的需要。

简单性:介绍结构尽可能简单,尽可能短,以减少各种差错。

适用性:代码尽可能反映对象的特点,以助记忆,便于填写。

规范性:国家有关编码标准是代码设计的重要依据,已有标准必须遵循。在一个代码体系中,代码结构、类型、编写格式必须统一。

系统性:代码要有一定的分组规则,从而在整个系统中具有通用性。

代码设计可按下列步骤进行:

确定代码对象。

考查是否已有标准代码。如果国家标准局、某个部门对某些事物已规定了标准代码,那么应遵循这些标准代码。如果没有标准代码,那么在设计代码时要参考国家标准化组织和其他国家、其他部门、其他单位的编码标准,设计出便于今后标准化的代码。

根据代码的使用范围、使用时间,根据实际情况选择代码的种类与类型。

考虑检错功能。

编写代码表。

三、交通地理信息系统功能设计

交通地理信息系统有无生命力,主要看系统对事务的处理是否满足应用的要求,即系统具有哪些功能以及这些功能处理事务的能力。因此,功能设计的主要任务是根据系统研制的目标来规划系统的规模和确定系统的各个组成部分,并说明它们在整个系统中的作用与相互关系以及确定系统的硬件配置,规定系统采用的技术规范,保证系统总体目标的实现。

1. 总体模块设计

交通地理信息系统是在一定的工具型 GIS 基础上,经过二次开发而得到的 GIS 系统。因此,它基本上继承了工具型 GIS 所提供的所有基本功能。所以交通地理信息系统的功能设计重点并不在于对基本功能的设计和编程,而是根据需求分析的结果进行分析,选择合适的工具型 GIS 功能并对其具体化,以满足用户的要求。GIS 从总体功能上划分,大致可分为:数据输入模块、数据处理模块、空间数据库管理模块、图像操作模块、空间分析模块、数字地形模型、制图输出模块、用户模型工具模块、应用界面模块 9 大功能模块。图 8-3 所示为交通地理信息系统的控制结构示意图。

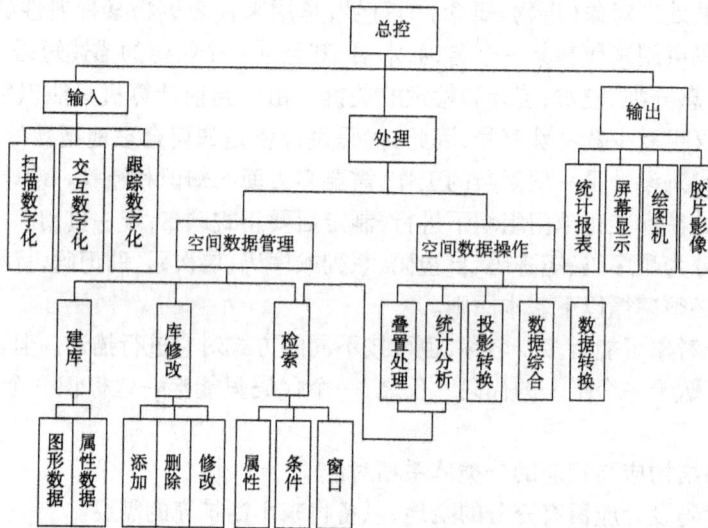

图 8-3　交通地理信息系统基本功能控制结构示意图

2. 属性数据库管理子系统的结构与功能设计

属性数据库管理子系统是存储、分析、统计、评价、查询、更新、属性制图等核心工具,也是整个系统的重要组成部分,需具备对数据库结构操作、属性数据内容操作、数据的逻辑运算、属性数据的检索、从属性数据到图像的查询、属性数据报表输出等功能,用户一方面可以随意地提取数据库中的任何数据参与数据处理、制图、分析、评价,充分发挥数据库中数据的价值;另一方面经图形提取得到的数据及分析、评价、决策模型运算的结构返回数据库,以备其他模型调用或输出,最大限度地发挥属性数据库管理子系统的功能。属性数据库管理子系统设计有数据结构操作、属性数据输入、数据库操作、属性数据查询统计及报表输出等功能,其结构详见图 8-4。

属性数据管理子系统功能结构图（文字结构如下）：

- 属性数据管理
  - 数据库结构操作
    - 建立新库
    - 修改结构
      - 字段内容修改
      - 字段删除和插入
      - 修改字段属性
    - 拷贝库结构
  - 属性数据录入
    - 数据输入
      - 数据输入与修改
      - 记录复制与字段复制
    - 数据追加
    - 数据修改
      - 记录删除和插入
      - 字段删除和插入
  - 查询统计
    - 属性逻辑查询
    - 属性空间查询
    - 条件统计查询
  - 表格输出
    - 格式报表输出
    - 表格输出

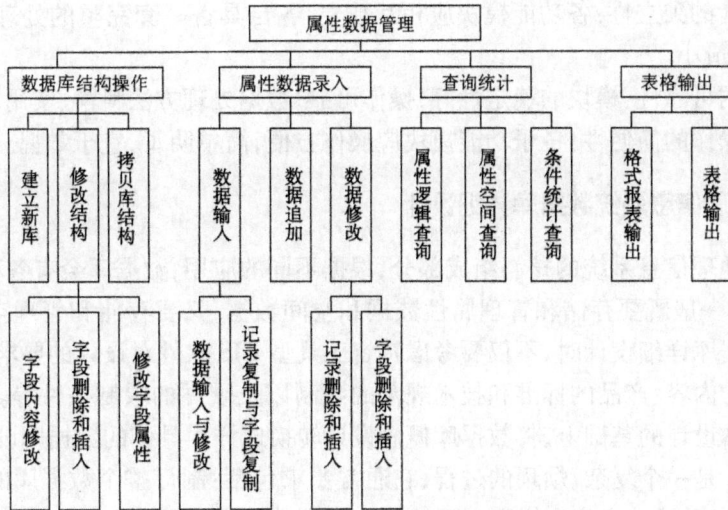

图 8-4　属性数据管理子系统功能结构图

3. 图形数据库管理子系统的结构与功能设计

图形数据库管理子系统主要完成图形图像数据的输入，图形图像变换、查询、图形整饰输出等功能，是系统的核心工具。图形数据库管理子系统的功能如下。

图形输入：主要有手扶跟踪数字化输入和扫描数输入。

图形转换：坐标配准能够使得地理底图、数字地形数据（高程值）、各种专题图都转换到统一的坐标系和单位中（我国采用高斯—克吕格投影），将图幅坐标归化为地理坐标，以便于做进一步的分析工作。系统能够做到准确定位，从经过坐标配准的图形上，准确地获得它的实际地理位置，实现多幅图的拼接及同一位置不同时期的状况比较，实现动态监测。格式转换使得系统能够实现矢量数据结构向栅格数据结构的转换。

图形操作：主要是指对图形的运算，包括图形的开窗，图形的缩放、漫游，图形的旋转，图形的叠加，图形的拼接几部分。

图形编辑：包括符号设计与图形整饰，建立符号库且有自动生成各种符号的工具；图形编辑，具有增删、连接、断开、移动、图形拷贝功能；图形的拓扑关系，建立图形元素之间的拓扑关系。

图形计算：主要是指对图形完成一些诸如长度、周长、边长、点到线距离、面积的量算及按照用户的要求实现的其他操作。

图像处理：包括遥感数据的输入，画面显示、操作、坐标量测、色调变更，几何校正，图像增强，特征提取，栅格数据矢量化处理，地面定位和输出功能等。

空间分析：指图形、属性之间的查询，实现由图形查属性，由属性查图形的功能，包括叠置分析、缓冲区分析、空间集合分析、网络分析、数字地形模型和地形分析等。

图形输出：能够向用户提供矢量图、栅格图、全要素图和各种专题图。

4. 功能设计的原则

交通地理信息系统功能设计一般遵循以下原则。

功能结构的合理性：即系统功能模块的划分要以系统论的设计思想为指导，合理地进行集成和区分，功能特点清楚、逻辑清晰、设计合理。

功能结构的完备性：根据系统的应用目的要求，功能齐全，适应各应用目的和范围。

系统各功能的独立性：各功能模块应相互独立,各自具备一套完整的处理功能,且功能相对独立,重复度最小。

功能模块的可靠性：模块的稳定性好,操作可靠,数据处理方法科学、实用。

功能模块操作的简便性：各子功能模块应操作方便,简单明了,宜于掌握。

四、交通地理信息系统数据库详细设计

数据库是地理信息系统的核心组成部分,根据不同的应用,数据库会有各种各样的组织形式。GIS数据库一般既要存储和管理属性数据和空间数据,又要存储和管理空间拓扑关系数据。在进行数据库详细设计时,不仅要考虑特定工具型GIS软件对设计的要求,同时也应考虑特定信息种类的内容、产品的标准和技术规范的限制以及硬件的限制条件等。数据库详细设计是在系统总体设计的基础上,将数据库概念设计转换成详尽具体的数据库设计。

数据库设计是一个复杂、烦琐的过程,它通常要求包括：制订整个数据库的使用目的和目标,分析和评价各种设计方案和雏形试验。因为地理数据有矢量和栅格之分,各种数据又同时具有空间和属性的特征,有的还有时间上的信息特征,各种特征的信息可能要用不同的结构来表达。各类数据的开发可能是使用不同的GIS软件来完成的,这样数据的格式也各不相同,一个数据库可能要求容纳各种各样的数据类型和格式。如何有机地将这些考虑结合起来,也是数据库设计成功与否的关键因素之一。

交通地理信息系统数据库的设计应该既考虑数据的特征,又兼顾应用目的,仅依据数据特征来进行数据库设计的方法会忽略了用户将如何使用这些数据的部分,所以这样设计出的数据库常常无人问津。按照应用目的设计的数据库是根据用户的使用目的来对数据库进行设计,假若对数据的考虑加强一些,便可以使设计出的数据库既充分利用了技术上的优势,又兼顾了用户的应用目的。

1. 数据库设计目标

满足用户要求;

良好的数据库性能;

对现实数据模拟的精确程度;

能被某个数据库管理系统接受。

2. 数据库设计

空间数据结构是地理信息系统的基础,GIS数据库设计是在概念设计的基础上进行逻辑结构和物理结构两个方面的设计。逻辑结构(抽象数据结构)选择是从地理表示的角度决定地理数据之间的关系,是程序设计人员与系统使用者之间交流的基础;物理结构(内部存储结构)选择则要决定采取何种文件结构和存取方式,为程序设计和模块接口服务。

概念化设计。将需求分析得到的用户需求抽象为信息结构即概念模型。数据库概念化设计是从抽象的角度来设计数据库,这种信息结构设计是从用户的角度对现实世界的一种信息描述,它独立于任何DSBMS软件和硬件。概念结构的设计通常有自顶向下、自底向上、逐步扩张和混合策略四类方法,一般都以E—R模型为工具来描述概念结构。

逻辑设计。逻辑设计是整个数据库设计的基础。其目的是要规划出整个数据库的框架,回答数据库能够做什么的问题。

1)空间数据逻辑设计

地理信息系统具有处理数据量大、结构复杂等特点,为了便于管理和应用开发,通常在设

计时将整个系统划分为一些子系统,与此相适应,数据库也被划分为若干子数据库。此外对于一些比较大的或比较复杂的子数据库还要进一步划分。为了提高地图中各个要素的检索速度,便于数据的灵活调用、更新及管理,在空间数据库中,往往将不同类、不同级的图元要素进行分层存放,每一层存放一种专题或一类信息。按照用户一定的需要或标准把某些相关图元要素组合在一起成为图层,它表示地理特征以及描述这些特征的属性的逻辑意义上的集合。在同一层信息中,数据都具有相同的几何特征和相同的属性特征。

数据分层可以按专题、时间、垂直高度等方式来划分。按专题分层就是每层对应一个专题,包含一种或几种不同的信息。专题分层就是根据一定的目的和分类指标对底图上专题要素进行分类,按类设层,每类作为一个图层,对每一个图层赋予一个图层名。分类可以从性质、用途、形状、尺度和色彩 5 个方面因素考虑。如表 8-3 是图层划分的例子。除了按专题内容进行分层外,还可以依据时间和垂直高度进行分层。按时间序列分层则可以不同时间或时期进行划分,时间分层便于对数据的动态管理,特别对历史数据的管理。按垂直高度划分是以地面不同高程来分层,这种分层从二维转化为三维,便于分析空间数据的垂向变化,从立体角度去认识事物构成。

公路管理的图层划分方案 表 8-3

地形图	点要素层	地 形 层	等高线标注,地貌特征点、高程注记
	线要素层	居民点层	居民地符号及注记
		境界层	境界线注记
		地物层	独立地物符号
		等高线	首曲线、计曲线
		境界线	国界、省界、县界、行政区划界
		水系层	单线河、双线河
		交通线	铁路
	面要素层	湖泊层	湖泊面域
		双线河层	双线河面域
公路管理	点要素层	管养机构注记层	
	线要素层	国道主干线	
		国道	
		省道	
		县道	
		乡道	
		……	

为了既保证最高效率的空间数据处理,又保证最高的量算精度和多种输出方式,一般系统采用矢量和栅格两种数据格式并存来表示和处理多种空间地理信息。采用栅格结构除了使大量的空间分析模型容易实现之外,还具有以下两个特点:一是易于与遥感数据相结合;二是易于信息共享。

2)属性数据逻辑设计

属性表的设计直接影响系统的运行和操作。属性表的设计关键是正确定义各种属性并使表格合理化、规范化,既简洁明了,又无多余数据,而且表格文件的规范化能使数据库维护、更新、修改等操作简单和容易。

关系模型的逻辑结构是一组关系模式的集合。而 E—R 图则是由实体、实体的属性和实体之间的联系 3 个要素组成的。所以将 E—R 图转换为关系模型,实际上就是要将实体、实体的属性和实体之间的联系转化为关系模式,这种转换一般遵循如下原则。

(1)一个实体型转换为一个关系模式。实体的属性就是关系的属性,实体的码就是关系的码。

(2)一个 $m:m$ 联系转换为一个关系模式。与该联系相连的各实体的码以及联系本身的属性均转换为关系的属性,而关系的码为各实体码的组合。

(3)一个 $n:n$ 联系可以转换为一个独立的关系模式,也可以与 n 端对应的关系模式合并。如果转换为一个独立的关系模式,则与该联系相连的各实体的码以及联系本身的属性均转换为关系的属性,而关系的码为 n 端实体的码。

(4)一个 $1:1$ 联系可以转换为一个独立的关系模式,也可以与任意一端对应的关系模式合并。如果转换为一个独立码的关系模式,则与该联系相连的各实体的码以及联系本身的属性均转换为关系的属性,每个实体的码均是该关系的候选码。如果与某一端对应的关系模式合并,则需要在该关系模式的属性中加入另一个关系模式的码和联系本身的属性。

(5)3 个或 3 个以上实体间的一个多元联系转换为一个关系模式。与该多元联系相连的各实体的码以及联系本身的属性均转换为关系的属性,而关系的码为各实体码的组合。

(6)同一实体集的各实体间的联系,即自联系,也可按上述 $1:1,1:n$ 和 $m:n$ 这 3 种情况分别处理。

(7)具有相同码的关系模式可以合并。

3)数据库物理设计

数据库物理设计的任务是使数据库的逻辑结构能在实际的物理存储设备上得以实现,建立一个具有较好性能的物理数据库。数据库物理设计主要解决以下 3 个问题:恰当地分配存储空间;决定数据的物理表示;确定存储结构。

存储空间的分配应遵循两个原则:一是存取频度高的数据存储在快速随机设备上,存取频度低的数据存储在慢速设备上;二是相互依赖性强的数据应尽量存储在相邻的空间上。

数据的物理表示可分为两类:数值数据和字符数据。数值数据可以用十进制或二进制形式表示。通常,二进制形式占有较少的存储空间。字符数据可以用字符串的方式表示,有时也可以利用代码值的存储代替字符串的存储。为了节约空间,常常采用数据压缩技术,这在设计地理数据库时尤为重要。存储结构的选择与应用要求和数据模型有密切的联系,对批处理应用的数据,一般以顺序方式组织数据为好;对于随机应用的数据,则以直接方式或索引方法比较好,同时用指针链接法建立数据间的联系。

数据库的物理结构依赖于所选用的 DBMS,依赖于计算机硬件环境,设计人员进行设计时主要需要考虑以下几个方面。

(1)确定数据的存储结构

确定数据库存储结构时要综合考虑存取时间、存储空间利用率和维护代价 3 方面的因素。许多关系 DSBMS 都提供了聚簇功能,即为了提高某个属性(或属性组)的查询速度,把在这个或这些属性上有相同值的元组集中存放在一个物理块中,如果存放不下,可以存放到预留的空白区或链接多个物理块。

(2)设计数据的存储路径

在关系数据库中,选择存取路径主要是指确定如何建立索引。例如,应把哪些域作为次码建立次索引,建立单码索引还是组合索引,建立多少个为合适,是否建立聚集索引等。

(3)确定数据的存放位置

为了提高系统性能,数据应该根据应用情况将易变部分与稳定部分、经常存取部分和存取频率较低部分分开存放。目前许多计算机都有多个磁盘,因此进行物理设计时可以考虑将表和索引分别放在不同的磁盘上,在查询时,由于两个磁盘驱动器分别在工作,因而可以保证物理读、写速度比较快。也可以将比较大的表分别放在两个磁盘上,以加快存取速度,这在多用户环境下特别有效。此外,还可以将日志文件与数据库对象(表、索引等)放在不同的磁盘以改进系统的性能。

3. 空间数据与非空间数据连接

属性数据库设计是指属性数据文件设计、属性数据库结构设计、属性数据管理系统的功能设计和相应软件编写等。属性数据库设计时应当和空间图形数据库综合考虑,其数据结构应能满足使用方便、灵活性好、冗余度小、管理程度高、逻辑操作方便等要求。目前常用的关系数据库管理系统有 Oracle 和 SQL Server。属性数据库管理均采用现有的数据库管理系统和空间信息数据库的结合来实现数据的管理。

交通地理信息系统数据库,通常将空间数据与属性数据分别存储。空间数据通常由各种 GIS 软件提供的数据模型方式存储,而属性数据则使用 RDBMS 存储,两者通过关键项进行连接。

属性数据与空间数据常规的连接方法是通过一定标识码进行,图8-5是这种方法的图解关系。

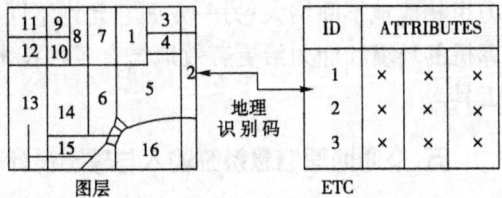

图 8-5　空间数据与非空间数据的标识码连接

关系表之间的关系是靠关键项来维系的。关键项有两种,即主关键项和外部关键项。主关键项是用来定义存在性和唯一性的,即一个地理特征存在的话,主关键项将在该关系表中加入一个记录,而且只加入这一个记录,没有重复。通常在定义一个关键项时,它应该是个没有实际意义的项。一个好的关键项有以下特征。

唯一性:在每个表中,每个记录的关键项均必须是唯一的;

不变性:从来不会被更改;

纯粹性:不含有其他方面的信息;

不重复性:不会被重复使用,即某一个值被删除后,不会再被使用;

可获得性:需要时便可以拿到此信息(可以考虑自己产生)。

外部关键项是相对于主关键项而言。主关键项通常存在于母表中,而外部关键项则存在于子表中。它是主关键项在子表中的一个副本,但它不要求具有唯一性。图8-6中表示了主关键项与外部关键项的关系。

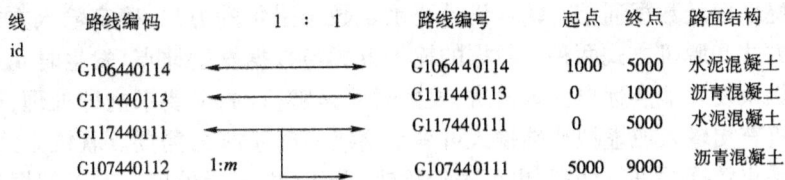

线 id	路线编码	1 : 1	路线编号	起点	终点	路面结构
	G106440114	←———————→	G106440114	1000	5000	水泥混凝土
	G111440113	←———————→	G111440113	0	1000	沥青混凝土
	G117440111	←———┐	G117440111	0	5000	水泥混凝土
	G107440112	1:m ┘———→	G107440111	5000	9000	沥青混凝土

图 8-6　主关键项和外部关键项的关系

4.空间数据库的管理

空间数据库的管理可以包括以下几个方面。

(1)数据使用权限的设置:通常一个空间数据库是应当允许许多用户同时使用同一数据的,从数据库安全角度着想,各数据层均要数据库管理员设置用户权限。

(2)数据库更新过程中的质量控制和安全性考虑:在更新一个数据层时,除了要拥有可写性的权限外,还要有维护整个数据库的一些原则。这种原则可以是关于整个数据库的,例如,投影类型、大地坐标参照系统类型等,也可以是针对单一数据层的。在进行维护更新时需要同时考虑属性和空间数据间的相互关系。例如空间数据修改后,可能相应的属性数据也要进行相应的变动。在更新时首先应该将该数据层锁住,以免其他有权限的用户进行类似的处理。目前,国际上通用的 GIS 软件系统均有类似的功能。

(3)数据库的恢复能力:许多商业数据库管理系统均提供重新运行(Roll – Back)的功能。该功能允许数据能够回到某一状态,忽略某一时间以后的各种修改,因此重新运行功能是评价数据库功能强弱的因素之一。

(4)数据库系统的网络考虑:一个计算机的网络可以连接多个工作站、服务器和终端。计算机网络是一种分布式处理设施,当网络建立以后,它的资源可以不断地增加,处理应用的能力也相应地不断增大;另一方面它允许不同的用户能够共同分享和使用某些资源。分布式计算机的环境和能力给更有效地结合各种技术来共同地建立一个共用的用户环境提供了可能和工具。

五、交通地理信息系统输入与输出设计

1.输入设计

原始数据通过人工和各种设备进入到计算机的过程称为对计算机的物理输入或输入。对物理输入的格式、方式进行安排就是所谓输入设计。这是信息系统详细设计中最基本的设计。

1)输入设计原则

"输入的是垃圾,输出的必然是垃圾"。输入设计的目标是保证向系统输入正确的数据。在此前提下,应做到输入方法简单、迅速、经济和方便。为此,输入设计应遵循以下原则。

最小量原则:这就是在保证满足处理要求的前提下使输入量最小。输入量越小,出错机会越少,花费时间越少,数据一致性越好。

简单性原则:输入的准备、输入过程应尽量容易,以减少错误的发生。

早检验原则:对输入数据的检验尽量接近原数据发生点,使错误能及时得到改正。

少转换原则:输入数据尽量用其处理所需形式记录,以免数据转换介质时发生错误。

2)输入设计的内容

数据采集的方法主要有:GPS 测量、航空摄影测量、全站仪数据采集、地形图数字化、影像处理和信息提取以及数据通信。输入设计要确定数据采集的方法,确定输入方式。输入方式一般有联机方式和脱机方式两种。数据的输入方式与数据发生地点、发生时间及处理的紧急程度有关。如果发生地点远离计算机房,发生时间是随机的,又要求立即处理,则采用联机终端输入。联机直接输入或虚拟终端输入可满足高级实时系统的需要。联机方式的特点是:计算机可立刻采集数据并进行处理,也可先行检错、分组,供事后处理。对于数据发生后可以不立即处理的,可以脱机输入。脱机输入方式之一是键入磁盘系统,数据由键盘录入后送到 PC机,由 PC 机进行暂存、编辑和核对,然后把正确的数据写到磁盘上,形成文本或二进制数据文

件,需要时直接从磁盘进行输入。最近,声音、图像等多媒体数据也往往采用这种脱机输入方式,只是输入设备不同。声音输入采用麦克风及量化压缩设备,图像输入采用光电扫描设备,它们同 PC 机配合可分别生成声音文件与图像文件。另一种脱机输入方式是应用脱机智能终端,主要差别是智能终端可直接对输入数据进行接收、编辑、查错及存储。

3)数据记录格式设计

输入数据的记录格式既要便于操作人员录入,又要便于填表人员、现场工作人员填写。这种记录格式本质上分为两部分:预先印刷部分和插入数据的空格。让人填的表格,不仅要注明文字,而且在表格下方也要注明代码说明。一些比较简单的代码,也可在表中列出,这样既方便了填表人和读表人,使他们不用死记编码或反复翻阅代码表,又可提高填写的准确性,从而能够保证输入数据的准确性。

为了保证输入的准确性,设计记录格式时可以采用如下一些基本技术。

块风格:把一部分框起来,引人注目,每个空格填入的数据仅为其所要求的数据。

阴影:不用编码员完成的那部分格式使用阴影,并注上说明。

选择框:填表者只要打钩即可。

4)输入数据的校验方法

数据出错通常有以下 3 种情况。

数据内容错:这是由于原始数据有错或录入时引入的错误。

数据多余或不足:这是收集中的错误,如原始数据丢失或重复。

数据的延误:由于输入数据迟缓导致处理推迟,不仅影响业务工作,还可能使输出结果变得无价值。

数据的校验有多种方法,如重复校验、视觉校验、分批汇总校验、控制总数校验、数据类型校验、格式校验、逻辑校验、界限校验、记录计数校验、平衡校验、匹配校验和代码自身校验等,可根据需要和条件选用。

2. 输出设计

数据经计算处理后得到许多信息,把这些信息通过各种输出设备以合理的格式提交给用户的过程成为计算机的物理输出。对物理输出的格式、方式进行设计就是所谓输出设计。它是终端用户最关心的问题。

输出设计的重要性是显而易见的。系统只有通过输出才能为用户服务。交通地理信息系统能否为用户提供准确、及时、适用的信息是评价系统优劣的标准之一。因此,必须十分重视输出设计。从系统开发的角度看,输出决定输入,即输入信息只有根据输出要求才能确定。

1)输出设计的基本要求

物理输出的基本要求是把输出信息以用户感兴趣的形式,准确、及时地呈现在输出设备上。所谓感兴趣的形式是指输出方式(设备与介质)和格式的综合表现,如传统的各种打印表格、清单、图形、当前流行的声音、图像乃至集文、声、图于一体的动画等。所谓准确就是指信息内容的不变性;所谓及时就是指输出的速度和时间。信息的使用者是用户,在设计过程中,系统设计师必须尊重并深入了解用户的具体需求,同他们充分协商。

2)输出设计的内容

输出设计包括以下几方面的内容。

确定输出内容:根据用户在使用信息方面的要求,设计输出信息的内容,包括信息形式(表格、图形和文字),输出项目,数据结构、类型、位数及取值范围,数据的生成途径、精度、完整性及一致性的考虑等。

选择输出设备及介质:常用的输出设备有显示终端、打印机、磁带机、磁盘机、绘图仪及多媒体设备。输出介质有纸张、磁带、磁盘、光盘和多媒体介质等。这些设备和介质各有特点,应根据用户对输出信息的要求,结合现有设备和资金条码选择。

确定输出格式:空间实体或地理信息经过分析、处理以后,其结果要以图形、图表、图像、数据报表和文字报告等方式变成用户可以阅读的形式,并通过一些输出设备(如打印机、绘图仪等)输出来。输出方式有文本输出、图形输出、数字数据输出以及其他不常用的输出(如计算机声音、多媒体录像等)。这里重点介绍图形输出、报表输出设计方面的原则和方法。

3)图形输出设计

图形输出是指将 GIS 分析和处理的数据结构以地图、图形、透视图、立体图等图件的方式输出给用户。图形设计是指依据地图设计原理和地图整饰原则对数字地图以图形方式的表示过程中,对于诸如符号选择、符号定位、线形选择、区着色、色彩选择和注记配置等进行的设计。

4)表格输出设计

提供给用户的信息都要进行格式设计。输出格式要满足使用者的要求和习惯,达到格式清晰、美观,易于阅读和理解的要求。

报表是最常用的一种输出形式。报表的格式因用途不同而有差异,但一般由 3 部分组成:表头、表体和表尾。表头部分主要是标题,包括标题、线格、栏目及各种说明信息;表体部分是整个表格的实体,反映表格的内容;表尾是一些补充说明或脚注。

报表的输出,根据需要可采用不同的形式。对于单个用户一次性使用的表格,因为没有保留价值,可以在显示终端上输出。对于多个用户需要多次使用的表格,可打印输出。打印输出的报表,要考虑时间划分、装订等问题。需要长期保留的输出报表,可采用磁盘文件形式输出,以便存储。具体表格设计与设备及用户要求有关,应由具体情况决定,需要说明的是,近年来各种制表软件工具发展很快,设计者应充分利用这些工具。

报表的格式要与系统流行的表格尽量一致,尤其是各级统计部门统一制定的报表不得更改。如果要更改现行表格,必须由系统设计员、分析员共同讨论,拿出更改的充分理由,与管理人员协商,得到有关部门的批准。

六、交通地理信息系统实施

系统实施是开发系统的最后一个阶段,其主要内容包括:程序编制与调试、数据准备与数据库建立、系统评价与实验,此外还包括人员技术培训等,它是交通地理信息系统实现中最重要的阶段。

编程就是为各个模块编写程序。这是系统实现阶段的核心工作。编程方法有结构化程序设计、原型化的设计方法、面向对象的设计方法和可视化编程技术等。

1. 结构化程序设计

结构化程序设计被称为软件发展中的第三个里程碑,其影响比前两个里程碑(子程序、高级语言)更为深远。所谓结构化就是有组织、有计划和有规律的一种安排。结构化系统分析方法,就是利用一般系统工程方法和有关结构概念,把它们应用于地理信息系统的设计。结构化程序设计的基本思想如下:

(1)结构化方法主张自顶向下实现,尽量先实现上层模块,逐步向下,最后实现下层最基本的模块。即将系统描述分为若干层次,最高层次描述系统的总功能,其他层次则一层一层更加精细、更加具体地描述系统功能,直到分解为程序设计语言的语句。

（2）地理信息系统的开发是一个连续有序、循环往复、不断提高的过程,每一个循环就是一个生命周期,要严格划分工作阶段,保证阶段任务的完成。例如,没有调查研究,没有掌握必要的数据,就不可能很好地进行系统分析;没有设计出合理的逻辑模型,就不可能有很好的物理设计等。这是系统设计的基本原则。

（3）用结构化的方法构筑地理信息系统的逻辑和物理模型,包括在系统的分析中分析信息流程,绘制数据流程图;根据数据的规范编制数据字典;根据概念结构的设计,确定数据文件的逻辑结构;选择系统执行的结构化语言,以及采用控制结构作为地理信息系统设计工具。这种用结构化方法构筑的地理信息系统,其组成清晰,层次分明,便于分工协作,而且容易调试和修改,是系统研制较为理想的工具。

（4）结构化分析和设计的其他一些思想还包括:系统结构上的变化和功能的改变以及面向用户的观点等,是衡量系统优劣的重要标准之一。

结构化软件设计的特点是软件结构描述比较清晰,便于掌握系统全貌,也可逐步细化为程序语句,是十分有效的系统设计方法。

2.原型化的设计方法

从认识论的角度来看,地理信息系统设计思想也有很大发展。早期的系统设计方法大多采用线性模型,即将系统设计与系统实施处理成无回归的单向发展过程,如图8-7所示。

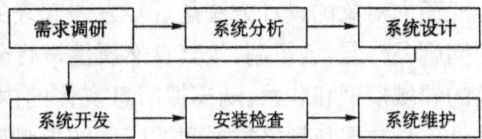

随着地理信息系统技术的发展,这种线性模型的设计方法已不能适应 GIS 的系统设计。这是因为 GIS 系统的服务对象（用户）以及用户需求不是固定不变的,而是逐渐发展的。因此,初期拟定的目标和系统数据规范等很难保持一成不变。与此相反,不断地要求修改和完善则是必然的。此外,现代技术的发展变化也很快,要使地理信息系统的应用跟上新技术的发展常常也要求改变原有的设计。

为适应这种发展和变化的要求,地理信息系统的设计人员对传统设计方法中的原型法（Prototype Method）进行了研究和发展,使之更能适合于 GIS 设计工作。这种设计思想要求在系统建设的早期阶段,生成一个实实在在的系统原型;然后将该原型提供给用户使用,听取用户的批评意见,再根据反馈信息修正系统原型,补充新的数据、数据结构和应用模型,再提交给用户使用。这样,在系统设计过程中,包含一个再设计阶段,形成了迭代的过程,而不像多数传统设计方法那样仅是线性过程,如图8-8所示。

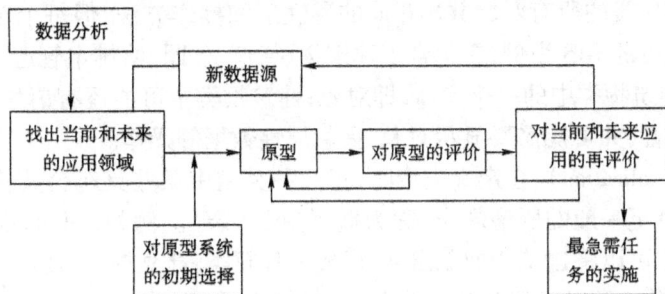

图 8-7　系统设计的线性模型

图 8-8　原型设计方法的基本模型

这种方法的特点是不需要一开始就清晰地描述一切,而是在明确任务后,在软件实现的过程中,逐步进行系统定义和改造,直至系统完成。这种方法尽管带有一定的盲目性,但对于非专业人员和小规模系统设计来说更为实用,而且有些探索式的软件系统并不可能一开始就取得完整的认识,许多专门化的系统也不一定需要十分复杂的设计,而这种设计方法,一开始就针对具体目标开展工作,一边工作一边完成系统的定义,并通过一定的总结和调整来补偿系统设计的不足,是一种动态的设计技术。它的好处是能创立一个看得见摸得着的样板系统,便于用户试用和提出意见,这样也就更有利于吸引用户介入系统设计工作。同时,这种设计思想对于较复杂和具有不确定性的系统目标有较强的适应性,可以使设计与实施达到更为紧密的结合。应该说明,系统原型是一个正式运行的信息系统的早期版本,它能够显示出该系统的基本特征,在重新设计或局部重新设计阶段,还应该顾及以下3点:

(1)有一个基本的系统可以运行,这个系统应能进一步扩展,并能容纳因存入新的数据而增添的应用;

(2)基本的系统应能有效地试验应用项目,以便使它们有效地集成起来;

(3)使负责系统的管理人员能对一些具有紧迫性的应用项目及时作出有效的响应。

3. 面向对象(Object-Oriented)的设计方法

面向对象的设计方法是近年发展起来的一种新的设计技术,其基本思想是:将系统所面对的问题,应用封装机制,按其自然属性进行分隔,按人们通常的思维方式进行描述,建立每个对象的领域模型和联系,既模拟信息实体的内在结构又模拟动作机制(如路径选择和图像解释就是矢量数据与栅格数据两类应用的典型范例),使设计出的软件尽可能直接地表现出问题求解的过程。整个系统只由对象组成,对象之间联系通过消息(Messages)进行。由于采用了将数据和操作行为封装在一起的模块化结构,从而使系统很容易重组,而其他没采用面向对象设计的系统就必须重写。重写对于结构复杂的系统是难以承受的。因此面向对象设计方法的优点就是能保护现有资源,同时也很容易扩充和重组。

所谓面向对象的定义是指无论怎样复杂的事物都可以准确地由一个对象表示。例如,地图上多边形的一个节点或一条弧段可定义为对象;一条河流或一个省,也可定义为一个对象。下面是面向对象技术的一些有关概念。

(1)对象(Object):是事物的抽象单位,具有特征的内部状态、性质、知识和处理能力,通过消息传递与其他对象相联系,对象是构成系统的元素或说是封装了数据和操作集的实体。

(2)消息(Message):是请求对象执行某一操作或回答某些信息的要求,用以统一数据层和操作控制,将对象联系起来。

(3)分类(Classification):是关于同类对象的集合。具有相同属性和操作的对象组合在一起形成类。属于同一类的所有对象共享相同的属性项和操作方法,但每个对象可能有不同的属性值。以一个城市的 GIS 为例,它包含了建筑物、街道、公园、给排水管道、电力设施等类型,而中山路 51 号是建筑物类中的一个实体,即对象;建筑物类中可能还有诸如地址、房主、用途、建筑日期等其他属性,并可能需要显示对象、更新属性数据等操作。

(4)概括(Generalization):在定义类型时,将几种类型中某些具有公共特征的属性和操作抽象出来,形成一种更一般的所谓超类,称为概括(或父亲)。例如,饭店、商店、学校、医院等都涉及建筑物,所以可以将建筑物抽象出来,形成一种超类,建立饭店、商店、学校、医院等子类的公共属性项和操作。子类还可以进一步分类,如饭店类可以进一步分为餐馆、旅店、涉外宾馆、招待所等类型。所以一个类可能是某个或几个超类的子类,同时又可能是几个子类的超类。

（5）联合（Association）：在定义对象时，将同一类对象中的几个具有相同属性值的对象组合起来，为了避免重复，设立一个更高层次的对象来表示那些相同的属性值。例如，某农户拥有两块农田，使用同样的耕种方法，种植同样的庄稼，这里农田主、耕种方法和庄稼 3 个属性相同，因而可把这两个对象（农田）组合成一个新的对象，而新对象中包含有这 3 个属性。

（6）聚集（Aggregation）：聚集有点类似于联合，但聚集是将几个不同特征的对象组合成一个更高层次的对象。每个不同特征的对象是这个聚集的一部分，它们有自己的属性描述数据和操作，这些是不能为聚集所公用的，但聚集可以从它们那里派生得到一些信息。例如，房子从某种意义上说是一个聚集，因为它是由墙、门、窗、房顶等组成的。

（7）传播（Propagation）：传播是作用于联合和聚集的工具，它通过一种强制性的手段将子对象的属性信息传播给高层次的组合对象。也就是说，高层次的组合对象，联合和聚集的某些属性值并不单独存在于数据库中，而是从它的子对象中提取和派生。例如，一个多边形的位置坐标数据并不直接存在于多边形文件中，而是存在于弧段和节点文件中。多边形文件仅提供一种组织对象的功能和机制，即借助于传播工具可以得到多边形位置信息。

面向对象技术具有封装性、继承性和多态性。面向对象的设计方法，更接近于对问题而不是对程序的描述，软件设计带有智能化的性质，这种形式更便于程序设计人员与应用人员的交流，软件设计也更具有普遍意义，尤其是在地理信息系统的智能化要求和专家系统技术不断提高的形势下，面向对象的软件设计是更有效的途径。

4. 可视化编程技术

虽然面向对象技术提高了程序的可靠性、可重用性、可扩充性和可维护性，但应用软件为了适应 Windows 界面环境，用户界面的开发工作变得越来越复杂，有关这部分的代码所占比例也越来越大，因此 Microsoft 公司推出 Visual Basic 以后，可视化编程技术受到极大的欢迎，编程人员不再受 Windows 编程的困扰，能够所见即所得地设计标准的 Windows 界面。

可视化编程技术的主要思想是用图形工具和可重用部件来交互地编制程序。它把现有的或新建的模块代码封装于标准接口封包中，作为可视化编程编辑工具中的一个对象，用图符来表示和控制。可视化编程技术中的封包可能由某种语言的一个语句、功能模块或数据库程序组成，由此获得的是高度的平台独立性和可移植性。在可视化编程环境中，用户还可以自己构造可视控制部件，或引用其他环境构造的符合封包接口规范的可视控制部件，增加了编程的效率和灵活性。

可视化编程一般基于事件驱动的原理。用户界面中包含各种类型的可视控制部件，如按钮、列表框和滚动条等，每个可视控制部件对应多个事件和事件驱动程序。发生于可视控制部件上的事件触发对应的事件驱动程序，完成各种操作。编程人员只要在可视化编程工具的帮助下，利用鼠标或选单建立、复制、缩放、移动或消除各种已提供的控件，然后使用该可视化编程工具提供的语言编写每个控件对应的事件程序，最后可以用解释方式运行来测试程序。这样，通过一系列的交互设计就能很快地完成一个应用项目的编程工作。

另外，一般可视化编程工具还有应用专家或应用向导提供模板，按照步骤对使用者进行交互式指导，让用户定制自己的应用，然后就可以生成应用程序的框架代码，用户再在适当的地方添加或修改以适应自己的需求。

面向对象编程技术和可视化编程开发环境的结合，改变了应用软件只有经过专家技术训练的专业编程人员才能开发的状况。它使软件开发变得容易，从而扩大了软件开发队伍。由于大量软件模块的重用和可视控件的引入,技术人员在掌握这些技术之后,就能有效地提高应用软件的开发效率,缩短开发周期,降低了开发成本,并且使应用软件界面风格统一,有很好的易用性。

5. 系统评价

所谓系统评价就是对所建立系统的性能进行考察、分析和评判,判断其是否达到系统设计时所预定的效果,包括用实际指标与计划指标进行比较,评价系统目标实现的程度。评价指标应该包括性能指标、经济指标和管理指标等各个方面。最后还应就评价结构形成系统评价报告,具体运作时可以从软件功能和系统总体功能两个方面进行评价。

6. 系统实验

系统实验是对系统进行试运行,即对新建的系统进行从上到下的全面测试和检验,看它是否符合系统需求分析所规定的功能要求,发现系统中的错误,保证系统的可靠性,一般来说,应当由系统分析员提供测试标准,制订测试计划,确定测试方法,然后和系统设计人员、程序设计人员及用户共同对系统进行测试。测试的数据一般来自用户的实际业务,经过新建系统的处理和检验,判断输出数据是否符合预期的结果,能否满足用户的实际要求,并对不足之处加以改进,直到满足用户的要求为止。这种系统实验对一个大型的系统而言具有特别重要的意义。

第四节　交通地理信息系统的软件开发平台

一、交通地理信息系统软件平台的构成

一个大型实用化地理信息系统的外壳由若干个技术部分组成(如图 8-9 所示):空间数据库管理系统、属性数据库管理系统、模型库管理系统和知识库管理系统等。

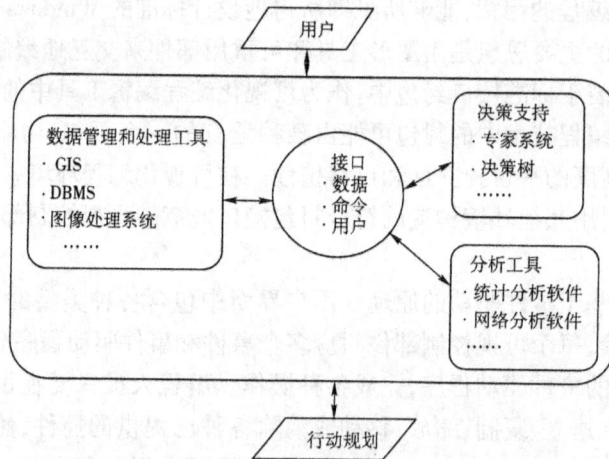

图 8-9　地理信息系统的软件构成示意图

二、交通地理信息系统软件平台开发方案

1. 全部自行开发

根据系统需要的功能,编写所有的程序。用这种方式建立的系统外壳,其各组成部分之间的联系最为紧密,综合程度和操作效率最高。这是因为程序员可以对程序的各个方面进行总

体控制。但由于交通地理信息系统的复杂性,工作量是十分庞大的,开发周期长,并且其稳定性和可靠性难以保证。交通地理信息系统发展初期一般采用这种方案,但目前地理信息系统的开发已很少采用这种方案。

2. 全部利用现有软件

目前,商业化的地理信息系统通用软件和 DBMS 已经很成熟,模型库管理系统还在发展中,但模型分析软件包很多。编写接口程序把购买的现有软件结合起来,建成系统外壳。用这种方式开发系统外壳的周期短,工作量小,系统的稳定性和可靠性高。用户可以把精力集中在特定的专业应用上。缺点是结构松散,系统显得有些臃肿,操作效率和系统功能利用率较低。这种方案目前采用的较多。

3. 部分自行开发

购买部分软件、自行开发部分软件建设系统外壳,这种方案又分为两种情况:其一,购买地理信息系统通用软件和 DBMS 软件,编写专业分析模型软件和接口软件,开发模型库管理信息系统;其二,利用软件商提供的地理信息系统开发工具,如 SDE(ESRI 提供),以及应用接口工具 API,结合其他开发工具进行开发。前者在目前的大型实用地理信息系统开发中较多采用,后者在目前可用来开发小型实用性地理信息系统。

三、交通地理信息系统软件平台应用软件间的综合方式

1. 基于数据交换的简单综合方式

地理信息系统和模型是两个完全分开的系统,二者的用户界面一般是分开的,但共享数据库和数据文件(如图 8-10 所示)。地理信息系统与模型系统之间的联系只有数据交换,即地理信息系统预处理的数据作为模型系统的输入,而模型分析的输出数据用地理信息系统来显示。这是一种最通用的方法,因为利用现有的软件只需作较少的修改,只要文件格式和输入输出一致就可以。通常是模型作必要的修改,以适应地理信息系统的格式。

2. 基于相同数据结构的紧密连接方式

这种方式提供公共的接口和透明的文件,组分之间信息可以共享或转换(如图 8-11 所示)。有 3 种方法可以用来实现这一目标:

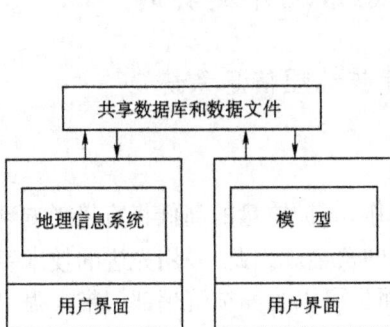

图 8-10　基于数据交换的简单连接

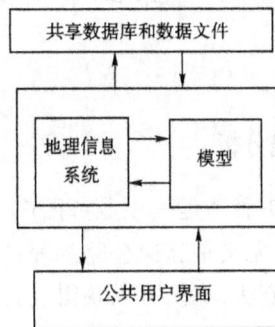

图 8-11　基于相同结构的紧密连接

(1)使用由地理信息系统软件提供的一种较高级应用语言或应用产生器,如 ARC/INFO 的 AML 或子程序开发库(ARC/SDE)(ESRl. 1992)来实现这种综合;

(2)使用具有标准接口的开放地理信息系统工具箱,如 GRASS(USA—CERL,1988;Fedra and Kubat,1993),地理信息系统的所有模块可以被包括进模型应用中,例如,使用 X—Windows 系统和很多接口建设工具箱就是一种相当有效的策略,但是,在这一水平上的任何综合都需要一个开放的地理信息系统结构;

(3)使用 do—it—yourself 工具箱,它不仅提供特定的地理信息系统功能,而且提供模拟模型的接口,RAISON(Lam and Swayne,1991)就是用这种方式进行综合的一个例子。

3. 基于组件方式的高度综合

数据获取、数据处理相交互分析功能分别支持具有不同任务的不同用户,这种分层功能概念导致内嵌的地理信息系统功能的产生(如图 8-12 所示),例如,地图(和模型输出)显示包括相关的动态模型和模型分析。这种局部镶嵌具有很高的灵活性和可操作性。更高水平的综合将是以下两种方法的合并:模型成为一个地理信息系统的一部分功能;地理信息系统为模型生产和操作参数、输入和阐述变量、构造输出模式、提供附加输出选项,不过,这需要工具充分模块化。显然,这种最好综合形式的开发代价最高。

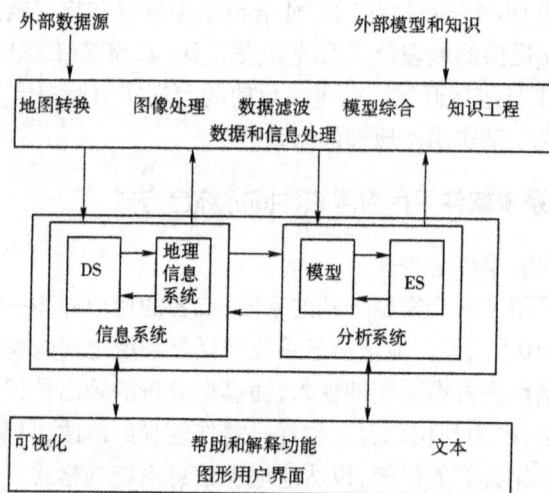

图 8-12   基于组件方式的高度综合

第五节   交通地理信息系统开发实例

——公路养护地理信息系统

一、系统分析

公路养护管理是一项业务面广、技术性强的工作,养护质量的高低将直接影响到公路技术性能的发挥,尤其是高速公路的养护管理需要大量的资金。因此,采用先进的技术手段及科学的养护管理方法,不仅可以获得巨大的社会效益,而且可以为养护管理部门带来很大的直接经济效益。

1. 道路信息的内容

路线的设计技术指标;

路面状况;

道路沿线附属设施的位置及状况;

道路沿线特殊构造物状况;

道路沿线绿化情况等。

2.道路养护信息的形式

目前,道路养护管理信息主要反映为图形和表格数据两类。

3.道路信息的编码

道路信息(数据)如果用自然语言来表达,势必十分冗长,不仅不利于数据的输入和存储,还会影响数据处理速度。因此,有必要对有关数据信息进行编码,以提高信息输入、存储和数据处理的效率。

编码的对象主要是一些描述性文字数据,如路基类型、路基病害类型、绿化类型和路面结构类型等。

二、系统总体设计

1.系统目标

建立道路养护管理信息系统的目的,在于提高道路养护管理部门的管理水平,改变过去道路养护决策中的片面性,以提高道路养护管理部门的决策水平和养管质量。

为交通主管职能部门、公路养管部门及时提供完善、直观、准确的设施现状信息,提供交通设施档案和设施维护状态的管理。

系统能方便地进行数据输入、修改和处理。

用户可按需要对数据进行查询。

系统可根据用户的要求输出各种格式的数据报表,并具有一定的图形显示功能。

系统应具有一定的决策支持功能,可进行综合分析,以决定最优养护对策和合理的投资分配方案。

2.系统设计的基本原则

1)实用性原则

"实用"是软件开发最基本的也是最重要的出发点,推广应用工程管理软件的目的就是要依靠现代化的管理工具提高工作效率,以使管理水平满足现代工程发展的需要。

2)模块化原则

子系统由若干个模块组成,各模块实现特定的单一功能。通过对模块的组合,可以完成子系统的功能。

3)开放性原则

系统的各模块可以和系统的其他子系统进行信息的交换,也可以和路面管理系统的其他子系统进行信息交换。

4)智能化设计原则

养护管理系统的核心子系统是专家系统。通过专家系统可以逐步解决现有路面养护管理决策不科学、不合理的问题。专家系统应实现评价、预测和决策等功能。

除上述原则外,系统软件的设计还应考虑容错性、稳定性和可靠性等原则。

3.模块和子系统设计

根据公路养护地理信息系统具体要求,将整个系统分成5大功能子系统,分别是户外数据采集子系统、数据管理子系统、图形管理子系统、查询统计子系统、养护决策子系统和系统维护子系统,每个子系统由数个模块组成。

4.系统的组网方案

建立公路养护管理系统是一项较大的系统工程,为了保证系统以后的质量及运行效率,系统允许必须有一个适当的网络结构。根据公路系统现行的机构设置和管理模式,充分考虑养护系统在管理和业务等方面的特殊要求,以及系统扩展的需要,系统采用客户机/服务器(Client/Server)和浏览/服务器(Browser/Server)相结合的结构。

服务器与主干网的联络带宽在 100MHz 以上,客户端需要 10MHz 以上的带宽,服务器内存要求 1 024MB 以上。为了保证数据的安全性,服务器应具有镜像、热备份、容错功能。为确保备份数据存储在单独的磁盘上,同一备份数据在两个硬盘上进行镜像备份,服务器应配备 4 个以上硬盘。

客户机可以选用 PIII500 以上的普通微机,内存 128MB 以上。

系统的网络分布如图 8-13 所示。

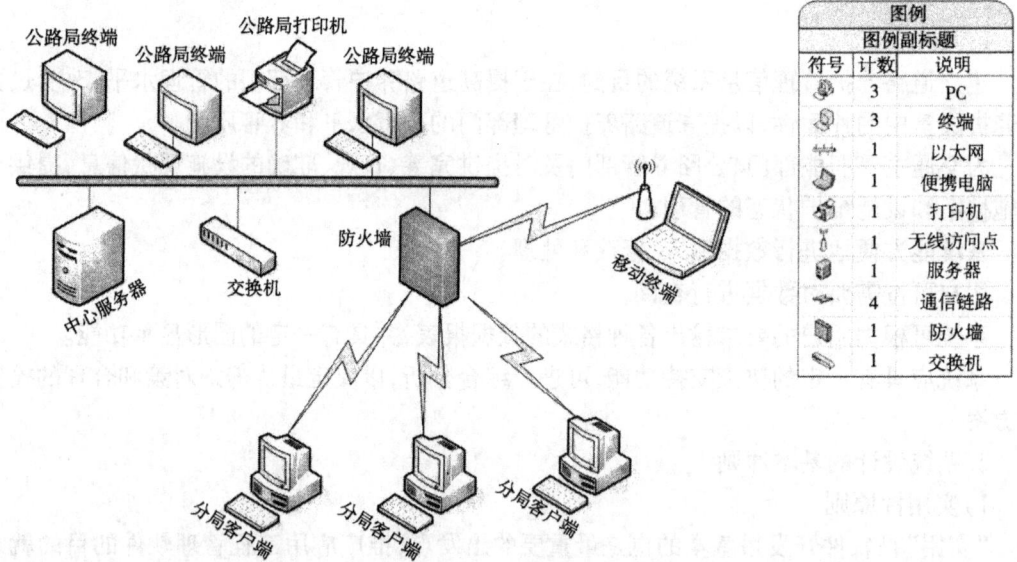

图例		
图例副标题		
符号	计数	说明
	3	PC
	3	终端
	1	以太网
	1	便携电脑
	1	打印机
	1	无线访问点
	1	服务器
	4	通信链路
	1	防火墙
	1	交换机

图 8-13　系统网络分布图

5. 硬件配置

服务器:P4 1G 以上,硬盘 4×40GB,双 CPU,内存 1 024MB 以上。

网络交换机:交换机,集线器等。

客户机:PIII,内存 128MB,硬盘 10GB 以上。

工程扫描仪。

输出设备:绘图仪,激光打印机。

6. 软件配置

(1)服务器端。

操作系统:Windows 2000 Advance Server(服务器)。

Gis 平台:可选择目前流行的 ArcGIS,MapInfo 等。

数据库(服务器):Microsoft SQL Server 或 Oracle。

应用软件:公路养护管理系统。

(2)客户机端。

操作系统:Windows 2000/XP 等。

7. 系统的安全策略

系统管理员可以建立多个登录用户账号,不同的用户可以给予不同的权限,这就保证了系统和数据的安全。

8. 用户界面设计

公路养护管理系统加强了用户界面的可操作性,图形操作界面清晰,采用"即见即所得"的方式来显示、打印和浏览数据,各种输入、输出界面与日常使用习惯完全一致;此外,用户还可以对这些可视区域进行设置和调整,使其适合自己的需要。

三、功能设计

1. 户外数据采集子系统

当检查人员在户外进行日常巡视、定期检查或特殊检查时,使用本系统记录相关信息,采集现场图像,回来后与内业系统数据同步,完成外业数据采集。本系统运行在带数字摄像头的掌上电脑上。

2. 数据管理子系统

数据管理子系统是养护管理系统的基础,系统提供了方便有效的数据录入、管理和更新维护功能。分为路线信息维护、数据调整、导入导出和数据打印等功能。

路线信息维护实现对路线的基本信息、路线相关属性数据的编辑维护。路线基本信息包括路线现状、断链、断头路、重复里程等,路线的相关属性信息分为 7 个数据集,它们分别是:路线概况集、路基集、路面集、主要构造物集、沿线设施集、交通量集和沿线环境集。

数据调整包括整体平移、路线合并与分割,路线区段删除,断链调整等。

导入导出功能实现与其他系统的数据交换。

数据打印:通过自主开发的打印工具,将属性数据表或其他如查询统计结果等网格信息发送到打印机进行打印。

3. 图形管理子系统

本系统的电子地图具有漫游、缩放、显示全图、根据比例尺显示等浏览功能,并采用鸟瞰图,即可方便概览全图,又可观察局部细节,并可控制任意图层是否显示。

4. 查询统计子系统

1)查询

实现图形查属性、属性查图形双向功能以及模糊查询功能。可快速地查询各条公路的地理位置,突出显示选中目标和相关周边环境电子地图,以文字、图片、录像等多媒体方式展现查询目标的详细情况。

查询主要有点查询、线查询和指标查询等查询功能,可查询电子地图上任何位置的坐标。

2)统计

根据公路养护管理的功能需求,系统主要提供下列统计方式:

路线概况统计;

路线管养状况统计;

公路路基状况统计;

公路路面状况统计;

公路构造物统计等。

5. 养护决策子系统

决策系统中包括了一系列的核心模型,如路面性能评价模型、路面性能预测模型、排序模型和资金优化分配模型等。通过条件评估、预算分析以及计划工具,使用决策树对养护策略提供决策支持。

6. 系统维护

主要是系统数据字典的管理和用户管理。如行政区划代码维护、养护单位维护、编目编码指标集管理、查询级别条件设置、用户管理以及其他设置等。

四、数据库详细设计

1. 空间数据库

空间数据主要是由地理底图数据和路网数据组成,其中地理底图数据包含一些最基本的信息,如行政区、居民区、河流和铁路等;路网数据又可划分为国道主干线、国道、省道、县道和乡道等。每个部分包括相干的若干层,这样保证了系统的灵活性和各层信息的独立性,并可根据需要自由组合。

2. 属性数据库

根据公路养护管理的内容和现状,公路养护管理属性数据库主要由管养单位数据、路面数据、桥梁数据等组成。

空间数据与属性数据的关系可以通过空间数据和属性数据的关键字如路线代码相关联,但同一路段有多重属性,同一种属性在路段上也不尽相同,无法直接将属性表示的路段反映到图上,数字化过程中无法确定属性表的分段,为了使空间数据不出现数据冗余,必须实现大地坐标与里程桩定位相互转换,应用动态分段技术,实现图形与属性数据的双向查询和图文显示功能。

根据以上建立数据库的原则,可以建立系统基本数据库,数据库结构示例如表 8-4 至表 8-10 所示。

路线现状数据库结构   表 8-4

字段序号	字段名称	字段类型	字段大小	是否主键	允许空	备注
(1)	Id	Uniqueidentifier	38			
(2)	路线代码	Varchar	10			
(3)	路线名称	Varchar	20		Y	
(4)	起点桩号	Decimal	19		Y	
(5)	起点地名	Varchar	30		Y	
(6)	止点桩号	Decimal	19		Y	
(7)	止点地名	Varchar	30		Y	
(8)	晴雨通车里程	Decimal	19		Y	
(9)	涵洞数量	Int	10		Y	
(10)	行政区代码	Varchar	6		Y	
(11)	行政区名称	Varchar	30		Y	

桥梁概况数据库结构   表 8-5

字段序号	字段说明	字段类型	字段大小	是否主键	允许空	备注
(1)	Id	Uniqueidentifier	38			
(2)	桥梁代码	Varchar	15			
(3)	桥梁名称	Varchar	30		Y	
(4)	中心桩号	Decimal	19		Y	
(5)	桥梁性质代码	Varchar	1		Y	
(6)	桥梁性质	Varchar	30		Y	
(7)	桥梁分类	Varchar	30		Y	
(8)	上部结构形式	Varchar	30		Y	
(9)	桥墩类型	Varchar	30		Y	
(10)	设计荷载等级	Varchar	30		Y	
(11)	抗震等级	Varchar	30		Y	
(12)	竣工日期	Varchar	8		Y	
(13)	管养单位代码	Varchar	11		Y	
(14)	路线代码	Varchar	10			
	…					

GBM 工程及文明样板路数据库结构   表 8-6

字段序号	字段说明	字段类型	字段大小	是否主键	允许空	备注
(1)	Id	Uniqueidentifier	38			
(2)	路线代码	Varchar	10			
(3)	起点桩号	Decimal	19		Y	
(4)	止点桩号	Decimal	19		Y	
(5)	GBM 及文明样板路代码	Varchar	3		Y	
(6)	GBM 及文明样板路	Varchar	30		Y	
(7)	建成日期	Varchar	8		Y	

隔离栅数据库结构   表 8-7

字段序号	字段说明	字段类型	字段大小	是否主键	允许空	备注
(1)	Id	Uniqueidentifier	38			
(2)	路线代码	Varchar	10			
(3)	起点桩号	Decimal	19		Y	
(4)	止点桩号	Decimal	19		Y	
(5)	位置代码	Varchar	1		Y	
(6)	位置	Varchar	30		Y	

涵洞概况数据库结构

表 8-8

字段序号	字段说明	字段类型	字段大小	是否主键	允许空	备注
(1)	Id	Uniqueidentifier	38			
(2)	涵洞编号	Varchar	15			
(3)	中心桩号	Decimal	19		Y	
(4)	涵洞类型代码	Varchar	1		Y	
(5)	涵洞类型	Varchar	30		Y	
(6)	涵洞跨径	Decimal	19		Y	
(7)	涵洞净高	Decimal	19		Y	

路面病害数据库结构

表 8-9

字段序号	字段说明	字段类型	字段大小	是否主键	允许空	备注
(1)	Id	Uniqueidentifier	38			
(2)	路线代码	Varchar	10			
(3)	起点桩号	Decimal	19		Y	
(4)	止点桩号	Decimal	19		Y	
(5)	轻龟裂	Decimal	19		Y	
(6)	中龟裂	Decimal	19		Y	
(7)	重龟裂	Decimal	19		Y	
(8)	轻不规则裂缝	Decimal	19		Y	
(9)	重不规则裂缝	Decimal	19		Y	
(10)	轻纵裂	Decimal	19		Y	
(11)	重纵裂	Decimal	19		Y	
(12)	泛油	Decimal	19		Y	
	…					

公路养护设施数据库结构

表 8-10

字段序号	字段说明	字段类型	字段大小	是否主键	允许空	备注
(1)	Id	Uniqueidentifier	38			
(2)	路线代码	Varchar	10			
(3)	位置桩号	Decimal	19		Y	
(4)	养护设施代码	Varchar	2		Y	
(5)	养护设施	Varchar	50		Y	
(6)	位置代码	Varchar	1		Y	
(7)	位置	Varchar	30		Y	

五、应用模型分析

根据公路养护的实际情况,公路养护管理地理信息系统主要包括下列应用模型:

(1)缓冲分析模型;

(2)最短路径模型;

(3)三维显示模型;

(4)保养经济模型;

(5)预算经济模型;

(6)道路性能评价模型;

(7)路面状况预测模型;

(8)路面决策模型;

(9)桥梁技术状况评价模型;

(10)桥梁功能评价模型;

(11)养护维修对策决策树模型。

六、输入、输出设计

为满足用户的不同需要,本系统支持数字化仪输入成图、野外全站仪和电子簿输入成图、扫描仪数字输入成图、键盘输入点坐标成图和读入已经存储于文件中的图形等多种数据输入方式,以及通过格式转换成图。

本系统的输出设计也考虑了用户的多种需要,采用"即见即所得"的方式输出,包括各种专题图的输出和统计图表的输出。

第九章　地理信息系统在交通行业中的应用

地理信息系统(GIS)自诞生至今,其应用领域已由自动制图、资源管理、土地利用发展到与地理位置相关的邮电通信、水利电力、金融保险、地质矿产、交通运输等多个领域。由于在道路建设与运营的全寿命周期中,从道路规划、道路设计、道路工程建设管理、道路养护维修、道路运营管理等所有阶段,均与地理信息密切相关。因此,GIS技术在公路交通行业的许多方面得到广泛的应用。采用GIS技术和方法研究道路规划、道路设计、工程管理、交通运输及其相关的问题,其快速灵活、客观定量、强大的空间分析及模拟能力、可视化的操作平台和良好的用户界面等特点,与其他传统的方法相比,具有无可比拟的优点。

第一节　地理信息系统与道路规划

一、地理信息系统应用于道路规划运输

传统的道路信息数据大多采用手工的方式进行统计与整理。由于道路信息的属性繁多(如每条道路有长度、地理范围、路幅形式、路面宽度、路面材料、路面面积和路面状况等属性),若按多种属性统计道路数据,计算量较大。尤其是按地理范围作道路统计时(如按二环路以内、三环路以内等环路位置进行统计),则必须按地理范围的边界把跨越不同范围的道路分隔成多段,并按相应的比例折算道路的长度和面积等信息,其工作量之大、花费时间之长可想而知。公路网规划本身需要收集、处理、分析和展示大量的与规划区域地理空间位置相关的空间和属性信息,而传统的规划方法是在进行公路网规划处理信息时,采用纸质地图或CAD图进行交通规划作业,存在着费时、费力和工作效率低等弊端,这极大地影响了公路网规划的工作效率,为此有必要将网络的图形和数据有机结合起来,并能相互转换。当前,随着公路建设的加快,道路规划、设计、运营管理和维护等方面需要处理的信息量越来越大,单靠手工管理已不能满足实际的要求,综合分析研究、规划大区域的路网问题必须借助现代信息技术。这就必然要求规划部门利用GIS技术,使信息管理可视化、定量化,进而进行空间数据的综合分析,使路网规划工作建立在丰富的信息应用基础之上。

交通规划经常要涉及人口、国民经济数据、各类城市规划的用地与规模、道路长度等级与通行能力、交通量、交通分区等众多内容。如果能用地理信息系统来管理,可以在兼容接口的条件下,接收上述大部分现有数据,减少数据调查和数据输入的时间和工作,从而缩短规划项目的设计周期,提高工作效率。在相关地理信息和道路基础设施信息库建立的基础上,可以补充输入道路实际调查数据和交通信息,如路段的距离、运行时间、运行成本、通行费等阻抗属性,并由此可以创建规划所需的分区图和网络图,利用系统提供的连接功能使图和流量数据相连。根据交通调查资料,可以创建OD矩阵,利用增长系数或回归等模型进行交通生成预测,得到未来的发生量和吸引量,然后可采用各种模型和方法预测研究区域的未来的交通量分布,并进行交通方式的划分;最后可运用诸如全有全无、增量分配、容量限制和随机用户等交通量

分配模型进行交通量的分配。

　　GIS 技术应用于道路规划运输,可以实现道路规划和运输的设计和管理的自动化,形成道路规划与运输计划、道路的区域管理、领导决策等多层次、多目标的区域地理信息系统。可以在一般通用 GIS 软件基础上扩充道路规划运输系统软件程序,以工具箱的形式连接在系统数据库上,构成一个功能强大的数据系统,具体内容包括:

　　(1)利用航测、遥感和 GIS 技术对区域的地形、地貌、河流、城镇、公路、铁路等进行全面调查,作出区域的交通路线的空间分布。

　　(2)根据研究区域范围内各地的经济指标、发展速度指标,人口分布状况与构成,现有道路的状况、运营状况,找出道路与各地经济发展和人口之间的关系、运输与经济和人口的关系以及存在的问题,从而为规划者和运输决策者提供道路规划和运输规划的依据。

　　(3)进行道路和运输动态变化的分析,包括对道路变迁、车辆变迁、运输变迁、经济和人口变迁的分析和快速决策。分析中应用遥感、摄影测量和计算机数字处理相结合的技术手段,对多数据源、多时态信息进行复合、分解,为规划运输决策者提供道路和运输变迁的原因和规律。

　　(4)提出区域道路规划纲要。首先对现有道路作出科学的评价,然后,根据各地的经济发展、人口状况、军事需要、两点之间的地形、地貌地质条件,作出各个时期道路等级最合理的动态规划分析结果。

　　(5)根据区域运输体系和现在道路状况,对区域道路和运输进行科学管理。在建立区域运输和道路的数据库的基础上,建立区域运输与道路的预测模型,提出区域的运输与道路养护等方面的发展方针和要解决的问题,并且可以进行区域道路交通事故发生的预测预报,为管理者的决策提供依据。

　　道路规划中的数据主要有两类:一类是属性数据;一类是图形数据。如何组织这两类数据并表现出数据对象的特征,方便道路规划运算和统计表现,是道路规划 GIS 的关键。国内现有的传统方法是将这两类数据分开处理,属性信息和图形很难对应,没有实现图文一体的功能。要使地理信息系统比较完善地应用于道路规划,就要将路网规划中所涉及的社会、经济、人口、区域面积、现状路网、规划路网等属性信息与地理空间位置相连,组成完整的路网规划专用信息数据库,然后利用地理信息系统的功能进行查询、分析、调用和图形表现。要在 GIS 的条件下,实现图形和数据的有机结合,使路网的图形信息和属性数据之间可进行双向的数据转化,即所谓的图文转化。

　　地理信息系统技术不仅要应用于道路规划方面,而且要面向整个交通规划领域,包括公共交通、土地使用、区域人口、交通路口的微观信息等大量与交通规划有关的方面。要直接把这些基础数据与目前应用较成熟的交通规划软件包相连接,为交通规划提供成形的数据信息,从整体上提高交通规划工作效率。

二、地理信息系统应用于道路红线规划

　　众所周知,如何规划好一个城市,直接关系到这个城市的总体发展。而在城市规划中,道路规划又是至关重要的。因为城市的交通发达程度也直接影响到这个城市的经济发展速度。但由于目前受到我国城市道路交通的制约,例如,车多路少,道路网稀疏;交通拥挤,车速低,交通事故频繁;交通公害严重等,因此交通规划人员和工程师必须对现有设施的资料进行大量的分析,才能快速有效地进行决策。随着 GIS 技术的快速发展,利用 GIS 技术解决目前城市道路规划中的实际问题已经被许多城市所认可。

1. 规划道路红线的数据

道路红线是指道路用地与城市其他用地的分界线,道路红线的宽度决定了道路的规划路幅宽,它为道路及市政管线设施用地提供了法定依据、正确定位。描述规划城市道路和路面特征(道路坐标、道路宽度、横断面等),对于规划部门尤为重要。

根据规划道路红线的特点,可以将道路规划红线分为空间数据库和属性数据库。空间数据库是将道路规划红线的空间位置分为点、线两种空间实体,点表示道路红线的桩点,即每一条道路的拐角点或交叉点;线表示道路红线,道路红线又可分为道路中线、道路边线等,它们用来精确表示规划道路的空间位置。用属性数据库来描述道路路面特征信息,如道路名称、道路长度、道路宽度、路面材料及道路状况等,利用这些道路的属性数据就能表示道路的所有信息,并且可以利用这些属性进行相应的查询、统计、分析、设计等。

2. GIS 在道路红线规划中的实际运用

道路横断面信息的表现形式比较特殊,不是以单纯的文本,而是以图形形式来表示的。所以,在设计并实现横断面数据的描述时,要采用结合空间数据显示的索引技术,可以用 GIS 中的点、线、面作出每种横断面类型的图形,然后利用 GIS 数据库将这些图形文件按索引存放,并且给每种横断面类型定义一个名称。这样,通过其名称就可以找到相应的横断面的图形文件,并将其显示出来供规划部门在规划管理与设计时参考。

当设计好规划道路红线数据,就可以利用 GIS 对规划道路进行各种功能操作与数据处理,以满足规划审批与规划设计的要求。

1)设计

因为空间数据库是采用大地坐标系精确建立起来的,所以每条道路红线都能精确地表示实际的道路位置,包括道路拐角、交叉口、立交桥等,复杂的路况都可以参照空间数据来定位。在规划辅助设计中,也可以参照规划道路红线来定位,设计出规划审批中的用地红线、建筑红线、市政红线等。设计中可以利用 GIS 的空间实体模型进行相应的规划设计,主要是利用相应的道路指标,如道路车流量、车速、道路类别等,设计出道路的具体宽度、拐角转弯处的平曲线半径、道路横断面等,并在这些道路规划指标的基础上,设计出复杂、漂亮、与周边环境相协调的立交桥等具有景观艺术性的市政公用建筑。这样通过科学的规划,设计出来的道路必然会对城市的总体规划以及控制规划都起着非常重要的作用。

2)输出

可以将设计好的道路红线数据按照任意比例尺打印输出,为规划部门野外实地测量、监察工作等提供客观的科学依据。

3)查询

通过对道路中线属性的查询、快速定位,可以非常方便地列出道路的具体信息,以供城市规划部门参考与决策。例如,通过道路名称查询,可以非常迅速地查找出每一条道路所在城市电子地图的具体位置,同时还可查出这条道路的宽度、横断面类型、道路类型等属性。

4)统计

根据规划道路红线的数据进行相应的统计,也可以反映城市的发展规模以及整个城市的规划情况。例如,统计道路宽度在 40m 以上的所有道路的位置、具体的道路数目等。

利用计算机技术、GIS 技术模拟整个城市道路的状况成为道路规划设计的一种精确、方便的手段。通过 GIS 技术能精确定位出道路的实际坐标,科学地作出最佳道路设计方案,同时还能利用三维虚拟技术显示整个道路网的三维效果。可以说,GIS 技术是城市道路规划红线设计中重要的支撑技术。利用 GIS 技术建立起城市规划道路数据库,能够为城市规划管理部门的规划辅助设计、辅助决策和辅助审批提供规范、精确的根据。

三、地理信息系统应用于交通运输规划与管理

交通拥挤和交通事故越来越严重地困扰着世界各国的大城市,解决这一问题的重大社会经济意义已为人们所共识。对此,人们提出了种种办法加以解决,归纳起来有两种:

(1)利用行政手段改变交通流的运动规律,例如:通过工作时间的交错,如错开上下班的时间等,改变出行从而达到改变交通流的目的;如采用单行道或者在市中心等人流密集区建立步行区域等。

(2)利用先进技术改善现有交通运输系统的状况。

第二种办法一直被认为是解决交通问题的最佳途径,尤其是现代城市所产生的浩如烟海的交通信息,必须借助于电子计算机对信息进行采集、存储、分析和决策。而把地理信息系统应用于交通问题的研究被认为是交通运输规划与管理现代化的一个非常重要的组成部分。

1. 交通运输网络规划

运输系统规划是对区域和城市运输系统的预测和优化研究,分近期和远期规划。近期规划是一个实时处理系统,根据各段道路车辆通行情况、物流、人流,实时调度车辆;远期规划是通过长期对各路段交通状况数据进行统计分析,结合经济、人口发展状况进行道路路网的规划。另外利用 GIS 的缓冲区分析功能,在公路网规划中,以道路中心线为主体,产生该中心线的等距线可确定公路的用地范围,或据此判断拓宽道路要动迁多少居民等。

2. 事故的定位、预测和分析

将交通事故数据文件和 GIS 集成为一个整体,开发出事故定位系统,可以形象直观地报告事故地点、性质和原因,并对各事故点的发生频率比较,找出事故多发地段,结合现有道路条件进行事故预测。

3. 对车辆的诱导

车辆在运行中,通过 GIS 系统提供的有关道路图、停车设施、道路属性、购物及游览等信息直观地呈现在驾驶员面前,并通过 GPS 系统实时提示车辆的当前位置,帮助驾驶员搜索到达目的地的最佳路径。

4. 道路设施的管理

将路网实体数据和属性数据以分路段的方式与地理坐标联系起来,可以进行路面质量的管理和路面维修管理,对交通信号及各种安全装置以及桥梁的维护进行管理。

5. 环境监控

把 GIS 应用于交通,能对空间信息和非空间信息如自然、社会和经济等属性信息同时进行分析和处理。同时 GIS 的结果大多以图形方式表示,直观上除反映量的概念,还能反映区域分布的差异性,这显然比以统计报表输出的管理信息系统更便于应用。所以,GIS 技术的诞生,以及为解决交通问题进行的 GIS 功能二次开发,为处理具有地理特征的交通运输管理信息提供了新的技术手段。

第二节 地理信息系统与公路设计

公路路线的设计工作包括平面、纵断面和横断面 3 个方面的设计。公路设计中的选线、定

线是在综合考虑这 3 方面基本要求的前提下,根据公路等级和沿线地形、地质情况,正确采用技术标准,将道路中心线位置具体落实到地面上。公路选线、定线的具体方法有纸上定线、实地定线等几种。

路线方案设计是公路设计中最关键的一环,常要涉及人、车、路和环境几方面要求,其合理与否不但直接关系到工程投资、工程质量和运输效率,而且要影响到路线在公路网中是否起到应有的作用,即满足国家政治、经济、国防要求和长远利益。选择路线基本走向时,应根据指定的路线总方向,考虑公路等级及其在公路网中的作用,并结合铁道、航道、管道等的布局和周围城镇、厂矿企业、资源状况以及水文、气象、地质等自然条件进行方案比选,做到经济、安全可行。同时在工程量增加不大的情况下,尽量采用各项高技术指标,以使行车安全,乘客舒适;并注意使路线与周围的环境、自然景观相协调。而所有这些影响因素往往是既相互联系又相互排斥,想做到全面兼顾比较困难,且工作量很大,设计者必须对现有资料数据进行大量的综合分析,并快速有效地进行决策。GIS 凭借其强大的数据综合、地理模拟和空间分析功能,对来自交通领域的不同部门的表格和地理数据进行收集和分析,以满足他们的各种要求。规划人员利用 GIS 对交通流量、土地利用和人口数据进行分析,预测将来的道路等级。工程技术人员利用 GIS 把地质、水文和人文数据结合起来,进行路线和构造设计。另外,GIS 非常擅长分析新辟道路对环境和经济文化的影响。使用 GIS 二次开发工具,能够快速建立适合于交通规划、设计和管理部门使用的各种应用软件,利用 GIS 软件工具可进行数据录入、管理、显示和分析,解决所面临的各种实际问题。近几年来,GIS 技术已在交通规划、综合运输和公共交通等方面有了广泛的应用,有的已经取得了显著的经济效益和社会效益。

一、公路选线、定线中 GIS 技术的功能

GIS 软件是建立、编辑、显示、查询和管理图形数据库的强大工具,并且可对地理线性网络进行空间分析,它可以对公路线形设计起到以下辅助作用。

1) 灵活的地理线性数据模型

该地理线性数据模型一般具有以下功能:

连接节点拓扑关系,完美地表达了地理线性网络;

路径和区段:完美超前的线性目标设计思想;

里程和其他路径表达方式;

非连续的、分支的和重叠的路径;

在一个地图文件中可存储多个路径系统。

2) 复杂的空间分析能力

线性特征的静态和动态分析;

线性数据叠加;

不同参照下线性数据相互转换;

最佳路径选择;

资源分配;

相邻和最近分析。

随着地理信息系统(GIS)的逐步发展和广泛应用,这种集计算机图形和属性数据库为一体,储存和处理空间信息的新技术在公路交通领域有了更深入的运用。它可把地理位置和相关属性有机结合起来,根据实际需要,真实准确、图文并茂地输出给用户,满足道路设计对空间信息的要求,借助其独有空间分析功能和可视化表达,对公路设计进行各种辅助决策。目前虽然各国已有一些利用 GIS 作为一个辅助决策平台进行公路选线的研究成果,但是研究人员所考虑的评价指标的数量以及所采用的研究方法都存在着很大的区别。

二、GIS 技术在公路选线、定线研究中运用的实例

下面以一个为评价可行的路线走向设计方案而建立的一个集成化辅助工具为例,来介绍 GIS 在公路选线、定线中的运用。

该辅助决策工具集成了边坡稳定性分析和路线辅助设计软件包,利用 ArcView 作为系统引擎和接口,针对 GIS 软件包 ARC/INFO 进行代码编写而实现。该路线走向辅助决策工具由 GIS 平台模块、分析处理模块和评价模块 3 个主要模块组成。

GIS 平台模块实际上是一个包含了各种类型数据层(图形特征和属性特征,或者是相关特征的描述)的地理信息数据库,是该系统进行路线走向方案辅助决策的基础,也是任何 GIS 项目研究不可或缺的。它主要包括问题域的确定、所需数据层的确定、每一层代表何种类型的数据以及该类型数据代表何种属性数据、如何将这些属性数据进行编码组织。最后,还要将各种比例地图与基准地图的比例变换与投影变换信息添加到该数据库中去。

为一个指定区域建立地理信息数据库所需要的数据层类型,随着欲在此基础上所从事的分析和应用的不同而不同,而 GIS 基础模型的完整性与数据的层数呈正相关性。这里所介绍的路线走向辅助决策系统,就包含内容广泛的信息,包括有:行政区划图、现有路网分布、现有构造物、地表植被、土地利用情况、地形、地貌、工程地质和水文地质等。相同的 GIS 平台模块也适用于其他类型的应用,如自动选择可行的工程废弃物堆填处等。

进行路线走向方案决策时影响因素(评价指标)很多,导致创建分析处理模块的工作非常复杂和烦琐。该辅助决策工具的 GIS 软件开发平台选择了 ArcView 软件包,集成了路线设计软件 AutoCIVIL,系统引擎和交互环境的 AreView,并且专门编写了一个菜单驱动的用户界面来为该分析系统提供友好的操作环境。最终开发得到的分析处理模块的处理流程可分为 7 个步骤。用户仅需在 GIS 平台模块中定义好路线走向(利用鼠标或输入相应的坐标来交互式的定义一系列点),以后的分析处理过程由系统自动完成,包括自动调用相应的支撑平台的功能和二次开发代码、无须用户干涉自动转到下一处理阶段和自动生成结果报表,整个分析处理如下所示。

(1)系统自动通过将给定的路线走向方案分别与地质、土质数据进行空间叠加来识别给定路线走向处连续的地质、土质特征(ARC/INFO)。

(2)利用适当的数字地面模型(DTM,Digital Terrain Model)和相应的道路几何断面自动进行填挖分析(AutoCIVIL)。

(3)通过将沿路线走向的填挖方情况与地质、土质数据层进行空间叠加分析后,自动地对从 AutoCIVIL 中得到的数据进行定性的分析。

(4)打印沿路线走向所有横断面的填挖方图表。

(5)通过将地形数据与地质数据、土工数据进行空间叠加,由 ArcView 对每一个横断面进行边坡稳定性分析,计算其边坡稳定安全系数。并突出显示稳定性不满足要求的断面。

(6)针对那些边坡稳定安全系数不满足要求的断面自动生成描述性文件。

(7)生成总结报表。

该系统评价模块由几何线形控制、土工技术评价、环境影响评价和社区联系影响 4 部分

组成。

几何线形控制方面：系统会自动求出路线总长，在纵断面上按路线纵坡对行车速度的不同影响分别计算出不同类型路段的累计长度；在平面线形上，系统会自动求出半径小于某个特定值的平曲线的数量等，可用以评价几何线形是否满足设计车速需要。

土工技术评价方面：系统会自动计算出不同地质、土质或石质地基上路基总的填、挖方量，可以用来评价施工难易程度，同时有助于施工方法的选择。系统中对生成的边坡稳定性存在问题的横断面进行的情况统计，对路基防护与加固工程的设计很有用。而该工程费用对路线走向方案的选择也存在一定的影响。

环境影响评价方面：可以用沿公路两侧某特定距离内的居民数量作为公路上的车流所产生的噪声可能会对居民生活产生影响的噪声污染评价指标。也可以通过建立将排放量与车辆行驶速度、车辆类型、交通量等因素联系起来的模型，来将关于空气质量方面的考虑加入到评价模块中去。

社区联系影响方面：可用系统中生成的公路用地、征地范围内被拆除的构造物的数量作为评价指标。

该决策辅助工具还可以在屏幕上或者是输出结果中以高亮度显示针对上述各种评价指标提出存在问题的区域，例如边坡稳定性可能存在问题的路段会被高亮度标识出来。设计人员可以借助于将这些图形化的定性评价结果与上述由系统生成的定量评价结果结合起来，进行路线走向方案比选，以得到最优的方案。

由此可见，GIS 技术的利用，比传统的公路选线定线设计方法更加客观、高效、准确和系统化。而随着目前交通建设规模不断扩大和交通管理设施日趋现代化，GIS 技术将在交通建设和管理领域具有更广泛的运用前景。

三、GIS 应用于公路路线设计

公路路线设计包括选线和平纵横设计。平纵横设计是在路线选定后，进一步确定路线的参数，并据此对局部路段作必要的调整。在选线过程中经常要进行参数的计算。过去这些计算多采用计算器进行，不仅烦琐、工作量大，而且容易出错。当遇到复杂线形时，为了减少过多的工作量，一般仅考虑一两组元素进行组合设计，以致线形设计不够优化。公路选线必须综合考虑道路所经区域整体的地形、地物、地质、水文、城镇、人口、工农业布局及人文环境、自然环境等多方面情况。而传统的利用地形图进行公路选线的方法，由于地形图表示方法的抽象性和概括性及人的视野的局限性，容易有时造成设计人员对整个区域的认识不充分，从而直接影响路线走向的选择和线位的安排。这些不足是传统的设计方法和设计手段本身无法避免和克服的，然而，随着地理信息系统技术的发展和应用的深入，这些问题正在逐步得以解决。

1. GIS 应用于公路选线

GIS 不仅仅是一个图形管理系统，更重要的是它具有空间分析功能，包括数字地形模型分析、空间特征的几何分析、网络分析、影像分析和地理变量的多元分析等。这些空间分析功能为用户提供了解决多种问题的有效手段，可以帮助人们从宏观的、科学的角度来认识世界，作出正确的决策。

辅助公路选线的 GIS 所需的数据主要包括：与路线方案有关的规划、计划、统计资料及地质、水文、气象资料和各种比例尺的地形图、地质图。根据这些信息，GIS 可以生成数字地形模型（DTM），帮助设计者宏观地认识整个沿线地区；综合地分析评价各个因素对路线选择的影响程度;根据公路设计技术标准的要求,分析出控制点,以人机交互的方式选择合适的路线,并显示在 DTM 上。

图 9-1 是 GIS 支持的公路选线流程图。

受地形、地物限制是路线设计中常遇到的情况。当地形地物限制较大时,往往要经过多次的比较,才能确定出合适的路线。例如,当弯道受一定限制时,可以先选择一个通过点,反算出半径,再据此半径算出圆曲线上各点坐标。当这条圆曲线与其他地物相切或相交时,就需要重新更新选择一个通过点进行试算。当单交点的基本型平曲面实在不能适应地形和地物的限制时,可考虑改用复曲线。复曲线一般先定出受地形限制较严的一侧曲线半径,然后再根据切线差算出另一侧曲线的半径。当两半径之比超过 1.5 时,应在两圆曲线之间插入缓和曲线,构成卵形曲线。这个过程中可以选择多种半径进行试算,直至选择出适应地形约束,同时也满足规范要求的平面线形中最适合者。

对于上述的公路平面设计过程,采用传统的设计方法,平面设计其计算工作量比较大,花费时间比较多,往往需要多次试算才能得到满足设计要求的道路线形。但在基于采用 GIS 技术与路线

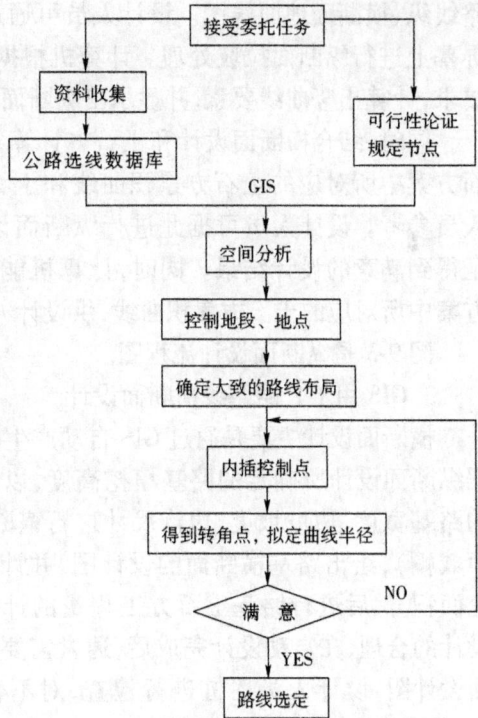

图 9-1　GIS 支持的公路选线流程图

CAD 系统技术,在计算机的支持下,可以通过快速进行公路的平面线形设计,得到各平曲线要素,能够迅速计算出来,并通过 GIS 提供的含有地形、地物电子地图的计算机上显示道路线形在屏幕上,可以供人们直观地观察和分析线形与地形、地物的相互关系,对道路线形及各项指标进行有针对性的调整和试算,以使线形符合地形和地物的约束,从而完成道路的平面设计。

此外,在数字地面模型的支持下,系统还可快速提供所定的平面方案所对应的纵、横断面地面线信息,并可同时显示或输出各平面线形方案的纵、横断面地面线路图信息,还能够将多组参数下的图案同时显示或输出,供设计人员比较分析,以选定最佳设计方案状态。

图 9-2 是平面设计流程图。

2. GIS 用于公路路线纵断面设计

路线纵断面设计是在路线纵断面图上决定变坡点位置和高程,从而确定坡度、坡长、竖曲线半径等数值设计参数以及进行有关的计算等工作。在变坡点处应设置竖曲线,竖曲线一般采用二次抛物线形式。已知竖曲线半径 R、变坡点位置和高程一旦确定,变坡点两侧的纵坡段的变坡角 ω 随即确定后,给定竖曲线半径 R,便可计算出竖曲线各要素,即竖曲线长度 L、切线长度 T 和外距 E,从而完成纵断面设计。

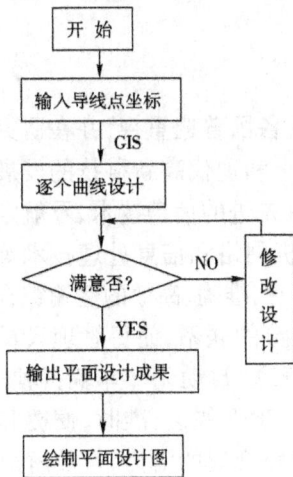

图 9-2　平面设计流程图

用 GIS 辅助纵断面设计时,根据公路平曲线平面线各中桩点的坐标和横断面方向的切线方位角,可以通过数字地面模型内插出各中桩点处的地面高程和横断面地面线,从而获得路线纵、横断面地面线图。设计人员可通过人机交互方式,在屏幕上进行纵断面拉坡处理。计算机根据变坡点信息和设计要求,计算出竖曲线要素,并显示出纵断面设计图。

同时,结合横断面设计和土石方计算,可以得出当前纵断面方案中所对应的土石方累积曲线和土石方工程量,供设计人员参考。设计人员可据此进行纵断面设计方案的修改,直至得到满意的设计结果。同时,计算机能计算出当前纵断面方案中所对应的土石方累积曲线,供设计人员参考。

图 9-3 是纵断面设计流程图。

3. GIS 用于公路路线横断面设计

横断面设计主要是通过 GIS 自动产生的横断面地面线,根据纵断面设计所确定的路基填挖高度,以及标准横断面给出的路基宽度、边坡坡度、边沟尺寸进行横断面设计(俗称横断面戴帽),绘出路基横断面的设计图,并计算各横断面上的填挖面积,然后进行路基土石方工程量的计算。为保证横断面设计的合理,在自动设计完成后,通常需要在屏幕上显示横断面设计图,设计人员逐桩进行检查,对不合理的设计进行修改,并考虑路基防护方面的设计。

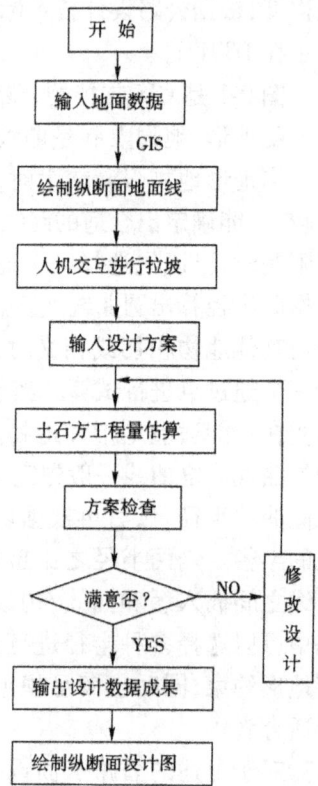

图 9-3　纵断面设计流程图

横断面设计的计算工作量很大,特别是逐桩横断面地面线数据的采集和录入,需要花费大量的人力、物力和时间。借助于 GIS 系统的数字地面模型为设计提供所需的道路横断面地面线高程的内插,从而可以大大提高工作效率。

第三节　地理信息系统与智能交通系统

一、智能交通系统概述

为了缓解现代城市交通的压力,智能交通系统(ITS)得到世界各国普遍重视,并在研究和应用领域得到快速发展。智能交通系统(ITS)是随着道路交通需求和现代高新科技的发展而发展起来的,是正在研究开发的新一代道路交通系统。ITS 就是将先进的信息技术、导航定位技术、数据通信传输技术、自动控制技术、图像分析技术以及计算机网络和信息处理技术等有效地综合运用于整个交通管理体系,建立一种全方位发挥作用,实时、准确、高效的运输综合管理系统。ITS 的研究开发可以加强道路、车辆、驾驶员以及管理人员的联系,使得管理人员和驾驶员对车辆行驶状况及所处位置了如指掌,可以实现道路交通管理"自动化"、车辆行驶"智能化",从而减少道路拥塞状况,提高道路运输效率和行车安全,以确保快速、准时、便捷和舒适的公共交通运输。智能交通系统是合理利用和充分发挥现有道路交通的潜力,有效解决城市交通拥挤现象最有效的手段。

近年来,美国、欧洲等发达国家在 ITS 开发研究及应用方面已经取得了很大成功,而中国在该领域的研究也取得很大的进展,研究开发项目及规模不断扩大,并涉及许多相关研究领域。智能交通系统目前主要研究领域和重点研发项目有:

(1)先进的交通管制系统;

(2)先进的交通信息服务系统;

(3)先进的公共交通系统;

(4)先进的公路交通系统;

(5)先进的车辆控制系统;

(6)先进的物流交通系统等。

在这些项目的研究开发中,许多方面都需要应用到 GIS 技术。

一般的智能交通系统(ITS)通常具有以下几项主要功能:

(1)对车辆提供道路障碍物自动识别、自动报警、自动转向、自动制动、自动保持安全车距、车速和巡航控制功能。

(2)对交通出行者提供道路条件、交通状况、交通服务的实时信息以及车辆定位导航功能。

(3)对交通运输提供道路和交通信息以及车辆定位、跟踪、通信和调度功能。

(4)对道路管理部门提供根据道路交通流信息不停车自动收费功能。

(5)对交通管理部门提供根据退路交通流情况进行实时疏导、控制和突发事件应急反应功能。

二、地理信息系统在智能交通系统中的应用

作为整个 ITS 技术来说,涉及到许多技术领域。ITS 中的 GIS 技术是一个基于地理空间数据管理,以道路交通网的地理位置为坐标,将道路交通特性数据与地理空间的点、线、面相结合,形成一个完整的、多层次的空间数据库,并建立相关模型知识库。GIS 技术在 ITS 中不仅可以用于车辆导航定位和车辆监控调度管理,同时可用于道路交通运输管理部门以及车站、码头等公共事业部门,作为一种交通信息查询工具,能够本质性地提高车辆的行车安全和行车效率。运用 GIS 数据库和工具实现的电子地图系统,可以完成数据采集与编辑、地理数据库、制图、空间查询和空间分析、地形分析等多种功能。

1. GIS 在车辆导航与监控调度管理中的应用

GIS 是一种集城市地理信息系统和物标主题信息于一体的面向车辆导航、跟踪的信息系统,它可以显示各种比例尺的电子地图,能够迅速可靠地为车辆驾驶员提供各种查询信息,灵活、方便地选择道路交通网上任何两节点间的最佳行车路线,并且在监控中心站对监控车辆进行实时跟踪、调度管理。GIS 在 ITS 中的应用是与 GPS 密切相关的,配合 GPS(或 INS)技术,能够有效地解决车辆定位导航、调度管理,实时为车辆驾驶员提供导航信息,为调度管理人员提供交通路况信息。

GIS 配合 GPS 或者 INS 技术,能够完成的主要功能包括:

(1)电子地图显示功能。全屏显示、放大缩小、漫游、旋转、动态标记、分层显示等。

(2)标注当前车位。实时接收移动车载 GPS 定位数据,转换地理坐标为屏幕坐标,软件误差修正,或者通过各种传感器和地图数据计算汽车的位置,并实时对车辆所在位置进行修正。车位采用两种表示方式:绝对运动方式,即车动,图不动;相对运动方式,即图动,车位始终在屏幕固定位置。

（3）地物分类索引及标注点状地物功能。用户可通过选择方式输入其属性信息,利用图层操作、分类信息提示,响应用户的信息查询,为设定目的地通过索引查询地图功能,如设施索引(如公园,博物馆,政府机关等)、地址索引(如天河区五山路 30 号)以及电话号码索引(如87111030)等索引功能。

（4）最佳路径选择。用户根据自己需求,在电子地图上可设定行车路线,能够同时设定多条行车路线,来确定其最佳路径,如辅助路线决策、最短距离、最短路径,支持单行线、禁左等功能。

（5）提供良好界面。以不同标记显示路况信息,如自动显示单行道、按地图比例动态调整地图标注、交叉路口信息提醒,且可以进行车辆航迹回放功能。

下面介绍智能交通系统中的电子导航功能。

电子导航地图在智能交通系统中,车辆定位是首先要实现的功能。车辆定位最常用的方式是通过 GPS (全球定位系统)或移动通信网中的定位业务来实现。GPS 系统可以提供全球覆盖、全天候、免费的高精度标准授时/导航定位服务,通过车载 GPS 接收机可以实时地获得车辆的经纬度和时间等关键信息。也正因为此,GPS 系统成为当前车辆定位的首选方案。车辆定位系统将 GPS 系统获得的经纬度信息与电子导航地图进行地图匹配,以确定车辆在城市交通道路中的具体位置。在此系统中,需要电子导航地图来描述城市道路交通信息,而电子导航地图即属于 GIS 地理信息系统的一种应用。对于任何车辆的定位和导航系统,只要涉及与地图有关的功能,地理信息系统数据库是必不可少的。

图 9-4 是 GPS 车辆定位系统工作原理图。

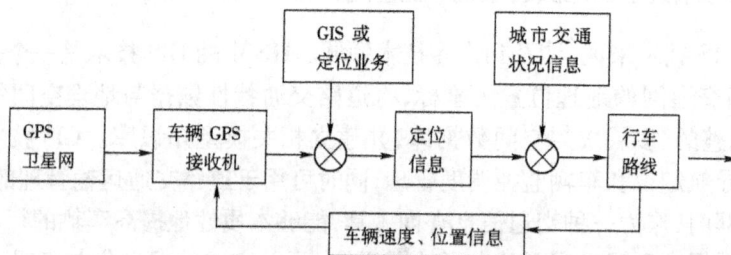

图 9-4　GPS 车辆定位系统工作原理图

在 GIS 中,电子导航地图图形的表示方法有两种:其一为栅格形式,是以像素形式表示整个地图。其主要缺点是存储量大,对处理器和内部总线要求高,缺乏灵活性,不能附加数据。但因它具有易于实现、可以直接显示任何图形、显示速度快、程序开发简单等优点,也经常在实际中被使用。另外,将栅格图形作为矢量图层的背景,可以提供比矢量图更为细致的图形。其二为矢量形式,即以矢量图形构成整个地图。矢量形式的电子地图具有无级放大、缩小,可分块管理和自由移动等特点,使用方便灵活,但其制作与程序开发比较复杂。

电子导航地图应用系统目前正朝着高精度、高可靠性、高自动化和微型化、智能化、一体化的方向发展。该系统一般由多个模块组成,要使各个模块有条不紊地工作,并和谐地组合在一个完整的系统内,必须依靠大量的软件支持,软件是电子导航地图应用系统的核心。其软件的基本功能一般有:

（1）信息源的中断响应和实时处理;

（2）各种图像处理、定位;

（3）控制、显示、记录、标绘、修改各类信息;

（4）系统管理、检测和故障诊断；

（5）用户命令的处理等。

电子导航地图的开发与管理，属于 GIS 系统范畴，其开发形式主要有 3 种：

（1）自主设计电子导航地图的数据结构和数据库，利用 VisualC++、VisualBasic 等编程语言开发 GIS 系统软件。这种开发形式要求必须具备雄厚的科研力量和巨额的开发费用。

（2）引进国内外先进的 GIS 系统软件，利用其提供的二次开发工具，结合自己的应用目标开发。这种方法比较简单易行，主要缺点是移植性差，并且受开发工具的限制，不能脱离原系统软件环境而独立运行。

（3）利用支持对象技术的高级语言和 GIS 厂商提供的控件构成面向最终用户的可执行应用程序。利用这些控件开发的 GIS 被称为嵌入式的 GIS。这种方法是随着 20 世纪 90 年代兴起的控件技术的发展而开始流行的，它的特点是开发周期短、成本低，可以脱离大型商业 GIS 软件平台独立运行，为不熟悉 GIS 技术的团体和个人提供使用上的便利，是未来 GIS 开发的重要方向。

使用 GIS 监控调度系统平台的智能交通监控系统可以应用于多种情况，例如：

（1）应用于市区统一的交通管理监控系统，可以对市区内的车辆进行有效的指挥和监控，有助于缓解交通紧张状况、预防事故、合理地分配和调度资源、威慑针对车辆的犯罪等。

（2）集团用户通过 GIS 监控系统平台监控和调度手下车辆运营，可以充分利用车辆资源提高车辆的营运效率，降低营运成本。

（3）对某些特种车辆，如运钞车、急救车、警车和出租车等，进行实时监控和调度。

图 9-5 是智能交通 GIS 监控系统原理图。

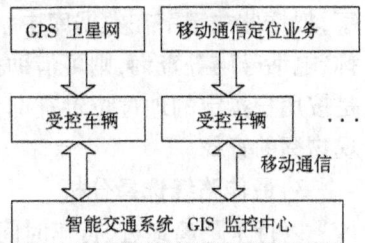

图 9-5　智能交通 GIS 监控系统原理图

GIS 监控调度系统平台可提供如下功能：电子导航地图的无级放大、缩小；电子导航地图的任意平移、切换；显示模式任选；几十种图层任意调用；图形编辑；各种信息（地理目标、车辆信息等）查询；监控车辆信号选择接收；各种数据统计、管理；各种操作的在线帮助；各种应急方案设定与预演；车辆运行轨迹重现；行车路线预先设定；各种行车记录统计与分析；最短路径与最佳路径的选择；接警、处警管理。

2. GIS 的应用功能分析

为了实施上述功能，需要合理地设计 GIS 数据库。从原则上讲，应该遵循 GIS 数据库设计原则；从内容上讲，电子地图数据库中包含与车辆运行相关的城市数字地理区域模型。该模型对每个物标，如一栋楼房、一条道路、一座加油站的地理位置和主题信息都进行完整的描述。同时该模型还描述了物标之间的相互关系，对道路的描述包括其交通状态，如拥挤程度的量化值（见表 9-1）、道路质量的量化值、单行道的方向等；从设计上讲，电子地图数据库的结构应该是"链节点"型的。在对物标的地理位置进行描述时，允许多个物标记录共享一段记录。"链节点"型的数据库结构同"连续型"相比使得数据库所占用的存储空间相对较小。对物标地理位置的描述，也应以矢量方式来描述，点状物标如加油站、维修站等的位置用中心点来描述；线状物标，如道路、分界线等的位置用轴线来描述；区域状物标如停车场、大型商场、公园等的位置用其分界线来描述。在电子地图中，用图示符号库中的符号或填充对各种物标进行显示；在电子地图数据库中,对信息进行分层描述,依据索引表进行管理,实现对每层信息的随机存取,以便有选择地实现显示地图信息。

道路交通拥挤程度量化值

表 9-1

级别	畅通	较为畅通	正常	较为堵塞	堵塞严重
拥挤百分比(%)	0 ~ 20	21 ~ 40	41 ~ 60	61 ~ 80	81 ~ 100

1)地图显示和实时修正

其功能包括以指定位置中心按照设定比例尺任意放大或缩小其比例、分层或有选择地显示及漫游等。地图实时修正应根据所获得的信息对电子地图数据库中的数据进行实时修正,如某大街交通拥塞、新增道路、设置单行道以及交通管理规章的变更等。这些变化都直接影响电子地图的显示和最佳行车路线的选择,实时跟踪城市道路交通环境的变化,电子地图的修正是由车辆导航定位系统管理软件开发来支持的。系统可以提供对电子地图数据库中的物标进行添加、删除、修改、移动等功能,而且能够根据所获得的信息临时变更交通状况。在对物标进行删除、修改、移动时,首先使用物标搜索定位功能查找到该物标并显示其主题信息,确认后进行相应的运用分析。在监控中心站,显示功能主要是为了工作人员能够清楚地知道车辆当前所在的位置,并显示该位置的周围各种机构。

2)物标搜索定位及信息查询

这一功能要求在地图上按游标的位置、物标、名称或者电话号码等查找物标,获取其关键字,根据此关键字在数据库中获取该物标的主要信息。实现物标搜索定位功能时,如果是按名称、电话号码等查询,则可借助按这些关键字所建立的数据库索引实现物标的随机查找;如果是按用户指定的地理位置查询,则可使用计算机图形学中的物标拾取技术,根据漫游的位置实现物标的查找。

3)最佳路线选择分析

以行车距离最近、行车时间最短、拥挤程度最低,或者道路质量最优等为目标函数,计算交通网上任何两节点之间的最佳行车路线。交通网上任何两节点之间的最佳行车路线的计算是GIS 软件开发问题。首先要研究确定交通网的节点,然后根据不同的目标函数计算任意两节点间的最佳行车路线。由于道路网具有拥挤程度的高低、道路质量的优劣、单行道的方向以及禁止左转弯等交通状态属性,因此最佳行车路线的计算并不是一个图论中的最短路径问题,而是一个复杂的网络计算问题。在行车过程中,根据所选择的最佳行车路线,每当遇到转弯或需要引起车辆驾驶员注意的情况时,系统应以字幕的形式或者多媒体的形式提前给予提示。

4)车辆跟踪定位

与 GPS 技术一起,编写合理的系统管理软件,使其能够在电子地图上实现车辆的自动跟踪定位,在监控中心能够对安装 GPS 的车辆进行跟踪,并在电子地图上显示其移动轨迹,而且可多窗显示指定的时间、经纬度、速度和状态等信息。监控中心站应该配置计算机网络模式,配以大屏幕彩色显示,并支持多屏显示;地图在所有屏幕上可实现多窗口显示,每个窗口监控目标数量、地域可由用户选择;电子地图可无级缩放、平移、漫游和分层显示管理,并且具有独立移动装备经纬度、速度和状态信息显示窗口;监控数据存储可保留半年以上,并可任意重现。

GIS 技术在 ITS 中的应用是道路交通运输管理系统阶段性的飞跃,而且车辆导航定位精度和用户界面都比以前的导航定位与监控管理系统有了很大程度的提高。在 GIS 技术的支持下,依据地理坐标和属性特征进行查询和分析,使得管理人员对车辆行驶状况能够了如指掌,驾驶员对车辆的行驶情况也可以一清二楚,实现道路交通的智能化管理,以确保道路交通运输的快速、准时、便捷和舒适性,从而提高交通运输效率和行车安全。ITS 智能交通系统的发展和建立是 21 世纪城市交通发展的趋势。

第四节　地理信息系统应用于公路管理

随着我国国民经济的快速发展,公路里程和公路等级不断提高,这就对公路管理提出了更高要求。但是目前公路的管理水平还相对落后,许多工作还在使用传统的手工管理,这就需要借助计算机技术来改进公路管理,实现公路管理现代化、计算机化和信息化。

一、地理信息系统用于公路管理的技术特点

1. 基于 GIS 的公路管理系统概述

GIS 是一种以计算机为手段,对现实世界的各类空间数据及描述这些空间数据的属性,以一定的格式输入、存储、检索、显示和综合分析的技术系统。通过利用数据的空间属性,实现了图形与数据的结合。GIS 通过可视化平台多维地显示数据,揭示数据之间的关系和隐藏在数据背后的信息。用户可以在地图界面上直接对空间对象进行查询和分析。它以数据可视化、思维可视化的形式,提供了一种新的决策支持方式,这必然使管理者对各方面进行的研究不再是孤立的,而将自己置身于自然和社会环境当中,直观地掌握全面情况,从而大大提高了公路管理的现代化水平,为实现计算机管理提供更好的手段。

GIS 系统可以有效地管理和显示公路交通管理工作中的各种数据。公路交通的管理过程中,主要有属性数据和空间数据两种数据。属性数据包括大量的统计数据;空间数据是反映交通设施的空间坐标位置的数据。如果把属性数据和空间数据紧密地结合在一起,将使得整个交通的管理更加方便快捷和形象直观,并彻底改变交通网络规划、建设、管理及资料保存的传统模式,从而实现交通规划、交通管理的计算机自动化。

其中,建设公路数据库是实现公路现代化、科学化、智能化的基础工作,是提高公路的运行效率和服务水平的有效方式。通过所建立的数据库,可快速查询建、管、养所急需的数据,全面准确地提供管理和决策的分析信息。

2. 系统开发的技术手段

开发基于 GIS 的公路管理信息系统,GIS 主要提供以下技术支持。

(1)图形集成技术:利用图形集成的方法解决传统的公路管理系统中图形处理和数据处理分离的问题,把 GIS 与其他编程开发语言的优点相互结合,提高系统的开发能力和手段。

(2)动态分段技术:所谓动态分段,就是 GIS 中一种对线形特征的属性动态分析显示的技术。当某一具有线性特征的公路的各种属性在用 GIS 进行分析显示时,其图形分布空间地理位置是通过动态分段技术计算出属性的数据。利用 GIS 系统软件所提供的开发工具,并根据公路线性空间的特点,可以有效地实现公路线性动态分段,使得在公路数据库中可进行多个属性集的动态查询显示,大大地减少了数据冗余和重复的手工数字化工作。

(3)空间数据的存储与采集:把公路数据库的空间数据划分为公路、桥梁、隧道、立交、行政区划、河流、乡镇和村庄等点、线、面特征层,利用 GIS 系统的专题图层来进行有效的存储管理。一般而言,对空间数据的采集有数字化仪、屏幕矢量化和扫描矢量化 3 种最常用的输入数据方式。

(4)图形与数据查询:公路数据库可以存储大量的道路基础资料,管理人员可通过这个系

统在计算机屏幕上显示出整个公路的地理位置、路面状况等,可在屏幕上随机点取某个路段或构造物,要求计算机显示出相关的资料,也可以输入一些技术指标,要求计算机显示相关的路段和构造物。数据查询包括基本数据查询、公路路线数据查询和分类计算查询;图形查询包括公路概况查询、公路养护情况查询、隧道查询、桥梁查询、立体交叉工程查询、交通量查询、交通事故查询等内容。

3. GIS 可以为公路管理系统提供的主要功能

利用 GIS 可实现公路交通的图形、属性库的有效管理,方便而灵活的数据查询、统计、分析和多样的、可视化的数据表现等。

(1)分层管理功能:GIS 对基础地理信息和专业地理信息进行分层管理和维护,且用不同的符号分层显示。系统分层设置如下:公路线形及布局、公路路面状况、道路相关标志标线、路口及路段交通设施、路名标注、建筑物及其标注、公安机关、交通局及其职能部门、停车场、加油站、警力分布、路口监控点、可变信息板、宾馆饭店、大型体育和娱乐场所、其他标注等。

(2)对图形数据和属性数据的编辑和修改:系统提供相应工具对图形、属性数据进行编辑和修改,可以非常灵活地对它进行增、删、改等操作,并同时改变与后台数据库的对应关系。还可以将改变后的地图放回到大型数据中去,以实现真正的数据共享。

(3)道路管理和查询:系统提供查询工具以方便地对各个路段进行信息查询,并可以将用户指定的地理特征以显著色彩显示在屏幕上。

(4)数据的统计和分析:系统有多种数据表达方式、数据表的浏览方式、图形表现方式。系统还提供范围图、直方图、饼图、等级符号图、点密度图、独立值图和格网图等多种专题图,形象直观地对用户数据库中所选择的字段进行分析。

(5)交通查询:利用现有图形上的交通线路节点信息,任意输入两点的地址,便可查询出两点之间所经过的交通线路、公里数、各站的名称;当改变线路时,可在图上实时进行修改,并输入新的站名,这些信息也可上载到中央数据库中。

(6)图形输出:系统可输出整个区域或者局部指定区域的地图、交通线路图、各路段状况图等。可输出各单位属性的报表;打印条件查询结果。还可以将地图与各种专题图、统计图表、浏览表、查询信息等组织在一起输出。

(7)决策支持:通过各种内部数据的分析和处理,进行计算机智能决策,为公路管理部门提供强有力的辅助决策支持。

(8)其他功能:系统包括图形缩放、漫游功能,可对所有基础地理信息和专业地理信息进行无级缩放及漫游显示。数据维护功能可对本系统的各类基础地理信息和专业地理信息进行编辑、更新、备份和恢复等。

二、地理信息系统在公路交通管理中的应用

近几年来,地理信息系统在公路建设中开始得到应用,并已开发出一些比较成功的公路地理信息系统。这些项目一般都针对公路的建设与管理特点,根据公路建设对信息处理的实际需要和公路的地方特点,综合运用了地理信息系统技术和数据库技术。GIS 开发是公路建设与管理的基础性工作,它对于实现我国公路信息的统一管理与综合应用,推动公路行业的信息化进程具有重大作用,为公路管理、建设和评价提供了科学化的现代信息技术手段。

考虑到当前和未来的公路管理的需求,现有技术水平和管理水平及目前的经济状况,公路交通管理地理信息系统的目标可以归纳为:

（1）能为公路的主管部门提供及时、准确、较全面的有关公路的信息；

（2）为各级公路管理部门及相关单位提供管理和决策依据及手段；

（3）实现数据与图形、图像的综合处理，解决沿线定位和空间定位的互换；

（4）对数据库中的数据进行检索和分析，进行智能决策，判断公路路况并制订保护对策；

（5）能以多种方式进行公路各类统计分析，输出公路各类专题图、报表等；

（6）具有一定的二次开放功能，用户可以根据需要对系统进行扩充；

（7）提供一套较完整的系统建设与维护的技术文档资料。

GIS 技术应用于公路管理系统的意义，不仅在于提供一个图形化的空间地理信息系统管理平台，更好地进行公路管理，而且随着系统的推广应用，将对公路管理人员水平的提高、管理工作的科学化、行业技术的规范化，以及职工信息意识的强化、效率观念的增强、对旧的传统管理模式的冲击等方面都将产生巨大的影响与推动作用。

第五节　地理信息系统在交通安全中的应用

随着道路交通运输事业的发展，交通事故的数量也随之增多。交通安全是个复杂的问题，它牵涉到道路条件、设施配置、交通状况、交通管理水平等因素；同时还牵涉到政治、经济、文化、地理环境、教育和人的行为方式等方方面面。在交通安全工程中，这些因素的表征反映是交通事故的数量、道路状况数据和交通状况数据，通过这些数据便可以对交通安全进行宏观和微观分析。

随着计算机的普及应用，利用计算机对交通安全进行定量分析及制订决策已成为现实。国内外很多交通安全管理机构都建立了信息及决策系统，用于满足各自特定的需求。但这些交通安全信息系统还不具有地图显示的功能，从而还不能进行大面积范围的交通安全分析。而地图作为自然世界的一种信息表达方式，用概括和简化的可视形式表达客体的分布、状况和联系，管理人员通过理解地图符号，结合具体地点的事故数据，就能够进行直观的空间三维分析，寻找交通事故发生的原因及规律。因此，具有图形图像数字化，空间数据管理、查询检索、模型运算和多种输出功能的地理信息系统，在解决与地理位置密切相关的交通安全问题方面具有独特的优势。

一、交通安全管理 GIS

1. 道路交通安全分析内容

道路交通安全分析可分为 3 个层次。

第一层次是对某一地区或区域的交通事故现状和趋势进行分析：这一分析可利用数学方法进行统计回归和预测，并分析与该区域经济发展，道路设施交通流量等因素之间的关系，从而在宏观上了解和控制交通事故的发生。

第二层次为交通事故的区域分布分析：对某一区域的交通事故发生的特征和频数进行分析，同时对道路交通事故的相关因素进行分析。道路交通事故的相关因素很多，目前对交通事故的分析途径是利用数学手段对交通事故的数据进行处理，比较成熟的有多因素相关分析法和灰色系统分析法等。由于区域分布分析中的交通事故数据具有很强的区域地理因素，这就需要有地理数据的文件管理系统的支持。

第三层次为微观分析：对某一路段或某一交叉口交通事故发生规律和发生机理进行研究，

以便制订安全对策。这一层次的分析则需要更多的地理因素信息和环境因素信息,简单的数据文件形式已不再满足要求,借助直观形象的地图进行安全分析尤显必要。

2. 道路交通安全 GIS

交通安全 GIS 应是交通安全管理的辅助工具,它不仅能为各级管理部门和事故处理部门的宏观管理、微观分析及决策提供全面服务,而且还能为工程技术人员提供事故分析的工具。交通安全管理 GIS 应具有以下功能。

1)交通事故数据的检索和显示功能

各种交通事故数据和有关因素数据都能方便地查询和以图形方式进行显示,图形显示可任意放大缩小,不同事故类型可分别显示或整体显示,可以在道路所处的空间位置上观察交通事故的空间分布,以最大限度地提高工程技术人员的事故分析水平和安全管理人员的决策能力。

2)事故统计、报表功能

事故的统计方法应严格依照公安部的统计规范,并应具有事故预测预报功能。报表功能应包括定期报表和特殊报表功能,定期报表可采用表格形式或地图形式,这些报表使管理者能够全面地了解本地区或某一地点的事故概况和事故频率,并能帮助工程技术人员确定需要整治的地点和必要措施。专用查询报表通常是应某一特殊要求而能快速形成报表的功能。

3)事故多发点识别功能

系统应设计成可以统计各个点、交叉口、路段和整个区域的事故总数,并可按照一定的事故数或事故串为标准,自动筛选出事故多发点,并自动标识于地图上。

4)多种信息显示功能

它对于事故信息和与之相关的信息应能有机地反映出来,例如,可将交通事故点与之相近的学校同时标注出来,可将尾追事故发生点和交叉路口的结构同时显示出来,以提高软件的分析能力。

5)具有扩展功能

考虑到不同用户的具体要求,结合每个地区道路条件交通状况,考虑到扩展事故控制对策知识库和其他功能的需要,系统应预留充足的接口。

二、道路交通安全管理 GIS 的开发与应用

道路安全信息包括与安全密切相关的道路信息和与道路相关的安全信息。前者包括道路的等级、横断面宽度、横断面形式、道路的路面结构、表面平整度、道路的线性指标(包括平纵指标、平曲线组合、平纵组合等)、交通标志标线、道路所处的周边环境(包括视野、视物、景观等)、道路所在地的地质状况、道路所在地区的气候条件及其特点等;后者包括发生交通事故的位置(桩号或结构物处)、该位置的事故形式和原因、发生事故较多的位置(事故黑点)、不同的事故类型在空间上的分布、事故发生量在空间上随时间、星期、月份等的分布、交通量、车速在道路上的分布等。这两方面既相互联系又有所侧重,前者描述发生事故的道路或路网的固有特性;后者描述事故在空间上的分布特性。

目前国内分别有道路设计、管理人员和交警来从事这两方面的工作,鉴于专业和考虑问题的角度限制,道路信息和安全信息不能很好地结合,大量的资源不能利用和共享,造成人力、物力和财力极大的浪费,因此,有必要把这两方面密切联系、资源共享,运用地理信息系统来进行交通安全管理。

运用地理信息系统进行交通安全管理,首先应建立某一地区的地理信息系统,从而在地理信息系统基础上开发道路交通安全管理系统。

对某城市的道路交通安全管理而言,首先需要对该市的地图进行数字化,所选用的比例尺可视情况和需要而定。为弥补纸质地图精度的不足,还可利用军用地图、GPS 或外业测量等手段对各街道和交叉路口的坐标进行修正。

在道路的数据准备中,应该将街道按顺序编制成具有唯一标志的路段,每个路段都对应着唯一的识别号码。建立道路的属性数据文件,属性数据包括道路的宽度、人行道宽度、自行车道宽度、车道数、是否单向交通等信息。道路两侧建筑物由另外文件进行对应,并能通过道路名和建筑物的顺序自动转化为 GIS 中的坐标值。

交叉路口是交通安全研究的重要地点。交叉路口的数据包括:交叉路口的类型、相交叉的道路数目、交通控制信息和交通流量等。

交通事故数据可以从交警部门获得,形成事故文件。

运用输入的数据构造道路层、交叉路口层和事故层,将三层分别叠加可得出交叉口的事故分布状况、道路事故分布状况和路网交通事故分布等状况。同时,事故的详细资料通过属性数据库相连接,可方便地查询和进行分析。

传统上直观的事故分布情况是用地图进行人工标识,而此方法不易复制和处理事故类型,所能表述的信息量较少。道路交通安全 GIS 则能以丰富的色彩和图识对事故进行明了的标识,并能方便地查询事故的详细记录。

基于 GIS 的交通安全管理系统,对提高道路安全管理的水平,减少交通事故黑点和降低事故率,从而提高道路的交通安全具有重要作用。

第六节　地理信息系统及遥感在公路地质评价中的应用

公路建设投资巨大,特别是在我国广大的西部地区,山地较多,地势陡峭,地质结构复杂,各种地质灾害频繁,道路建设投资大大高于在平原地区修建相同等级公路的建设投资。如何在满足设计要求的前提下尽可能减少工程的建设投资,是山区公路设计阶段的重要任务。公路投资包括建设费用与维护费用,与工程区的地质背景条件密切相关,这要求在勘查阶段进行充分论证,对工程区的地质背景及其影响进行全面综合的分析,为最优选线方案提供信息。

遥感影像能够获得大范围地表的综合信息,非常适用于公路初步设计阶段对整个工程区域的宏观地质分析。遥感与地理信息系统技术相结合,综合水文、地质等区域调查资料,分析工程区的地质背景及相关地质灾害分布,确定重点勘察区域与工程难点区域,无疑是一种省时、省力的方法。

一、影响公路建设的地质背景因素

1. 工程区域地理状况

地理条件包括地貌、行政位置、气候等因素。其中的交通及行政区划,反映了工程所处的位置与交通情况,包括现有公路条件、所修建公路与其他公路的连接状态;区域地势,是影响公路建筑成本的重要因素;区域气候,包括降雨量、温度等因素,则影响公路的建设与维护。

2. 区域地质构造背景

地质背景根据地质构造条件可分为不同的地质单元,单元内部可分为更小的地质单元。地质单元内相对稳定,单元间存在差异,单元间的结合部位是构造的弱点。如褶皱对路线的整体影响较大,而断裂发育处常是重点工程所在地。

3.区域水文地质与区域工程地质

区域水文地质包括地下水类型、地下水埋藏条件、地下河与埋藏泉等。在一些地区,如喀斯特地区,岩溶等对公路建设有重大影响。工程地质主要包括岩石的硬度与破碎程度。

4.不良工程地质现象

不良工程地质现象与地势及地质条件有关,平原区表现为下陷与塌陷,山区的地质灾害远较平原区常见,包括滑坡、崩塌、泥石流等,个别地区还包括地层活动的影响。

(1)滑坡分为表层滑坡和基岩滑坡两种。表层滑坡多发生在河谷两岸或陡山坡脚地带。基岩滑坡分为顺层滑坡和切层滑坡,顺层滑坡一般发生在强风化的软硬夹层及碎屑岩分布地带,岩层倾角较陡,经人工开挖或地下水浸润,使其上覆岩层沿高角度层面向下滑动。

(2)崩塌常发生在地势较陡的山区,常发生在深切河谷两岸的陡倾角或垂直裂隙发育的脆性岩石中。

(3)下陷是基底较软造成的,常发生于平原地区与沼泽地带。塌陷是基底岩石受地下水侵蚀,形成空洞,达到一定程度后引起的地面崩塌。喀斯特地区的岩溶塌陷是最典型的情况。

(4)泥石流的产生必须具备3个条件:降雨量大、土层厚与地势陡。喀斯特地区土壤较少,因此尽管降雨量较大,地势较陡,泥石流也很少。

二、GIS 与遥感评价公路地质背景的方法流程

利用遥感方法,可获得不同岩性的分布范围,褶皱、断层等构造的形态及分布,以及滑坡等地质灾害等信息,克服野外调查费时、费力的不足,且能够提供更加丰富的信息,缩短时间,提高效率。GIS 能够集成已有的野外调查资料,如水文地质调查、地质调查等的资料,以及一些勘探测量数据,将这些数据与遥感影像分析相结合,使提供的信息更多样、直观。公路地质背景评价的结果以图件与报告表现,文字报告详细描述工程区的灾害情况,图件则直观表现各种灾害的分布规律。整个分析过程需要经过资料收集与输入、图像处理与解译、综合分析、野外调查与验证、成图等阶段。公路地质灾害分析一般是分析地形地势条件、地质构造、岩石与地层、水文地质条件等因素。分析这些因素的综合影响,从中得出灾害发生的重点区域与相关灾害的分布,需要以下有关资料。

(1)遥感影像图:遥感影像能够提供最新的、工程区内的地表综合信息,通过不同的图像合成方法,可提取出构造信息、岩石信息、地表的土壤与植被情况。提供工程区的所有地质概况信息,初步解译岩石性质、断裂构造与地势情况等。

(2)工程区地质图:地质调查人员对该地区的地质普查数据,进行数字化后输入计算机,可作为分析地层、岩石性质与地质构造状况的可靠资料。

(3)水文地质图:由水文地质区域调查所得,以分析水文地质与工程地质概况。对富水地段、暗河、溶洞发育区,岩石的软弱地带进行表示,可对遥感影像中不能直接观察到的溶洞、地下水出路等提供有效的补充信息。

(4)工程区的地形图:由三维软件制得数字化地形图后,能够直观反映整个工程区内的地形、地貌概况,对公路的走向提供一个整体的信息。通过交互操作,可提供重点难点工程地势的直观信息。

通过这些因素的叠加,以及从遥感影像解译中得到的信息,可对整个工程进行宏观的综合评价。

三、公路地质背景评价

1. 公路的分段评价

工程环境的好坏主要由工程区地质构造、岩石组成、地貌、水文地质条件决定。这些因素之间不是独立的,它们相互联系,其中地质构造与岩石组成是影响其他因素分布的根本因素。如背斜构造常常岩石破碎、断裂发育、地层复杂,而其地貌条件也较差,而向斜则在几方面都相对较好,但向斜的轴部容易富水。考虑上述条件,将工程进行分段评价,概括每段的特征及主要影响因素是必要的。

2. 重点工程地质背景评价

每一条公路,由于地质地貌等条件的限制,都会存在桥梁隧道等重点、难点工程,这些工程投资较大,有时对道路选线具有决定作用,应进行重点分析,提供尽可能详尽的信息。

3. 公路的地质灾害评价

平原区的地质灾害较少,对公路建设影响不大。但在山区,地质灾害既影响公路建设又影响公路维护。

(1)塌陷与下陷由基底决定,应注意松软基底引起的下陷与地下空洞如岩溶等造成的塌陷。

(2)滑坡是山区最常见与最严重的一种自然灾害,其程度可从局部到整个山体的滑动。在陡峭的地形条件下,出现下列情况都可能引起滑坡:

①断裂的破碎带,岩石强度低,孔隙大,易积水成流,微小的破坏都可能造成失稳。

②在斜坡段进行单边开挖,如果岩石地层的走向与线路平行,而与路面呈钝角,在破坏其下面的支撑后,容易发生位移。如果双边开挖,只要是岩层走向与线路方向相同,不管是向斜还是背斜,都可能引起滑坡。

③隧道的出入口处。隧道口上方,如地层走向与线路垂直且呈锐角相交,就有潜在滑坡的可能。如果地层与线路平行,则在隧道出口处的两侧也容易引起滑坡。

(3)在山区,暴雨容易造成洪水在陡峻的山谷中聚流,混杂冲击产生的泥土、岩石,形成破坏力极大的山洪,它会冲毁公路或在公路中堆积大量岩沙造成公路堵塞。如果水流中夹带的泥沙达到一定程度,还可形成破坏力更强的泥石流。

在公路设计阶段,需要清楚了解有关工程区宏观的地质灾害信息,便于选线时权衡,勘察时有确定的重点地段及方向。从实际工作中可以看出,地质构造、岩石性质、地层走向、地势与水文地质等方面是公路建设评价的主要部分。这些因素在不同的区域影响程度不同,是相互关联、相互影响的。地质构造决定了地貌状况,而大起伏的地貌是山区中引起地质灾害的最主要原因。值得注意的是,地质情况极其复杂,宏观上非常一致的现象,在小范围内却差别巨大,宏观地质评价只能为宏观决策提供信息与指导详细勘察,不能直接用于施工依据。运用 GIS 和遥感的方法进行快速、经济的宏观调查,应用于道路选线及初步设计阶段将是非常有效的。

第七节　地理信息系统在公路环境中的应用

在公路建设中,地理、环境因素越来越成为投资决策不可缺少的依据。公路建设导致土地利用方式的改变,并引起水土流失、生态变化、环境污染等诸多问题。现在,许多发达国家已经致力于 GIS 在公路环境保护领域中的应用,并取得了很大进展。瑞典已建立区域道路数据库(地理信息系统),美国正研究将 GIS 应用于交通模式评价及政策与项目分析的决策支持系统;德国哈斯工程咨询公司则使用地理信息系统和计算机辅助设计(GIS/CAD)等先进技术手段来完成它所承担的诸如环境协调性研究、公路选线、规划等项目。一个新的趋势是将具体的应用模型(例如噪声分析、环境空气污染预测等)与 GIS 系统结合起来。

目前,各种针对城市交通管理、运输调度、道路设计的地理信息系统已经逐步在中国得到开发和应用,基于 GIS 的路面管理系统和桥梁管理系统已初步建立,"国道主干线地理信息系统"也正在研究开发。但相比较而言,GIS 在公路环境保护方面的研究和应用还远远不够,其作用尚未得到发挥。这主要是因为公路环境保护在中国尚属于刚刚发展起来的研究领域,GIS 又是一门新兴的计算机应用技术,受研究机构和研究人员的认识和能力的限制,因而 GIS 应用于公路环境保护的研究目前尚未得到足够的关注。公路环境由于其点多、线长、面广,各种因素复杂而缺乏有效管理,而公路建设和投资决策要求迅速得到更多更广的地理环境信息,此外,环境评价、环境管理、环境工程设计等工作一般都有大量的图像图件需要生成或管理,也只有基于 GIS 系统才能为此提供强有力的技术支持。随着我国公路建设逐步向中、西部地区发展,研究和开发 GIS 技术在公路环境保护领域的应用需求更为迫切。GIS 技术必将在公路的环境保护中起到及其重要的作用。

一、GIS 在公路环境保护中的应用

1. 公路环境影响评价

1)公路环境数据库的建立

建立公路环境地理信息数据库,包括社会经济统计数据、环境监测数据以及有关环境预测与评价模式的参数数据(含交通量)等,可对地理要素的坐标位置和拓扑关系、图形关系以及社会、经济、环境、自然等方面的数据进行定义和管理。

2)公路环境影响评价应用模型的开发

设计开发基于 GIS 的公路环境影响评价模型的主要目的在于:开发适用于公路环境管理的 G1S 应用模型,如引进空间化的数理统计和系统分析方法;建立应用模型,如噪声预测模型、环境空气质量预测模型、水土流失模型、环境经济损益分析模型等,以便更快速、客观、科学地了解和掌握公路沿线的生态、资源、环境的状况及其变化趋势。

利用 GIS 开发的公路环境影响评价应用模型主要包括大气环境、声环境及土壤环境影响预测与评价模型;各环境单元有关模型,包括有关参数的确定、修正模型等。

(1)参数确定模型:主要回答各模型中有关参数的选取、确定、修正等,如交通量、路面参数、车辆类型、气象参数、声影区长度的确定等。

(2)环境预测模型:主要对污染物在环境中的扩散、分布状况及其发展趋势进行模拟预测。主要有噪声预测、环境空气污染物扩散及水土流失量预测等模型。

噪声预测模型:用以预测不同交通状态下公路沿线评价范围内各邻近位置或环境敏感点所接收到的噪声级。它与接收点、公路之间的障碍物、地面和其他表面的吸收、反射或散射噪声的性质以及路面和路基结构有关。输入的数据有交通量、车型比、车速、路面类型、沿线地形、纵坡及其他障碍物修正值、环境敏感点的初始噪声值等。

环境空气污染物扩散模型:用以确定公路营运期车辆尾气中各种污染物的扩散影响程度。

需输入的数据有交通量、车型比、沿线地形、大气稳定度、风向风速、源强高度以及环境敏感点的初始污染物浓度值等。

水土流失量预测模型：将公路工程建设后可能引起的坡度、坡向、植被类型等土地信息的变化作为因子并统一在水土流失方程中，就可以估算出公路工程建设可能增加的水土流失量。

（3）评价模型：主要作用是参照标准值，回答环境单元中各污染物因子的污染程度及其发展趋势。

3）污染物数字浓度模型和评价图件的生成

公路环评需要针对公路沿线的整个带状区域，而环境监测往往是在某些离散点上进行的。对此，可利用 GIS 的空间插值和等值线追踪等技术，根据每个监测点噪声或环境空气的监测数据和叠加结果，进行整个区域的离散点插值外推，形成污染数字浓度模型。

4）公路污染缓冲区的建立和污染趋势面分析

公路是带有交通属性的线性目标。利用污染预测模型将交通量转化为噪声级或环境空气污染物浓度；以公路为线性目标，建立沿线两侧各 200m 评价范围的污染缓冲区，确定并列出所有落入缓冲区的居民住宅、学校、医院等建筑物；将噪声或环境空气污染水平加入新目标的属性表中。

以监测点、环境敏感点噪声级或环境空气污染物浓度作因变量，以纬度为横坐标、经度为纵坐标作自变量，构造污染浓度分布的趋势面分析模式，生成污染趋势面图。它可以直观地显示污染物浓度或噪声水平沿公路的分布状况和衰减趋势，以及环境敏感点的污染程度。

5）公路工程填挖方工程量计算

公路工程环境评价常涉及工程挖方填方量的计算。利用 GIS 技术可以方便快捷地得出工程挖方、填方量的近似值。通过数字地形模型与公路工程图的叠加，确定挖方的范围，GIS 计算出该范围的像素个数和每个像素面积，并由数字地形模型得出每个像素的柱高。像素面积与柱高的乘积即为该像素代表的填、挖方量。

此外，GIS 在公路环境评价中的应用还有：利用 Overlay 技术进行多因子综合评价、遥感影像信息处理、景观模拟等。

2. 环境工程设计

采用传统方法进行公路环境工程的设计可能需要几个月甚至更长的时间，而利用 GIS 强大的辅助设计和制图功能，可以大大地提高设计的效率和准确性，较之图板设计具有成本低、时间省、效果好的优点，尤其是在任务繁多、规模复杂、时间紧迫的情况下。此外，基于 GIS 的环境工程设计系统其 GIS 图件库提供的资源可以重复用于其他不同公路项目的环境工程设计，其管理上、效益上带来的优势更是显而易见。

二、GIS 在公路环境管理中的应用

以"国家基础地理信息系统"为基础，建立省和地区级公路数据库和广域网络支持的分布式的国道主干线综合地理信息系统，可以为各级公路管理部门提供一个进行公路环境管理、评价和决策的辅助决策工具。

（1）可存储公路沿线地理、环境、经济、社会等海量资料，成为融地形地貌、道路、土地、水文、地质、资源等于一体的综合性空间信息系统。

（2）能分层存储和显示各种图件（如公路地理位置图、环境监测布点图和环境工程设计图等），能将各种环境数据信息与公路线位、环境敏感点的地理位置之间的关系建立在一张公共

的底图上用以显示和分析,通过计算机屏幕在图形上查询属性信息,如评价区域某个环境敏感点的污染物浓度或噪声级等。

(3)增强了资料的质量校正和更新的潜力,使得到的信息更加充实、完善和准确,提高了所收集到的资料的价值,保证了对公路环境数据投资的实用性和持久性。

(4)便于用户对大型工程项目进行烦琐的文件保存、归档、更新和检索,并可快速调用有关文件以提高效率。通过 GIS 系统进行文件批阅、环境规划决策、打印各种地图和报表,从而实现公路环境管理工作的地图电子化、管理现代化和规划科学化。

GIS 在公路环境保护和管理中的应用主要有两大作用:一是利用 GIS 本身的空间数据库提供应用和管理所需的关于社会、经济、环境等方面精确的、海量的数据信息;二是对应用模型的计算结果进行空间配位及绘图。同时,将公路环境影响评价模型纳入 GIS 系统,能集中公路环境保护和管理领域中许多专家的经验和知识,在完成紧急任务、争取新项目、开拓新领域以及现场直观演示时往往会收到立竿见影的效果。因而公路 GIS 是解决公路环境保护、灾害防治、规划选线、车辆导航、旅游开发乃至军事指挥、投资决策的有效工具。此外,计算机多媒体技术、虚拟现实技术以及 GIS 的相邻学科遥感技术(RS)、全球定位系统(GPS)的发展与完善,也为这些技术在公路领域的集成应用提供了良好的契机。

第十章　国内外成熟 GIS 系统软件介绍

20世纪40年代计算机技术和50年代地理学中计量革命的兴起,给今天的基于地图的信息系统技术——地理信息系统(GIS)的发展奠定了基础。科学技术的不断进步,社会化大规模的需求,有力地推动和保障了该项技术不断向纵深发展,使它突破最初局限于研究院所的理论探讨和尝试,大踏步地进入到国民经济和人民生活的各个领域,成为一门方便实用的高新技术产业。

经过长时间的技术储备和市场孕育,20世纪80年代欧美各国相继推出了许多成熟的桌面地图信息和地理信息商业化软件,它们随后便出现在中国市场。其中较成功的有:ArcInfo、ArcView、ArcCAD、MapInfo、MapGuide、GeoMedia、Titan-GIS 等;而我国于20世纪90年代也推出了 GeoStar、CityStar、MapGIS、SuperMapGIS 等商业化软件。这些软件虽然都和地理信息有关,但有的重在表现地理信息本身,我们一般称之为地理信息系统软件;而另一种则以电子地图作为背景,重在其他信息的分析、统计应用并最终以图的方式表达信息,这就是正在兴起的桌面地图信息系统。本章对国内外具有代表性的成熟 GIS 软件分别进行介绍。

第一节　国外地理信息系统软件介绍

一、ArcInfo 软件介绍及其应用

ArcInfo 是美国环境系统研究所(Environmental Systems Research Institute,ESRI)研制的地理信息系统软件,也是世界上应用最广泛的 GIS 软件之一。ESRI 的市场份额多年来一直雄踞 GIS 行业之首。1991年 ESRI 对工作站 ArcInfo 第6版进行了汉化,使其产品进入中国市场。ArcInfo 可运行于各种平台上,包括 SUNSolaris、SGIIRIX、DigitalUnix、HPUX、IBMAIX、Win-dowsNT(Intel/Alpha)等。各种平台上可直接共享数据和应用。

1. 基本模块和主要功能

ArcInfo 采用模块设计的方法将整个软件按功能划分为多个逻辑子模块。例如,所有的地图编辑功能组织在一个模块中,命名为 ARCED-IT;地图输出和绘图功能组织到一个命名为 AR-CPLOT 的程序中等。这样,ArcInfo 就包含了许多子模块,而每一个模块有各自的一组命令和逻辑功能。

ArcInfo 由描述地图特征和拓扑关系的 ARC 系统和记录属性数据的 INFO 数据库系统两部分组成。ARC 是 GIS 的总体管理模块,其他子模块都要在 ARC 环境下进出。ARC 的主要功能有:对数据单元和工作空间进行操作和管理;进行数据格式转换和投影转换;建立拓扑关系及更新;进行空间数据分析;提出错误和检验错误;进行数据重组。

在 ARC 系统下又有若干个子模块,分别执行不同的功能。这些子模块包括 ARCEDIT、ARCPLOT、INFO、TABLES、LIBRARIAN,这是 ARCINFO 软件的基础部分,功能主要包括图形和属性数据的输入、转换、编辑、查询、统计分析等。

1）ARCEDIT

ARCEDIT 是一个交互图形输入和编辑系统,提供了图形数字化的所有功能以及综合的图形和属性编辑功能。在 ARCEDIT 中,可以方便地输入点、线、面及文字注记等基本特征,可以对这些图形特征进行移动、拷贝、增加、删除、修改,并提供影像和其他图层作为背景显示。在编辑图形特征的同时,ARCEDIT 还提供了对与特征相关的属性数据的编辑和维护功能,使用户不退出 ARCEDIT 模块就能完成对属性数据的维护和更新工作。

2）ARCPLOT

ARCPLOT 是进行图形显示、查询和交互式制图输出的工具。在 ARCPLOT 中可以进行以下操作:显示图形和属性数据;查询图形和属性数据;建立符号库,设计线状、点状、面状符号;用地图制作器进行地图的设计、修改、制作;生成绘图文件并输出矢量数据地图;根据不同属性生成专题图;显示图像及栅格数据;绘制表面模型视图。

3）INFO 和 TABLES

INFO 是一个完整的关系型数据库管理系统,它既是一个独立的子系统,完成对属性数据的管理和维护,又是 ArcInfo 的一个有机组成部分,通过图形与属性的连接来管理与地理特征有关的属性数据。TABLES 是对 INFO 文件进行操作的表格管理系统,可以进行基本的 INFO 数据库操作,如建立、存储、编辑和查询属性数据等。用 INFO 数据库可以进行以下操作:建立属性文件,包括定义表格、添加记录、显示和打印数据等;操纵属性数据文件,包括查询记录、分类、统计、执行逻辑和算数运算等;建立报表和程序,包括生成报表、连接数据文件、用 INFO 编制程序等;管理 INFO 文件,包括改变报表和程序、维护文件记录、拷贝、删除文件等。

4）LIBRARIAN

LIBRARIAN 是对地理数据进行管理的模块,主要用于大数据量下的图形数据库的查询检索和管理,提供生成和管理图库的工具。可以将数据在水平方向划分为矩形或其他形状的片,称为 Tile;在垂直方向划分为层,称为 Layer。通过 Tile 的索引结构可以加快数据的提取和查询检索速度。在对图库的管理上,LINRARIAN 的主要功能为设置图库环境、管理图库结构、管理用户访问权限、建立图库索引和管理图库数据。

2. 扩展模块和主要功能

ArcInfo 的扩展模块包括 TIN、GRID、Network、ARCSCAN、ARCSTORM、ArcExPress、COGO、ArcPress、ArcSde。扩展模块是满足用户特殊需求的工具,利用这些模块,可进行各种空间分析(如网络分析、三维表面分析、通视分析、最佳路径选择等)、栅格矢量数据的转换、大型图库的管理、提高图形输出质量和速度等。

1）TIN

TIN 是一个专业的地表模型生成、显示、分析模块。可根据等高线、高程点、地性线(如水崖线、陡坎、山脊)生成不规则三角网并进一步产生地表模型,对地表模型三维显示分析,如三维地图晕渲、飞行动画、通视分析、剖面提取、土方填挖计算等。它可以内插表面 Z 值,生成等高线,计算坡度、坡向、表面积、表面距离,生成表面泰森临域多边形,体积、填挖方计算,提取表面特征,在一个或多个面上生成剖面,三维透视分析,表面光照模拟。可以在 ARCPLOT 中生成 TIN 透视全景图,可以完全控制显示环境,包括:指定表面的一部分,在一个页面上画出多个表面,精确指定观察者和视点来定位表面,指定视场、视角和视距,在模型上缩放,选择透视或全景显示,指定表面分辨率和纵向比例。TIN 生成以后,可以在表面蒙罩上一种或几种 AR-CINFO 图形数据,包括:指定间距的网格,点、线、面图层,单个点、图形文件、影像、GRID、等高线、光照图、光照和高程合成图。它接受的数据有:等高线、高程点、网格数据、USGSDEM、SPOTTAME、SVF 等。

2)GRID

GRID 是一个功能强大的栅格分析、处理模块。可对栅格数据进行输入、编辑、显示、分析、输出。同时也可对图像进行简单的处理、分析。它包括一整套栅格算子和分析工具及地表建模工具。如水利流域模型、扩散模型、聚类分析、走廊分析、距离分析等。在 GRID 内可使用所有的 AML 和菜单及其他客户化工具。

3)NETWORK

NETWORK 是进行线状网络和路径分析的工具,包括最短路径选择、邮寄员问题、资源调配、设施服务范围、网络流量、网络追踪等分析功能。

4)ARCSCAN

ARCSCAN 为扫描矢量化模块,具有栅格、矢量一体化编辑功能,可自动消除噪声、删除色斑、自动识别断点、虚线、符号线,自动角度取直。交互与自动相结合,既可跟踪单线,也可跟踪色块边界,可大大提高图形数据录入的效率和准确性。

5)ARCSTORM

ARCSTORM 为数据库管理模块,可以管理大量数据,是基于客户/服务器机制设计的。适用于大量用户共用大量相同的数据,也可用于日常工作数据的更新和维护。

6)ArcExPress

ArcExPress 为图形加速模块,能明显提高图形显示速度,ArcExPress 通过获取 ArcInfo 的绘图命令,并进行优化,刷新时直接调出,不用再到数据库中查询。这样,图形刷新简单方便,可达到漫游的速度。

7)COGO

COGO 主要用于数字测量、工程制图,用来解决一些空间特性的几何关系,如直线垂直、圆弧相切、测量上的前交后交等。可用来处理野外数字测量数据,处理精确的地籍图、工程设计图。

8)ArcPress

ArcPress 是图形输出模块,可把 ArcInfo 的制图数据转换为栅格数据直接送至打印机/绘图仪上,减少对绘图仪内存的要求,突破对矢量图大小的限制。制图数据也可转换成 PostScript 格式,并可对图形分色,直接输出供制版。

9)ArcSDE

ArcSDE 为空间数据管理扩展模块。SDE 是一个连续的空间数据模型,可将空间数据加入到关系型数据库管理系统(RDBMS)中去,这就提供了对空间、非空间数据进行高效率操作的数据接口。由于 SDE 采用的是客户/服务器体系结构,大量用户可同时针对同一数据进行操作。SDE 还提供了应用程序接口(API),开发人员可将空间数据检索和分析功能集成到应用程序中去。

3. 应用

ArcInfo 软件以其强大的查询显示和空间分析功能广泛应用于各个领域,成为一种有效的辅助决策支持工具。在美国和其他发达国家,ArcInfo 软件的应用遍及环境保护、资源保护、灾害预测、投资评价、城市规划建设、政府管理等众多领域。随着我国经济建设的迅猛发展,加速了地理信息系统的应用进程,国内使用 ArcInfo 软件的用户也在逐年增加。在城市规划、交通运输、测绘、环保、农业等领域发挥了重要作用。

中国国家测绘总局已完成的全国 1:25 万全要素数字地图就是应用了 ArcInfo 软件平台，其目前和以后开发的基础地理信息数据也都将采用 ArcInfo 数据格式，也就是说，ArcInfo 数据格式已经成为我国基础地理信息数据的标准。

根据陕西省山川秀美工程建设的需要，陕西省农业遥感信息中心实施《陕西省生态环境遥感本土调查和动态监测》项目，于 1999 年 12 月购置了 ArcInfo 软件。在 ERDASIMAGINE 和 ArcInfo 的支持下，2000 年完成了延安市宝塔区植被、土地利用调查试点工作。在此基础上，最近完成了陕北地区的植被类型、土地利用类型、植被覆盖度的遥感调查工作，并且正在将有关成果向 GIS 平台集成。在此项工作过程中，使用 ArcInfo 主要完成了以下作业：陕西省 1:25 万分幅地形图的拼接、投影变换；用 1:25 万地形数据库的等高线、高程点，采用 TIN 方法内插，进一步转换为 100m×100m 栅格形式，生成 US-GSDEM；陕西省分地市、分县边界、地理信息要素（水系、居民点、铁路、公路等）的提取。ArcInfo 系统庞大，功能繁多，我们目前的应用仅处于初级阶段。随着工作的深入进行，相信 ArcInfo 会在科研和业务工作中将发挥更重要作用。

二、ArcView 软件介绍及其应用

1. 概述

ArcView 是美国环境系统研究所（ESRI）研制的基于窗口的集成地理信息系统和桌面制图系统软件。它支持多类型数据和多种数据库，具有空间数据的查询和显示、同性表的管理、统计分析、商业制图和连接多媒体等功能。

ArcView 提供的面向对象的编程语言 Avenue，用于建立符合用户需求的图形用户界面和二次开发。Avenue 实现了与从 View 的充分集成，应用系统可以不加修改地移植到任何 Arc-View 平台上运行。

（1）ArcView 的基本特征为：

简洁、直观的用户界面；

支持复杂的空间数据、属性数据的查询和显示；

能与其他桌面系统和不同类型数据进行热连接"Hot Links"；

地理网络地址匹配与分析。

（2）商业制图功能：

能制作面域图、柱状图、饼状图、线条图和坐标散点图等图表；

完善的二次开发工具。

2. ArcView 开发应用程序的一般过程

1）应用程序的用户界面

ArcView 中将包含应用程序所有文件的文件称为应用程序的项目文件，以项目（Project）方式对图形数据进行管理，一个项目文件由视图（View）、数据表（Table）、图表（Chart）、图版（Layout）和宏语言（Script）5 个部分组成，通过项目管理窗口可以获取包含在这个项目文件中的所有内容。

ArcView 提供了在应用程序中添加菜单条（Menu bar）、按钮条（Button bar）和工具条（Tool bar）的工具，用户可以使用定制窗（Customize）或 Avenue 编程来设计自己的程序界面。其功能包括：

（1）改变每种文档相对应的界面；

（2）添加、删除和重命名文档用户界面；

（3）添加、删除和重命名菜单、按钮、工具的名字和功能。

2）应用程序开发步骤

用户可以利用 Avenue 二次开发语言编写 Script 代码，建立符合自己要求的 ArcView 界面，其一般过程如下：

（1）启动 ArcView；

（2）用 New Project 建立一个新的项目文件，同时产生一单元窗体；

（3）用 Customize 初步建立应用系统的用户界面，包括视图、数据表、图表和图版；

（4）编写 Script 源代码；

（5）编译、调试 Script 源代码；

（6）用 Customize 修改应用系统用户界面，把 Script 源代码插入到相应项目文件的子项的控制或事件中。

三、ArcCAD 软件介绍及其应用

ArcCAD 软件是美国 ESRI 公司（ArcInfo）与 AutoDESK 公司（AutoCAD）于 1994 年联合推出的一套基于 AutoCAD 环境下的 GIS 工具软件。这套软件集中了 AutoCAD 与 ArcInfo 的优点，一方面它充分利用了 AutoCAD 的制图与编辑功能及其用户界面，另一方面它又在 CAD 环境下开发了 GIS 的多种分析与管理功能。根据 ArcCAD 软件提供的功能，将 AotoCAD 数据转换为 ArcInfo 的数据格式，对于各种比例尺的地形数据库建库而言，是一条值得探索的技术路线。

ArcCAD 是 AutoCAD 环境下的一个 GIS 软件，它不仅综合了 AutoCAD 与 ArcInfo 两种软件的功能，而且可以实现它们之间的数据转换。虽然实现 AutoCAD 与 ArcInfo 数据转换的方法有很多，如 ArcInfo 可以直接读取 DXF 文件，用户可以编写应用程序实现这一转换等。但是都不尽如人意，不是数据丢失严重，就是工作量大，处理过程复杂。相比之下，用 ArcCAD 软件实现以上数据转换具有很多好处，这主要表现在以下几个方面：

（1）ArcCAD 可以直接在 AutoCAD 的绘图状态下将其数据转换成 ArcInfo 数据，避免了用户去深入了解 DWG 或 DXF 文件的格式。这样就可以支持两种数据格式之间转换的实时处理，即 AutoCAD 绘制了图形后直接以 ArcInfo 的格式存放，减少了中间过程。

（2）转换后的数据变形很少，基本上保持了原有图形的几何形状、状态及精度。

（3）转换过程可以以批处理方式进行，效率很高。

（4）不仅可以实现 AutoCAD 向 ArcInfo 的数据转换，而且可以完成 ArcInfo 数据向 Auto-CAD 的转换。

（5）转换后的数据可以利用 ArcCAD 形成拓扑结构和产生属性表文件，得到的最后数据直接为 ArcInfo 使用。

ArcCAD 实现 AutoCAD 与 ArcInfo 的数据交换，功能完备，方法简单。整个过程包括以下几个作业步骤：

（1）在 AutoCAD 状态下，打开一个 DWG 文件，或者直接生成一个图形；

（2）将 AutoCAD 的图形按照 ArcInfo 的专题文件分层，使得每一层对应于一个 ArcInfo 文件；

（3）定义 ArcInfo 的数据文件（Theme）及其记录文件；

(4)将 AutoCAD 图形中的元素分层记录到 ArcInfo 的数据文件中;

(5)建立各个数据文件中元素的拓扑结构;

(6)生成各数据文件的属性表。

四、MapInfo 软件介绍及其应用

MapInfo Professional 是一个处于世界领先地位、功能强大、全面而直观的桌面地图信息系统,为在 Client/Server(客户/服务器)计算环境下解决问题提供了一种全新方法。

MapInfo 应用遍及各行各业,涉及社会的各大领域。如:市政管理、保险业、银行系统、销售和市场分析、国土信息管理、医疗保健、邮电通信、交通运输、地震业、消防自动化指挥系统等;在国内的应用中亦有很多规模系统,如:铁道部"八五"重点工程项目"铁路计划统计管理信息系统"、国家信息中心主持开发的"宏观经济信息查询系统"、国家统计局信息中心开发的"综合统计数据桌面地图信息系统"、"阳泉市煤气管网信息系统"、郑州市规划局的"城市规划实施管理软件"、"北京市 GPS 车辆卫星定位导航系统"、上海市自来水管线工程公司的"自来水管网养护管理系统"、"香港地区工程地震信息系统"、"黄浦交警支队指挥系统"、"成都光纤有线电视网络系统","成都市环境监测系统"等,都是在 MapInfo 环境中集成开发的应用系统,并取得了良好的应用效果。

MapInfo 公司总部设在美国纽约特罗依市。MapInfo Professional 提供的复杂而深层次的可视化地理分析功能,可以帮助用户在不同的数据库之间建立关联,在同一环境中显示,并迅速揭示数据之间的关系以及容易被忽视的数据模式,从而作出快速有效的决策。特别值得一提的是,MapInfo ProServer 是第一个在 Internet/Intranet 和 Network OLE 环境下的地图应用服务器。

1. MapInfo Professional 技术特点

(1)可构成 CLS 体系结构,满足构成大型系统的需要;

(2)支持数字化的图形输入方式,直接生成矢量图;

(3)MapInfo 支持目前市场上流行的 7 种图像格式,如 BMP、TIF、PCX、GIF、JPEG、TGA、BIL,可将栅格数据转成矢量图,并支持矢/栅数据的叠加显示;

(4)具有完善的分层及层次管理功能;

(5)有完备的地图制作工具,使用户能精细方便地编制地图;

(6)内置功能强大的关系型数据库,支持标准 SQL 查询,不但能对字段进行分析、统计、查询,而且由于得到空间库的支持,因而可对空间信息进行查询;

(7)可进行空间分析,如 Buffer 分析等;

(8)通过地理编码,MapInfo 完成表与表之间的自动关联,进行空间信息的传送;

(9)MapInfo 提供了多种数据可视化方式,包括独立性,范围值,等级符号,点密度,柱状图,饼图 6 种方式,操作简便、灵活;

(10)具有灵活的页输出扩充显示方式,MapInfo 的布局窗口支持图表混合输出,提供面向对象的打印预览,可支持打印机、绘图仪输出;

(11)具有强大的数据兼容性,本地数据可以直接转换纳入其系统,内置 ODBC,可方便读写远程数据,保持数据同步,提供冲突解决方案,可访问的数据库包括 Oracle、Sybase、Informix、DBZ、所有 SQL 数据库;

(12)MapInfo 可将数据连接到任何操作对象,为用户查询后台数据提供方便;

（13）MapInfo 具有 OLE 和 OLEAu-tomation 功能（OLE 对象嵌入），可方便嵌入 Word、Excel 等环境中；同时，允许 VB、C++及 Powerbuild 等把 MapInfo 作为一个对象加以调用；

（14）特有动态图层，可快速更新图层内容，实现对移动物体的动态跟踪；

（15）首次实现了将图层图象输出到目前最常用的图像显示软件——Photoshop3.0 当中，并可将 MapInfo 的表文件输出成有关栅格文件，如 Windows 位图，Windows 图元文件，JPEG 文件内部交换格式，TIF 格式；

（16）MapInfo Professional V4.1 向 MapInfo 的 OLE Automation 增加了新的对象 MapGen，这样其他应用程序可以使用它生成地图。

2. MapInfo ProServer 特点

MapInfo ProServer 是全球计算机产业中第一个完整的 Internet/Intranet 地图应用工具软件包，ProServer 有 MapInfo ProServer 以及 MapInfo 的核心技术，包括：

（1）MapInfo Professional4.1；

（2）MapBasic4.1；

（3）MapMarker2.1（地址匹配软件）组成。这套软件工具包允许开发人员不仅可以在 PC 机上而且可以通过 Internet/Intranet 或者是网络 OLE 使用桌面地图技术。

我们知道，地图数据是多维空间型数据，其消耗的空间存储资源比纯粹的 ASCII 文件大得多，而目前 Internet 上的浏览器（如美国网景公司的 Navigator 等）无法识别矢量图形，因此，要在浏览器中获取地图，必须在服务器端将矢量图形转换成栅格图形，这将使数据量更加庞大，从而使地图的浏览变成了漫长的等待。而 MapInfo 则很好地解决了这一问题，实现了通过 Intranet 使用桌面地图技术。

3. MapBasic

一种强大的类 Basic 编程语言，用来创建定制的用户界面，添加菜单条和选项，添加新的功能和函数，实现过程的自动调用或者将 MapInfo 集成到其他应用当中。

MapBasic 编程人员使用新的动态图层功能，可以对数据进行实时显示。例如，使用动态图层可以在图层上实时显示由 GPS 接口接收的数据。

4. MapInfo 其他功能块

1）MapOLAP（地图在线分析处理）

其主要特点为：

（1）简洁高效。管理人员的少许开发，便能对数据仓库中的复杂数据进行在线图形化分析处理，直观地展示数据中的关系趋势。

（2）可同时访问多个具有不同数据结构的数据仓库，满足多方位分析的需求。

2）MapInfo MapX

MapInfo MapX 不同于 OLE Automation MapInfo Professional Runtimes 和 MapBasic，开发人员使用它可将桌面地图系统的功能嵌入到一系列应用软件中，从而满足特定需求。它可在诸如 Visual Basic、VisualC++、Powerbuild 或 Delphi 这些可视化编程环境中调用。

3）SpatialWare

SpatialWare 是服务器技术，通过它可以在 Oracle 数据库中如同对其他数据一样，对空间数据进行存储、访问、管理、操作。

SpatialWare 使我们能够像使用非地图数据那样使用地图数据，彻底解决了由于空间数据和属性数据无法共同存储所带来的种种弊病，为全方位共享数据铺平了道路。

五、MapGuide 软件介绍及其应用

AutoDesk 公司开发的地图引导系统(MapGuide)由创作器、阅读器和服务器等一系列工具组成,利用 Client/Server 技术,在客户端根据浏览器类型,分别利用 ActiveX,PlugIn 或 Java 技术与 GIS 服务器交互,实现动态的、交互的 WebGIS。系统在客户端实现了地图显示、放大、缩小、平移、多种选择查询及缓冲区分析、地图打印、图层数据编辑、修改等功能,与以 CGI 方式实现的 WebGIS 相比,具有数据传输量小、反应速度快、功能及交互性较强等特点,是较为成功的 WebGIS。

1. MapGuide 的组成

MapGuide 包括一系列工具,用于在 Internet/Intranet 上创建、发布、显示地图及其相关属性。按功能可分为地图阅读、地图制作、地图服务 3 类。

1)地图阅读工具

主要指 MapGuide Viewer(阅读器),它是一个典型的客户端软件,用于在浏览器上显示 MapGuide 的地图窗口文件(Map Window File,MWF)。根据浏览器类型,有 Netscape PlugIn、ActiveX Control 和 Java 3 种版本。它包含 5 个部分:工具栏、交互式图例、地图窗口、状态条和弹出式菜单,在客户端完成地图显示、放大、缩小、平移、多种选择查询及缓冲区分析、地图打印、图层数据编辑、修改等功能。同时,AutoDesk 发布了阅读器的一套应用程序接口,可以运用这一接口开发更专业的 Intranet 或 Internet 地图应用。

2)地图制作工具

用于处理 MapGuide 所使用的各种地图文件。包括 MapGuide Author(创作器),MapGuide SDF Loader(SDF 文件制作),MapGuide SDF Component Toolkit(SDF 控件工具包)和 MapGuide Raster Workshop(栅格图像处理)。

(1)创作器主要用于生成阅读器可阅读的地图窗口文件(MWF)。该文件用于决定地图的外观、显示的数据、可查询信息、可进行的 GIS 操作及数据来源。MWF 文件中通常并不直接存储图层的空间和属性数据,而是存储图层的数据文件来源,需要数据时再通过服务器传递给客户端。也可以将经常使用的图层数据置于 MWF 文件中,一次发送即可。

(2)SDF Loader 用于将不同格式的 GIS 文件转换为 MapGuide 的空间数据文件(Spatial Data Files,SDF,定义地物的空间数据)、相应的空间索引文件(Spatial Index Files,SIF,空间数据的索引文件)和关键索引文件(Key Index Files,KIF)。

(3)SDF 控件工具包是供开发人员使用的 COM 对象,它支持空间索引文件(SIF)和关键索引文件(KIF)。可以在 C++,Visual Basic,VBA,VBScript,Java,J Script,ASP,CGI 等环境中使用它来编写自己的程序,对 MapGuide 的空间数据类型(SDFs)进行读、写和修改点、线和面数据等操作。

(4)Raster Workshop 用于将标准的影像格式转换为 TIFF 文件,可创建栅格影像目录(Raster Image Catalog,RIC)文件,还可处理 RIC 文件中用到的影像。

3)地图服务工具

用于服务器端与客户端的交互。包括 MapGuide Server(GIS 服务器),MapAgent(代理器),MapGuide Server Service(服务器服务),MapGuide Server Admin(服务器管理)。

(1)GIS 服务器用于提供 MapGuide 的地图,它接受阅读器和创作器发出的数据请求,提供地图数据。当服务器接到一个请求时,根据请求决定提供数据的内容,并将这些数据按请求中

的规则从空间数据文件(SDF)、栅格影像文件(Raster Image Files,RIF)或 ODBC 数据源发送数据给请求对象。通过服务器,在检查密码、用户号和其他一些设置后,可以控制 SDFs 文件。

(2)代理器是沟通 Web 服务器(如微软的 IIS)与 GIS 服务器间的桥梁(接口),它通过 Web 服务器接收 MapGuide 制作器和 MapGuide 阅读器发来的请求,并将请求排序,按序列依次分发给 GIS 服务器。

(3)服务器服务是一项 WindowsNT 服务,负责接收和处理代理器分发的地图数据请求,将按图层要求格式化数据,并将数据返回给 MapGuide 制作器和 MapGuide 阅读器。

(4)服务器管理用于控制服务器的安全、登录文件、数据源目录、数据库和与 Web 服务器的集成等操作。

以上 3 类工具中,最主要的为阅读器、服务器和创作器。创作器产生 MWF 文件,服务器提供数据,阅读器阅读文件。无论是使用创作器来创建地图还是使用阅读器来阅读地图,都需要服务器通过 Internet 或 Intranet,提供地图所需的数据。

2. MapGuide 的工作模式

GIS 是一个功能复杂、要求与用户有高度交互性的系统,目前的浏览器还不能独立承担这一责任。因此,任何一种 WebGIS 的解决方案,都必须面对系统复杂性给客户带来的负荷及系统与客户交互的问题,不同的工作原理,对此有不同的处理。

以 ArcInfo 的 IMS,MapInfo 的 ProServer 为代表的 CGI 方式,将所有的 GIS 功能置于服务器端,生成 GIF/JPG 图像发送到客户端,由浏览器显示,客户端只需浏览器即可,不增加客户端的负担,但由于整幅图是一个整体,难以对单个地物进行操作,通常只能完成地图的显示,也需要在客户端用 Java Applet 辅助完成选择、查询和分析等较为复杂的功能,且随着用户数量增加,服务器需运行多个 CGI 备份,使服务器压力过大。

以插件或 ActiveX 方式实现的 WebGIS,可以将所需图层的空间数据加密打包发送到客户端,直接在客户端完成放大、缩小、平移等地图操作,由客户端完成简单 GIS 功能,查询分析等较复杂的操作则通过客户端与服务器的交互来实现,这样既降低了服务器的负担,减少了响应时间,又能完成复杂的 GIS 功能,但客户端负担明显增加,难以实现"瘦客户"。

对此,MapGuide 采用了折中的方法。它以典型的客户机/服务器模式工作,当客户浏览的 HTML 文件中包含 MWF 或浏览器指向一个 MWF 链接时,如果客户端没有安装相应版本的阅读器,浏览器将自动下载、安装阅读器以显示地图,如果已安装,则阅读器读出 MWF 文件并按文件中的地图特征和数据来源显示地图。当用户在浏览器端进行 GIS 操作时,由阅读器将用户请求传递给 GIS 服务器,由它完成 GIS 操作并返回结果。使用这种方法将客户端和服务器端有机地结合起来,既可直接对地物进行操作,便于选择、查询、分析等功能的实现,又不加重客户端负担。

六、GeoMedia 软件介绍及其应用

GeoMedia 是美国 INTERGRAPH 公司倾力推出的,最先基于 OpenGIS 设计理念,利用数据仓库技术,与 Oracle 数据库紧密结合的 GIS 产品。其全新的多源数据无缝集成设计思想和先进的数据库管理方式,使得 GeoMedia 在发展 OpenGIS 方向上,走在了全球 GIS 软件产品最前沿。另外,GeoMedia 是第一个采用组件式开发的 GIS,同时也是可在浏览器端作专业分析的真正 WebGIS。它可以为用户创建纯 Windows 的应用,所提供的图形、对象和集成能力,有助于把 GIS 应用系统和其他办公自动化软件有效地集成在一起,更好地发挥 GIS 在不同行业和领域

中的作用。

北京时空港公司与国际产商 INTERGRAPH 合作致力于 GeoMedia 中国区总代理工作,全面负责 GeoMedia 在中国的市场拓展、产品销售、技术支持、开发培训。同时作为美国 Microimages 公司 TNTmips 遥感产品增值代理商,为中小用户提供 3S 一体化的解决方案。

GeoMedia 在中国已成功应用在中山国土、西安国土、郑州国土等大型国土项目中,其开放的设计、先进的技术、超凡的能力得到广大用户的首肯和喜爱。

1. GeoMedia Professional

GeoMedia Professional(Pro)是第一个设计成与标准关系型数据库、标准空间数据库一起工作,用于空间数据采集与管理的 GIS 产品。它能将空间图形与属性数据都存放在同一标准数据库中,使 GIS 的数据采集、编辑、分析与报告具有更高效率,更易使用,提供从数据采集到输出的完整 GIS 解决方案,用于项目基础平台的构建。

GeoMedia Professional(Pro)提供如下功能:

高效率和高精度的数据采集——具有超强图形编辑能力;

与办公自动化系统完美结合的能力——具有复杂的空间分析、查询功能;

灵活的基于拓扑的对象捕捉、编辑功能——支持同窗口下多种数据集成式操作;

光栅矢量集成——具有多种数据直接读取能力。

2. GeoMedia WebMap

以 INTERGRAPH 公司 GeoMedia 为代表的新一代分布式 WebGIS,运用了先进的超图空间数据仓库技术,融入了崭新的 OpenGIS 思想,以国际标准发布 ActiveCGM 矢量图,在保证安全、稳定的基础上通过客户端进行地理信息的浏览、查询、分析,实现了真正意义的 Web 上的 GIS。

GeoMedia WebMap 提供如下功能:

动态发布 ActiveCGM 矢量图和 PNG 矢量图——发布速度快、实时发布、实时更新;

可在客户端进行各种复杂空间分析——易于开发、维护简单;

客户端操作简便——具有栅格影像背景。

3. GeoMedia Object

OLE 自动化对象是一种工业标准,这些 OLE 对象包含了许多功能强大的自动化对象,由大约 17 个 ActiveX 控件(OCX),9 个数据服务器,和超过 90 个可开发的 ActiveX 自动化对象组成。GeoMedia 的开发结构体系,允许应用开发商在自己的应用方案中集成动态制图和 GIS 功能,用户可以基于这些功能完善的组件,开发出功能强大的专业应用程序。GeoMedia 是基于控件的软件系统,可以灵活地开发出真正意义的自主应用系统和搭建局域网。

4. GeoMedia Transaction Manager

事务处理管理器用于空间数据库维护和管理,是在客户端通过 Internet,对服务器端的数据库进行操作和不同历史时期的历史版本管理的软件系统。当地理信息发生变化时,如:土地权属变更等,通过 GTM 可以利用 Internet 直接对服务器端的数据库进行修改和更新,真正实现现场数据采集入库。GTM 能够管理到最小的图形元素,在提取地理要素时,既可按修改时间提取信息,又可以按版本进行提取,而几个作业员还可以同时修改一幅图中的不同图形元素。在地理数据提交以前,系统管理员和有权限者随时都能观察到图形的变化情况,以及各版本的历史数据。

5. GeoMedia Parcel Manager

这是 GeoMedia 为国土部门提供的专用扩展模块,本着为土地管理提供的领先解决方案,从数据采集、宗地编号标注、权籍变更和出图出表等提供直接方案及时供给政府和公众。

七、Titan-GIS 软件介绍及其应用

泰坦地理信息系统(TITAN GIS)软件,是加拿大阿波罗科技集团向中国市场推出的一套功能先进、算法新颖、使用灵活和完善的地理信息系统开发软件。该软件不但集中了目前国际上优秀的地学软件的优势,而且广泛使用了目前国际上先进的软件技术及工具。泰坦(TITAN)不但是一套运行效率高、性能稳定、算法先进的通用 GIS 软件,而且针对中国用户使用 GIS 的特点,专门提供了一系列灵活方便的开发工具,为不同领域的 GIS 用户提供了极大方便,其主要功能包括:

提供完整的 GIS 数据结构和分析操作功能。支持的数据结构包括:点、线、面、注记、拓扑关系、栅格数据结构、TIN 及 NETWORK。提供方便的建库和完整的 GIS 分析功能。

灵活方便的数据表操作功能,提供 ODBC 与外部数据库的接口。

提供标准的 SSQL 语言,用户可用类似操作关系型数据库的形式操作空间数据库及进行空间分析。

为一般用户提供标准的桌面 GIS 用户界面,具有功能强大的查询显示及专业制图功能。

支持网络分析和地址匹配。

方便的制图工具。

真正的三维地形分析功能。

其三维地形分析功能,通过其三维透视、光照模型、淹没区域和边界分析、水利工程规划和计算、结合土地利用和其他属性信息可进行风险灾害预测评估。

TITAN 软件是由一系列功能强大的 GIS 工具包和函数库组成,提供方便灵活和完整的 GIS 系统解决方案。其主要特点是:

1)面向 GIS 系统的应用开发

提供应用系统的二次开发能力。

2)提供嵌入式的体系结构

SSQL 空间查询和分析语言;

GIS 功能函数库。

3)集组式的开发方式

根据需要向专业系统中加入 GIS 应用功能。

4)用户对专业应用系统拥有全面的自主版权

TITAN 的最大特点在于其嵌入式的结构和二次开发方式,可为开发商及用户带来巨大的好处:

应用系统的全面自主版权;

全方位的功能可裁剪性;

根据应用的需求灵活嵌入 GIS 功能;

随着最终用户数量增加,产品成本的急剧下降;

为开发商提供灵活的开发方式和能动性;

带来最大的经济效益。

1. TITAN 的组成和结构

TITAN 由 3 个主要部分组成:空间数据管理器、空间结构化查询语言和空间数据引擎。

1）空间数据管理器（SDM）

空间数据管理器是一个全面支持空间数据输入、操作、显示和输出的 Windows 应用程序。与一个关系数据库查询器类似，SDM 将在整个应用程序开发过程中很好地满足空间数据管理需求。

2）空间结构化查询语言（SSQL）

TITAN 空间结构化查询语言（SSQL）给用户提供了一个功能强大的空间命令集，利用它可以很容易地向一个应用程序添加复杂的 GIS 分析和交互查询功能。SSQL 语言支持空间数据输入和编辑操作，支持交互式的空间数据维护，包括拓扑关系的生成和更新，空间数据的显示，地图窗口的创建、查询和分析，以及输出等。与 SQL 命令类似，可以直接在你现有的源代码中嵌入任一个 SSQL 命令。

3）空间数据引擎（SAE）

空间数据引擎是一个功能强大的图形服务器，它作为客户应用程序和 Prime Meridian 空间数据库的中介而存在。通过从动态数据交换（DDE），VB 控制（VBX）或我们的动态数据连接（DDL）接收 SSQL 命令，SAE 使得向用户提供制图和空间数据分析功能变得容易。

TITAN 提供的 SSQL 开发工具包给需要向新的或已经存在的 Windows 应用程序添加复杂图形功能的程序员提供了一个完整的解决方案。它包含 3 类不同层次的功能：基础桌面 GIS、增强的 GIS 和 3D 分析。

现行的 TITAN 提供的 API 接口和 SSQL 嵌入式语言支持 C，C++，PowerBuilder，Visual Basic 和 FoxPro 等开发环境。同时 TITAN 在下列领域得到了广泛的应用：水利及防洪、自然资源管理、土地和城市管理、军事应用、商业和市场、石油和天然气。TITAN 的应用领域还包括：人口统计、房地产开发、教育、运输、设施管理、规划、路线选择、选址分析、土地利用、应急响应。

2. TITAN 的主要功能

1）支持丰富的 GIS 数据模型

点、线、面、矢量、拓扑关系、网络、栅格及 TIN 等。

2）方便灵活的数据输入和编辑

数字化；

GPS；

数据转换：AutoCAD DXF，ESRI Arc/Export（Uncompressed），Mge（Micro Station），PCI（.pix）和 Intergraph IGDS 等。

遥感图像、数字航测。

3）无缝空间数据库

支持大型 GIS 数字集合，提供 ODBC 接口与其他的 RDBMS 连接。

4）方便灵活、功能强大的二次开发工具

SSQL：

SSQL 语言的任一条命令都可以嵌入到用户的应用程序中，用户可以利用它们方便地实现空间数据输入和编辑操作，交互式的空间数据维护，包括拓扑关系的生成和更新，空间数据的显示，地图窗口的创建，查询和分析，以及输出等。

API：

TITAN 还以 API 形式提供功能强大的底层函数库，用户可以像调用 C 标准库函数那样调用它们，这样用户可以更灵活自由地实现自己所需的功能。

5）二维空间分析功能

拓扑分析的建立和编辑；

空间要素的 Overlay,Buffer 分析；

空间统计分析；

网络分析：最短路径,网络的连通性和可达性,服务区域选址和分配模型；

栅格/矢量互相转换。

6)栅格 GIS 分析

TITAN 支持栅格数据结构,并提供功能完善的栅格 GIS 分析和模型分析工具；

从 Spot/Contours 生成 DTM；

用 DTM 进行面积计算,生成坡度、坡向；

通视分析；

流域分析；

栅格模型分析。

三维可视化软件包：

TITAN 提供了功能强大的三维透视工具,它的特点是：全交互式工具,视点、目标、视角、方向等因素全部可由用户交互操作输入；有一个预览窗口实时响应用户的修改,显示相应的透视图；可在透视图上加 Drape；可在透视图上加 Tree；结果可保存在图像文件中,以供其他程序利用,也可存在 PM 的 TSF 文件中以保存原数据的绝大部分信息。

7)TIN/Voronoi 分析

TIN 是由点值控制生成的不规则三角形网络,而 Voronoi 是由点值控制生成的多边形网络。TITAN 可实现的这类分析有：

从 Slope/Contours 生成 TIN/Voronoi；

计算曲面、地表面的面积,土方和工程量由 TIN/Voronoi 生成等值线；

TIN 与 Raster 或 DTM 的相互转换；

TIN 边界与矢量图层的相互转换。

8)地理编码和地址匹配

支持标准的地理编码和图上位置/地址的双向查询和显示功能。

9)专业的制图功能

支持绝大多数专业地图类型,如饼图、柱状图、点密度。

支持标准输入、输出设备。

支持动态符号(Dynamic Labels)：动态符号用来在地图窗口中显示文本类或数字类数据库属性,每一符号显示在与之相关联的空间地物旁,并且可以在 PM 的符号编辑器中用图形背景附加物来增强。

全中文的操作和注记的汉化支持,支持 TrueType 汉字库。

提供界面供用户定制线形、填充和符号等。

第二节　国内 GIS 系统软件介绍

一、GeoStar 软件介绍及其应用

1992 年,原武汉测绘科技大学(现武汉大学)研究开发了一个 GIS 软件——GeoStar(吉奥

之星）。软件的设计和开发中运用了面向对象技术。GeoStar 的主要特点是能够执行多种任务，能在集成网络环境下管理各种空间数据，包括影像、数字高程模型、图像和属性数据。

1. GeoStar 的结构

GeoStar 定位在企业级，几乎涵盖了 GIS 的所有功能。它具有集成化的软件结构（图 10-1），模块包括空间数据管理、空间数据交换、图幅扫描矢量化、数字摄影测量、遥感影像处理、数字高程模型及应用、制图、空间查询、空间分析和互联网 GIS。GeoStar 的核心模块是空间数据管理平台，负责空间数据的接收、处理、查询、索引和发送。在空间数据管理平台基础上，抽象出一套应用程序接口（API）函数。上层数据处理与应用系统使用这一套公共函数，开发数据采集、空间查询、空间分析及应用模块，所有模块共享一个空间数据库。

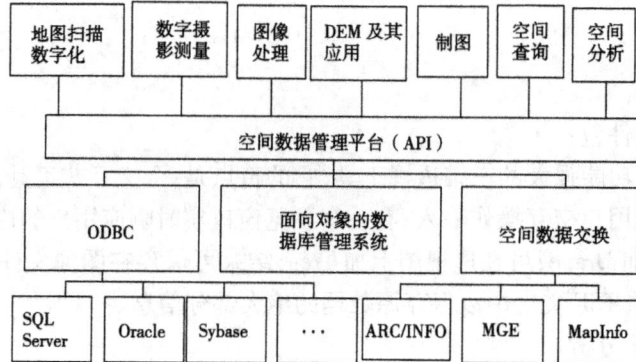

图 10-1　集成化的软件结构体系

2. 特征

GeoStar 的主要特征在于矢量数据、属性数据、影像数据和数字高程模型的高度集成。这种集成主要面向专业的大型空间数据库。矢量数据、属性数据、影像数据和数字高程模型可以单独建库，并采用分布式管理。通过集成的界面，可以将四种数据统一调度，比如任意缩放，无缝漫游，实现各种空间查询。GeoStar 理所当然是国产 GIS 软件中的强大先锋，标志着我国将有自己的大型 GIS 软件来管理国家级乃至城市的空间数据库。

GeoStar 采用面向对象集成空间数据模型。图 10-2 和图 10-3 是对数据模型和 GeoStar 结构的图解。图 10-2 中包括 4 种几何类型，分别是点、线、面和注记。点包括单点和点群，线包括弧段和例行程序，面包括简单多边形和区域。地物类根据属性特征定义。一个对象包含于一个地物类，而每一个地物类则属于这 4 种几何类型的超类，通过表象而不是现象加以区分。一个主题层由多个地物类组成。工作区内的所有地物构成一个分段。影像数据集和数字高程模型数据集属于地物层。一个工程是一个集成的空间数据库，包含了许多分段、一些图形层、影像层和数字高程模型层。基于面向对象集成的空间数据模型，GeoStar 设计并运用了集成的空间数据库管理系统。

"空间数据基础设施发展"概念的提出有助于加速地理信息交换标准的作用力，加快国家制图计划的选择和国家空间信息网的建立。例如，利用 GeoStar 在中国南部的广东省成功地建立了省级空间数据基础设施。这项重中之重的项目有超过 800 亿个字节的影像数据，图形数据和数字高程模型组成，比例尺由 1:10 000 到 1:250 000。集成的混合数据库能够进行无缝浏览，由此可以支持土地利用动态控制和精密农业的实现。上海市和深圳市还利用 GeoStar 建立了互联网上的 Cyber 城市。Cyber 城市对于城市设施的管理和规划有着举足轻重的作用。

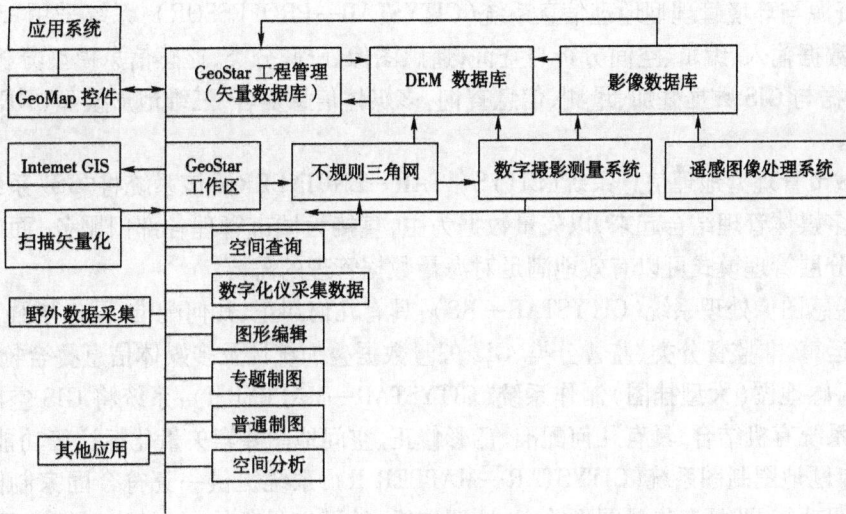

图 10-2   数据模型

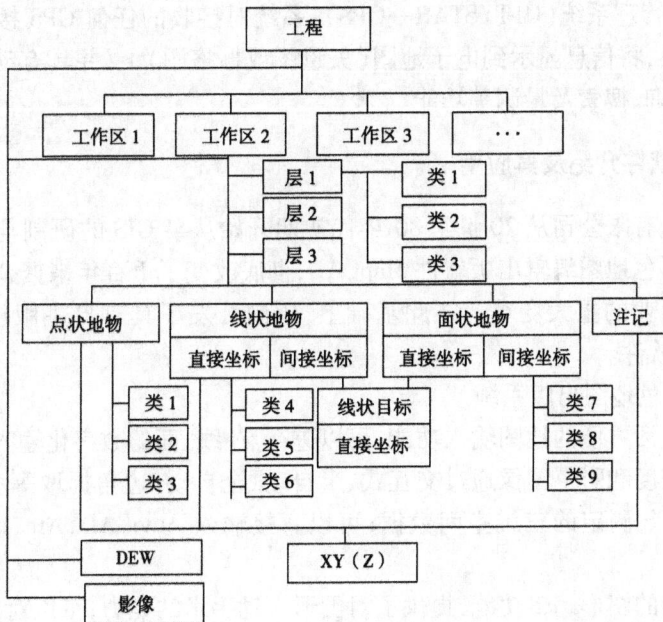

图 10-3   GeoStar 的数据组织结构

二、CityStar 软件介绍及其应用

CityStar(城市之星)是北京大学和陕西三秦企业集团联合研制的系统软件,它将地理信息系统、遥感、全球卫星定位系统结合在一起,具有对图形、声音、图像、数据、文本、模型量等各种信息进行综合处理及显示的功能。CityStar 按用户需求不同,组成了 7 个各具特色的系统,各系统功能如下。

(1)办公管理型地理信息系统(CITYS—TAR—OFFICER):建立矢量地图和对图像建立空间索引,形成空间数据库,并在此基础上建立文档管理系统,可对图像信息、多媒体音像信息、地图信息、数据库及模型综合管理,并具有生成信息演示及发布系统的功能。

（2）资源与环境管理型地理信息系统（CITYSTAR—PROFESSOR）：系统采用"3S"一体化，具有矢量数据输入、编辑、空间分析与查询，遥感图像处理、分类，遥感信息模型分析，网络分析及 GPS 数据与 GIS 数据叠加、量测、信息查询，多媒体信息复合，三维地形模型（DEM、DTM）制作等功能。

（3）城市管理型地理信息系统（CITYS—TAR—ENGINEER）：该系统将"3S"系统一体化管理与办公多媒体管理结合起来，以矢量数据为主，直接为城市管理各部门服务，面向对象的数据结构及分层管理模式可以有效地满足对海量数据管理的需要。

（4）遥感图像处理系统（CITYSTAR—RS）：具有几何纠正、几何配准、图像增强、图像漫游、多层图像运算、非监督分类、监督分类、GIS 矢量数据叠加统计及多媒体信息叠合检索等功能。

（5）遥感地图（大型挂图）制作系统（CITYSTAR—MAPPER I）：系统将 GIS 空间数据库与遥感处理系统有机结合，具有几何配准、色彩修正、空间地图要素矢量化标注等功能。

（6）专题地图制图系统（CITYSTAR—MAPPER II）：系统提供一套符合国家制图标准的彩色地图制图功能，即具有矢量图形输入、地图编辑、地图符号整饰、矢量注记标注及图幅拼接、裁剪等制图功能。

（7）GPS 信息管理系统（C1TYSTAR—GPS）：系统对接收的任何 GPS 接收机信号，通过差分校正与投影变换，将信息显示到电子地图（矢量图或栅格图）上，并具有动态跟踪、轨迹矢量化、目标点信息查询、搜索及量测等功能。

三、MapGIS 软件介绍及其应用

武汉中地信息有限公司从 20 世纪 80 年代初期开始从事 GIS 的研制与开发，并率先研制成功中国第一套彩色地图编辑出版软件 MapCAD，彻底改变了千百年来繁杂的手工制图状况，引起我国地图出版业的重大变革。在此基础上，研制开发了具有自主版权的 GIS 软件平台 MapGIS 及其系列软件。

1. MapCAD 彩色地图出版系统

该系统具有灵活方便的地图输入功能，可以进行点、线、面的数字化输入，平差校正及分层管理；可对二值、灰度和彩色图像通过交互式、半自动、全自动、边角提取等多种方式进行矢量化；可直接处理 GPS 测定的三维空间数据；可以直接输入 AutoCAD、Arc/Info、MapInfo、DLG、ASCII 等格式。

系统具有实用的图形编辑功能，提供了对图形大动手术的能力，可以对点、线、面图元的空间位置及参数进行直观、智能的修改；具有完备的错误检查及误差校正功能，可自动采集控制点，进行图形校正，消除图形的线性或非线性误差，满足高精度的数字制图要求；系统具有 20 多种不同投影间的相互转换，54、80 等坐标系之间的转换，具有系列标准图框和非标准图框自动生成等功能。

系统能自动进行拓扑处理；具有外挂系统库的功能；具有海量图库的管理能力，提供基于文件、商用数据库建立、修改、删除、显示等功能，支持用户随时调用、显示、查询库中任一幅图，并具有图幅接边、提取、数据更新等功能以及具有符合国际标准的多样式输出。

2. MapGIS 地理信息系统

6.1 版本以上的 MapGIS 是新一代全组件化地理信息系统，除了包含 MapCAD 的所有功能外，还具有如下功能：

高性能的空间数据库管理，包括高性能的空间数据库引擎、动态外挂数据库的连接、多媒

体属性数据库管理、开放式系统标准、完善的安全机制;

较完备的空间分析,如空间叠加分析、BUFFER 分析、属性分析与统计、属性查询等;

较强的 DTM 分析功能,如支持多种类型地形数据的地表模型建立,可输出 TIN 模型和网络模型;具有较强的高程库管理、地表模型分析、模型应用、地表三维绘制等功能;

其最短路径求解、游历方案求解、上下游追踪、最佳路径、空间定位、资源分配、关阀搜索等网络分析功能突出,多源图像分析功能强;具有全功能的组件体系,二次开发方便。

3. WebGIS 解决方案——MapGIS-IMS

中地软件 MapGIS-IMS(Internet Map Server)推出的新一代基于 Internet 的分布式 GIS 解决方案。对于最终的用户,它提供了一种更为快捷、廉价的方式以获取地理信息;对于高级用户,它还提供了更为丰富的管理工具来建立可缩放的、高效的站点。MapGIS-IMS 遵循 GIS 标准,采用分布式 GIS 软件技术,基于 Internet 网,采用多层体系结构和集中分布对象技术的综合运用(CORBA、DCOM、JAVA)来为建立及发布地图信息提供了快捷的一体化解决方案。

在信息化 GIS 系统中,网络传输协议、实时访问量、宽带占用等因素,约束了用户请求和结果数据的有效传输,充分考虑到上述因素,MapGIS-IMS 提供了两种解决方案。

4. 嵌入式 GIS 系统为应用提供了多种解决方案(途径)

嵌入式 GIS 系统(MapGIS-Embedded)是该公司推出的可运行于嵌入式设备的 GIS 软件,应用它和与之相关的技术,先后开发出了多种应用 GIS 软件,如城镇地籍管理系统(Urban Cadastral Management System),土地利用数据库系统(Land Use Database System),土地规划利用管理系统(Land Use Planning Database System),国土管理信息系统(MapGIS Land Information System)(如采矿权管理系统、土地监察管理系统、建设用地管理系统、农村地籍管理系统、土地利用动态监测系统、土地交易管理系统、土地发布系统、城镇土地定级估价系统),三维数码景观系统(3D Cyber Vision System),数字测图系统(MapGIS Digital Surveying And Mapping),城市规划信息系统(MapGIS Urban Planning Information System),通信网络地理信息系统(MapGIS Communication Network Information System),综合管网信息系统(MapGIS Municipal Information System),燃气管网信息系统(MapGIS Gas Information System),供水管网信息系统(MapGIS Water Supply Information System),电力网络地理信息系统(MapGIS Power Information System),环保地理信息系统(MapGIS Environment Information System),移动 GPS 导航与监测系统(Mobile GPS Navigation And Monitoring System),军事标图信息系统(MapGIS Martial Cartography Information System)等。

四、SuperMAP 软件介绍及其应用

北京超图地理信息技术有限公司自 1997 年创立以来,依托中国科学院强大的科研实力,立足创新,研制了新一代地理信息技术——SuperMap GIS ,形成了大型空间数据库引擎、面向网络服务的大型 WebGIS 开发平台、大型组件 GIS 开发平台、嵌入式 GIS 开发平台和桌面 GIS 平台等全系列软件产品。SuperMap GIS 功能强大、开发方便、易于集成、可伸缩性强,是地理信息系统和专业产品开发的理想选择。

SuperMap GIS 广泛应用于众多行业,建立了数以百计的大型应用系统,它还成功地进入日本、韩国、新加坡、意大利、中国台湾和香港等市场,开创了中国 GIS 软件国际化的先河。

SuperMap GIS 具有空间数据库引擎、组建式 GIS、WebGIS 和嵌入式 GIS 技术,形成了系列 SuperMap GIS 平台软件产品,提供了地理信息服务的一体化解决方案:

SuperMap SDX + 5——支持海量空间数据库管理的空间数据库引擎；

SuperMap Object 5——适于专业系统建设的大型全组件式 GIS 开发平台；

SuperMap IS-NET 5 ——面向网络地理信息服务的大型 Web GIS 开发平台；

eSuperMap 5——适合移动 GIS 应用的嵌入式 GIS 开发平台；

SuperMap Deskpro 5——满足数据处理、制图、建模和分析的专业桌面 GIS 软件；

SuperMap Express 5——用于数据编辑与处理的桌面 GIS 软件。

该公司在倡导"数据—软件—模型—网络"四位一体的地理信息服务模式下,除了从事应用系统的设计与开发、数据库建设、网络建设、质询服务等研发事项,还开发了大量以 Super-Map 为核心的大型 GIS 应用系统,在数字城市、电子政务、数字国土、社会经济统计、设施管理与军事指挥等领域把 SuperMap 进行了卓有成效的应用。

第三节 地理信息系统发展趋势

一、GIS 技术功能的发展趋势

1. GIS 技术的灵活性和智能性

随着 GIS 融入 IT 产业的大潮流,采用主流技术的标准和协议,GIS 实现技术更具灵活性和智能化(Intelligent GIS 简称 Int-GIS)。随着 IT 新技术的不断出现,促进了与 GIS 的融合或集成,GIS 实现技术更具灵活性,特别是"5S-MM"技术的融合。所谓"5S"技术是指遥感(RS)、全球定位系统(GPS)、地理信息系统(GIS)、专家系统(ES)、数字摄影测量系统(DPS)和多媒体(Multi-Media)技术。DPS、GPS、RS 已经成为 GIS 重要的数据来源,保证 GIS 数据库的适时更新,特别是全天候、多时相、高分辨率遥感遥测数据与 GIS 的结合是当前的大趋势;ES 与 GIS 结合才能模仿专家思维推理逻辑,智能式分析和运用地理信息,形成能够发现知识、建立知识库和方法库智能化的 GIS。如由 GIS 与办公自动化、管理自动化结合产生了"智能大厦"、"智能小区"、"数字城市"等,这在美国和日本已开始出现;多媒体包括文本、图像、图形、音频、动画、视频多种信息,与 GIS 结合形成多媒体地理信息系统(MMGIS),如多媒体导游图,多媒体城市 GIS,多媒体土地利用与土地覆盖类型图等,应用已较普遍。可以预见,IT 新技术与 GIS 的融合或集成使 GIS 更富生机和活力。

2. GIS 组成的组件化和开放化

GIS 的组成趋于组件化(COMPONENTS GIS,简称 COM GIS)和功能的开放化(OPENGIS)。基于组件的开发(CBD)正使软件产业发生革命,这促进了基于面向对象技术和分布式计算机的组件化 GIS 软件体系结构的诞生。COM GIS 的基本思想是把 GIS 的各大功能模块划分为几个控件,每个控件完成不同的功能。各个 GIS 控件之间,以及 GIS 控件和其他非 GIS 控件之间,可以方便地通过可视化的开发工具集成起来形成最终的 GIS 应用。控件如同一堆各式各样的积木,它们分别实现不同的功能(包括 GIS 和非 GIS 功能),根据需要把实现各种功能的"积木"搭建起来,就构成应用系统。如美国(ESRI)开发的 Mapobjects,包括一个 DLE 控制件及 35 个可编程的 OLE 对象,用户可用它们开发自己需要的制图和 GIS 功能并嵌入应用程序中。其他如 MapInfo 公司的 Map X,Integraph 公司的 Geomedia 等。当然这只能解决开发商自己软件的自由重组,随着成熟的组件标准实施和新的基础设施组件开发将允许实现组件的互操作和可移植性。

OPENGIS 目的是在计算机网络支持下,实现异质平台、异质软件的、分布式 GIS(包括数据的分布性和计算的分布性)间的系统资源共享规范和互操作性问题,具有在不同 GIS 软件间的 GIS 数据、软件和硬件共享的功能。如 ARCINFO 与 MAPINFO 不同软件之间共享的功能。

3. 网络地理信息系统(WEBGIS)和虚拟地理信息系统(VRGIS)的产生与发展

Internet 的出现,为 GIS 提出了新的课题,促进了 WEBGIS 和 VRGIS 的产生和发展。计算机极其网络通信技术的迅猛发展大大改善了人们获取信息的手段和途径。WEBGIS 系统开发建设成为 GIS 发展的必然趋势。WEBGIS 即为 Internet GIS 或 Intranet GIS,是一种基于 Internet/Intranet 技术标准和通信协议的网络化 GIS。其优点是在客户端和服务器端均能提供方便的可执行进程,能有效地平衡客户机和服务器端之间的处理负荷,可以使动态地理数据的提取、分析等进程分配在服务器端进行(因为同一幅地图数据文档可能是来自不同服务器的地图数据或图层)。而空间查询集的选定、地图缩放、平移和专题地图生成等进程服务,则分配在客户机端进行。达到真正有效地平衡客户机与服务器之间的处理负荷,实现计算分布和数据分布的目标。WEBGIS 的开发应用目前还处于起步阶段,传统的 GIS 技术和 Internet/Intranet 技术完全融合,还存在许多未知领域,有待于去探索解决。

WWW 技术在 Internet 上的应用,使图形、图像、音频、动画、视频等多源数据的处理与传输成为可能,使人们逐渐可以利用计算机技术对地学信息进行虚拟分析与研究,从而出现了 VR-GIS 的概念和技术。VRGIS 核心技术是虚拟现实,虚拟现实是一项综合集成技术,涉及计算机图形学、人机交互技术、传感技术、人工智能等领域,它是利用计算机生成逼真的三维视、听、嗅、触觉等感觉,使人通过适当装置(如头盔显示器、数据手套、液晶快门眼睛等),使人作为参与者通过适当装置,自然地对虚拟世界进行体验和交互作用。目前此技术已经在军事、航天、建筑设计、旅游、医疗和文化娱乐及教育方面得到不少应用,如浙江大学推出的虚拟故宫旅游。其他如虚拟流域、区域和城市规划、虚拟解剖、虚拟恐龙的生态环境、虚拟地震和岩浆活动、虚拟农业、虚拟演播室、商场、办公室、教室、银行等。VRGIS 是 GIS 最引人入胜的一个领域,也是 GIS 发展的前沿。

4. 系统建立过程逐渐走向规范化和标准化

标准和规范是 GIS 技术的重要内容,它包括计算机硬件和软件、GIS 数据格式和结构、数据分类编码和数据参考系统等。这里所说的规范性,是指系统建立过程的规范性。目前,从标书的制定、用户需求调查、系统方案的审定到系统开发和实际应用这一过程,仍没有规范可循。用户往往不确定自己所要达到的具体目标,开发者也不清楚具体业务要求,许多问题都处于不明确之中。往往一个系统的开发过程也是一个不断磨合的过程,造成很大的混乱和浪费。因此,制定不同行业的行业 GIS 工程规范,就 GIS 的用户分析、系统设计、数据库建设、系统开发、应用和效益分析,作出明确的规定,用以指导系统建设,将进一步促进行业 GIS 系统的快速发展和推广应用。

二、GIS 硬件、软件、数据及模型 4 要素的发展趋势

1. GIS 的发展历程

GIS 硬件、软件、数据及模型 4 要素是缺一不可的,但在不同的发展阶段,它们所处的地位是不同的。GIS 分别经过以硬件、软件、数据及模型为主导的发展历程。根据摩尔定律,GIS 硬件的性能在不断提高的同时,相对而言其价格在不断降低,从而使微机成为 GIS 应用的主流机型。而 Windows 系列操作系统的发展,使大量的 GIS 软件可以在微机环境下运行,从而结束了

GIS 必须在 UNIX 工作站下运行的历史，使得 GIS 软、硬件投资大幅度降低。目前 GIS 正处在第二阶段和第三阶段的转向时期，也就是说，GIS 正从以应用程序为中心转向以数据为中心，当 GIS 数据实现共享后，GIS 发展将以模型为主导，地理专家将发挥主要作用。

2. 地理空间数据全关系化

传统的 GIS 数据库实际上包含两个数据库，一个空间库（图形库），一个属性库（关系库），并且空间数据和属性数据是单独存放，二者以相同的字段为联结纽带。其中前者存储点、线、面图形要素，主要采用拓扑结构编码存储；后者存储属性数据，属性库是一个典型的关系数据库，采用常规（关系）数据库编码存储。这也是 GIS 区别于其他信息系统的标志或者说是特色。但是这样空间库就不能享受关系型数据库管理系统的优越性，更不能满足分布式系统和网络服务器用户本机体系的要求。随着图形数据的海量增长，管理难度急剧增大，特别是 GIS 应用的普及和非 GIS 领域访问空间数据的需求，使地学界的学者认识到，必须把空间数据管理交给各方面都成熟的关系数据库管理系统（DBMS），才能跳出 GIS 的小圈子，融入 IT 产业的大潮流。

DBMS 存储组织的手段原来是面向结构化数据的，现在要面向非结构化数据、空间数据。因为空间数据是非结构化数据，而图形（空间）数据难以结构化的原因在于弧段或多边形的坐标串会变长，也就很难给出严格的数据类型要求。目前商用的 DBMS 在不改变现有的存储组织的前提下，以原来存储结构化信息的方式来存储空间信息，能够把空间数据和属性数据统一存放，以存储空间换取数据结构化。当然，这只解决了包装问题和使用方法问题，没有解决底层存储的问题，现在数据库厂商都在着手从物理存储的组织上来解决这个问题。

3. 地理元数据（Metadata）标准化

Metadata 是关于数据的数据或者说是有关信息的信息，这是针对目前网上数据存在的非一致性等不规范现象而采取的一种技术标准。现在网上下载的数据为 HTML 格式，它有许多缺点，致命的弱点是它不支持携带元数据，因而无法对下载的数据进行管理。而通过 Metadata 可以描述信息资源的高度结构化数据，可以管理和组织信息，可以挖掘信息资源，也可以帮助人们准确地查询所需要的信息。随着地理空间数据生产者和用户数量的增加，利用 Metadata 来描述数据，将成为数据生产、存储、更新和再利用的必然趋势。

三、GIS 应用发展趋势

1. GIS 将进一步由技术推动转向应用牵引

面向应用将是 GIS 的生命，GIS 与其他技术的集成将成为主流，应用系统的质量将稳步提高，用户的意识和行动将更有利于 GIS 的发展。

2. GIS 应用将向深层次和大众化两极发展

从政府 GIS 到企业 GIS 再到家庭 GIS，GIS 应用走向社会化，推动了 GIS 的产业化和大众地理信息系统（SOCIAL GIS）时代的到来。

网络地理信息系统（WEBGIS）和虚拟地理信息系统（VRGIS）的发展，将使 GIS 原有的研究领域，如资源调查、环境检测、定额分析、区域研究、城市规划管理等成为办公室自动化系统的组成部分，同时随着网络技术的进一步发展，通过比较完备的空间信息基础设施对地学资源信息进行开发与利用，使 GIS 技术逐步在地学信息高速公路中为资源环境研究发挥效益。这些直接导致了地理信息产业化，成为信息产业的一部分。GIS 应用向深层次发展的一个重要方面是面向大型项目，充分展示了 GIS 的产业化前景，如美国内务部土地管理局的自动土地与矿产资源系统(ALMRS),仅硬件和软件就耗资 12 亿美元,我国上海、北京、海口等地的城市信息系统也都在数百万元人民币。

同时随着网络化 GIS 的发展使地球科学数据共享成为可能,Internet 使空间信息共享传至千家万户。GIS 开始进入家庭,有人说21 世纪是 GIS 的家庭时代,美国的 GIS 公司提出了"个人的 GIS"口号,这不无道理。也就是说大众地理信息系统时代的到来不是遥不可及的事情。比如,1999 年 5 月"首都之窗"政府网站,开辟了以地图信息发布、浏览、查询为特色的专栏"北京通",向世界展示了一个"数字北京"的形象直观的模型。它包括了 1∶2.5 万比例尺的北京城区详图。在这个虚拟城市里,你可以自由方便地查询旅游景点、道路、小区、公交线路、立交桥、地铁、长途汽车站、企事业单位,可以随心所欲地放大、缩小、漫游地图。更精彩的是,它允许人们在数字地图上标注信息,发布信息。在国外,SOCIAL GIS 的应用就更为普遍,从政府、企业、学校到个人都很普遍。在美国,约84%的政府部门应用了 GIS 技术,约 7 万个地方政府机构实现了 GIS 服务,美国政府白宫的 GGIS 已建立并早就投入使用。

总之,GIS 已形成了多层次、不同尺度的应用格局,成为信息产业的组成部分,它的应用无所不在,无所不包,这些应用又推动 GIS 不断创新和发展,亦是 GIS-T 的生命力所在。

参考文献

[1] 陈述彭,鲁学军,周成虎.地理信息系统导论.北京:科学出版社,2000.

[2] 陆守一.地理信息系统.北京:高等教育出版社,2004.

[3] 黄杏元,等.地理信息系统概论(修订版).北京:高等教育出版社,2001.

[4] 张超,陈丙咸,邬伦.地理信息系统.北京:高等教育出版社,1995.

[5] 龚健雅.地理信息系统基础.北京:科学出版社,2001.

[6] 边馥苓.地理信息系统原理和方法.北京:测绘出版社,1996.

[7] 香港中文大学地理系,地球信息科学联合实验室.城市交通地理信息系统发展面临的若干问题,2001.

[8] 陈俊,宫鹏.实用地理信息系统—成功地理信息系统的建设与管理.北京:科学出版社,1998.

[9] 阎正,等.城市地理信息系统标准化指南.北京:科学出版社,1998.

[10] 艾德才,等.数据结构.北京:中国水利水电出版社,2002.

[11] 陈军.Voronoi动态空间数据模型.北京:测绘出版社,2002.

[12] 王东华,刘建军,商瑶玲,等.国家1:5万数字高程模型建库质量控制的方法和实施[J].遥感信息,2001(2).

[13] 毕硕本,王桥,徐鲁华.地理信息系统软件工程的原理与方法.北京:科学出版社,2003.

[14] 张剑平,任福继,叶荣华,等.地理信息系统与MapInfo应用.北京:科学出版社,1999.

[15] 李雪梅,商瑶玲,王东华.利用遥感影像更新全国1:25万数据库的技术方法[J].测绘通报,2002(10).

[16] 赵时英,等.遥感应用分析原理与方法.北京:科学出版社,2003.

[17] 孙家抦,等.遥感原理、方法和应用.北京:测绘出版社,1997.

[18] 符锌砂.公路航空摄影测量与遥感.北京:人民交通出版社,2003.

[19] 陈述彭.地球信息科学与区域持续发展.北京:测绘出版社,1995.

[20] 邸凯昌.空间数据发掘与知识发现.武汉:武汉大学出版社,2001.

[21] 汤国安,赵牡丹.地理信息系统.北京:科学出版社,2000.

[22] 吴功宜,吴英.计算机网络应用技术教程.北京:清华大学出版社,2002.

[23] 刘南,刘仁义.Web GIS原理及其应用.北京:科学出版社,2002.

[24] 宋小东,叶嘉安.地理信息系统及其在城市规划与管理中的应用.北京:科学出版社,2000.

[25] 李德仁,关泽群.空间信息系统的集成与实现.武汉:武汉大学出版社,2002.

[26] 数字城市导论编委会.数字城市导论.北京:中国建筑工业出版社,2001.

[27] 傅德胜,寿益禾.图形图像处理学.南京:东南大学出版社,2002.

[28] 李德仁,龚健雅,李京伟,等.中国空间基础设施建设.测绘通报[J],2002(12):1-4.

[29] 宋小东,叶嘉安.地理信息系统及其在城市规划与管理中的应用.北京:科学出版社,2000.

[30] 符锌砂.公路计算机辅助设计.北京:人民交通出版社,1998.

[31] 朱照宏,符锌砂,李方,方守恩.道路勘测设计软件开发与应用指南.北京:人民交通出版社,2004.

[32] 李德仁,龚健雅,李京伟,等.中国空间基础设施建设.测绘通报[J],2002(12):1-4.

[33] 李扬.交通地理信息系统前景广阔[J].公路,1999(6).

[34] 孟晓林,姚连壁,朱照宏,刘大杰.公路地理信息系统中坐标与里程的转换[J].同济大学学报,1999(5).

[35] 乔彦友,武红敢.地理信息系统中动态分段技术的研究[J].环境遥感,1995(3).

[36] 傅作良,罗文涛.线性覆盖方法的研究与实现[J].陕西公路,1994(4).

[37] 郭林泉,黄琴龙,王一如.运输地理信息系统(GIS-T)中的动态分段技术[J].上海公路,1999(4).

[38] 朱经训.浅谈GIS技术在交通信息系统中的应用[J].交通与计算机,1998(1).

[39] 黄琴龙,郭林泉,王一如.线性参照系统的基准网及其应用[J].上海公路,1999(S1).

[40] 郭林泉,赵鸿铎,姚祖康.运输地理信息系统中的线性参照系统[J].测绘通报,2001(7).

[41] 李清泉,左小清,谢智颖.GIS-T线性数据模型研究现状与趋势[J].地理与地理信息科学,2004(3).

[42] 石建军,许国华,何民,宋延.交通地理信息系统数据模型的研究进展[J].北京工业大学学报,2004(3).

[43] 邬伦.地理信息系统——原理、方法和应用[M].北京:科学出版社,2000.

[44] 李国芬,周亚坤.道路养护管理信息系统的研究[J].林业建设,1995(2).

[45] 吴信才.地理信息系统设计与实现[M].北京:电子工业出版社,2002.

[46] 方向池,郭蓉.地理信息系统在公路规划运输中的应用.云南交通科技,1997,13(2).

[47] 张欣,等.基于GIS规划道路红线的设计与实现.中国地质大学学报,2002,27(3).

[48] 杨兆升,刘红红.地理信息系统在交通运输规划与管理中的应用研究.公路交通科技,2000(4).

[49] 胡郁葱,钟慧玲,徐建闽.GIS技术在高速公路数据库系统中的应用.公路交通科技,2001(10).

[50] 刘敬青,卫振林,郭继孚.北京道路管理系统——GIS在交通规划领域中的应用.北京规划建设,1999(4).

[51] 陶泽明,裴玉龙,梁品.GIS在道路设计、交通规划与管理中的应用综述.吉林交通科技,2001(2).

[52] 焦莉,赵杰.浅谈GIS在公路选线定线中的应用.测绘技术装备,2002,4(2).

[53] 陈易,李满春.GIS在公路路线设计中的应用.科技通报,1998,14(2).

[54] 张广蓉,张广宇,黄昊.地理信息系统在智能交通系统中的应用.自动化技术与运用,2001(2).

[55] 庞红霞,赵显宸,廉宝昌.GIS在公路管理中的应用.黑龙江交通科技,2002(6).

[56] 郭俊禹.GIS及其在交通工程中的应用.

[57] 向怀坤,赵同安,刘小明,马建明.GIS的最新进展及其在道路交通工程中的运用.交通科技,1998(3).

[58] 陶泽明,裴玉龙,杨振兴.GIS在交通工程领域的几项应用探索.东北公路,2002,25(2).

[59] 李江,傅晓光,贾正锐.适于道路交通安全分析和管理的GIS研究.中国公路学报,2000,13(2).

[60] 柴旭东,刘小明,姚蓓.道路交通安全管理中的应用.中国交通工程,1996(1).

［61］陈何曼. 地理信息系统(GIS)及其在道路安全信息系统中的应用,2001(12).

［62］柴旭东,王兵. 交通安全地理信息系统的设计要点. 公路交通科技,2000(6).

［63］刘荣高,李春来. 应用遥感与地理信息系统评价公路地质背景的方法. 地质地球化学,
2001,29 (1).

［64］晏晓林. 基于公路环境保护的 GIS 应用与开发. 中国公路学报,1998,11 (4).

［65］晏晓林. 公路环境地理信息系统(HEGIS)研究与开发初探. 交通环保,2000,21 (1).

［66］李修刚,肖为周,李方,邓学钧. 一种基于 GIS 的公路环境影响综合评价方法. 东南大学学
报,1998,28 (3).

［67］晏晓林. 基于 GIS 的公路环境信息系统的分析与设计. 公路交通科技,2000(4).

［68］谢榕. 面向对象地理信息系统软件 ArcView 的高级应用. 计算机系统应用,1998(11).

［69］李登科,刘安麟,邓凤东. 地理信息系统 ArcInfo 及其应用. 陕西气象,2002(3).

［70］高瑞娟,王勇,魏唯. 地理信息系统(GIS)及其应用软件研究. 西安邮电学院学报,1998
(2).

［71］郑江玲. 地理信息系统(GIS)软件技术. 四川测绘,2002(1).

［72］周勇前,陈军. AutoCAD 与 ARC/INFO 的数据转换. 测绘通报,1995(3).

［73］张锦,孔令礼,郭复兴. 桌面地图信息系统 MapInfo 的特点及应用. 三晋测绘,1997(2).

［74］张永惠,俞立中. 通向 WebGIS 的利器. 测绘通报,2000(11).

［75］北京时空港公司. GeoMedia(INTERGRAPH)——为国土提供领先解决方案. 国土资源遥
感,2002(2).

［76］TITAN——全功能、嵌入式的 GIS 开发工具. 遥感信息,1998(3).

［77］李德仁,龚健雅,朱庆,朱欣焰. GeoStar —中国人为"数字地球"设计的 GIS 软件. 遥感信
息,2000(2).

［78］王占宏,王永宏. 国产地理信息系统软件概述. 测绘标准化,1997,13(2).

［79］王树德,柴寿升,刘修军. 新一代地理信息系统(GIS)发展趋势浅议. 海岸工程,2002(2).

［80］Dueker K J, Vrana R. Dynamic segmentation revised: A milepoint linear data model ［J］.
Journal of Urban end Regional Information Systems Association (URISA), 1992, 4 (2):
94-105.

［81］Stokes R W, Marucci G. GIS for transportation: Current practices, problems and prospects
［J］. ITE Journal, 1995(3):28-37.

［82］Linear Referencing and Dynamic Segmentation in ArcGIS^{tm} 8.1 An ESRI White Paper. 2001,
5.

［83］MILLER H J, SHAW S L. Geographic Information Systems for Transportation: Principles and
Applications[M]. Oxford: Oxford University Press, 2001.

［84］TERESA M A. Functional Requirements for a Comprehensive Transportation Location Refer-
encing System[EB/OL]. http://nf. bts. gov/data/pdf/026ppr. pdf, 2003-04-10.

［85］VONDEROHE A, CHOU C, SUN F, et al. A Generic Data Model for Linear Referencing
Systems[EB/OL]. http//www. bts. gov/gis/reference/report. html, 2003-03-05.